כתבי האקדמיה הלאומית הישראלית למדעים
החטיבה למדעי־הרוח

מדרש לפרקי אבות ביידיש קמאית לאנשל לוי

מקורות ומחקרים בתחום לשונות היהודים

מדרש לפרקי אבות
ביידיש קמאית
לאנשל לוי

ההדיר לפי כתב־היד
והוסיף מבוא וביאורים

יעקב י׳ מייטליס

ירושלים תשל״ט
האקדמיה הלאומית הישראלית למדעים

ISBN 965–208–005–5

נדפס בדפוס ׳אחוה׳ בע״מ, ירושלים

פתח־דבר

במדרשו ל׳פרקי אבות׳ של אנשל לוי, בן המאה הט״ז, נגעתי בפעם הראשונה במחקרי על ה׳מעשה בוך׳ הידוע, שיצא בגרמנית בשנת 1933. באגדותיו האילו־סטראטיביות ובמעשיותיו הנאות מצאתי חומר עשיר ובעל ערך, שאליו חזרתי מדי פעם במחקרים שונים, שבהם עסקתי בהשוואת המקורות ובמוטיבים בינ־לאומיים. על־פי הצעתו של ידידי הפרופ׳ דב סדן, במחצית השנייה של שנות השישים, הסכימה האקדמיה הלאומית הישראלית למדעים להוציא לאור את כתב־היד של אנשל לוי ואישרה את הוצאתו לאור במהדורה מדעית, בליווי מחקר ספרותי־פולקלורי. במחקר זה היה בשבילי משום המשך וסיום למחקרי הקודמים בתחומי ספרות יידיש הקמאית והפולקלור היהודי, שרבים טיפלו בהם והאירו עיני החוקרים הבאים אחריהם.

קריאת ׳פרקי אבות׳ בשבתות הקיץ והעיסוק בפרקי מוסר ודרך־ארץ ובפירושם היו להם השפעה גדולה על העם היהודי בתפוצותיו. דור אחרי דור ביאר את המסכת לפי רוחו ועל־פי תנאי זמנו, עד שנעשה לנחלת רבים וליסוד חזק ואיתן באמונתם. מרובים הם קטעי המאמרים ואף משפטים שלימים, מהם דברי משל ומהם דברי מוסר, שנקלטו לתוך השפה המדוברת והיו כעין מרגלא בפי העם. על מידת ההשפעה של ׳פרקי אבות׳ על העם מעיד עדות נאמנה פירושו של אנשל לוי, על הסבריו הנאים, אימרותיו השנונות, אגדותיו וסיפורי־המעשיות, שייעד אותו המחבר לפשוטי־עם דוברי יידיש.

במחקרי זה, שאני מגיש לקהל הקוראים והחוקרים, יש משום נסיון ראשון להחזיר עטרת יידיש העממית ליושנה. כוונת המחקר היתה, מלבד הוצאת הטקסט של המקור במלואו, לדון בבעיות ספרותיות ובשאלות סגנון, ולהבליט ענייני מוסר ופולקלור תוך הבאת הקבלות מן הספרות. ענייני בלשנות טהורה אינם מן המקצוע שלי, ואותם אני משאיר לחוקרי שפת יידיש וספרותה הקמאית.

פרסומו של ספר זה נתעכב זמן רב מטעמים בלתי־תלויים במחבר. ברצוני להודות לאקדמיה הלאומית הישראלית למדעים על הסכמתה להוציא לאור את הספר במסגרת פרסומיה בספרות יידיש. רואה אני חובה נעימה לעצמי להודות לאלה שסייעו בידי בהוצאת הספר, ובמיוחד לידידים טובים שתורתם אומנותם, על שעודדו את רוחי וחיזקו את ידי בזמן עבודתי הממושך. ייזכר לטוב ידיד נאמן, אדם צנוע בהליכותיו, ד״ר יוסף ברנפלד ז״ל, איש פאריס, ויבל״ח טובים וארוכים ידידי הוותיק והבלשן הידוע ד״ר שלמה בירנבוים, כעת בטורונטו (קאנאדה), שאתם באתי בכתובים ועמם התייעצתי בענייני לשון ותופעות דיאלק־טיות. תודתי העמוקה נתונה גם לפרופ׳ י״ב סרמוניטה מן האוניברסיטה העברית בירושלים על הערותיו מאירות־העיניים על הלשון האיטלקית של המאה הט״ז שלא היתה נהירה לי כל־צורכה. אנשל לוי השתמש בלשון זו לשם מתן הסבר פשוט למלים ולפירושים שהציע לקהל קוראיו בני איטליה הצפונית. על חשיבות

הרשימה של המלים והביטויים האיטלקיים באותיות עבריות אומר פרופ׳ סרמו־ניטה, שברשימה זו ׳נשתמרו כמה תופעות המיוחדות ללשונם של יהודי איטליה; אולם בשל נטייתו של המחבר אנשל לוי להשתמש בכללי התעתיק של היידיש ניכרת סטייה מכללי התעתיק של מלים לועזיות לעברית שהיו מקובלים על יהודי איטליה. ברם, בהיעדר ניקוד קשה לקבוע בוודאות את טיבם של כללי התעתיק שהיו נקוטים בידי המחבר אנשל לוי.׳ על הערה נכונה זו יבורך. הכרת תודה חייב אני גם לידידי פרופ׳ דב סדן על שטרח ועבר על המחקר ואישר אותו בטוב טעמו לאקדמיה. על הברכה יעמוד גם ידידי המופלג, ד״ר חיים שווארצבאום, איש תל־אביב, על הערותיו המחכימות לגבי סוגי הסיפורת והמוטיבים בהתאם למפתח המוטיבים של תומפסון ומפתח הטיפוסים הסיפוריים של ארנה ותומפסון. הוא עזר לי לעשות ידיים לתורה, ובשעת דחק הגיש לי את עזרתו הנאמנה בבדיקה הסופית של החומר הנדפס. על עמלו הרב יבורך. תודת המחבר נתונה גם להנהלת הספרייה הלאומית בפאריס על הרשות להשתמש בכ״י héb. 589 במהדורה שלפנינו.

תקוותי כי מדרשו העממי ביידיש הקמאית של אנשל לוי, על אוצר אגדותיו וסיפורי־המעשיות היפים והמגוונים שבו, ייקלט כנכס חי ורענן לתוך תרבות ישראל, וכי חוקרי יידיש וקהל שוחרי ספרותה יגלו עניין בהוצאה זו, וזה יהי שכרי.

לונדון, ח׳ סיון תשל״ח, בשנת השלושים להקמת מדינת ישראל

י״מ

תוכן־העניינים

מבוא

[א] כתב־היד

כתב־היד של ׳פרקים׳ לאנשל לוי, שעיקרו פירוש למסכת אבות, שמור בספרייה הלאומית בפאריס, וסימנו héb. 589. זהו כתב־יד אשכנזי על נייר איטלקי מן המאה הט״ז. גודלו 193 × 191 מ״מ, והוא מכיל 134 דפים כפולים, היינו, 268 עמודים. ברם, כתב־היד לקה בפגיעות הזמן, מחמת שימוש וטחב. יש שהאותיות מטושטשות, ויש ששורות שלימות, למעלה ובתחתית הגליון, ובמיוחד מן הכתוב בשוליים, נקטעו או נמחקו. וכן יש ליקויים אחרים: קצת דפים נשארו חלקים, ולפעמים חסר תחילתו או סופו של הביאור או האילוסטראציה הסיפורית. גם סימני המספור של הדפים אינם כסדרם. הדפים מסומנים מדף 1 עד הסוף, דף 134, במספרים רגילים, שנרשמו בידי הספרן; אולם אין הם מתאימים למספרים באותיות עבריות (א׳–קמ״א) שבהם סימן המחבר את הדפים, שרובם נמחקו או נקטעו בשעת כריכת הספר. מהשוואה בין מספרי הספרן למספר קמ״א של המחבר יוצא, שחסרים שבעה דפים; וראה להלן.

אף־על־פי שהסופר אנשל לוי דייקן ונאמן היה בכתיבתו, אין כתב־היד נקי משיבושים וטעויות. מפעם לפעם חסרה מלה או אות; לפעמים טעה המחבר ומחק בקולמוסו את טעויותיו, ושב ותיקן והשלים את השמטותיו בשולי הגליון או בין השיטין. ברם, כותבי יידיש לא תמיד הצטיינו בקפדנות ובזהירות יתירה בכתיבתם, ורבה היתה העזובה, שניתן לזקפה לפגעי הזמן ולנדודים ממקום למקום, תלאות שהמצב הכללי ונסיבות החיים גרמו להן. ועוד זאת: לא מסומנות התחלותיהם של כל פרק ופרק בפירוש לפרקי אבות. לפעמים נמחקה או נקטעה הכותרת בראש הפרק. כך אנו מוצאים, כי בראש דף 1 ע״א חסרות כמה מלים. המחבר רושם: ׳פרק ראשון׳, ובשוליים יש הוספה: ׳ברכת כהנים לויים׳, אבל שתי האותיות הראשונות של המלה ׳ברכת׳ חסרות. הפרק השני, הנמשך מדף 18 ע״א עד דף 31 ע״א, מסומן בראשו, אולם הכותרת של הפרק השלישי (דף 31 ע״א – דף 41 ע״ב)

חסרה. בסיומו של אותו פרק אתה קורא: ׳סליק פרק שלישי. בעזרת כבודי ומרים ראשי׳. הפרק הרביעי (דף 41 ע״ב – דף 57 ע״ב) מסומן בראשו, וסיומו: ׳בעזרת ברך יום השביעי – נשלם פרק רביעי׳. גם הפרק החמישי (דף 57 ע״ב – דף 78 ע״א) מסומן בכותרת, וזו לשונה: ׳אתחיל פרק חמישי׳. לפרק שישי (דף 78 ע״א – דף 87 ע״ב) אין כותרת, והוא מתחיל: ׳שנו חכמים׳, וסיומו הערה כללית: ׳אונ׳ מן זגט קליין קדיש, דש היישט קדיש יתום. אונ׳ ווארום היישט עש קדיש יתום, דש וינדשטו בסוף בדף קל״ו איין מעשה.׳ בזה נשלם הפירוש לפרקי אבות. מדף 88 ע״ב בא אוסף מעשיות שאין לו כותרת, וכמה מן השורות הראשונות שלו קטועות. בעמוד זה נשארו רק שתי שורות מן הפתיחה, וזו לשונן: ׳... אונ׳ מדרשים דיא דא אין דער גמרא שטינן. וויא וואל זיא אך אין דען פרקים שטינן איין טייל.׳ אין אנו יודעים, על מה היה מדובר בראש העמוד שנקטע, אולם בדברים ששרדו מסוף הערתו, שהיא כעין מבוא לסיפוריו, קובע המחבר, שקצת מן החומר הסיפורי שהביא יסודו באגדות חז״ל, שחלקן כבר נמצא בפירושו ל׳פרקים׳.

סידור הדפים

מול סימני הספרייה שבטור הימני רשמנו בטור השמאלי את סימני המחבר ששרדו, אם בשלימותם ואם במקצתם.

סימני הספריה	סימני המחבר	סימני הספריה	סימני המחבר
18–1	קטועים	85–83	קטועים
19	כ״ג (ואפשר כ״ב)	86	פ״ט או צ?
20	כ״ד (לא ברור)	87	קטוע
41–21	חסרים	88	קטוע; ע״ב חלק
42	מ״ז (לא ברור)	90–89	צ״ב–צ״ג
46–43	חסרים	91	קטוע
47	נ׳ (קטוע למחצה)	92	צ״ה (לא ברור)
50–48	נ״א–נ״ג	93	צ״ו
51	נ״ד (קטוע מלמעלה)	94	צ״ז (לא ברור וקטוע)
56–52	נראית רק נ׳	95	קטוע
57	קטוע	96	נראה צ״ט
58	נראית רק ס׳	97	ק׳
59	ס״ב (?)	98	נראה ק״א
60	ס״ג	99	ק״ב
61	ס״ד (לא ברור)	100	קטוע
67–62	ס״ה–ע׳	102–101	נראית רק ק׳, השאר קטוע
68	קטוע		
78–69	חסרים	103	קטוע
79	פ״ב	104	ק״ז (לא ברור)
81–80	חסרים	105	קטוע
82	נראית רק פ׳	106	ק״ט

סימני הספריה	סימני המחבר	סימני הספריה	סימני המחבר
107	ק״י; חצי ע״ב חלק	124–121	קכ״ו–קכ״ט
110–108	קי״א–קי״ג	125	ק״ל; חצי ע״א וע״ב כולו חלקים
111	קי״ד; ע״א וע״ב חלקים		
112	קי״ה	126	קל״א
113	קי״ו; חצי ע״ב חלק	128–127	קל״ב–קל״ג
117–114	קי״ז–ק״כ	129	נראית רק ק׳; השאר קטוע
118	נראית רק ק׳, השאר קטוע	130	קל״ה
119	קטוע	131	קל״ו (מטושטש)
120	נראית רק ק׳, השאר קטוע	133–132	קטועים
		134	קמ״א

בדף 134 סיום האוסף; הדף שלאחריו נשאר חלק.

בדף 134 ע״ב: הקדשה לפטרונה הנדיבה והחסידה מרת פערלן בת שמואל פווישה ואשת וואלפין לוי.

תאריך כתב־היד בא בסופה של הפואימה ׳יודישר שטאם׳, שאנשל לוי העתיקה (דף 130 ע״א) והוא: ׳יום ג׳ ג׳ פיב׳ [= פברואר] של״ט׳. מכאן נמצאנו למדים, שאנשל לוי סיים את חיבורו בשנת 1579.

בכתב־היד שלושה חלקים עיקריים:

א. ׳פרקים׳ (דפים 1 ע״א – 88 ע״ב); תרגום ופירוש של מסכת אבות (שישה פרקים) בשפה המדוברת.

ב. אוסף מעשיות וסיפורים (דפים 88 ע״ב – 124 ע״ב; 130 ע״א – 134 ע״א), והוא תוספת ל׳פרקים׳.

ג. הפואימה הידועה ׳יודישר שטאם׳ (עקידת יצחק), שנעתקה על־ידי המחבר באמצע אוסף המעשיות (דפים 125 ע״א – 129 ע״ב).

כאמור, בדף 134 ע״ב יש הקדשה למרת פערלן.

[ב] תרגומים ראשונים של פרקי אבות בכתבי־יד ובדפוסים

קריאת פרקי אבות בשבתות הקיץ היתה נפוצה מאוד, והשפעתם על חיי היהודים, על התנהגותם ועל תודעתם המוסרית היתה עצומה. מסכת זו ניתרגמה לכמה שפות, ובכללן גם ליידיש. ידועות למעלה מארבעים הוצאות בשפה המדוברת, נוסף על התרגומים שנשתמרו בכתבי־יד. ההוצאה הראשונה ביידיש הופיעה בקראקא בשנת שמ״ו (1586), ואחריה ראו אור הוצאות נוספות, שנדפסו בארצות

שונות. מן הראוי לציין כאן, כי כבר קודם־לכן הופיע תרגומו של יוסף בר יקר בסידורו, שיצא לאור באיכנהויזן בשנת ש״ד (1544).[1] מכאן ואילך נכלל תרגומם של פרקי אבות בעברי־טייטש בסידורי־עם (כגון הסידור ׳קרבן מנחה׳) שהיו נפוצים במזרח־אירופה עד ימינו. יתר על תרגומו של אנשל לוי נזכיר את תרגומו של הסופר קלונימוס בר שמעון פשקאלי שנשתמר בכ״י אוקספורד Can. Or. 12. כתב־יד זה מכיל תפילות, מגילות, הפטורות, מנהגים, דינים ואוסף מעשיות, ונכתב במדינת ויניציה בשנת שי״ד (1554).[2] סופנו לחזור ולדון על סוג זה של תרגומים בהשוואה לתרגומו של אנשל לוי.

[ג] הסופר ולשונו

חוסר זהירות ורשלנות בכתיבה הם אופייניים למרבית כותבי יידיש קמאית, וכמוזכר אף כתב־היד של אנשל לוי אינו נקי לגמרי משיבושים והשמטות. יש שהכתיב מלא ויש שהוא חסר. אות אל״ף ואות יו״ד נשמטות לפעמים; כך, למשל, במלים: לאנג/לנג (= ארוך); שפראנגן/שפרנגן (= קפצו); לוייט/לויט (= אנשים); זאמילונג/זאמלונג (= כנסייה); הימיל/הימל (= שמים). האות הגרמנית v נכתבת ו ואף ב̄, וכיוצא באלה. יש שהמחבר מדלג על חוליה אחת באמצע ביאורו או בתוך סיפור שנשתלב בפירושו, ויש השמטות בגוף הטקסט שהשלים המחבר אם בשולי הגליון ואם בין השיטין. מצויים גם חילופי שמות, כגון ר׳ שמעון בן אליעזר במקום ר׳ אלעזר בן שמעון, או סתם אליעזר במקום אלעזר, וכדומה. יש שסיפור אגדי נפסק באמצע או שתחילתו חסרה, או מוזכר דבר או מאורע ידוע שלא במקומו. חוסר־עקיבות והעדר אחידות מצויים הרבה בכתיבתו. יש שהוא מתחיל בסיפור ומקצרו, או מאריכו ומפסיקו באמצע וחוזר אליו במקום אחר.[3] לפעמים הוא מזכיר את כוונתו להאריך בסיפורו, אלא שטרדות גרמו לקצר פה ולהאריך שם. משום כך הוא מצטדק לפני קוראיו לאמור: ׳איך בין מויד צו שרייבן׳ (= אני עייף מכתיבה), או מוסיף: ׳דיא שמועה איז צו לנג׳ (= העניין הוא ארוך מדי), ומציע לו לקורא, שיעיין בספר או במקור שמתוכו שאב. נראה, כי לפרקים אין עתותיו של המחבר בידו, וכיוון שנחפז יותר מדי בכתיבתו, הוא מפסיק באמצע, אלא שתוך כדי דיבור הוא חוזר בו ומאריך בסיפור שבו הוא עומד, אגב הוספת פרטים ותיאורים – עניין שהוא טיפוסי למספר עממי. כך, למשל, אתה מוצא בסיפורו על

1 השווה להלן, עמ׳ 180, נספח ב.

2 השווה להלן, עמ׳ 177, נספח א.

3 השווה, לדוגמה, סיפוריו על הלל (מעשיות מס׳ 8, 9, 43; 32, 54) או האגדה על ר׳ שמעון בן אליעזר (וצ״ל: ר׳ אלעזר בן שמעון; מעשיות מס׳ 35, 49). – רשימת המעשיות עם מספריהן הסידוריים ראה להלן, עמ׳ לז–לט.

שלמה ואשמדאי (מעשייה מס׳ 40), שהוא מטעים: ׳אבר עש איז צו לאנג דא צו שרייבן׳ (= אבל זה ארוך מלהעלות בכתב; עמ׳ 87). מחמת חוסר זמן או מקוצר־רוח היה רוצה להפסיק, אלא שתוך כדי כתיבתו הוא משנה את דעתו, ומוסיף והולך בסיפורו, עד שנדמה לו, שלבסוף האריך בו יתר על המידה. ושוב הוא פונה אל הקורא בנוסח הקודם ואומר: ׳ווש ער [שלמה] טעט מיט אשמדאי, איז מיר צו ויל צו שרייבן׳ (= מה שעשה שלמה לאשמדאי תארך כתיבתו), ומציע לו לקורא שיקרא את הסיפור במלואו ב׳ספר מלכים׳, וכוונתו לאֶפוס הידוע ביידיש קמאית ׳מלכים בוך׳. לפרקים הוא גם מזכיר בשולי הגליון או בין השיטין, כי סיפור זה או אגדה זו הביא כבר בפרק קודם או שימצא אותו הקורא בפרק הבא. כך, למשל, כשהוא מספר על ר׳ עקיבא שהיה עם־הארץ בנעוריו (מעשייה מס׳ 20), הוא מוסיף בשולי הגליון: ׳דיא שמועה וינט איר אין דעם דריטן פרק, דף נ״ד׳(= את הסיפור תמצאו בפרק השלישי, דף נ״ד; עמ׳ 33), וכוונתו לאגדת חז״ל הידועה על תחילתו של ר׳ עקיבא (מס׳ 27). כשהוא מדבר על מחלוקותיהם של הלל ושמאי וענוותנותו של הלל (מעשייה מס׳ 43), הוא מוסיף בשוליים: ׳אז איך אובן אך גישריבן הב׳ (= כמו שכבר כתבתי למעלה; עמ׳ 98), כלומר, בפרק הקודם; וכיוצא בו.

כמו רבים מסופרי יידיש בני־זמנו השתמש אנשל לוי, הסופר והמטיף העממי, במידה מרובה במסורת האגדית והסיפורית שהיתה רווחת בעם. מגירסאותיו אפשר ללמוד, ששאב על־פי־רוב מכלי ראשון – ממקורות חז״ל ומן הספרות הרבנית או החילונית. כך ציין בעצמו את מקורותיו, החל באגדות חז״ל והמדרשים וכלה בספר אלפא ביתא דבן סירא והאפוס ביידיש ׳מלכים בוך׳. יש שהוא מתחיל סיפור אגדי בנוסח התלמוד, כגון: ׳תנו רבנן. ליום הדין... [יומא לה ע״ב]׳ (מעשייה מס׳ 54); או: ׳תנו רבנן איין מול גינגן...׳ (מעשייה מס׳ 55). אולם יש מקרים, ואלו בודדים, ששאב מן המסורת שבעל־פה שנתפשטה בעם, רשם את הסיפור לפי זכרונו, וחזר אליו שנית ובאריכות. על זה הוא מעיד בעצמו (מעשייה מס׳ 49): ׳אין דעם וירדן פרק וינדשטו גישריבן אוישן וויניג דיא שמועה בון ר׳ אליעזר וויא ער וואר איין בַּרִיזֶעל׳ (= בפרק הרביעי אתה מוצא את הסיפור שנכתב בעל־פה על ר׳ אליעזר איך שנעשה שוטר; עמ׳ 121).

ככל סופרי יידיש בזמנו, אף לשונו וסגנונו פשטניים ועממיים. לתוך פירושו, המורכב סיפורים רבים ומגוונים, הוא משלב צירופי־מלים ומשפטים שלימים לא מלשון חכמים בלבד, אלא גם מן השפה המדוברת, כשהיא מתובלת פתגמי־עם, אמרות שנונות והומור דק. מחברנו בעל שיחה נאה, המושכת את לב הקורא הפשוט בטוב טעמה ובנועם אמרותיה. בהזכירו את רבו הוא מוסיף, בנימה חסידית, את המלים ׳השם ישמרהו׳, ואף כשהוא שונה על פגעים רעים ומזיקים שאורבים לו

לאדם על כל צעד ושעל, הוא מוסיף: ׳השם ישמרנו׳. בסיפורו על שנתו ומותו של חוני המעגל (מעשייה מס׳ 58) הוא מצדיק עליו את הדין במשפט המקובל ׳בָרוּך דַיַּין אֶמֶת׳ (עמ׳ 135). את האגדה הלעגנית על דייני סדום ותעלוליהם (מעשייה מס׳ 63) הוא מסיים בסגנון דידאקטי: ׳השם ישמרנו בון בויזן לויטן אונ׳ בון בויזן סדרים׳ (= ישמרנו האל מאנשים רעים ומסדרים רעים; עמ׳ 142). בדברו על אפיפיור שהיה רועה־צאן לשעבר, ואשר הציק לישראל ומת מיתה חטופה (בלשונו: ׳פגַרט ער׳), מוסיף המחבר בסוף: ׳כן יאבדו׳. בנעימה הסיפורית־העממית המקובלת הוא משתמש תכופות בשיחת גיבוריו: ׳ליבר זון׳, ׳ליבר ואטר׳, או ׳מיין ליב רבנים׳; בסיפורו על שני הבחורים המחזרים אחרי בתו היחידה של הרב (מעשייה מס׳ 69) פונים הקרואים אל הרב והרבנית בלשון ׳ליבר רבי אונ׳ וַר רביצין׳ (= גברת הרב[נית]; עמ׳ 154); וכשהוא מדבר על גדולתו וכבוד תורתו של ר׳ יהודה הנשיא, הוא מוסיף: ׳אונ׳ דער תורה צו בור׳ (עמ׳ 144). גם המלה ׳ברשות׳ מצויה בסיפוריו; וכיוצא באלה.

ובבוא המחבר לתאר את קורותיהם ומצוקותיהם של שני הבחורים שיצאו לסחור בטובה שבסחורות, כדי לזכות בבת הרב (מעשייה מס׳ 69), הוא משתמש בנוסח הסיפורי המקובל, מפסיק את הסיפור באמצעו ומספר תלאותיו של הבחור השני, המסכן: ׳נון לושן מיר דען חתן דא בלייבן בייא זיינר כלה אונ׳ וועלן איין וויל זגן וויא עש יענים ארמן טרופפן גינג׳ (= נניח עכשיו את החתן אצל כלתו [כלומר, הבחור הראשון, שחזר בינתיים הביתה עם סחורתו] ונספר קצת על מה שאירע לאותו טיפש מסכן; עמ׳ 156). בספרו על פטירת אותו בחור, שהיה גדול בתורה מרבו בבבל ומבני הישיבה, מדגיש המחבר, בפנותו אל הקוראים: ׳דא העט איר גערן מויגן הוירן אונ׳ זעהן וויא זיא אין האלזיטן אונ׳ קוישיטן׳ (= הוצרכתם לשמוע ולראות איך הם חיבקו ונישקו אותו; עמ׳ 158), כדי להשמיענו, עד כמה גדולה היתה אהבתם לאותו בחור. כשהוא, הבחור, תעה בדרך ונצטער, המחבר שוב מדייק: ׳דא מויכט איר וואל גידענקן וויא ער דען גרוישן יומר טריב, אונ׳ אז וויא דעם טרופפן וואר אין זיינם הערצן. עש הוט מויגן גוט ית׳ אים הימל דר בארמן׳ (= תגיעו בעצמכם מה גדולה יללתו, וכמה מסכן זה הצטער בלבו, וראוי היה שהשם יתברך ירחמהו; שם). אולם, כמקובל בסוג הסיפור העממי, הגיבור הצעיר והמסכן עומד בנסיונו. אחרי טלטולים ארוכים ועינויים קשים הוא זוכה לישא את בחירת לבו, בת הרב. בסגנון נאה ומשעשע מספר המחבר על סגולותיו ואושרו של הבחור העני והמסכן, ששמחת־כלולותיו היתה גדולה כל כך: ׳איך האלט, זינט שלמה המלך צייטן, קיין גרוישרי ורייד אונטר יודן ניט איז גיוועשט אז דא׳ (= סבורני, כי מימי שלמה המלך לא היתה שמחה גדולה בין היהודים כפי שהיתה כאן; עמ׳ 163). וכך המחבר מסיים את סיפורו הנאה בחרוז עממי ידוע: ׳אונ׳ זול

אונז משיח באלד זענדן אונ׳ דר לויזן אויז דעם גלות ביהענדן. אונ׳ זול אונז דש בית המקדש ווידר בויאן. וכן יהיה רצון אמן טרויאן. דש זול גישעהן אין אונזרן טאגן, דרויף זולט איר אל אמן זגן. א״ס׳ (= והשם ישלח לנו במהרה את משיחו ויחיש לגאול אותנו מן הגלות, ויבנה ביתו בקרוב וכן יהי רצון ונאמר אמן. אמן סלה; עמ׳ 163).

בנימה חסידית־פשטנית מוסיף אנשל לוי, המספר העממי, בסיפורו ׳תחילתו של ר׳ עקיבא׳ (מעשייה מס׳ 27), כשהוא מזכיר את גדולתו בתורה: ׳אזו זולן ווערן אלי ורומי יודן קינדר, אונ׳ זול אין אזו אויש גֵין. א״ס׳ (= לכך יזכו כל בני ישראל היראים וכן תהיה אחריתם. אמן סלה׳; עמ׳ 50). כשהוא מגיע במשנתו לאברהם אבינו ונסיונו בכבשן האש, הוא משלים את דבריו באותו הנוסח: ׳איך וועלט דש איין איטליכר יוד ווער אז ורום אז אברהם אבינו׳ (= הייתי רוצה שכל יהודי יהיה ירא שמים כמו אברהם אבינו; עמ׳ 80). כך גם סיומו באגדת ר׳ מתיא ונסיונו (מעשייה מס׳ 33): ׳אזו זול איין איטליכר ורומר יוד אך טון, זא קומט ער נימר צו זוינדן׳ (= ככה ינהג כל יהודי ירא שמים ולא יבוא לידי חטא; עמ׳ 69). בנוסח שיגרתי זה מסתיים סיפור אגדי על נאמנותו של יוסף הצדיק (מעשייה מס׳ 54): ׳אונזר הער גוט ית׳ דער זול אונז אל אונזר זוינד ור געבן, דש מיר אל זולן זוכֶה זיין לְחַיֵי הָעוֹלָם הַבָא׳ (= השם יתברך ימחול לנו את כל עוונותינו ונזכה לחיי העולם הבא; עמ׳ 131). בדומה לזה לומד המחבר מוסר־השכל נאה מן הסיפור על שני אומנים (מעשייה מס׳ 67), אחד חרוץ ואחד עצל. העצל הוא כאן בבחינת בעל תשובה, ועליו נאמר בתלמוד: ׳מקום שבעלי תשובה עומדין צדיקים גמורים אינם עומדים׳ (ברכות לד ע״ב). ובסיומו הפשטני של הסיפור כותב המחבר: ׳דש ברוֹוֶעֲרָן זיא בון דעם מעשה. ור שטיט נון איר דען פשט. איך בין מויד צו שרייבן׳ (= דבר זה אנו למדים מסיפור המעשה. תבינו את הפשט. עייף אני להאריך בזה; עמ׳ 148).

לשונו של אנשל לוי היא יידיש מערבית, ועדה לכך – מציאותה של ā ארוכה, כגון: גלאַבן (= הַאֲמֵן), גיגלאבט; לאַפן (= רוץ), קאם... צו לאפן (הגיע במרוצה); קאַפן (קנה), קאפונג (קנייה); מאן (במובן: מיין = שלי); וכדומה.

מלים, ביטויים ומשפטים בלשון־הקודש שרווחו בלשונם של יודעי־ספר ולמדנים עשו דרכם גם לביאורו של אנשל לוי. משולבים בלשונו העסיסית־העממית אתה מוצא מלים ומשפטים שלימים שמקורם ברובד הלמדנות שבלשון־הקודש, מהם צירופי מובאות ומלים שנטל לשימושו ומהם ביטויים שנתחדשו על־ידיו, והללו התמזגו יפה עם השפה המדוברת. אלמנט עברי זה, שהותך ליידיש, חידש והפרה את הלשון. והנה כמה מלים מהותכות: ׳בָטֵל גֵין׳ (= הלך בטל), ׳נֶהֱנֶה זיין׳, ׳מְהַרְהֵר זיין׳, ׳מַצִיל זיין׳, ׳פּוֹעֵל זיין׳ (על־ידי ׳שמות׳), ׳מפסיק זיין׳, ׳מְכַבֵּד

זיין׳, ׳נוֹהֵג זיין׳, ׳מְפַלְפֵּל זיין׳. מצוי אצלו גם הצירוף ׳כַּלְיָה ווערן׳ (מגזרת ׳כְּלָיָה׳), שבו השתמשו כבר בזמנים קדומים. נזכיר גם צורות שונות של שורש עברי אחד: פועל – ׳מבזה זיין׳; תואר־השם – ׳מבוזה׳; ותואר־הפועל – ׳נבזיג׳. והשווה עוד: ׳חִלוק זגן׳, ׳טְבִילָה גֵין׳, ׳מְשַׁנִּיּוֹת לערנן׳. ולדוגמה נביא עוד כמה משמות־העצם שבהם משתמש המחבר: ׳אֲכִילָה (גסה)׳, ׳אֻמָּנָה׳ (מקומצת פעמיים), ׳עֲוֹלִים׳ (במובן: מסים). את המלה ׳בְּרִיוֹת׳ מנקד בחיריק, וכנראה ביטא אותה כמו ביידיש שלנו (beryes). נצביע עוד על שתי מלים נוספות: ׳מִשְׁתַּדְלָנִים׳ (ביידיש: שתדלנים); ׳פריץ׳, שהמחבר מוסיף אליו שם נרדף: ׳שר׳.

בפירושו של אנשל לוי אנו נתקלים גם בפעלים ששורשם עברי וסיומם גרמני. למשל: ׳גַזְלְנְ׳ (= גזל), ׳גַנְבְן׳ (= גנב), ׳גַזֶרְט׳ (= גזר), ׳יַרְשַׁן׳ (= ירש), ׳פסקתן׳ (= פסק). צורות אלה ביידיש: גנבענען, גזלן, ירשענען, פסקענען, וכדומה. נמצאנו למדים, שיסוד עברי, שהותך לתוך השפה המדוברת והשתרש בה היטב, נשאר במהותו יידיש. מעניין גם שימושו במלים אלה: ׳רבנות׳ (rabones, במובן: סמיכה לרבנות), ׳גָלוּת טון׳ (= לגרום צרות), ׳מפונקים׳, ׳בויך סברות׳, ׳אין קניין זיין׳ (= ארוס), ׳איין תַקָנָה׳, ׳קנסית׳ (= שלם קנס), ועוד.

להלן כמה דוגמות נוספות מאוצר לשונה של המאה הט״ז, שבהן השתמש אנשל לוי, ושהן ביסודן ובמהותן יידיש.[4]

אוענקל: גם: עניקל (= נכד). – כך סר״א וקרימ׳: איניקל.

איצונד (= עכשיו). – סר״א: איצונדר; קרימ׳: איצונדא.

אן ביישן (= ארוחת בוקר). – מלב״ך: אן ביישן.

בודים (= עליית גג). – כך מלב״ך ושמב״ך.

דר בארמן (= רחם). – כך, בשינוי קל, סר״א ולויטה.

ביהעלטניש (= מחבוא). – כך קרימ׳, מלב״ך ולויטה.

בישעפניש (= בריאה). – כך שמ״ב, מלב״ך ולויטה.

בענשן (= לברך). – שמב״ך: בענשט; לויטה: גיבענשט.

גידעכניש (= זכרון). – סר״א: גידעכעניש; לויטה: גידעכטניש.

גיבוירד (= דור). – כך מלב״ך וקרימ׳; סר״א: גיבוירט; לויטה: גיבורד.

גיזעש (= מושב). – כך לויטה.

גיליברטן (= קפאו). – סר״א: גליבֿרן; בר יקר: גיליברט.

גישריפט (= כתב). – כך מלב״ך, קרימ׳ וסר״א.

גרייזן (= טעה, שבש). – השווה מפתח, אות ג.

דער מער (= וואס איז דער מער? מה קרה?). – השווה מפתח, אות מ.

הערבריג (= אכסניה). – מלב״ך: הערביג; מב״ך: הרבריג.

4 ראה גם להלן, עמ׳ 191, מפתח המלים בניב הגרמני העילי־הביניי.

ור וואגילן (= נוע, נדוד). – לויטה: ור וואגילן; סר״א: ורווגלין.

ורומקייט (= חסידות). – כי״א: ורומקייט; מב״ך: פֿרום קייט.

וואלבל (= בזול). – מלב״ך: וואלבּיל.

טורשט (= אתה רשאי). – שמב״ך: טאר, טורשטן, טורשט; מלב״ך: טורן.

לייאן (= קרא). – שמב״ך ומלב״ך: לייאן; מב״ך: גילייאנט.

מילגרום (= רמון). – כך מלב״ך וקרימ׳.

פרעגילן (= טגן).

קולֶט; גם: געקולֶט (= שחט, הרג).

קנעלן, קנוילר (= למד, שנן). – לויטה: קנולן.

שפרייט, אויז גישפרייט (= פרס, ישלח שורשיו). – קרימ׳: גישפרייט; לויטה: שפרייטט.

התפשטות היידיש לצפון־איטליה במאות הט״ו והט״ז גרמה, שמלים וביטויים איטלקיים חדרו ללשון המדוברת. עקבותיו של תהליך זה ניכרים גם אצל אנשל לוי. בבואו לתרגם או להסביר מלה זו או זו, הוא משתמש בניב הוויניציאני של המאה הט״ז. במידה ידועה יש גם כאן, כנראה, מעין היתוך של לשון זרה ליידיש, תהליך שעדיין לא נחקר על־ידי הבלשנים. לשם הבהרה נוספת יוצר אנשל לוי צורות־מלים חדשות ששורשן בלשון איטלקית וסיומן בלשון גרמנית. כך, למשל, הוא משתמש בפעלים: ׳אובליגערט׳ (= חייב – obligare), ׳אוויזערט׳ (= הודע – avvisare), ׳אווערטירט׳ (= היזהר – avvertire), ׳אינטערערן׳ (= היכנס – entrare), ׳ארמערן׳ (= מגן – armare), ׳טענדערן׳ (= להגיש – tendere), ׳ברוֶועֲרן׳ (= הסק – provare), ׳שאלמערן׳ (= דרוש בשלום), וכיוצא באלה. לפעמים הוא משתמש בשם נרדף איטלקי, כגון: ׳נעגבר׳ (= מקדח, טריוועלין; בניב הוויניציאני: trivellino), ׳מארקדנציה׳ (= סחורה – mercadanzia), ׳שקארפר׳ (= סנדלר; באיטלקית: scarper).[5]

ואף נעיר, כי בלשון המחבר ׳וועז ווארום׳ משמש במובן: משום, היות ש...; ׳וועז׳ – כי, רק; ׳נוייארט׳ – אבל; ׳נישט׳ – לא כלום; ׳ניט׳ – לא. כמנהגם של לומדי גמרא הוא משתמש בביטויים מקובלים, כגון: מה דוך; מכל שכן; קל וחומר; תאמר (שמא, אפשר; tomer).

[ד] אורתוגראפיה וניקוד

כמו אצל רוב כותבי יידיש בזמנו, האורתוגראפיה של אנשל לוי לעתים מרושלת ומשובשת. אולם ניתן לומר, שהוא מדייק בכתיבה כשהוא מביא פסוקי מקרא או

5 צורות־מלים אלה מצויות גם ב׳ספר התשבי׳ של אליהו בחור הלוי וברומאן־אבירים שלו המכונה ׳בבא בוך׳. ראה גם להלן, עמ׳ 212, מפתח המלים והביטויים מן האיטלקית.

מימרת חז״ל. בדרך־כלל מנוקדים פסוקים או צירופי־מלים שבלשון־הקודש, אך יש שאינם מנוקדים. קשה לדעת כיצד ביטא אנשל לוי, וכמוהו אחרים, את הקמץ, למשל, והוא הדין בתנועותיהן של כמה וכמה מלים מנוקדות. לדוגמה נזכיר את המלה ׳אֻמָּנָה׳ המנוקדת בשני קמצים; בכ״י אוקספורד Can. Or. 12 אנו מוצאים ׳אֻמָּנָה׳ (במי״ם קמוצה); בכ״י פאריס héb. 586: שְׁמָנָה עֶשְׂרֵה (מי״ם ונו״ן קמוצות). כן נציין מלים כגון ׳פֶּרֶק׳, ׳סֶפֶר׳, ׳מֶרְחַץ׳, ׳קֶבֶר׳, המנוקדות בסגול; בדומה לכך אנו מוצאים בס׳ שמות־דברים של אליהו בחור הלוי: ׳מֶרְחַץ׳, ׳קֶבֶר׳; ובכ״י פאריס הנ״ל: ׳מֶעְרִיב׳, ׳חֶזַן׳. המחבר מנקד גם את המלה ׳מֶדְרַש׳ (המי״ם בסגול); וכיוצא בזה. אף נציין, שהשווא הנע נעשה שְׁוֵי (e), במיוחד במקום חטף־פתח וחטף־סגול. ברגיל הוא מנקד ׳אֲבָנִים טוֹבוֹת׳, ׳עֲשִׁירִים׳, ׳עֲנִיִּים׳, ׳הֲלָכוֹת׳, ׳אֲפִילוּ׳, ׳אֲכִילָה׳, ׳עֲבוֹדָה׳, ׳מַעֲשִׂים טוֹבִים׳, ועוד. המלה ׳חֶבֶר׳ באה בשני סגולים, ומכאן הפועל ׳חֶבְרַן׳. ׳עֶרֶב (זיין)׳ (= עָרֵב) – העי״ן בסגול. בסמיכות המלה ׳ספר׳ צרויה, ׳סֵפֶר תּוֹרֹת׳ בלשון רבים. ייתכן, שביטא את המלה sefer toires, כמו ביידיש של ימינו.

מעניין גם הניקוד של מלים כמו ׳בִּרְיוֹת׳ (הבי״ת בחיריק), ׳טַרְפוֹת׳ – tarfes (גם מנוקד טְרֵיפוֹת, הרי״ש צרויה). המלה ׳תַּאֲוָה׳ באה בלשון רבים בצורת ׳תַּאֲוַת׳ (בשני פתחים: taves); והשווה: ׳קָהַל׳ (שני פתחים), ׳ראש הַקָּהַל׳, ׳טובת הַקָּהַל׳. לבסוף הערה כללית לניקודה של תיבת ׳רבי׳. אנשל לוי מנקד אותה בחיריק כדרך הספרדים, ובלשון רבים: ׳רַבֵּאִים׳, וגם ׳רֵבִּים׳. וכבר עמד על ניקודה של המלה ׳רבי׳ בעל התשבי, שאומר: ׳הריש בחירק׳, ומביא את דברי חז״ל: ׳כל רב ומר מבבל וכל רִבִּי מארץ ישראל׳. ובכלל נוטה בעל התשבי לנקד את התואר ׳רבי׳ בחיריק; לדוגמה הוא מביא: ׳אליעזר בֵּרִבִּי קַלִירִי׳; ׳רבי שמעון הגדול שחתם: שמעון בִּירִבִּי יצחק׳.

מסורת הכתיב של כותבי יידיש ומדפיסיה היתה לסמן את האותיות בֿ, כֿ, פֿ בסימן רפה מלמעלה. כך גם נוהג המחבר, מבלי לשמור בקפדנות על הכללים המקובלים. כך הוא כותב: ׳בֿויגיל׳ (= צפרים), ׳בֿויקש׳ (= שועל), ׳בֿור׳ (= קודם), ׳העבֿן׳ (= קדרות), ׳מילכֿיג׳, ׳אנטפפֿנגן׳ (= לקבל), ׳טרופֿפֿן׳ (= הדיוט, שוטה). אל״ף סופית, הקרויה בימינו אל״ף אילמת, מצויה במלים כגון ׳קופפֿא׳, ׳שפייזא׳, ׳וויא׳, ׳דיא׳, ובתיבות דומות אצל סופרי יידיש בזמנו: ׳ענדא׳, ׳ליבא׳, ׳וליישא׳, ׳קופפֿא׳. תיבת ׳און׳ מקוצרת בתג מלמעלה, ואילו ביידיש של זמננו היא נכתבת בנו״ן סופית. המלים והמשפטים באיטלקית מסומנים מלמעלה בזרקא.[6]

נציין עוד, שהמלים ׳אוֹן׳ (= בלי), ׳מוֹש׳ (= סאה, מידה) מנוקדות בחולם. בצירה הוא מנקד את הפועל ואת שם־העצם כגון: שטֵיט (= עומד), ׳שטֵין׳ (= עומדים),

6 במהדורה זו הדפסנו קו מאוזן מעל האותיות במקום הזרקא.

׳גֵיט׳ ו׳גֵין׳ (= הלך), ׳רֵיידן׳, ׳רֵיד׳ (= דבר), ׳מֵין׳ (= יותר), ׳וֵויא׳ (= כאב), ׳גֵיזֵיך׳ (= חוק, משפט).

תיבת ׳כבוד׳ משמשת בלשון נקבה, במקביל לשימושה ביידיש: ׳דיא אֵיר׳. על־פי־רוב כתב המחבר בכתב־היד שומר דף באופן שהמלה האחרונה בדף חוזרת בראש הדף שלאחריו.

[ה] המחבר ומשנתו

על המחבר אנשל לוי, חייו ומעשיו, היכן ומתי נולד ומת, אין לנו כל ידיעות ברורות. כפי שהוא מעיד על עצמו, היה אחד מיוצאי אשכנז שהיגר לאיטליה (וועלש לאנד) והתיישב, כנראה, באחת הקהילות המשגשגות בצפון הארץ. את פירושו ל׳פרקים׳ חיבר בראשית שנת של״ט, אולי בוויניציה עצמה או במקום סמוך לה. את ויניציה הכיר, והוא מזכירה כעיר גדולה ויפה.[7] כדרך סופרי יידיש בזמנו היה אנשל לוי גם סופר וגם מעתיק, והוא קורא לעצמו ׳הלבלר׳, ׳דינר אלר ורומן ווייבר׳ (= משרת לכל הנשים היראות). כאמור, כתב את חיבורו בשביל האשה הנדיבה והחסידה מרת פערלן. ייתכן, שהיא, הפטרונה שלו, היתה קרובתו מצד בעלה וואלפין, ששם־משפחתו היה לוי גם הוא. באותו פרק־זמן מצויות בצפון־איטליה קהילות משגשגות, ובהן רבים מיוצאי אשכנז. הללו זכו למעמד חשוב בחברה ונעשו גורם כלכלי בעל משקל. ניתן לשער, כי גם משפחת לוי היתה אחת המשפחות האמידות מיוצאי־אשכנז שהתיישבה בצפון־איטליה, וכי האשה הכבודה והצנועה מרת פערלן לבית לוי הזמינה תרגום לפרקי אבות מעם קרובה אנשל לוי שישב בשכנותה.

ברם, חשיבות יתירה נודעת להם ליהודי אשכנז בצפון־איטליה לגבי התפתחות היידיש, שכן יידיש היתה שפתם המדוברת, ובלשון זו יצרו ספרות עממית, חיה ורבת־ערך. לא פעם הזמינו נשים אמידות ויראות מעם סופרים, או מסתם מעתיקי כתבי־יד, ספרי־חול וספרי־קודש עם תפילות, דינים ומנהגים, מגילות והפטורות, ספרים שנוסחם קבוע ועובר מדור לדור. קבצים כאלה היו משובצים אגדות חז״ל ומשלים, סיפורי־עם ומעשיות קדומות ונאות, ונועדו בשביל אמהות, בחורות חסודות ופשוטי־עם שבקיאותם בלשון־הקודש היתה דלה, וכוונת מחבריהם היתה לחנך את הקוראים בדרך התורה והמצוות ולהנחילם את מורשת־האבות בשפת הדיבור. בלי ספק היה אנשל לוי סופר עממי כזה, ועיקר מגמתו היתה – הדרכה בנתיבי האמונה והפצת מוסר ודרך־ארץ בין המוני־העם. הוא היה אדם בעל השכלה יהודית וכללית רחבה, איש פיקח ובקי בהוויות העולם. נראה, שבזמן שחיבר את פירושו ל׳פרקים׳ היה אדם מבוגר, מנוסה בהליכות החיים והחברה

7 למשל, במעשייה מס׳ 69.

בת־זמנו. הוא ישב אז ישיבת־קבע באיטליה וידע את לשונה. בטבעו היה אדם צנוע ונוח לבריות, כפי שעולה מן התואר שהוא קורא על עצמו: סופר הדיוט (׳דער סופר׳, ׳דער הדיוט׳). על מוצאו מאשכנז הוא גם מעיד בהקדשה למרת פערלן שבסוף חיבורו. את ההקדשה הוא מסיים בנוסח המקובל: ׳...דער ארים שרייבר, דינר אלר ורומן וייבר. אנשלן לוי בין איך גינאנט, קומן אויז טויטשן אין וועלש לאנד׳ (= אני הסופר המסכן, משרת לנשים יראות, אנשל לוי שמי הבא מארץ אשכנז לארץ איטליה). אכן, אדם מסכן, ענו ומתון היה, שלא הצליח בחייו. נראה, שעסק בכמה מלאכות, שלא היה בהן כדי לספק את צרכיו. מתוך הערה בביאורו אפשר להסיק, שלא היה בכוחו להתפרנס ממלאכת הכתיבה, ועסק גם בהוראה, ב׳קנעלן׳, בתור מלמד תינוקות. בפירושו למשנה ד:ה, ׳ואל תעשה עטרה להתגדל בה׳, הוא מותח ביקורת חריפה לא בלבד על הלמדנים העושים תורתם קרדום להפור בה, אלא גם על מלמדי־תינוקות, ומוסיף לאמור: ׳איין איטליכר מיינט רייך צו ווערדן, אונ׳ אל מייני ויינד זולן זיך דר נערן מיט קנוילן׳ (= כל אחד מהם רוצה להעשיר, ושונאי נפשי יתפרנסו מן המלמדות; עמ׳ 62). הנימה העוקצנית שבה נאמרו הדברים יש בה כדי לגלות יותר מאמירה מפורשת. ניתן לשער, כי בא לכלל מסקנה זו מנסיונו שלו עצמו, וכי גם במקצועו זה לא ראה ברכה.

פירושו של סופרנו מעיד על בקיאותו בתלמוד ובמדרשי חז״ל, בספרות הרבנית ובמפרשים של ימי־הביניים, ובמיוחד בספרות המוסר על אגדותיה ומשליה. נצביע כאן על העובדה, כי בביאורו הוא משתמש הרבה בפירושו המדויק של רש״י ובפירושו של ר׳ עובדיה ברטינורה ומביא לפרקים גם את דעתו של הרמב״ם והולך בזה בעקבות ברטינורה. בתרגומו ובעיבודו של אגדות חז״ל אינו שואב מן המוכן, היינו, מתרגומי האוספים שהיו נפוצים בזמנו, אלא משתמש על־פי־רוב במקור ראשון. תכופות הוא מדקדק בצורה ובסגנון של הגמרא והמדרש, וכמעט שאינו משנה בעיבודו את הגירסה. גם ניכר, שקרא הרבה בספרי מוסר, ביניהם ׳עקידת יצחק׳ לר׳ יצחק בן משה ערמה ו׳אורח חיים׳ לר׳ רפאל בן גבריאל מנורצי. יתר על כן, הוא היה בקי בסיפורת החול בת־זמנו, על מגמותיה וכיווניה הספרותיים. כאמור, הוא מזכיר את ספר אלפא ביתא דבן סירא ואת הפואימות הידועות ביידיש, ׳ספר שמואל׳ ו׳ספר מלכים׳, שמהם שאב חומר סיפורי רב לחיבורו. למעשה, הוא גם משלב לתוך אוסף סיפוריו חומר מגוון מסיפורת־חוץ שהתהלכה בעם. אפילו אמת־המידה שאולה ממקור זר, הוא מלביש את הסיפור בלבוש בדוק ונותן לו גוון יהודי צרוף. בהיותו סופר משכיל הוא ידע גם כמה לשונות והשתמש בהן. יתר על העברית והארמית היה בקי בשפה האשכנזית, באיטלקית ובשפת־הדיבור החביבה עליו, שבה הגיש לקורא את פירושו לפרקי אבות.

מתוך ההערות המרובות שהוא משבץ בפירושו נמצאנו למדים, שאף־על־פי שחיבורו נועד בשביל האשה הכשרה ורבת־המעלות מרת פערלן, היתה כוונת המחבר להשמיע את דבריו בענייני מוסר והנהגה באוזני האדם מישראל בכלל. אופייני שאינו מזכיר בשום מקום את חובות האשה ודרכי התנהגותה במיוחד, אלא דבריו מכוונים אל כל יחיד מבני עמו. הוא פונה ישירות לבעלי־בתים פשוטים, לפרנסים וראשי קהילות ולסתם בני תורה, ולהם הוא מטיף ושונה הליכות חיים ודרך־ארץ לפי נטיותיו ולפי השקפת־עולמו המוסרית.

סגנונו ואופן הרצאתו הם של בעל מוסר ודרשן עממי, ולשונו צחה, חיה ועסיסית. סגנונו שוטף, והוא מנצל יסודות־לשון מקובלים או שנתחדשו על־ידיו. מן המקורות הספרותיים שבלשון־הקודש שאב שפע של מלים, ביטויים ומשפטים שלימים, שהותכו על־ידיו ללשון המדוברת, מסורת לשונית שנעשתה במרוצת הזמן נחלת יידיש של ימינו. בלשון בהירה ופשטנית הוא מברר את תוכנה ומשמעותה של כל משנה ומשנה, מבאר ומפרש אותה אגב חידושים והסברים משלו. בדברי כל תנא ותנא, מאמריו וסברותיו, הוא משלב אגדה נאה, משל או סיפור מלבב, כדרך שאר בעלי מוסר. מדי פעם הוא גם חוזר על גירסתו־הוא ומרחיב את היריעה הסיפורית בפרטים והשלמות, כדי להסביר את הרעיון הטמון בסיפור ולשעשע את הקורא.

בהשוואה לתרגומים אחרים של פרקי אבות יש שאתה מוצא הבדל ניכר בינו ובין קודמיו. תרגומו של אנשל לוי, אף שהתכוון להיות נאמן למסורת המקור, אינו מילולי ואינו הולך בדרך של השתעבדות ללשון־המקור ושל נאמנות יתירה לטקסט העומד להיתרגם, דרך שהיתה רווחת בתרגומים שלפניו. יוצא מכלל זה כשהוא מגיע לפסוקי התנ״ך המובאים במסכתנו. כאן הוא הולך בעקבי המסורה ונשאר נאמן לנוסחה. אולם בעיבודם של אגדות חז״ל ושל משלים וסיפורים עממים אנו מוצאים מידת חירות לשונית יוצרת, המחייה את שיחותיו הנאות, תוך שימוש בצירופי־לשון אידיומאטיים משפת־הדיבור. כפי שהזכרנו, מצטיינת לשונו בריבוי מלים וביטויים תורניים, שהיו רגילים בלשון קהל קוראיו, והשרישו ביידיש עד ימינו־אנו. נמצא, שהמרקם הלשוני של החיבור, על ביטויו ואוצר־המלים שבו, יש לו מסורת ארוכה, בת מאות בשנים.

מגמת המחבר היתה להגיש לקורא היהודי תרגום שלם על־פי הפשט לפרקי אבות, תרגום שבו יימזג נוסח המשנה עם אגדות חז״ל ועם משלים וסיפורי־עם, בשפה קלה וחיה שתהיה מובנת לכול. לפנינו אפוא סוג של מדרש־עם על המשנה במתכונת המדרש העממי על התורה שעוצב באותו פרק־זמן ממש בידי בעל 'צאינה וראינה' (הספר הופיע, כנראה, בשליש האחרון של המאה הט״ז, או על ספה). ביאורו המדרשי של יעקב בן יצחק אשכנזי מיאנובה שבפולין על התורה היה נפוץ מאוד בין שדרות העם, ונתחנכו עליו דורות רבים של נשים ואמהות

בישראל. ונציין, דרך־אגב, שבאותו זמן נלקט ונסדר גם ספר המעשיות, ה׳מעשה בוך׳ הידוע (באזל שס״ב), שנתחבב על העם, ונועד, כדברי המהדיר, להיות ׳טייטשי גמרא׳, על אגדותיו המרובות וסיפורי־העם השונים, שנתמזגו לחטיבה אחת ונמסרו בסגנון אחיד ומקובל מדור לדור.

כשם ש׳צאינה וראינה׳ נעשה ל׳תורת נשים׳ שהגישה לאשה היהודייה אוצר בלום מספרות האגדה ונושאי־כליה, כך כוונתו של אנשל לוי היתה להגיש להן לנשים צנועות ולפשוטי־עם מדרש־עם נאה על פרקי אבות, שימשוך את הלב בנעימתו הפשוטה. ספרו רצוף דברי מוסר וחומר סיפורי מגוון, שכן ביקש להרים תרומה לחינוך הדתי ולהדרכה המוסרית של הקוראים. הזכרנו את השימוש שעושה מחברנו באגדה, במשל ובמעשייה עממית לצורך הפצת עיקרי האמונה והמוסר. משמעותה ותפקידה של המעשייה בתחום המוסר הדידאקטי הם מן המפורסמות שאינם צריכים ראיה. המעשייה (אקסמפלום) דרכה להימסר בנוסח קבוע ומקובל מדור לדור. אולם בספרות ביידיש הקמאית נוסף לה למעשייה, כמו אצל עמי המזרח והמערב, עוד קו מיוחד. אף שיש בה תכופות גם יסוד סיפורי מובהק, הבא לשעשע ולבדר את הקורא, אין זה מן הנמנע, שסוג זה של ספרות חילונית ישמש כעין אילוסטראציה מוסרית. בדרך זו הולך המחבר שלנו, שמוסרו ניזון מן האוצר האגדי־הסיפורי, שבסופו בא מוסר־השכל נאה וחסידי.

ניתן לומר, כי בתורת המוסר אנשל לוי, הסופר והמוכיח העממי, אינו מקורי. הוא אינו בא לחדש הלכה רעיונית, אלא לפרש ולהסביר משנה ברורה ומקובלת, כשהחידוש אינו אלא בצורתו הפשטנית לפי סגנונו ובטעמו. הוא יודע להרחיב את מסגרת האגדה הסיפורית ולתת לה נעימה וגיוון משלו. אף־על־פי שתוכן דרשותיו ופירושו הוא מוסרי־דתי, אין הוא משועבד לטקסט שלפניו, אלא מביע את דעתו ועמדתו כלפי זרמי הזמן ותנאי החיים שהוא נתון בהם. התוכן הרעיוני ישן, אבל הוא מוסיף נופך משלו בצורת הערכות והערות כלפי שיפור תנאי החיים ותיקון המידות. כל אלה עושים את הפירוש לפרקי אבות ליצירה המשתלבת יפה בספרות יידיש שעלתה והתפתחה בצפון־איטליה במאה הט״ז.

כדרך קודמיו בעלי המוסר מתלבט גם הוא בכמה מבעיות־היסוד של חיי היהודים בזמנו. הוא דן על דרך האמונה שנראית לו רופפת, על שאלת אורך הגלות ועל תלאותיו וייסוריו של עם ישראל. הוא מתרעם על הזנחת לימוד התורה וקורא תגר על ליקויי החברה הסובבת אותו, ודורש תיקון יסודי. על כל אימרה ואימרה במשנה הוא מעיר הערה מפורשת משלו הנובעת מנסיונו בחיים. הוא יהודי חרד וירא־שמים, אבל אינו קנאי וקיצוני בתוכחתו. הוא איש פשוט וצנוע, אוהב את הבריות ורוצה לקרבן למצוות ולמעשים טובים. עתים הוא מטעים, שהסופר, הלבלר, אינו בודה שום דבר מלבו. הכול כבר נמצא בספרים קדושים, במשנתם

של גדולי ישראל, וכל כוונתו להסביר את דעתם והשקפותיהם. משום כך הוא מחזיק במסורת קודמיו ומבאר את דבריהם באריכות, תוך שינויים קלים והערות כלליות שהן בגדר הערות־שוליים. גישתו הולמת את שיטת ר׳ עובדיה ברטינורה. אולם כמו כל סופר עממי הוא מאריך בדיבורו כשהוא משוחח עם הקורא, ומתבל את דבריו באימרות חז״ל ובמילי דעלמא, הנשמעים בנחת ונוחים להתקבל על דעתו של האדם מישראל.

אנשל לוי הכיר יפה את בעיות־החיים, ידע את טבע האדם וחולשותיו, והבין לרוחו. בעין מפוכחת הוא מסתכל בסובב אותו ובדרכי בני אדם ומעלליהם, מאווי־הם ותאוותיהם, ותובע שיפור המעשים ותיקון המידות. כבר במבוא לתרגומו ניכרת מעורבותו בחיים כאשר הוא בא לתת טעם לנוהג שקבעו הראשונים ללמוד פרקי אבות בשבתות הקיץ. כמקובל הוא פותח במשנה שבסנהדרין י׳:א, ׳כל ישראל יש להם חלק לעולם הבא׳, ומבאר את הפיסקה כדרכו. הוא מטעים בדרך פרשנית, שכוונת המשנה לקבוע, שאפילו הקלים והחוטאים בישראל זוכים בחלק בגן עדן. אסור לו לאדם להתייאש, ואפילו עבר עבירה, אין הוא רשאי לטעון שלפי שחטא, שוב אין לו תקנה. בצורה נאה ובהרצאה פשטנית הוא ממשיך: ׳דרום דש עש זיין אונטר ישראל ויל עַמֵי הָאֲרָצִים אונ׳ רְשָׁעִים דיא דא ויל גיזוינד האבן. אונ׳ ויל לייכט מויכטן זיא זיך גידענקן זיא קוינטן איר זוינד ניט בוישן אונ׳ בִּפְרָט דער יֵצֶר הָרַע דער רייצט דיא לוייט אומנדר אן אונ׳ שפריכט: ווייל דו הושט גיזוינט זא זוינד ור בֿול אונ׳ הב דיין ווילן אויף דעם עוֹלָם, דו הושט דוך ניט קיין חֵלֶק לְעוֹלָם הַבָּא. דיך הילפט קיין תְשׁוּבָה מֵין... אבר ווען זיא הוירן דש אל יִשְׂרָאֵל האבן חֵלֶק לְעוֹלָם הַבָּא, זא גידענקן זיך דיא זוינדיגר, דיא ווייל עש אזו איז, זא וויל איך אב שטין בון מיין עֲבֵירוֹת אונ׳ וויל תְשׁוּבָה טון, דש איך זול איין גוט חֵלֶק הבן אים גן עדן׳ (= לפי שמצויים בין עם ישראל עמי־הארץ ורשעים הרבה שחטאו, וייתכן שהם חושבים בלבם שאין להם כפרה, בפרט כשיצר הרע מפתה אותם בדבריו ואומר: הואיל וכבר חטאת, מוטב שתעשה כחפצך ותראה חיים בעולמך, איבדת כבר את חלקך בעולם הבא ושום תשובה לא תועיל לך... אולם כשבני־אדם שומעים שיש לכל ישראל חלק לעולם הבא, הרי החוטאים מהרהרים בלבם, הואיל וכך הוא, מוטב שנחדל מעבירות ונעשה תשובה כדי לזכות בחלק טוב בגן עדן; עמ׳ 1).[8]

8 גירסה דומה מובאת גם במהדורת קראקא: ׳... דען מן וינט איין טייל אונטר דען עם האר־צות דיא דא האבן גזינט אונ׳ גדענקן זיא קענן נימר בישן. אונ׳ דער יצר הרע רייצט זיא אן אונ׳ שפרעכֿט: אז מער זינד נאך מער [כך גם בדפוס פראג תמ״ח] אונ׳ הב דיין ווילן אויף דיזן עולם. דוא האשט דאך ניט חלק לעולם הבא. דיך הילפֿט דאך קיין תשובה מין. אונ׳ מיט דען זעלביגן גדאנקן ווערדן זיא פר לארן. אבר ווען זיא הערן דז כל ישראל האבן חלק לעולם הבא, זו גדענקט איטליכר איך וויל פֿון מיין עבֿירותֿ לאשן אונ׳ וויל תשובה טאן, דער ווארטן דז מיין חלק דיז דער בעשיר ווערט זיין אין יענר וועלט.

אולם שלא כתרגומים אחרים, רואה המחבר שלנו להמשיך בביאורו הלמדני ומרצה על עניין גן עדן שזוכות לו נשמות בני ישראל. הוא גם מדייק ואומר, שאפילו אותם בני אדם שנתפקרו ולא האמינו בתורת משה ובתחיית המתים, נשמותיהם זוכות לגן עדן אחרי שנים־עשר חודש, כלומר, אחרי טיהורן. ואם הנשמה טהורה היא, בלא חטא ועוון, חלקה מובטח לה בגן עדן, והיא נכנסת שמה מיד, ומכל־שכן בעלי תשובה, שאפילו צדיקים גמורים אינם יכולים לעמוד במקומם. הוא גם מעיר על נוהג של שבעת ימי האבלות ודין שלושים, ימי טיהור הנשמה שעודה רופפת בגוף המת. מכאן הוא עובר לספר על המחיצות שבגן עדן, ושלכל צדיק וצדיק יש לו מדור משלו. גם חסידי אומות העולם זוכים לגן עדן, לפי דברי חז״ל, ואפילו הרשעים אינם נידונים בגיהינום אלא רק שנים־עשר חודש, ואחרי־כן הם נכנסים לגן עדן. כדי להוכיח את יתרונו של האדם מישראל, היהודי הפשוט, שאף־על־פי שאינו צדיק ולמדן אלא נאה במעשיו בלבד זוכה בגן עדן מיד אחרי מותו, הוא מביא, בתור אילוסטראציה מוסרית לאימרה זו, מעשייה קדומה על ר׳ בונם השמש והמת (מס׳ 1), שהוא משלבהּ אל תוך הרצאתו. מעשה בשמש קהילת וורמיזה שהיה קובר מתים (אגב, מעניין שהוא מנמק בשביל קוראיו באיטליה, שקהילת וורמיזה היא באשכנז). ומעשה שבא ר׳ בונם השמש בהשכמה לפתוח את דלתות בית־הכנסת ומצא שם מת עומד, שנקבר רק ביום אתמול. נבהל השמש, והתחיל בורח מפני המראה. אך המת הרגיעו וביקש שיאחה את שרוול תכריכיו, כי לשם כך חזר מעולם האמת, שכן הוא מתבייש להתהלך שם בבגד קרוע. כששמש תמה על שזכה להיכנס תיכף לגן עדן, משום שהיה נחשב בחייו לבער וקל־דעת, משיב לו המת, כי נכנס לגן עדן בזכות ׳דש איך אל מיין טג הון דיא ברכות אונ׳ מזמורים אין דער שולן גיזגט מיט איינם זוישן נִיגון׳ (= משום שכל ימי אמרתי את הברכות והמזמורים בבית־הכנסת בקול ערב; עמ׳ 4). וכראיה לדבריו הוא מראה את נזר הפרחים, פרחי גן עדן, על ראשו. נמצאנו למדים, שאפילו בזכות מצווה קלה, כגון אמירת ברכות ומזמורים בכוונה, אדם זוכה לגן עדן. ואנשל לוי מסיים את סיפורו במוסר־

אונ׳ דרום האבן זי דר מיט אן גהובן, דז זי הירן זולין דז כל ישראל האבן חלק לעולם הבא׳ (= אתה מוצא בין עמי־הארץ שעברו עבירות וחושבים שאין להם כפרה. והיצר הרע מתגרה בהם ואומר: כל המרבה הרי זה משובח, אל תנח את ידיך ותראה חיים בעולם. אין לך חלק לעולם הבא ושום תשובה לא תועיל לך. במערך לב כזה הם נאבדים מן העולם. אולם כשהם שומעים שכל ישראל יש להם חלק לעולם הבא, הרי כל אחד מהרהר בלבו ואומר: אחדל מעוונות ואעשה תשובה, כדי שחלקי בעולם הבא יהיה מן המובחר. משום כך התחילו [כלומר, בעלי המשנה] בזה, למען יידעו שיש לכל ישראל חלק לעולם הבא). מעניין עד כמה נוסח זה מקביל, כמעט מלה במלה, לדבריו של אנשל לוי בהקדמתו. השאלה היא, אם כתב־ידו היה ידוע, ובו השתמשה מהדורת קראקא (על־אף ההבדלים הבולטים בגוף הטקסט המתורגם), או שהיה זה נוסח קבוע ומקובל בין כמה מתרגמי מסכת אבות ומפרשיה. והשווה גם להלן, עמ׳ 184, נספח ג.

השכל: ׳אונ׳ דש מעשה איז גיוויש גישעהן אונ׳ איז קיין פּוֹלה ניט. דא בייא מג מן בייא שפיל נעמן וויא גר גרינג איז דש איינר קאן דש גַן עֵדֶן ור דינן וועז איינר שון איין זוינדיגר איז גיוועזן. אונ׳ דרום האבן אונזר חכמים ז״ל גיזגט כָּל יִשְׂרָאֵל דיא האבן חֵלֶק לְעוֹלָם הַבָּא׳ (= סיפור־מעשה זה אמת היא ולא בדיה. ומן המשל הזה ניתן ללמוד עד כמה קל הדבר לזכות בגן עדן, ואפילו האדם עובר עבירות היה. משום כך אמרו חכמינו ז״ל: כל ישראל יש להם חלק לעולם הבא).

בשביל חוקר פולקלור מעניינים כמה מוטיבים שנרקמו באגדה עממית זו. כך, למשל, המוטיב שהמתים חוזרים לעולם בחשכת הלילה ומופיעים בדמותם כפי שהיו בחיים. וכן עניין השרוול הקרוע או העשבים (= הפרחים) הריחניים מגן עדן, שבהם עשה המת נזר לראשו. המחבר מטעים, שעשבי גן עדן הם תריס בפני הסרחון בעולם. לפי נוסחה אחרת (המובאת בספר הגן), הם מגינים מפני המזיקים ומפני מיני רוחות רעות השולטים בעולם.[9]

בשולי הגליון (להלן, עמ׳ 5) מוסיף המחבר הסבר פשטני ותועלתי על הנוהג של קריאת פרקי אבות בשבתות הקיץ, ומשתמש כאן במיטאפורה רפואית־דידאקטית. הוא מסביר, שקריאתם הוא מרפא לנפש: כשם שהאדם חייב לדאוג לבריאות גופו, ובמיוחד בימות החמה, כשהבריות אוכלים פירות לרוב שלא נתבשלו, כך חייב הוא לשמור על טהרת הנשמה ולא לטנפה בדברים בטלים. כשם שסמי־מרפא מבריאים את הגוף, כך האדם מבריא ומתקן את נפשו על־ידי קריאה ולימוד ב׳פרקים׳, בעיקר בשבתות־הקיץ הארוכות, כשאינו עמל, והולך בטל, והבטלה מביאה לידי שעמום ושורשה רע. בנועם דיבורו הוא אומר: ׳... אזו זולן מיר אך דיא נְשָׁמָה גיזונד האלטן. אונ׳ דיא פרקים זיין איין מידיזינה צו דער נְשָׁמָה, דען עש זיין אייטל גוטי מִידוֹת. אונ׳ ווען זיא איינר לייאט, זא קומט אים קיין לושט צו זוינדן. דש איז דיא בֶּישט רְפוּאָה דיא אויף דער וועלט איז׳ (= כך אנו צריכים לשמור על בריאות הנשמה. הפרקים הם רפואה לנפש, משום שיש בהם אך מידות טובות. ואם אדם קורא בהם, אינו בא לידי חטא, וזוהי הרפואה הבדוקה שבעולם). ברוח זו דיבר גם דור המשכילים במאות הי״ח והי״ט, שההשכלה הוחזקה להם רפואה בדוקה כנגד בערות בני האדם וסכלותם.

אנשל לוי, אף־כי הוא שומר על רוח המסורת המוסרית ומשתמש במטבע שטבעו קודמיו, אינו נוהג לחזור סתם על דברים שנאמרו, אלא משלב ומוסיף הערות משלו, דברים הנובעים מנסיונו והכרתו־הוא. כשאר בעלי מוסר הוא דורש חיזוק האמונה,

9 השווה גם להלן, עמ׳ 3, הערה לשורה 15. – ייתכן, שהמקור הקדום ביותר של סיפור זה נמצא בספרו של ר׳ יצחק בן משה מווינה, ׳אור זרוע׳, הלכות שבת ב:ב; ובספר חסידים, עמ׳ תכז. האגדה היתה נפוצה ונכנסה בכמה ספרי יידיש. והשווה: ספר הגן (קראקא 1597), עמ׳ כ; מעשה בוך, מס׳ 213 = גאסטר, מס׳ 214. את מוסר־ההשכל של המעשייה משמיענו אנשל לוי בנוסחו של בעל ׳אור זרוע׳, מה שאין כן בספרים אחרים.

לימוד התורה וקיום מצוותיה, ומתריע על התגדרותם והתרברבותם של ראשי הציבור ומנהיגיו. כפעם בפעם הוא מדגיש את חובת האדם ליתן צדקה בעין יפה; וגדולה מזו בסולם הערכים, הוא אומר, היא מצוות גמילות חסדים, שיש לה גם ערך סוציאלי מובהק. כשהוא דן במצווה זו במשנתו של שמעון הצדיק (א:ב), הוא מדייק: ׳אונ׳ דש מאן ארמי לוייט לייאט וועז עש אין נוט טוט. דש איז איין גרושרי מִצְוָה אז וועז מאן צדקה גיבט׳ (= להלוות לאיש העני בשעת דחקו, זו היא מצווה גדולה ממתן הצדקה; עמ׳ 9). פעמים עולה מתוך חיבורו תמונתה של היהדות בת־זמנו, ואנו עדים לאותן הבעיות, הדתיות והסוציאליות, שהעסיקו את המחבר כשם שהעסיקו כמה מבני דורו. אתה מוצא גם רמזים גלויים לליקויי החברה בזמנו, שעליהם הוא מגיב בחריפות הקולעת אל המטרה. הוא מגנה את העשירים החיים חיי מותרות ואינם פוסקים צדקה כפי יכולתם, ואת ראשי־הקהל והפרנסים המתנשאים על העם, שאין עניינם אלא בהנאת עצמם ואינם דואגים לטובת הכלל. השקפותיו בענייני־מוסר מעוטרות אמרי־נועם וסיפורים על גדולי ישראל לשעבר, שעמלו וסבלו ועם זאת עסקו בתורה והעמידו תלמידים הרבה. כמופת משמשות לו דמויותיהם התרומיות של חכמי התלמוד, כגון הלל, ר׳ עקיבא, ר׳ אליעזר בן הורקנוס וכמותם.

בדיונו פונה המחבר גם אל האשה העברייה שתהא נאה במעשיה, חכמה וטובת־לב. כשהוא מפרש את המשנה ׳אל תרבה שיחה עם האשה׳ (א:ה), הוא מדייק בתוספת משלו: ׳דש מיינט ניט אלי ווייבר, נוייארט דיא זוילכן ווייבר דיא אירי מאנן אומנדר אן רייצן צו קריגן אונ׳ צו האדרן, אונ׳ גַזְלָן אונ׳ גַנְבַן אונ׳ צו אנדרי בויזי מעשים. אז מיר וינדן בייא קֹרַח...׳ (= הכוונה אינה לנשים סתם, אלא לאותן נשים המסיתות את בעליהן לריב ולהתקוטט, לגזול ולגנוב ולמעשים רעים אחרים, כפי שמצינו אצל קרח; עמ׳ 12). כאן הוא משלב את האגדה על ריב קרח, כיצד התגרתה בו אשתו והוסיפה שמן על המדורה, ולסוף נספו הוא וכל עדתו. יוצא מכלל זה היתה אשתו החכמה של און בן פלת, שלפי המדרש הצילתו. ושוב אותו סוג של סיפור על אשה נעלה ונאה במידותיה, כגון בתו של כלבא שבוע, שנישאה לו לר׳ עקיבא בהיותו רועה צאן אביה. ענייה ומרודה זו משמשת לו אילוסטראציה לימודית ומופת להליכותיהן של נשים צנועות והסידות, שעוזרות לבעליהן לעסוק בתורה, והם מקיימים אותה מתוך עוני וסופם זוכים לגדולה ומעמידים תלמידים הרבה (נדרים נ ע״א; מעשייה מס׳ 27).

כשהמחבר מגיע אצל משנתו של אנטיגנוס איש סוכו (א:ג), הוא מאריך בפתיחה בעניין שכר ועונש, ומפרש את דברי בעל המשנה, שחובתו של אדם היא לעבוד את בוראו שלא על־מנת לקבל פרס. בעקבי ברטינורה הוא משלב את הסיפור (אדר״נ, ה) על צדוק ובייתוס, שיצאו מן הדת ותלמידיהם נקראים בשם צדוקים

ובייתוסים (מעשייה מס׳ 3). בהערת־ביניים המחבר מוסיף: ׳אונ׳ איר וינט מן נוך עַד הַיּוֹם הַזֶּה אין פולן אונ׳ רויישן. אונ׳ מן היש זיא צדוקים אונ׳ בַּיְיתוֹסִים. אונ׳ זיא האלטן קיין מצוה דיא אונזר חֲכָמִים ז״ל גיבוטן האבן, נוייארט ווש בישיידליך אין דער תורה גישריבן שטֵיט... אונ׳ איצונד היישט מן זיא קָרָאִים׳ (= עדיין מוצאים אותם בפולין ורייסין, ונקראו בשם צדוקים ובייתוסים. הם אינם מקיימים מצוות חז״ל, אלא מה שכתוב במפורש בתורה... ועכשיו הם קרויים קראים; עמ׳ 10).[10]

בפירושו לפיסקה ׳עשה לך רב וקנה לך חבר׳ (א:ד) מגנה המחבר שלנו את הלמדנים המתגאים בתורתם ובודים מלבם הוראות ופסקי־דין (בשוליים הוא מוסיף: ׳בויך סברות׳). מוטב, הוא מדגיש, שיקנה לעצמו ספרים וילמד מהם. כך היא גם דעתו של ר׳ שמעון בר צמח (המאה הט״ז) בפירושו ׳מגן אבות׳. ברוח המוסר המקובל הוא גם גורס, שאסור לתלמיד־חכם להתנשא על הציבור, לפי שיש בזה משום גאווה ושררה. בלשונו הפשטנית הוא מפרש את אימרתו של שמעיה ׳ושנא את הרבנות׳ (א:י): ׳הב ויינט... דיא הערשאפט... ווען דיא שְׂרָרָה איז מְקַבֵּר אירי הערן, דש זיא באלד שטערבן׳ (...משום שהשררה מקברת את השליטים; עמ׳ 15). באותה הרוח הוא גם מתרגם את האימרה ׳ואל תתודע לרשות׳: ׳אונ׳ איינר זול זיך ניט חֶבְרַן אונ׳ קונפאנייערן צו דען הערן׳ (= ואל יתחבר אל האדונים הרודים; שם), והותם בפתגם עממי חי: ׳אז דש שפריך ווארט גֵיט: עש איז בויז מיט הערן קירשן צו עשן׳ (= לא טוב שבת אחים עם המושלים; שם). בביאור משנת הלל ושמאי (א:יב) הוא מאריך את דיבורו על מידותיו התרומיות של הלל, אורך־רוחו ועמלו בתורה. הסיפור גופו (מעשייה מס׳ 32) נלקח מן התלמוד, והוא מסיימו במוסר־השכל נאה משלו: ׳אונ׳ דרום הוט איין ארמר קיין גוטי שקויזא צו זאגן, איך הב ניט קוינן לערנן בון ארמוט וועגן...׳, (עמ׳ 17) כלומר, שלעולם הבא אין לו לעני שום תואנה לומר: לא למדתי תורה משום שהייתי עני, שהרי מראים לו על הלל, שאף־על־פי שהיה עני, עסק בתורה. לאותו המוטיב ׳תורה מעוני׳ הוא חוזר בסיפורו על עני ועשיר לפני בית־דין של מעלה (מעשייה מס׳ 54). הוא חותם את האגדה בנימה חסידית: ׳דרום זגן אונזר חֲכָמִים, הִלֵל מְחַיֵּיב את הָעֲנִיִּים ר׳ אֶלְעָזָר בֶּן חַרְסוּם מְחַיֵּיב את הָעֲשִׁירִים [יומא לה ע״ב]. אונזר הער גוט ית׳ דער זול אונז אל אונזר זוינד ור געבן, דש מיר אל זולן זוֹכֶה זיין לְחַיֵּי הָעוֹלָם הַבָּא׳ (= השם ימחול לנו את כל עוונותינו ונזכה לחיי העולם הבא; עמ׳ 131; והשווה גם עמ׳ 64).

על ענוותנותו ואורך־רוחו של הלל, בניגוד לשמאי הקפדן, חוזר המחבר לספר בכמה מסיפוריו (מס׳ 8, 11, ו־43) – כגון בסיפור על שני בני־אדם שהמרו זה עם

10 מן הראוי לציין, שהמחבר לא התמצא בהיסטוריה היהודית, וראה בקראים בני־זמנו את יוצאי חלציהם של הצדוקים מימי בית שני.

זה להקניט את הלל, או כיצד גרמה מתינותו לגייר את הגרים – כפי שהם מודגמים בסיפורי התלמוד. סיפורו (מס׳ 12) על ר׳ טרפון ואריסו (נדרים סב ע״א) משמש לו לדוגמה, שצריך האדם להיות זהיר מאוד ולא ליהנות מכבוד תורתו. את אגדת הלידה של רבי יהודה הנשיא הוא משלב בפירושו למשנתו של רבין (ב:א). אולם לאותו סיפור־מעשה הוא חוזר באוסף המעשיות (מס׳ 64). בנוסחו העממי־הסיפורי הוא מספר על גזירת המילה בימיו של רבי ואיך ניצל משום שנתחלף בתינוק של גויה אחת (במקור התלמודי מדובר על מטרוניתא רומאית). מסיפורו זה על רבי ואנטונינוס קיסר מסיק המחבר, כדרכו, מוסר־השכל לימודי מפורש: אף־על־פי שרבי עשיר גדול היה וקרוב למלכות, למד והפיץ תורה ברבים. נמצאנו למדים, שכך צריכים להתנהג גם העשירים בני־זמנו של המחבר ולקבוע עתים לתורה. בסגנון הנובילה האיטלקית מסיים המחבר את סיפורו הארוך על גדולתו ועושרו של רבי והתרעותו עם אנטונינוס קיסר: ׳קושי טוטי [cosi tutti]. אמן סלה׳ (עמ׳ 145).

קיום המצוות, בין קלה בין חמורה, עקרון גדול הוא במסורת היהדות, והמחבר חוזר אליו מדי פעם בפעם. באריכות הוא נותן טעם למאמרו של רבי, ׳שאין אתה יודע מתן שכרן של מצוות׳ (ב:א). כמו רבים מקודמיו מתלבט אף מחברנו בפרשה חמורה זו ומבקש לה פתרון. הוא שואל: ׳אונ׳ ווארום הוט הקב״ה ניט לושן ווישן דען שָׂכָר בון דען מִצְוֹת?׳ ומנסה ליישב את הבעיה שמעסיקה אותו באמצעות משל מן המדרש (תנחומא, תצא, ב): משל למלך אחד שהיה לו פרדס נאה והכניס בו פועלים ולא גילה להם שכר נטיעותיו (מעשייה מס׳ 16). והנמשל הוא: ׳אזו איז אך הקב״ה דער מֶלֶךְ אונ׳ דיא וועלט איז זיין גארטן, אונ׳ דיא מצות דיא ער גיבוטן הוט, דש זיינן זיין בעם. אונ׳ ווער דא וואל ערביט אונ׳ ויל מִצְוֹת טוט, דעם ווערט ער וואל לונן. אונ׳ דיא לוייט זיין דיא פּוֹעֲלִים אונ׳ ערבטר בון הש״י ב״ה. אונ׳ זיא ווישן ניט דען שָׂכָר בון דיא מִצְוֹת. דרום ווערן זיא אל גיטון׳ (= הקב״ה הוא המלך והעולם הוא פרדסו, ומצוותיו הן האילנות. הפועלים הם בני אדם שאינם יודעים שכרן של מצוות, ומשום כך עושים את כולן; עמ׳ 27).[11]

אולם, משמיענו אנשל לוי, יש גם מצוות שגילה הכתוב שכרן, והן כיבוד אב ואם ומצוות שילוח הקן. בתור אילוסטראציה סיפורית הוא משלב שתי מעשיות מן התלמוד: (א) הסיפור על דמא בן נתינה וכיבוד אביו (מס׳ 17); במקביל למקור התלמודי מדובר בסיפור על איזה סוחר או גוי סתם, שכיבד את אביו ובשכר זה נולדה לו פרה אדומה, ששכרה היה מרובה. (ב) מעשה שילוח הקן (מס׳ 18); אחד שקיים מצוות שילוח הקן וברדתו מן האילן נפל ומת. והמחבר שואל: ׳ווש

11 משל דומה לזה, למלך שציווה לעבדיו לנטוע עץ נחמד ולא הודיע להם שכר מטע, אנו מוצאים בספרו של ר׳ יונה גירונדי ׳שער התשובה׳ (ויניציה ש״ד).

בור איין לון וור דשז׳ (= מה שכר הוא), וממהר ליישב: שהקב״ה נתן לו שכרו בעולם הבא, הווי אומר, שהקב״ה אינו מקפח שכרה של בריה ונותן לו לאדם שכרו בעולם הבא; עמ׳ 28).

מעניינת גם צורת הסברו הפשטני למשנתו של הלל, ׳ולא עם הארץ חסיד׳ (ב:ו), שמדובר כאן על בור ׳דער זיך ור שטיט אויף אלי סְחוֹרָה אונ׳ אלי הענדל דיא ווייש ער צו טראפיגערן, און איין דער תוֹרָה דא ווייש ער ניקש׳ (= המבין בכל מיני סחורות, בממכר ומסחר, ודרך התורה סתומה לו; עמ׳ 32). אדם כזה אינו יודע מהי מצווה ומהי עבירה, ומשום כך הוא נכשל. את פשוטו הוא מעטר שוב במעשייה תלמודית (שמחות ד:לד), על ר׳ עקיבא, שבזמן שהיה עדיין עם־הארץ, מצא הרוג (המחבר מנקד: הוֹרֵג, כהיגויו ביידיש עד עתה) בדרך, ולא ידע את הדין שמת קונה מקומו. אולם יש שהמחבר עומד לצדו של האדם הפשוט, שאינו בן־תורה, דן אותו לכף זכות ואינו מקל בו. יש ללמד זכות על האדם מישראל התמים שלא למד בנעוריו ומשום כך אין ביכולתו לעסוק בתורה. כך הוא גם מפרש את משנתו של ר׳ חנניה בן תרדיון, ׳שנים שיושבין ואין ביניהן דברי תורה הרי זה מושב לצים׳ (ג:ב). מתוך שיקול־דעת פשוט הוא מוסיף: ׳אבר וועז זיא רֵידן בון אירן עֲסָקִים דא היישט עש ניט מוֹשַׁב לֵצִים. עש קאן ניט אידרמן דִבְרֵי תוֹרָה רֵידן׳ (= אבל אם הם משיחים בעסקיהם, אין זה נקרא מושב לצים. לא כל אחד יכול לעסוק בדברי תורה; עמ׳ 43). הואיל והזכיר את ר׳ חנניה בן תרדיון, הוא משלב את האגדה על מותו האיום בגזירת עשרה הרוגי מלכות (מעשייה מס׳ 25). באורח דומה הוא גם מפרש את משנתו של ר׳ חנניא בן חכיני, ׳הנעור בלילה והמהלך בדרך יחידי ומפנה לבו לבטלה הרי זה מתחייב בנפשו׳ (ג:ד). על דרך הפשט הוא מבאר, שהתורה שומרת על האדם בלילה, ובמיוחד בדרכים המסוכנות. אולם בהערת־שוליים הוא מוסיף: ׳אבר וועז מן לייאט קריאת שמע אונ׳ זגט תפלת הדרך, דש איז אך דִבְרֵי תוֹרָה אונ׳ איז איין גוטי שְׁמִירָה׳ (= אבל אם קורא שמע ואומר תפילת־הדרך, אף אלה דברי תורה ושמירה מעולה; עמ׳ 44–45). ללמדך, כי המהלך בדרך אף דברי תפילתו נחשבים כתלמוד תורה.

לפי דעת המחבר, גרוע מעם־הארץ הוא חסיד שוטה, מתחסד ובטלן, המתרחק מהליכות־חיים, ואפילו הוא בן־תורה. ׳וועז ער שון תוֹרָה קוינט אונ׳ העט זווינשט קיין שֵׂכֶל בַּהֲוָיוֹת הָעוֹלָם, דש ער מיט דען לוייטן הנדלן קוינט זא ווערט דיא תוֹרָה בון אים ור געשן׳ (עמ׳ 54). השכל הישר אומר לו, שגם בן־תורה צריך שיהא מעורב עם הבריות ויתמצא בחיים, כדי שיהיה מוכשר לישא וליתן עם בני־אדם, שאם־לא־כן, סופו שהתורה תשתכח ממנו. לאמור, פרישה מן החיים מידה של טיפשות היא ואינה נאה לתלמיד־חכם.

בין בעיות־היסוד, הדתיות והמוסריות, שמתלבט בהן המחבר, כמו רבים מבעלי

המוסר והפרשנים, היא בעיית שכר ועונש, עוול וסבל והצדק האלוהי. מתמיהה אותו העובדה, כפי שרואות עיניו, כי בדרך־כלל החוטא והרשע מצליחים בחיים והצדיק נענש ומתייסר. כמו קודמיו, אף הוא בטוח שיש צדק בעולם ושאין להרהר אחרי מידותיו של הקב״ה. בסגנונו העממי הוא מבאר את משנתו של ר׳ ינאי, ׳אין בידינו לא משלוות הרשעים׳ (ד:טו), ומסביר: ׳מיר קוינן ניט ווישן ווארום עש אופט איינם צַדִיק איבל גֵיט אונ׳ איינם רָשָע וואל גֵיט׳ (= אין אנו יכולים לדעת, על־שום־מה לעתים קרובות צדיק ורע לו, ורשע וטוב לו; עמ׳ 67). ברוח המסורת המוסרית הוא ממשיך: ׳הקב״ה דער לושט דען רְשָעִים וְרִיד אונ׳ גוטי טג אין דיזם עוֹלָם דא מיט ביצאלט ער אין דש זעלביג וויניג גוטש דש זיא האבן גיטון. אונ׳ דרום דש זיא קיין זְכוּת זולן האבן אין יענם עוֹלָם, אונ׳ דיא צַדִיקִים דיא קונ־שטיגערט [איטלקית: constigare] ער אין דעם עוֹלָם דא מיט ביצאלט ער אין דיא עֲבֵירוֹת דיא זיא גיטון האבן, דרום דש זיא גאנץ ריין און זוינד זולן קומן אין יענם עוֹלָם׳ (= הקדוש־ברוך־הוא מניח להם לרשעים שלום וימי־טובה בעולם הזה, ובכך הוא משלם להם על מעט הטוב שעשו, ושלא תהיה להם זכות בעולם הבא, ואילו הצדיקים הוא מעניש בעולם הזה, ובכך הוא משלם את העבירות שעברו, שיהיו נקיים מכל עוון ויזכו לעולם הבא; שם). אמת, דברים אלה יש בהם משום ניגוד למה שאמר למעלה בהקדמתו, שאפילו הרשעים אינם נידונים אלא י״ב חודשים בגיהינום, ולאחר־מכן הם זוכים בחלקם לגן עדן. ייתכן, כי המחבר מפריד בין רשעי ישראל, שעונשם י״ב חודשים, ובין רשעי אומות העולם, הנופלים לגיהינום ושוב אינם נפטרים הימנו. מכל־מקום, כוונתו היא ליישב את דעתו של היהודי המאמין בצדקת האל ומשפטו. מובטח לו לצדיק שיקבל את שכרו בעולם הבא, אף־כי יתנסה בעוני וייסורים בעולם הזה. ייתכן, שמחברנו מסתייע גם בביאורו של בעל ׳מעשה תורה׳ (מג ע״א) המזהיר: ׳...לא להטיח כלפי מעלה, אלא נוסיף ביראת ה׳ ונעשה צדקה וחסד... ואל נעצב כי אם ראינו צדיק מיצר ומצטער ויסורין באים עליו, וצרות רבות וחליים רעים ונאמנים... מפני שהכל טוב לע״ה...׳ בדרך אגב נציין, שגם בעל ׳מעשה תורה׳ מזכיר כאן את עינוייהם של עשרה הרוגי מלכות.

התלבטויות המחבר אולי גדולות ועמוקות יותר לעניין גורלו המר של עם ישראל בגלות וסבלותיו המרובים שאין להם קץ. מחרידה אותו שאלת אורך הגלות והייסורים שהם מנת־חלקם של בני עמו. אבל כמאמין תמים הוא מצדיק גם כאן את מעשי האלהים, שכל דרכיו משפט. בנסיונו הקשה של עם ישראל יש משום הארכת אפו של הקב״ה לרשעים, ולכך גרמו העוונות. ברוח זו הוא מבאר את המשנה ׳עשרה דורות מאדם עד נח, להודיע כמה ארך אפים לפניו׳ (ה:ב): ׳אונ׳ דרום זול זיך קיינר וואונדר נעמן דש הקב״ה אזו לאנג מַאְרִיך אַפּוֹ איז אונ׳ צו זיכט

דען רְשְׁעֵי אֻומּוֹת, דש זיא יִשְׂרָאֵל דיא דא זיין בָּנִים לַמָּקוֹם אזו ויל לנגי יאר אזו גרוש גלות אן טון׳ (= ושעל־כן אל יתפלא האדם, שהקב״ה מאריך אפו ומסתכל במעשיהם של רשעי האומות שגורמים להם לישראל, הנקראים בנים למקום, צרות גדולות במשך שנים מרובות; עמ׳ 80). בדורות מאדם ועד נח, הוא אומר, היה העולם שרוי במצב רע יותר. ׳עש וואר ויל לענגר בון אָדָם הָרִאשׁוֹן ביז אן נֹחַ, אונ׳ דיא זעלבן דורות ווארן אייטל רְשָׁעִים אונ׳ הקב״ה דר לעננט זיין צורן צו ור דערבן זיא...׳ (= העידן מאדם ועד נח היה ארוך יותר ודורות הללו היו רשעים גמורים, אף־על־פי־כן האריך הקב״ה אפו מלהשחיתם; שם). בדבריו הפשוטים מורגש גודל חרדתו לגורל עמו הנדכא. נפשו התמימה סוערת בקרבו מחמת העוול שעושים לישראל רשעי עולם. אולם תום אמונתו נוטע בו בטחון בצדקת האל וביושרו. אף שאין אנו יודעים כמה תארך הרעה עוד, סופה שתכלה מן הארץ. כמוהו התלבטו רבים מקודמיו בשאלה מרה זו וקיבלו עליהם את הדין. העוונות גרמו לאריכות הגלות, ועדיין לא נתמלאה הסאה. משום כך צריכים לקבל את הייסורים באהבה ולחכות עד בוא הקץ המובטח לנו. מתוך הרהורי לבו אלה מסיים המחבר בדברי נחמה: ׳אזו איצונד אך דר לעננט הקב״ה זיין צורן צו צוירנן אויבר דיא רְשָׁעִים, דען ער ווייש וואל ווען דיא מוֹש בול איז אונ׳ דיא צייט דש דיא רְשָׁעִים אל זולן ור לורן ווערן, ווען עש אונז שון וואונדר נעמט. נוייארט מיר זולן גוט ביטן, יְמַהֵר יָחִישָׁה מַעְשֵׂהוּ. באלד אין אונזרן טגן, דרויף זול אידרמן אמן זגן׳ (= כך גם עכשיו הוא מאריך אפו לרשעים, כי לו אמנם גלוי וידוע אימתי נתמלאה הסאה והגיע הזמן שהרשעים יאבדו, אם־כי נפלא הדבר בעינינו. לכן נתפלל לאלוהים שימהר ויחיש מעשהו. בקרוב בימינו ונאמר אמן; שם). נציין, כי גירסת הברטינורה, שהמחבר עוקב אחריה על־פי־רוב, שונה מנוסחו וקצר ממנו. ייתכן, שהשתמש כאן בפירושו של מדרש שמואל שמביא את דבריו של ר׳ יונה מגירונדי בקשר לענייננו: ׳ורבינו יונה ז״ל כתב. עשרה דורות וכו׳. שלא תחשוב שהוא מאריך אפו לעולם. ואם כן אנחנו בגלותנו כמה ימים ושנים, כי השיב חמתו מעל הרשעים ולעולם יאריך אפו עמהם ונהיה כגלות... כי לסוף ישלם להם כפעלם ויגאלנו ויושיענו...׳

כדרכו מסתייע המחבר בסיפור אגדה כשהוא מגיע אצל משנתו של ר׳ מתיא בן חרש (ד:טו). כאן הוא מרחיב את יריעת סיפורו והוא משלב מעשייה במעשייה שלאמיתו של דבר שייכת לסוג סיפורי אחר. בפתיחה הוא מעיד על ר׳ מתיא, ׳דער וור גר איין גרושר חָסִיד אונ׳ דער שָׂטָן הט קִנְאָה אויף איך׳ (= הוא היה חסיד הרבה והשטן התקנא בו; עמ׳ 67). יש כאן סיפור אגדי על נסיונו של ר׳ מתיא, אשר הכשיל את השטן, שבא לפתותו בדמות אשה יפה. גירסה דומה אנו מוצאים על נסיונו של ר׳ מאיר (קידושין פא ע״א), וגם על ר׳ עקיבא. ייתכן, שהסיפור

שלפנינו (מס׳ 33) הוא לגדה חיצונית הנזכרת בילקוט שמעוני (בראשית, רמז קסא) בשם מדרש אבכיר. בשולי הגליון נשתלב סיפור אחר, ׳מעשה כשפים׳ (מס׳ 34), על חרש, אביו של ר׳ מתיא, שמכשפה אחת עשתה לו מעשה כשפים והוא נעשה עקר. המחבר מסתמך על פשט ששמע, ומפרש את השם ׳חרש׳ – ׳איין צייבר־ר׳, כלומר, מכשף. אולם בסיפור עצמו הוא אינו מופיע כמכשף, אלא כאדם שנעשו בו כשפים. על־כל־פנים, יש כאן צורת־אגדה שנמסרה על לידתו של ר׳ יהודה בן בתירא (ראה: ירוש׳ סנהדרין פ״ז הי״ט). ההבדל הוא בכך שכאן בנו של חרש, ר׳ מתיא, היה כבר גדול ואצלו נזדמנו פעם חכמי ישראל, ושם מדובר במפורש על לידתו של ר׳ יהודה בנו של בתירא, הווה אומר, שהאב חרש, שהחכמים התירו לו את הקסם, הוליד אחר־כך בן אחר ושמו לא נודע.

ממסכת ביאוריו של המחבר עולה עד כמה דבריו ניזונים מאוצר האגדה וממאמרי חז״ל. כל אימרה ואימרה ב׳פרקים׳ מתובלת במעשייה הבאה להניח את דעתו של הקורא הפשוט ויש עמה מוסר ודרך־ארץ. בתוך דבריו על נסיונותיו של אברהם אבינו (ה:ג) הוא משלב את האגדה הידועה על צלמי תרח וניתוצם, כעסו של נמרוד וההשלכה לתוך כבשן האש ונס ההצלה (מס׳ 39); והוא מוסיף: ׳דר נוך גלויבטן זיא דש אברהם דיא רעכט אֱמוּנָה האט׳ (= אחר־כך האמינו, כי אברהם הוא בעל האמונה הנכונה; עמ׳ 82). כיוצא בזה סיפורי הנסים שנעשו לישראל על הים ואגדת המטה, שמקומם בספרי המדרשים ובמקורות אחרים, והאגדה על השמיר, שהוא מכלל ׳עשרה דברים שנבראו בערב שבת בין השמשות׳ (ה:ו). וכאן, כמובן, מצא מקום לשבץ אגדת שלמה ואשמדאי (גיטין סח ע״א). אולם כשם שהוא נוהג להאריך בסיפורו, כך הוא לפעמים גם מקצר בו. באמצע הסיפור הוא מפסיק ואומר: ׳דש שטֵיט אין דער גְמָרָא, אבר עש איז צו לאנג דא צו שרייבן׳ (= נמצא בגמרא, אך יארך המקום לכתבו; עמ׳ 87). אולם מתוך דחף פנימי, כביכול, הוא משנה מדעתו, ממשיך בסיפור שבו התחיל ומתאר עניין שלמה ואשמדאי ועניין השמיר ועזרתו בבניין בית־המקדש (מס׳ 40), כשהוא מתבל סיפורו זה, כמשפטו, בשנינות וחידוד, העשויים גם לבדח את הקורא. והנה, גם הפעם המספר כחורג מן המסגרת ואינו משלים את סיפורו, ופונה, בדרך התנצלות, אל הקורא: ׳אונ׳ וואו דער אויערהאן דען שמיר הט גינומן אונ׳ ווש ער טעט מיט אַשְׁמְדַאי, איז מיר צו ויל צו שרייבן. וועז איר איין מול ווערט לייאן דען טויטשן מְלָכִים בוך דא ווערט איר דיא שְׁמוּעָה גאנץ וינדן׳ (= והיכן נטל הנשר את השמיר, וכן מה שעשה [כלומר, שלמה] עם אשמדאי יארך הדבר שאספרו. אם תקראו פעם בספר מלכים בטייטש, תמצאו את המעשייה בשלימותה; עמ׳ 88). אך לפעמים נראה, כי פיזותו של המחבר, טירדתו ופיזור נפשו מכשילים אותו, באופן שהוא מאריך במקום שיש לקצר, מפסיק באמצע במקום שיש להאריך, וכשנזכר במה שהשמיט

הוא חוזר לעניינו כלאחר־יד. וכך מסתבר עניין עצתו לקורא לעיין בספר מלכים, וכוונתו לאפוס־גיבורים הידוע 'מלכים בוך', שהיה נפוץ בזמנו, והיה מיצירות המופת של הספרות השירית ביידיש הקמאית.

דומה לזה גם הערתו בביאורו למשנה על אהבה התלויה בדבר כגון אהבת אמנון ותמר (ה:טז). המחבר מסביר בפשטנותו את סוגי־האהבה השונים – יש שהיא אמיתית ויש שהיא כוזבת. אמנון בסיפור המקראי התכוון לדבר עבירה ותאוותו הגסה הכשילה אותו, וכיוון שקלקל, אהבתו נפוגה. 'אונ' דא ער זיין ווילן מיט איר גיהאט הט, דא וור דיא ליבשאפט אויז אונ' ער הט זיא דר נוך ויינט' (= ומשעָשה בה רצונו, בטלה אהבתו ואחר־כך שנאה; עמ' 97). את הסיפור לא סיים, והוא מוסיף כדרכו: 'וויא ער זיא אויבר קאם אונ' צו וועגן ברוכט, איז דיא שְמוּעָה זער לנג. וער דא ווערט לייאן אין דעם סֵפֶר מְלָכִים, דא ווערט ערש וינדן. אונ' דרום הב איך זיא דא קורץ גישריבן' (= איך גבר עליה וביצע זממו, המעשייה ארוכה למדי. מי שיקרא בספר מלכים ימצא אותה שם. משום כך קיצרתי כאן; שם). שוב כאותה התנצלות וכאותה עצה, אלא שטעה בשלחו את הקורא ל'מלכים בוך', שכן, כידוע, הסיפור המקראי נמצא בשמואל ב, פרק יג. אולם אם נעיין בשער של 'שמואל בוך' שנדפס באויגשבורג בשנת שי"ד (1554), נמצא: 'דער שְמוּאֵל אישט דש ערשט טייל בֿון דער ספֿר מלכים, דען עז קערט אלש צו איינדר' (= ספר שמואל הוא חלק ראשון של ספר מלכים והוא שייך אליו). ולא עוד אלא תחילה נדפס ספר מלכים (אויגשבורג שי"ג), ואחריו ספר שמואל, וכעדותו של המהדיר, 'שניהם חיבור אחד'. מסתבר, שכוונת המחבר שלנו היתה ל'שמואל בוך', ששם מתוארת העלילה של אמנון ותמר, אבל החיבור כולו נקרא 'מלכים בוך'.

כלל גדול בתורת המוסר היא מצוות צדקה שאין לה שיעור. ברוח זו דן המחבר במשנה 'ארבע מדות בנותני צדקה' (ה:יג). הוא מנמק, שלא זו בלבד שכל אחד ואחד צריך לתת צדקה ביד רחבה, אלא כל אדם גם חייב לדאוג שאחרים יתנו. יתר על הערך הדתי־המוסרי יש למצווה זו ערך תועלתי־מעשי. אדם נותן צדקה בעין יפה ועושרו מתרבה; 'עשר בשביל שתתעשר', כפי שדרשו חז"ל. אולם מי שמקמץ את ידו ואינו נותן צדקה כפי יכולתו, סופו נענש ומתרושש. בתור אילוס־טראציה דידאקטית הוא מביא את הסיפור על בתו של נקדימון בן גוריון שהיתה מלקטת שעורים מבין גללי בהמתם של ערבים (כתובות סו ע"ב). המחבר מכניס לתוך סיפורו נימה פאתיטית מזעזעת. הריבה, שהרעב מציק לה, פונה אל ר' יותנן בן זכאי ומבקשת: 'ליבר ר', גיב מיר צו עשן אום גוטש ווילן' (= רבי, פרנסני למען השם; עמ' 94). וטעמה עמה, שאף־על־פי שאבי הנערה אחד מעשירי ירושלים לפני החורבן היה, לא נתן צדקה כפי עושרו; והמחבר מוסיף, שאחרים אומרים: 'דש דוזיג טעט ער ניט בון צְדָקָה וועגן נורייארט בון זיינר כָבוֹד וועגן'

(= הצדקה שנתן לא היתה לשמה, אלא להתכבד בה), ומשום כך נענש. לשם הסברה נוספת הוא משתמש בפתגם העממי: ׳דר נוך דער איזיל שטארק איז, דר נוך זול מן אים אויף לאדן׳ (לפום גמלא שיחנא). בדומה לכך הוא מצטט את המשל התלמודי ׳מלח ממון חסר...׳, שרש״י מפרשו (כתובות, שם): הרוצה למלוח את ממונו, כלומר, שיתקיים, יחסרנו לצדקה. יש בדבריו אלה משום רמז דק לעשירים בני־זמנו שאינם מיטיבים עם הנצרכים, ואף כאשר נותנים צדקה מעט, אינם נותנים אלא לשם התפארות וריבוי כבודם בעיני העם. אדרבה, צריך האדם להיות זהיר מאוד במצווה זו, במיוחד חייב הוא לתת מתן־בסתר שלא לבייש את המקבל, כפי שהיה נוהג מר עוקבא (מעשייה מס׳ 52; ראה גם: כתובות סז ע״ב). גם יזדרז האדם לתת עזרתו לעני בלי שיהוי ודחייה, כפי שאנו למדים מנסיונו של נחום איש גם־זו (מעשייה מס׳ 53), שאף־על־פי שהיה אדם גדול ומלומד בנסים, נענש משום שלא החיש עזרתו לעני הרעב, ובינתיים גווע העני ומת. המחבר לפי טעמו מוסיף כדי לזרז: ׳אונ׳ ווש מן געבן וויל דש זול מן געבן וועץ מן קאן. אונ׳ זול ניט ווארטן הויט אודר מורגן איז נוך צייט גינוג. דא שיקט איינם הקב״ה ביהענד מזל אונ׳ ברכה׳ (= מה שרוצה לתת, יתן כפי יכולתו ולא ימתין, עוד שהות, היום או מחר. והקב״ה ישלח לו במהרה מזל וברכה; עמ׳ 129). והוא מסיים באזהרה נוספת: ׳אונ׳ ווארט ניט אויף איין אנדר מול׳ (= ואל תחכה לשעה אחרת), הואיל ובאה מצווה לידך. נראה, שיש גם באזהרה זו משום רמז לנותני צדקה בני־זמנו, שדוחים את עזרתם לנתונים בצרה לשעה כשרה יותר – שמא לא תהיה לה תקנה מועילה.

על אחד מבין הערכים המקובלים ביהדות דן המחבר שלנו באריכות יתירה: קיום המצוות תלוי בלימוד התורה, שמתן שכרה מרובה. הדגמה של השקפתו יכול לשמש ביאורו למאמר של בן בג בג, ׳הפך בה, והפך בה דכולה בה...׳ (ה:כב): חייב אדם מישראל ללמוד תורה אפילו בזקנותו; אל יאמר, כבר חזרתי עליה כמה פעמים, אלך ואשנה תורת האומות. בהסתמכו על דברי חז״ל הוא מדגיש כי אין היתר לכך. והוא מזהיר: ׳דען מן זול ניט תּוֹרַת הָאֻומּוֹת לערנן, נוייארט וועץ מן דיא תורה ניט לערנן דארף, אז אין איינם בֵּית הַכִּסֵּא אודר אין איינם מֶרְחָץ, אונ׳ אין גאשן דיא דא ניט ריין זיין׳ (= לימוד תורת האומות אסור אלא בשעה שאסור להרהר בדברי תורה, כגון בבית־הכיסא, במרחץ ובמקומות המטונפים; עמ׳ 103). המחבר משתמש כאן באימרתו של ר׳ יהושע על שאלת תלמידיו: ׳מהו ללמד את בנו יונית׳ (ראה: מנחות צט ע״ב). וכן היא גירסת ברטינורה.

כדרכו, אין המחבר מחמיץ שעת־כושר לנזוף בבני־דורו, במיוחד ביהודי איטליה, שאינם עמלים בתורה. הספרים מוזנחים ואין איש שם לב להם, אלא עוסקים בספרים חיצונים ופסולים. ׳אז מן איצונד בַּעֲוֹנוֹת הָרַבִּים טוט. דא זיצו זיא אומדר

אויבר סְפָרִים פְסוּלִים, אונ׳ קיינם יודן זיכט מן קיין יודיש ספר נוימר מער אין דער הנט׳ (= כנהוג עתה בעוונותינו הרבים, יושבים תמיד מעל ספרים פסולים ואין רואים יהודי נוטל ספר יהודי בידו; שם). במפח נפשו הוא מתאונן מרה על בני אדם שאינם קונים ספרים. ׳מן רייסט ניט ויל סְפָרִים, מאן דארף קיין שטאמפא מֵין. דיא ספרים ליגן אויף דען בענקן אונ׳ אויף דען שענקן, בפרט דיא וועלשן. הקב״ה דער זול אונז אל אונזר זוינד מוֹחֵל זיין׳ (= אין הרבה קופצים על ספרים, אין צורך אפילו בדפוס. הספרים מונחים על הספסלים ועל הארונות, בייחוד האיטלקיים. השם ימחול לנו את עוונותינו; שם). מחברנו לא היה היחיד שהאשים את בני־דורו בהזנחת לימוד־התורה. רבים מבעלי־המוסר מערערים על מצב עלוב זה, שאין לומד ואין קורא רגיל.

בין שאר החומר האגדי שנכנס לתוך חיבורו של המחבר נזכיר את אגדת־הפליאה על ר׳ יהושע בן לוי ומלאך־המוות (מעשייה מס׳ 45), שעליה כבר רמז בהקדמתו ל׳פרקים׳. כשהוא מגיע למשנתו של ר׳ יהושע בן לוי (ו:ב) הוא מאריך לספר על מסעות ריב״ל עם מלאך־המוות, שהראה לו גן עדן וגיהינום. דמותו של ריב״ל מסתורית, והאגדה מרבה לספר על מעשיו הנפלאים ועל כניסתו חי לגן עדן. בסיפור אגדתי כזה יש כדי להלהיב את דמיונו של הקורא התמים. אולם, למעשה, נוקט המחבר שלנו גם בסיפורו זה שיטה המקובלת עליו, מאריכו בגופו ומקצרו בסופו. כדרכו הוא מסיים: ׳דיא שמועה איז צו לנג, איז צו ויל ווש איך גישריבן הב׳ (= המעשייה ארוכה מדי, וכבר הארכתי בה יתר על המידה; עמ׳ 108), והוא מייעץ לקורא שיקרא בספר בן סירא ושם ימצא את כל המעשייה. ואמנם השתמש אנשל לוי בספר פופולארי זה במקורו לעתים תכופות.

את תרגומו וביאורו לפרקי אבות מסיים המחבר שלנו במשנת ר׳ חנניא בן עקשיא: ׳הקב״ה הוט גיוועלט דש יִשְׂרָאֵל זולן זוֹכֶה זיין צו דעם גַן עֵדֶן אונ׳ דרום הוט ער צו אין גימערט צו געבן ויל מִצְוֹת...׳ ראוי לציין, כי בפירושו הוא מוסיף את המונח ׳גן עדן׳ שבו יזכה כל שומר מצוות. והוא גומר בהערה משלו (עמ׳ 117): ׳אונ׳ מן זגט קליין קדיש, דש הייסט קדיש יתום. אונ׳ ווארום הייסט עש קדיש יתום, דש וינדשטו בסוף בדף קל״ו איין מעשה׳ (= ואומר חצי קדיש, קדיש יתום. ומשום מה נקרא קדיש יתום, על זה תמצא מעשייה בסוף דף קל״ו). מסתבר, שכוונת המחבר להסביר את הנוהג של אמירת קדיש כסיום של לימוד ׳פרקים׳, ונתערבבו לו קדיש יתום וקדיש דרבנן. הרמב״ם בסוף פירושו למסכת אבות אומר: ׳רבי חנניא בן עקשיא אינו מן הברייתא, אלא סיום נאה הוא. ונהגו העם לאמרו בסיום הפרקים. לפי שאין אומרים קדיש על המשנה אלא על האגדה. דאמר מר ויהא שמיה רבה דאגדתא...׳ והשווה גם סוטה מט ע״א, ורש״י, שם: ׳וכן יהא שמיה רבא מברך שעונין אחר הגדה...׳ נראה, שהמחבר שלנו תָלָה את הנוהג של קדיש

יתום במעשה פליאה על ר׳ עקיבא והמת הנודד (מס׳ 70), שעל־ידי שלימד את בנו יתומו של המת הנודד לומר קדיש וברכו בבית־הכנסת והקהל ענה אחריו אמן, הציל ר׳ עקיבא את המת מדינו של גיהינום.[12] ייתכן, שיש לנו כאן סיפור איטיולוגי חיצוני, שהמחבר מקשר אותו בנוהג מאוחר ומקובל לומר קדיש יתום.

בזה נסתיים החלק הראשון של חיבורו, תרגומו ופירושו של אנשל לוי לפרקי אבות. מכאן ואילך בא אוסף המעשיות.

[ו] אוסף מעשיות

את אוסף המעשיות שלו פותח אנשל לוי בראש דף 88 ע״ב בהערה שכמה משורותיה העליונות נקטעו. משתי השורות הנותרות שבכתב־היד נראה, שהמחבר התכוון לעמוד על מקורם של האגדות והסיפורים מספרות התלמוד והמדרש שכלל באוסף זה. וכך הוא אומר: ׳... אונ׳ מדרשים דיא דא אין דער גמרא שטינן, וויא וואל זיא אך אין דען פרקים שטינן איין טייל׳ (= ומדרשים הנמצאים בגמרא, אף שהם בחלקם נמצאים ב׳פרקים׳). וכך יש לו לאוסף זה על מה שיסמוך. באגדותיו הוא השתמש במסורת חז״ל, ולא בדה שום דבר מלבו.

היה זה מנהגם של סופרי־יידיש קדומים, בבואם לחבר מחזורי תפילות, ספרי מנהגים ודינים או קבצים אחרים בשביל אמהות ופשוטי־עם, שהיו מכניסים לתוך חיבוריהם חומר מגוון ורב־צורות. כאמור, מגמתם היתה להשפיע לא רק במוסר־השכל ודרישה להתנהגות דתית, אלא גם לשעשע ולבדח במעשייה נאה את דעתו של הקורא והמאזין. וכבר ראינו, כי במידה שמצויים בו בחיבורו של אנשל לוי אגדות חז״ל וסיפורי־מעשיות, הרי הם עשויים לשמש כאילוסטראציה רעיונית־דידאקטית לדברי מוסר. בקובץ זה, על עשרים ושמונה סיפוריו, יש כעין תוספת־משנה לתרגומו ופירושו למסכת אבות. חביבות עליו במיוחד כמה מן הדמויות התרומיות מן העבר הרחוק, חייהם, תורתם ומעשיהם של גדולי ישראל, כגון הלל, ר׳ יהושע בן חנניה, ר׳ אליעזר בן הורקנוס, ר׳ עקיבא ור׳ יהודה הנשיא, שאליהם הוא חוזר גם באוסף זה. יש שהוא מביא את סיפורו בשינוי־צורה, אולם בסוף נקשרת העלילה לפסוק מתאים מן המקרא, או מסתיימת בכיסופי גאולה קרובה ושבח לבורא עולם על התשועות העתידות לבוא. כך, למשל, גם דרכו בסיפור חילוני כמו ׳שירת המלך׳ (מס׳ 72), שמקורו זר ולא־מוסרי בצורתו החיצונית. אפילו סיפור זה, סיפור קל ואנקדוטי מסוג הפאבליו המשעשע, שהיה נפוץ מאוד, ניתן לראותו מתוך אספקלריה מוסרית־תכליתית. על כוונתו הדידאקטית מעיד

12 סיפור־אגדה זה היה נפוץ בימי־הביניים, ונשתמר גם בכתב־יד יידיש, אוקספורד Can. Or. 12, וב׳מעשה בוך׳, מס׳ קמו. השווה גם: כלה רבתי, ב; מדרש עשרת הדברות, ז ע״ב; גנזי שכטר, עמ׳ 235–245.

סיומו של סיפור זה: ׳דרום איז שוויגן איין קונשט, רֵידן ברעננט און גונשט׳ (= משום כך השתיקה אמנות, הדיבור מביא לידי אי־נעימות). ובנוסח הדרשני המקובל הוא מוסיף, מתוך תקווה לגאולה קרובה: ׳דא מיט וויל איך דש מאכן איין ענדן, גוט זול אונז משיח באלד זענדן... דש ווערט הוירן אל דיא וועלט, אונ׳ ווערן זגן דש גיזאנג אונז ווערליך וואל גיבעלט. דש זול זיין באלד אין אונזרן טגן, דרויף זול אידרמן אמן זגן׳ (= בזה אני רוצה לסיים, הקב״ה ישלח לנו בקרוב את משיחו... כל העולם כולו ישמע ויאמר: הזמר נראה לנו באמת ולוואי שיתרחש בימינו, ועל זה כל אחד ואחד יענה אמן; עמ׳ 170). בנוסח זה הוא מסתייע גם בסיפורו העממי ׳מי זכה לכלת היופי?׳ (מס׳ 69). הוא פונה אל הקורא ואומר: ׳אונ׳ זול אונז משיח באלד זענדן אונ׳ דר לויזן אויז דעם גלות ביהענדן... דש זול גישעהן אין אונזרן טאגן. דרויף זולט איר אל אמן זגן... א״ס׳(= וישלח לנו במהרה את המשיח ויגאל אותנו בקרוב מן הגלות... זה יהיה נא בימינו, ועל זה כולכם תענו אמן... אמן סלה; עמ׳ 163). מסַפרי מעשיות, ובפרט ביידיש, נהגו לסיים את המעשייה בתקווה אסכאטולוגית על ביאת המשיח במהרה בימינו. סגנון זה נקוט גם בידי בעל פדר״א (בקצב מטרי מקובל): ׳אלהי ישראל יחיש ויביא בחיינו משיח לנחמנו ויחדש לבבינו׳ (כט).

ועוד נציין, שיש לו לאוסף־מעשיות זה, במיוחד בסיפוריו העממיים, כגון ׳מעשה בשני אמנים׳, ׳מי זכה לכלת היופי?׳, ׳ר׳ עקיבא והמת הנודד׳, בעל שני ראשים׳, ובפאבליו ׳שירת המלך׳, משום עניין רב לחוקרי הפולקלור.[13]

להלן רשימה מלאה של המעשיות הכתובות בספר, הן אלה המשולבות בביאור לפרקי אבות הן אלה שבאוסף המעשיות. המספרים הסידוריים של המעשיות צוינו בשוליים הימניים של הטקסט בין סוגריים מרובעים.

מעשיות לפרקי אבות

13 על המוטיבים והמקורות עמדתי בביאור שבשולי העמודים. – יהדותו של הגיבור אינה תנאי הכרחי בעלילה. סיפור ממוצא זר, לאחר ש׳נתייהד׳, עשוי להיקלט באוצר הלאומי־העממי כיצירה יהודית מקורית; החוקר ינסה לברר באיזה זמן ובאיזה שלב נתחלף הגיבור הזר ביהודי.

8 ענוותנותו של הלל
9 עניותו של הלל
10 אהרון רודף שלום
11 הלל והגרים
12 ר׳ טרפון ואריסו
13 רבן גמליאל והקיסר
14 הרופא והחלאים
15 לידתו של רבי
16 המלך ופועליו
17 שכר כיבוד אב
18 שילוח הקן
19 מים ראשונים
20 ר׳ עקיבא וההרוג
21 מחלוקת ר׳ אליעזר בן הורקנוס והחכמים
22 אשרי יולדתו
23 ר׳ יוסי נושא אחות־אשתו לאשה
24 מחלוקת עקביא בן מהללאל עם החכמי
25 מיתתו של ר׳ חנניה בן תרדיון
26 רבן יוחנן בן זכאי וקרוביו
27 תחילתו של ר׳ עקיבא
28 סעודת המלך
29 נשיאותו של ר׳ אלעזר בן עזריה
30 ארבעה נכנסו לפרדס
31 רועה צאן שנעשה לאפיפיור
32 עני ועשיר לפני בית־דין של מעלה
33 נסיונו של ר׳ מתיא בן חרש
34 מעשה כשפים
35 ר׳ שמעון בן אלעזר תופס גנבים
36 אלישע בן אבויה
37 מחבואים בפלטין
38 הוולד במעי אמו
39 צלמי תרח
40 אגדת השמיר (מעשה שלמה ואשמדאי)
41 דינו של מגדל צפורניים

42 בתו של נקדימון בן גוריון
43 ענוותנותו של הלל
44 הממזר ובן הנידה
45 ר׳ יהושע בן לוי ומלאך־המוות

מעשיות באוסף המעשיות

46 החסיד וההגמון
47 מחלוקת ר׳ אליעזר בן הורקנוס והחכמים
48 נפילת אפיים של ר׳ אליעזר
49 ייסוריו של ר׳ אליעזר
50 ר׳ ישמעאל ואליהו
51 ר׳ יוחנן וריש לקיש
52 מר עוקבא והעני
53 נחום איש גם־זו
54 הלל מחייב את העניים, ר׳ אלעזר בן חרסום מחייב את העשירים
55 נקדימון ומי בורות
56 בר עלמא דאתי
57 אבא חלקיה והגשם
58 שינה של שבעים שנה
59 ר׳ יהושע בן חניא והקיסר
60 הקיסר רוצה לראות את הקב״ה
61 הסעודה לפני אלוהים
62 אלהיכם נגר הוא
63 דייני סדום
64 אנטונינוס ורבי
65 קליאופטרה המלכה ור׳ מאיר
66 ר׳ גמליאל והקיסר
67 מעשה בשני אמנים
68 שלושת בני המלך
69 מי זכה לכלת היופי?
70 ר׳ עקיבא והמת
71 תחילתו של ר׳ אליעזר בן הורקנוס
72 שירת המלך
73 בעל שני ראשים

[ז] הקדשה

את חיבורו הפרשני־המוסרי מקדיש אנשל לוי, כאמור, לאשה הנאה והכבודה מרת פערלן בת שמואל פווישה. גם סופרים אחרים נהגו לכתוב הקדשות מעין זו לפטרונה האדיבה שהזמינה יצירה ספרותית מידיהם. אנשל לוי פונה בחרוזי שירה לאשת היל, הפטרונה שלו מרת פערלן, ומרבה בשבחה. זהו שיר תודה ותהילה לאשה הנדיבה שבשבילה הוא עמל וטרח, והוא מאריך את דיבורו על מידותיה הטובות, טעמה ונועם הליכותיה, כבודה ונדבנותה הרבה. כשם שהוא מרחיב את הדיבור על מעלותיה המרובות וחסידותה, כן הוא מזכיר במפורש את משפחתה החשובה, שם אביה ואמה, חותנה ושם בעלה וואלפין לוי, שכנראה התייחס עליו אנשל לוי והיה קרובו. את הקדשתו מתחיל ה׳משרת לנשים יראות׳ במליצה תורנית, ואחריה: ׳בְּעֶזְרַת שוכֵן שְׁחָקִים, הב איך טון שרייבן דיא פְּרָקִים. / דער ערברן אונ׳ וואל גיבורן, / אויז אלי ווייבר אויז דר קורן...׳ (= בעזרת שוכן שחקים כתבתי את אלה הפרקים, בשביל הכבודה והמיוחסת, דגולה מכל הנשים).
כדוגמת ׳אשת חיל׳ (מש׳ לא:י ואילך) הולך המחבר ומונה את מידותיה הישרות, עמלה וטוב לבה, צדקתה וחסידותה. מעשיה הטובים ידועים בקהל. אשה כזאת מי ימצא? היא תופרת וטווה ועוסקת בעסקי ביתה ושומרת על מצוות התורה. היא מפרישה חלה כדין אשה צנועה, מדליקה נרות שבת, הולכת לטבילה ומיטהרת, ומשכימה ומעריבה לבית־הכנסת. מעלה יתירה לאשה נאה זו, שהיא יודעת גם קרוא וכתוב. בידה הנדיבה היא מרבה לתת צדקה, ובזכות זו תאריך ימים והשם יתן לה עושר וכבוד. הלוא היא האשה הידועה בשער בת־רבים, מרת פערלן, משה היה שם חותנה וזקנה, שמואל פווישה היה שם אביה, מרת הענדלן שם אמה, ושם בעלה וואלפין לוי; והוא מוסיף: ׳אזו איז זיא הול גיקריישט׳.
המחבר מדגיש, שכוונתו בפירוט שמה ושם משפחתה, שלא יבוא אדם מן השוק וייחד לעצמו את החיבור. והוא חותם בנוסח המקובל: ׳אונ׳ גוט דען הערן ביטן, אז דא איז דער זיטן, / ער זול איר גיווערן, אל אירש הערצן ביגערן. / דש טוט ביטן דער ארים שרייבר, דינר אלר ורומן ווייבר, / אנשילן לוי בין איך גינאנט, קומן אויז טויטשן איין וועלש לאנד׳ (= ואני תפילה לאל, כפי שנהוג, שימלא כל משאלות לבה, על זה מתפלל הסופר המסכן, משרתן של כל הנשים היראות, אנשל לוי שמי, הבא מארץ אשכנז למדינת איטליה).14

14 הקדשה מעין זו אנו מוצאים גם בכ״י ירושלים (אינסברוק) Hebr. 5245 של ה׳מעשה בוך׳, וזוהי לשונה: ׳דאז מעשה בוך האב איך גישריבן מיינר מוימלן דיא ורומי יְודין מרת צימט, אשת הקצין כמר משה סג״ל י״ץ. דא ארינן זול זיא לייאין טויזינט גוטי יאר, מיט גיזונדקייט אונ׳ מיט לאנג לעב טאג. דז זול ווערן ווארר. דז ביט אונ׳ ביגערט אוייאר נאוואד שמואל בן לא״א הקצין כמר זעליקמן בק י״ץ מעיר רונדי, לעת עתה

לסיום אעיר הערה קצרה על משמעותו של המונח ׳הול קרייש׳ שבו משתמש אנשל לוי כשקורא את האשה פערל בשם־החולין שלה. מנהג קדום של היהודים במדינות אשכנז והסמוכות לה הוא לערוך טקס חגיגי בבית היולדת בשעות אחר־הצהריים של השבת הראשונה שבה הלכה לבית־הכנסת אחרי הלידה. ילדי המקום נהגו להתאסף בבית באווירה חגיגית, להגביה את העריסה עם הרך הנולד ולקרוא בעליצות רבה: ׳הולי קרייש׳, מה השם שנקרא לילד? עתה היתה האם קוראת בשם־החולין של התינוק. חגיגה זו נסתיימה במנות לילדים הנאספים. אכן יש חוקרים[15] הרואים קשר בין המלה ׳הול׳ לאלילה הגרמנית ׳הולה׳ (Holle, Holde), בעלת הופעות מרובות וגילויים שונים. יש גם שֵׁדה מכוערת בשם זה, שהעם האמין שהיא חוטפת ילדים רכים מעם אמותיהם בלילות. לפי דעת החוקרים, מנהג קדום זה הוא נטע זר, שנתקבל בין היהודים בימי־הביניים מן הסביבה הנוצרית בשינויי צורה וניתן לו תוכן יהודי מובהק. יהא אשר יהא, מנהג זה נתבטל בדורות האחרונים.[16]

לא נסתייע לו לאנשל לוי להוציא לאור את ביאורו ל׳פרקים׳, והחיבור נשאר בכתובים. נראה, שכתב־היד, כמותו כאחרים, נשתמר זמן רב בבעלותן של משפחות יהודיות שקראו בו, עד שעבר לידי הספרייה הלאומית בפאריס. על כך מעידה גם הרשימה הקצרה בסוף הגליון, שנכתבה בידי איש זר, והיא פגומה וקריאתה אינה ברורה. ייתכן, שימשהו הגיש במתנה את חיבורו של אנשל לוי לדודתו החביבה בברכה מקרב לב.

באיספרוק תחת כנפי אמ״ץ, הקצין והישיש והנדיב כמ׳ מרדכי שמעיה סגל י״ץ. שנת שנו לפק. אונ׳ דא מיט גוט פורים׳ (= את זה המעשה בוך כתבתי בשביל דודתי היהודייה החסידה מרת צימט, אשת הקצין מר משה סג״ל, ישמרהו צורו. תזכה לקרוא בספר זה אלף שנים טובות בבריאות הגוף ולאורך ימים. ולוואי ווזה יתאמת. מתפלל ומבקש אחיינך שמואל בן לאדוני אבי הקצין מר זעליקמן בק, ישמרהו צורו, מעיר רונדי, וכעת באיספרוק, תחת מרותו של אדוני מורה צדק, הקצין, הישיש והנדיב כבוד מעלתו מרדכי שמעיה סג״ל, ישמרהו צורו. שנת שנ״ו לפ״ק. ובכן גוט פורים). לאמור, כמו אנשל לוי, היה גם שמואל בן זעליקמן בק יהודי אשכנזי שישב באיטליה, בעיר רונדי, ואת חיבורו כתב בשביל דודתו החסידה מרת צימט באינסברוק (אוסטריה). בשנת שנ״ו (1596).

15 אלפרד לאנדוי ואחרים.

16 השווה גם: אנ״צ רות, ׳ההו״ל־קרייש׳, ידע עם, כרך ז (תשכ״ב), מס׳ 25, עמ׳ 66—68.

[ח] ההדרת כתב־היד

כתב־היד רואה כאן אור ככתבו במקור, לרבות הניקוד שבו. רק הפיסוק שבכתב־היד שונה: פיסקנו את הטקסט פיסוק מודרני כדי להקל על הקריאה. הזרקא שסימן בו הסופר מלים לועזיות מודפס כאן בצורת קו מאוזן מעל האותיות. מספרי הדפים שבשוליים הם המספור שנעשה בידי הספרן.

ואלה הסימנים ששימשו בההדרת כתב־היד:

{ }	תוספת הסופר בגליון
ˈ ˈ	תוספת הסופר בין השיטין
⟨ ⟩	השלמה מידי המהדיר
( )	השמטת המהדיר
[אא]	שחזור
[...]	חסר

תופעות טקסטואליות אחרות, כגון מחיקות בידי הסופר, צוינו בשולי העמודים במדור נפרד.

מדרש לפרקי אבות
ביידיש קמאית

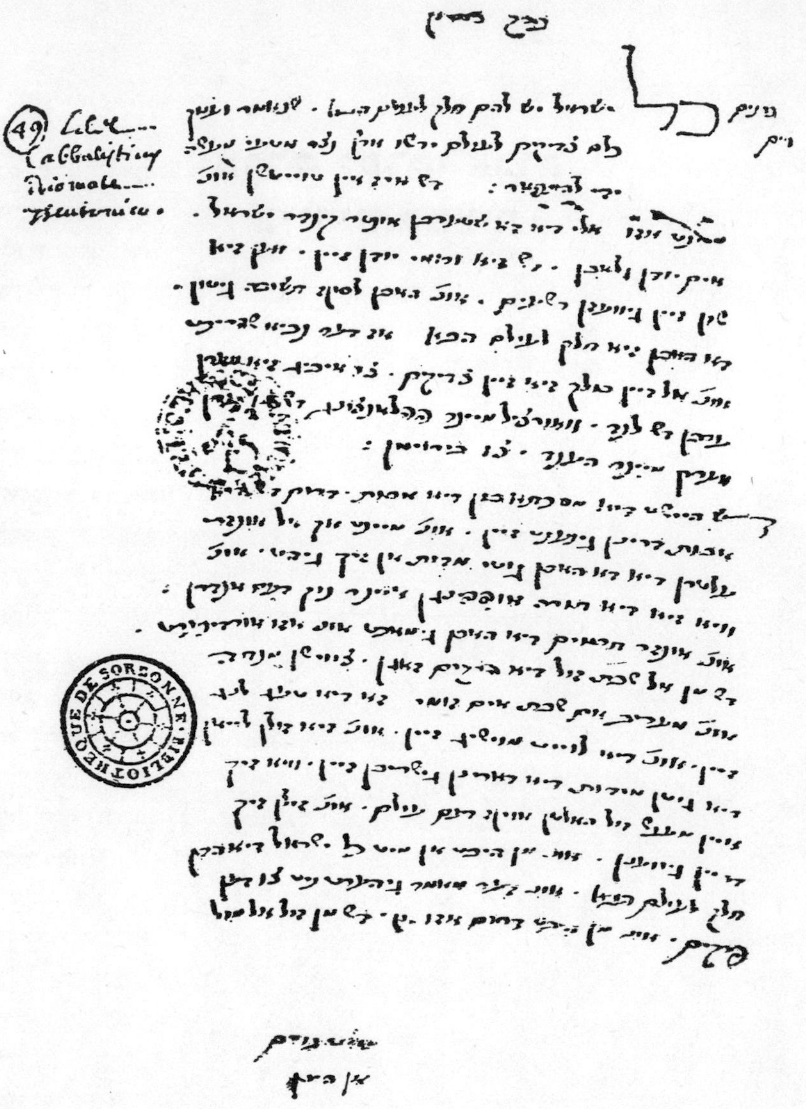

העמוד הראשון בכ״י פאריס héb. 589

פרק ראשון

1 ע״א [⟨בר⟩כת כהנים לויים.]

כל ישראל יש להם חלק לעולם הבא, שנאמר: ועמך כלם צדיקים לעולם ירשו ארץ, נצר מטעי מעשה ידי לְהִתְפָּאֵר. דש איז אין טויטשן אונ׳ מיינט אזו. אלי דיא דא שטערבן אונטר קינדר ישראל, אים יודן גלאבן, דש זיא ורומי יודן זיין, ווען זיא שון זיין גיוועזן רשעים אונ׳ האבן לסוף תשובה גיטון, דא האבן זיא חלק לעולם הבא. אז דער נביא שפריכט: אונ׳ אל דיין בולק זיא זיין צדיקים, צו איביג זיא ווערן ערבן דש לנד, וואורציל מיינר פפלאנצונג, דש גן עדן ווערק מיינר הענד צו בירוימן.

דש היישט דיא מסכתא בון דיא אבות, דרום דש דיא אבות דרינן גינענט זיין אונ׳ מיינט אך אל אונזרי עלטערן דיא דא האבן גוטי מדות אן זיך גיהט. אונ׳ וויא זיא דיא תורה אנפפנגן איינר נוך דעם אנדרן. אונ׳ אונזר חכמים דיא האבן גימאכט אונ׳ אזו אורדינערט דש מן אל שבת זול דיא פרקים זאגן צווישן מנחה אונ׳ מעריב אם שבת אים זומר, זא דיא טעג לנג זיין אונ׳ דיא לוייט מורשיג זיין. אונ׳ דיא זולן לייאן דיא גוטן מידות דיא דארין גישריבן זיין, וויא זיך איין מענש זול האלטן אויף דעם עולם אונ׳ זולן זיך דריין גיוועגן. אונ׳ מן היבט אן מיט כל ישראל דיא הבן חלק לעולם הבא. אונ׳ דער מאמר גיהערט ניט צו דען פרקים. אונ׳ מן היבט
1 ע״ב דרום אזו אן דש מן זול אל מול | מיט גוטם אן הֵיבן. אונ׳ ווארום אבר אן גיהובן מיט כָּל יִשְׂרָאֵל דיא האבן חֵלֶק לְעוֹלָם הַבָּא? דרום דש עש זיין אונטר ישראל ויל עַמֵּי הָאֲרָצִים אונ׳ רְשָׁעִים דיא דא ויל גיזוינד האבן. אונ׳ ויל לייכט מויכטן זיא זיך גידענקן זיא קוינטן איר זוינד ניט בוישן אונ׳ בְּפְרַט דער יֵצֶר הָרָע דער רייצט דיא לוייט אומנדר אן אונ׳ שפריכט: ווייל דו הושט גיזוינט זא זוינד ור בֹּול אונ׳ הב דיין ווילן אויף דעם עוֹלָם, דו הושט דוך ניט חֵלֶק לְעוֹלָם הַבָּא. דיך הילפט קיין תְּשׁוּבָה מֵין. אונ׳ מיט דען זעלביגן גידאנקן ווערן זיא ור לורן. אבר ווען זיא הוירן דש אל יִשְׂרָאֵל האבן חֵלֶק לְעוֹלָם הַבָּא, זא גידענקן זיך דיא זוינדיגר דיא ווייל עש אזו איז, זא וויל איך אב שטין בון מיין עֲבֵירוֹת אונ׳ וויל תְּשׁוּבָה טון, דש איך זול איין גוט חֵלֶק הבן אים גן עדן. דען עש איז בישר איין חֵלֶק אז דש אנדר. אידרמן

26 בדרך־כלל מנקד המחבר עֲבֵירוֹת, חֲכָמִים, עֲבָדִים

3 כל ישראל... הבא.– משנה סנהדרין י:א.
4–3 ועמך... להתפאר.– יש׳ ס:כא.
20–19 עמי הארצים אונ׳ רשעים וכו׳.– יצר הרע מתגרה באדם ומחטיא אותו; השווה הביאור בהוצאת קראקא בנוספח ג, להלן, עמ׳ 184.

לונט מן נוך זיינם ור דינשט. אונ׳ איין איטליכר בינויגט זיך אונ׳ קונטֿאַנטֿערט זיך אן זיינם חֵלֶק. וועןֿ דורט איז קיין קִנְאָה נוך שִׂנְאָה ניט. אונ׳ וועןֿ איינר שון גרושי עֲבֵירוֹת הוט גיטון אונ׳ טוט תְּשׁוּבָה זא הוט ער דוך כַּפָּרָה.

נון זיין ויל דֵעוֹת אונטר דען חֲכָמִים וועליך דש דא היישט עוֹלָם הַבָּא. נון וויל איך דרויש נעמן דען עִיקָר אונ׳ שרייב אונ׳ שפריך אזו: עוֹלָם הַבָּא היישט דיא וועלט דיא דא קומט איטליכם מענשן נוך זיינם טוט. אונ׳ איין איטליכר יוד דער דא הוט גיגלאבט אן גוט ית׳ אונ׳ אן תּוֹרַת מֹשֶׁה רַבֵּינוּ עָלָיו הַשָּׁלוֹם. דש מיינט אונזר תּוֹרָה 2 ע״א אונ׳ אן תְּחִיַּית הַמֵּתִים, דש מיינט דש ער הוט גיגלאבט דש | דיא טוטן ווערן ווידר לעבנדיג ווערן. דא הוט ער חֵלֶק לעולם הבא אונ׳ קומט זיין נְשָׁמָה אין דש גַּן עֵדֶן נוך צוועלף חֳדָשִׁים צום אלר לענגשטן. איז איינר ורום גיוועזן אויף דער וועלט, זא איז זיין נְשָׁמָה ריין גיבליבן אונ׳ דארף זיא ניט לוייטרן, דא קומט דיא ׳זעלב׳ נְשָׁמָה גיריכטץ שְׁוִיבִיט אין דש גַּן עֵדֶן. איז דען איינר איין רשע גיוועזן אונ׳ הוט ויל זוינד גיטון אונ׳ איז גישטורבן און תְּשׁוּבָה, זא מוז זיך זיין נְשָׁמָה לוייטרן אונ׳ רייניגן אי זיא קומט אין דש גַּן עֵדֶן, דר נוך ער זוינד הוט גיטון. איין טייל מוּזן זיך לוייטרן איין חֹדֶשׁ אודר צווֵין אודר דרייא, דר נוך אז ער גיזוינט הוט דא מוז ער זיא אך ווידר לוייטרן זיין נְשָׁמָה. וועןֿ ער זיא ניט הוט גילוייטרט אויף דער וועלט מיט מִצְוֹת אונ׳ מַעֲשִׂים טוֹבִים דא מוז ער זיא לוייטרן אויף יענר וועלט. אונ׳ זיא הוט קיין רוא ביז זיא גילוייטרט איז. אונ׳ דרום זיצט מן שִׁבְעָה יָמִים אונ׳ הויט שְׁלֹשִׁים, דען דיא נְשָׁמָה טוט שוועבן אויבר דען גוף. דער איז גיוועזן איר כְּלִי דא זיא אינן איז גיוועזן בייא אירם לעבן. וועןֿ איינר איז שון גיוועזן גר ורום, דא קאן זיך דיא נְשָׁמָה ניט אזו באלד שיידן בון דעם גוף. אבר אונזר חֲכָמִים זִכְרוֹנָם לִבְרָכָה זאגן, דער אלר גרוישט רָשָׁע אונטר ישראל דער דארף ניט לענגר צו ליידן אז צוועלף חֳדָשִׁים אונ׳ נוך צוועלף חֳדָשִׁים קומט זיין נְשָׁמָה אין דש גַּן עֵדֶן.

5 תיבת היישט נכפלה ואחת נמחקה

13 עניין טיהור הנשמות על־ידי תשובה.— השווה גם בעל צו״ר (הפטרת כי תבא, יש׳ ס): ׳הקב״ה דער ווערט ישראל אין גלות לויטר שפן מיט צרות אונ׳ מיט טיטן זיא. אונ׳ די איבריגי ווערן אייטל צדיקים זיין, זיא ווערן האבן דש איביג לאנד...׳

18 עניין ה׳שבעה׳ וה׳שלושים׳.— השווה: ׳כל שנים עשר חדש גופו קיים ונשמתו עולה ויורדת׳ (שבת קנב ע״ב). השווה גם מאמרו של ר׳ יוחנן: ׳בכל שבעת ימי האבלות החרב שלופה, עד שלושים החרב רופפת...׳ (ירוש׳ מ״ק פ״ג ה״ז).

23–22 אפילו הרשע בישראל נידון רק י״ב חודשים בגיהינום.— ׳משפט הרשעים בגיהנם י״ב חודש׳ (ר״ה יז ע״א); השווה: ׳נשמתן של רשעים זוממות והולכות ושוטטות בעולם ואינן יודעות על מה שיסמוכו׳ (אדר״נ, יב); והשווה המשל במלך שאינו מרשה לעבדיו לשבת על־יד שולחנו אלא אם יודע שהם נאמנים לו (קה״ר ג:יא; להלן, עמ׳ 3, שורות 3–5).

אונ׳ דש גַן עֵדֶן איז גיטיילט אין ויל חֲדָרִים. דיא נְשָׁמוֹת קומן ניט זא גלייך בייא
2 ע״ב אננדר. דיא צַדִּיקִים אונ׳ חֲסִידִים | דיא קומן נעהר אונטר דען כִּסֵּא הַכָּבוֹד אז אנדרי נְשָׁמוֹת. איין מָשָׁל בון איינם מֶלֶךְ דער הוט ויל דינר אונ׳ שערוויטורי. דער מֶלֶךְ לושט ניט איטליכן קומן בייא זיינם שטול אונ׳ טיש דינן, נוייארט דיא ער ווייש דש זיא ורום אונ׳ אים גיטרוייא זיין. אזו איז אך דיא נְשָׁמָה. אי ריינר זיא איז, אי נעהר זיא קומט תַּחַת כִּסֵּא הַכָּבוֹד. איטליכי גינעגט זיך נוך אירם ור דינשט. אונ׳ דורטן דא זיין דיא נְשָׁמוֹת בון כל יִשְׂרָאֵל זְכָרִים אונ׳ נְקֵבוֹת וויא זיא ור דינט האבן אויף דער וועלט. אונ׳ בלייבן דורטן ביז דא ווערט ווערדן תְּחִיַּית הַמֵּתִים, דא ווערן זיא דר נוך גיריכט ווערן. וועלכי דיא דא זול קומן לְעוֹלָם שֶׁכֻּלּוֹ טוֹב דש האבן אונזר חֲכָמִים ז״ל ניט גיוושט צו זגן וויא איין גרושי הֲנָאָה ווערן האבן דיא נְשָׁמוֹת, דיא דא ווערן זוֹכֶה זיין צו תְּחִיַּית הַמֵּתִים אונ׳ צו דעם גַן עֵדֶן דא אינן זיין דיא נְשָׁמוֹת בון כָּל יִשְׂרָאֵל. דא זיין אך זוֹכֶה איין טייל בון חֲסִידֵי אֻומּוֹת הָעוֹלָם. אונ׳ דש גַן עֵדֶן הוט גיוויזן דער מַלְאַךְ הַמָּוֶת רַבִּי יְהוֹשֻׁעַ בֶּן לֵוִי. דיא שְׁמוּעָה איז צו לנג צו שרייבן, זיא שטֵיט אים בֶּן סִירָא. ווער אין הוט דער לייאעט דרינן.

[1] איין מעשה איז גישעהן אין איינר שטט אין אַשְׁכְּנַז דיא הייסט וורמיישא אם ריין. דא ווש איינר גישטורבן אונ׳ דען טג דר נוך דש מן אין הט צו קְבוּרָה גיטון, דא קאם זיין נְשָׁמָה ווידר אויף דיא וועלט אונ׳ הט זיך גישטעלט אין שול הוב בייא דער שול טְויר. אונ׳ דא דער שמש קאם צו מורגנש ורִ וויא דיא שול אויף צו טון, דא זך ער

1 מחיצות בגן עדן.– השווה: ׳סדר גן עדן׳, אוצר מדרשים, א, עמ׳ 85; רמב״ם, פירוש המשניות, סנהדרין, פ״א. לפי דעת גינצברג (ה, עמ׳ 31, הערה 90), טעה ילינק (ביהמ״ד, ב, עמ׳ 52) בציינו ׳סדר׳, וצ״ל: ׳פרק גן עדן׳. והשווה: ילק״ש, בראשית, רמז כ; תהלים, רמז תשכז; והמאמר התלמודי ב״מ פג ע״ב: ׳אין לך כל צדיק וצדיק שאין לו מדור לפי כבודו׳. לעניין שבעת מדורים לגיהינום השווה: עירובין יט ע״א.

2 הנשמות גנוזות תחת כיסא־הכבוד.– השווה: ׳נשמתן של צדיקים גנוזות תחת כסא הכבוד׳ (שבת קנב ע״ב).

12 נשמות חסידי אומות העולם.– השווה תוספתא סנהדרין יג:ב; תנא דבי אליהו זוטא, ב; סנהדרין קח ע״א.

13 מלאך המוות מראה לר׳ יהושע בן לוי את גן עדן.– כאן מביא המחבר את המעשייה בדרך רמז ומזכיר, שהמעשייה נמצאת בספר אלפא ביתא דבן סירא (׳זי שטיט אים בן סירא׳; שורה 14). במקום אחר הוא חוזר למעשייה זו ומספר אותה באריכות (מס׳ 45; להלן, עמ׳ 106 ואילך).

15 מעשייה מס׳ 1: ר׳ בונם והמת.– ראה: אור זרוע, הלכות שבת ב:ב, עמ׳ 18; ספר חסידים, עמ׳ 126, סי׳ תכז; ספר הגן, עמ׳ כ, מזכיר את בעל אור זרוע כמקור; והשווה: מעשה בוך, מס׳ 214 (הוצאת באזל, מס׳ 213). וראה מאמרי: ׳מעשיות קודמות מ״מעשה בוך״ ומחוצה לו׳, ידע עם, כרך יא (1965), חוברת 30, עמ׳ 60–62. זהו סיפור איטיולוגי: חשיבותם של ברכות ומזמורים בבית־התפילה. לעניין ׳תכריכים קרועים׳ השווה: תומפסון, E 261.2; למוטיב ׳עשבים ריחניים מגן עדן׳: שם, E 631.1; F 979.10; למוטיב ׳מתים חוזרים לעולם׳: תומפסון, סיפור עם, עמ׳ 254. בעל אור זרוע מסיים: ׳כתבתי אני המחבר אילו המעשים כדי שיראה ירא שמים וישים אל לבו ויאמר שבחותיו של הקב״ה בקול נעים ובכוונה ויזכה לג״ע.׳

3 ע״א דש מֵת דורטן שטין אונ׳ ער דר שראק גר זער. | דא שפרך דש מֵת צו דעם שַׁמָש:
׳ווארום בישטו אזו גר זער דר שרוקן?׳ דא שפרך דער שַׁמָש: ׳ווער בישטו? בישטו
ניט דער דען מן הוט נעכטיג ביגראבן?׳ דא שפרך דיא נְשָׁמָה: ׳יוא, איך בין דער,
אונ׳ איך קום הויט ווידר אויש דעם גַן עֵדֶן דארום דא דו מיך נעכטיג אין דען
אָרוֹן לֵיגשט, דא צו רישטו מיר מיין תַכְרִיכִים. אונ׳ דרום בין איך צו דיר קומן.
אונ׳ בורכט דיך ניט, אונ׳ קום הער צו מיר אונ׳ העפט מיר מיין תַכְרִיכִים ווידר
צו וואו זיא צו רישן זיין. איך טוא דיר נישט.׳ זא שפרך דער שַׁמָש: ׳ליבר, זג מיר
וויש בור זכות הושטו גיהאט דש דו אזו באלד בישט אין דש גַן עֵדֶן קומן? מן הוט
דיך יא בור איין גירינגן יודן גיהאלטן אויף דער וועלט.׳ דא שפרך דש מֵת: ׳דרום
דש איך אל מיין טג הון דיא ברכות אונ׳ מזמורים אין דער שולן גיזגט מיט איינם
זוישן נִיגוּן. דרום בין איך זוכה גיוועזן צו קומן אין דש גַן עֵדֶן אזו באלד, וויא וואל
איך ניט איין גרושר צַדִיק בין גיוועזן. אונ׳ ווילשטו מיר ניט גלאבן דש איך קום
אויז דעם גַן עֵדֶן, זא שמֵיק צו מיינם קראנץ דען איך מיר גימאכט הב אויז דען
פיורי אונ׳ בלומן אויז דעם גַן עֵדֶן. דו הושט אויף דער וועלט קיין זוילכן גוטן
גישמאק גישמֵיקט. דען הב איך מיר גימאכט, דרום דש מיר דער גישטאנק בון דעם
עולם ניט זול וויא טוּן. וועז דיא נְשָׁמוֹת קוינן ניט שמעקן דען סרחון אונ׳ גישמאק
דער דא איז אויף דער וועלט. דרום איז דער נשמה ניט ליב וועז זיא מוז ווידר
אויף דיא וועלט קומן. אונ׳ באלד העפט מיר אונ׳ קונצער מיר מיין תַכְרִיכִים אונ׳
3 ע״ב לוש מיך גין באלד ווידר אין מיין רוא.׳ | דא גינג דער שַׁמָש אונ׳ קונצערט אים זיין
תַכְרִיכִים אונ׳ אז באלד ור שוואנד דש מֵת ווידר בור זיין אויגן. אונ׳ דש מעשה איז
גיוויש גישעהן אונ׳ איז קיין פּוֹלָה ניט.

דא בייא מג מן בייא שפיל נעמן וויא גר גרינג איז דש איינר קאן דש גַן עֵדֶן ור דינן
וועז איינר שון איין זוינדיגר איז גיוועזן. אונ׳ דרום האבן אונזר חֲכָמִים ז״ל גיזגט כָּל
יִשְׂרָאֵל דיא האבן חֵלֶק לְעוֹלָם הַבָּא. אבר איינר הוט איין בֵישר חֵלֶק אז דער
אנדר, דען דיא חלקים זיין ניט גלייך. דרום זגן אונזר חֲכָמִים חֵלֶק לְעוֹלָם הַבָּא אונ׳
זגן ניט כָּל יִשְׂרָאֵל יֵשׁ לָהֶם עוֹלָם הַבָּא, נוייארט איין חלק. מאן מאכט דיא פארטן
ניט אל גלייך. אז וואל אז אויף דער וועלט איז איינר איין גרוישר צַדִיק אונ׳ חָסִיד
אז דער אנדר, אזו ווערדן זיא אך האבן אירי חֲלָקִים אויף יענער וועלט. אונ׳ אז
וואל אז זיא האבן אן גיהואבן דיא פְּרָקִים מיט דעם גוטן אן בָאנג דש אל ישראל
האבן חֵלֶק לְעוֹלָם הַבָּא, דרום דש עש איז איין גוטר אן בָאנג. אזו האבן זיא אך
גימאכט דש מן נוך איטליכם פרק זול זגן וויש דא הוט גיזגט רִבִּי חֲנַנְיָא זון עֲקַשְׁיָא,
דארום דש עש איז איין גוטר אויז גאנג וויא דער בּוֹרֵא ית׳ הוט גיווירדיקט ישראל
צו געבן זיא דיא תּוֹרָה אונ׳ מִצְוֹת דארום דש זיא זולן חֵלֶק לְעוֹלָם הַבָּא האבן.

32 אחרי אויז גאנג נמחקה תיבת איז

{ווארום מן זגט דיא פרקים גלייך נוך פֶּסַח. דרויף זיין ויל דֵעות. איין טייל זגן איין מָשָל. גלייך ווען עש קומט לה פְּרִימָה וֵוירָה דא פפלעגט זיך אידרמן צו פורגערן. דיא ווייל עש גֵיט גיגן דעם זומר דא קומן ווילארלייא נוייא אופש אונ׳ אידרמן עשט אוֹן מוש אונ׳ אוֹן צאל. דרום זיין אל מול אים זומר מער קראנקהייטן אז אים ווינטר אונ׳ אידרמן וועלט גערן זיין לייב גיזונד האלטן אונ׳ דרום נעמון זיא איין רפואות פורגאציוני. אונ׳ ווייל אידרמן ביגערט זיין לייב גיזונד צו האלטן אזו זולן מיר אך דיא נְשָמָה גיזונד האלטן. אונ׳ דיא פרקים זיין איין מידיזינה צו דער נְשָמָה דען עש זיין אייטל גוטי מִידות. אונ׳ ווען זיא איינר לייאט, זא קומט אים קיין לושט צו זוינדן. דש איז דיא בֵישט רְפוּאָה דיא אויף דער וועלט איז. דרום האבן אונזר חֲכָמִים גימאכט דש מן זיא זול זגן גלייך נוך פסח, אז דער זומר אן הֵיבט.} |

4 ע״א

פרק ראשון

מֹשֶה קִבֵל תוֹרָה מִסִנַי. ווארום זגט ער אלהיא וויא מֹשֶה רַבֵינוּ הוט דיא תורה אנטפפנגן אויף בערג סִנַי? דרום דש דיא פְּרָקִים זיין אייטל מִדות בון דען לוייטן. אונ׳ אוב איינר וועלט זגן דש איז ניט געבן ווארדן אויף דעם בערג סִנַי נוייארט אונזרי חֲכָמִים האבן עש אן גישריבן, דארום זגט ער דא: מֹשֶה קִבֵל תוֹרָה מִסִנַי, דש איז אך געבן ווארדן בון בערג סִינַי אז וואל אז אנדרי מִצְוֹת. אונ׳ איין איטליכר מענש זול זיך אין דיא גוטן מִדות גִיוֵוינן. אונ׳ זוא זגט ער: מֹשֶה רַבֵינוּ דער אנטפפינג דיא תורה אויף בערג סִינַי בון הנט דֵיש אלמעכטיגן. אונ׳ ער וואר אויף דעם בערג אים וואלקן וירציג טג אונ׳ איין מַלְאַך דער היישט רָזִיאֵל דער לערנט דיא 'גנץ' תוֹרָה מיט אים, דש מיינט תוֹרָה שֶבִּכְתָב וְתוֹרָה שֶבְּעַל פֶּה. דש חוּמָש היישט תוֹרָה שֶבִּכְתַב אונ׳ דיא גְמָרָא היישט תוֹרָה שֶבְּעַל פֶּה. אונ׳ אך לערנט אין דער מַלְאַך אלי חָכְמוֹת אין דען וירציג טגן. אונ׳ דיא ווייל ער וור אויף דעם בערג דא אַש ער ניט אונ׳ טראנק ניט. דא בון לערנן מיר: איין מענש זול ניט מְשַנֶה זיין דען מִנְהַג

1 ווארום מן זגט דיא פרקים.– על מנהג אמירת פרקי אבות נמסר לנו גם בכתבי־יד אחרים ביידיש, כגון ספרי מנהגים (כ״י אוקספורד Can. Or. 12 וכ״י פאריס héb. 586). המחבר מטעים, שקריאת פרקי אבות בשבתות הקיץ היא רפואה בדוקה למחלת הנפש, ויש בה כדי לטהר את הנפש מזוהמת החטא. טעם זה ניתן גם בהוצאת ׳פרקים׳, קראקא 1590. בדומה לכך בספר אורח חיים טו:א: ׳...רפואה משלשלת... כן בקחת האדם זה הדרך...׳ והשווה: ש׳ שרביט, ׳מנהג הקריאה של אבות בשבת׳, שנתון בר־אילן, יג (תשל״ו), עמ׳ 169.

19 רזיאל המלאך מסר למשה סתרי תורה.– ס׳ רזיאל המלאך מיוחס לאדם הראשון, שלמד מפיו תורה לאחר שגורש מגן עדן.

20 חוּמָש.– חמישה חומשי תורה, והיא תורה שבכתב; ומוסיף המחבר, שהגמרא היא תורה שבעל־פה. 22–23 כשעלה משה למרום לא אכל ולא שתה ארבעים יום (שמ׳ לד:כח).

23 אין מענש... מנהג.– ׳לעולם אל ישנה אדם מן המנהג, שהרי משה...׳ (ב״מ פו ע״ב)

דען ⌜מן⌝ בוירט אין איינר שְׁטַט. אונ׳ מן נימט בייא שפיל בון דער זך. דער בוֹרֵא
העט וואל קוינן שפייזן מֹשֶׁה רַבֵּינוּ אים הימל מיט עשן אונ׳ טרינקן אז וואל אז ער
דיא גנץ וועלט שפייזט אונ׳ טרענקט. אבר דיא ווייל דער מִנְהַג אונ׳ סֵדֶר איז אים
הימל דש מן ניט עשט אונ׳ טרינקט, דארום וואלט ער אך ניט עשן, נוך טרינקן,
4 ע״ב דיא ווייל ער אים הימל וואר. | אונ׳ גוט ית׳ דער גב אים קראפט דש ער ⌜עש⌝ קונט
צו קומן אונ׳ ניט צו ור ענדרן דען מִנְהַג. אזו וינדן מיר אך דיא מַלְאָכִים דיא קאמן
אויף דיא ערד הִירַב אונ׳ זיא טעטן אז זיא אַשַׁן. אז מיר וינדן בייא אַבְרָהָם אָבִינוּ
עָלָיו הַשָּׁלוֹם. דרום דש דער מנהג איז אויף דער ערדן דש מן עשט אונ׳ טרינקט.
דרום טעטן זיא אך אז זיא אשן וויא וואל זיא ניט בידוירפן צו עשן, נוייארט זיא
ור ברענטן אל דינג. אונ׳ דיא לוייט מיינטן זיא העטן געשן, דרום דש זיא ניט וואלטן
דען מִנְהַג מְשַׁנֶּה זיין נוך ור ענדרן.
אונ׳ גלייך אז ער דיא תורה הט מְקַבֵּל גיוועזן, אזו וור ער זיא לערנן זיין תַּלְמִיד
יְהוֹשֻׁעַ. דער וור הער אויבר ישראל נוך טוט משֶׁה רַבֵּינוּ ע״ה אונ׳ בוירט ישראל
אין דש הייליג לנד, אֶרֶץ יִשְׂרָאֵל. אונ׳ יְהוֹשֻׁעַ לערנט זיא נוך טוט {מֹשֶׁה רַבֵּינוּ עָלָיו
הַשָּׁלוֹם} צו דען זְקֵנִים, דיא נוך אים ווארן ריכטר אויבר ישראל. עש ווארן ניט
דיא זקנים דיא דא ווארן אין צייטן משה רבינו ע״ה. דען מיט אהרן הכֹּהן אונ׳ זייני
קינדר אונ׳ מיט דען זעלביגן זקנים דא לערנט משה רבינו ע״ה זעלברט. אונ׳ דש
ווארן אנדרי זקנים דיא ווארן נוך טוט יהושע ריכטר אויבר יִשְׂרָאֵל. אונ׳ דיא זְקֵנִים
לערנטן דיא תורה צו דען נְבִיאִים. אונ׳ דער ערשט נָבִיא דער וואר עֵלִי הַכֹּהֵן.
אונ׳ עֵלִי דער לערנט זיא צו שְׁמוּאֵל הַנָּבִיא, אונ׳ אזו איין נָבִיא לערנט דען אנדרן
ביז דש זיא גירייכטן צו דען אַנְשֵׁי כְּנֶסֶת הַגְּדוֹלָה, דש מיינט דיא מאנן בון דער
5 ע״א גרוש זמלונג. |
עש ווארן הונדרט אונ׳ צווייצניג חֲכָמִים גדוֹלִים אונ׳ איטליכר הט וואל זעכציג
טויזנט תַּלְמִידִים. אונ׳ זְרוּבָבֶל אונ׳ עֶזְרָא הַכֹּהֵן אונ׳ מָרְדְּכַי דיא ווארן דיא רָאשִׁים,
דש מיינט דיא קַאפִּי. אונ׳ דיא אנדרן וויל איך ניט נענן דען עש וואור צו לנג ווערדן.
זיא ווארן אייטל גרושי הערן אין דער תורה, אז אונזר חכמים האבן גילערנט אין
דער גמָרָא. ווארום הישן זיא אנשי כְּנֶסֶת הַגְּדוֹלָה, ווען דיא תורה וואר שיר גאנץ
ור געשן גיוועזן בור גרושי צרות דיא ישראל האטן גיהאט, אונ׳ זיא ווידר קערטן
דיא גְדוֹלָה אונ׳ קְדוֹשָׁה צו דער זאמילונג בון יִשְׂרָאֵל. מֹשֶׁה רַבֵּינוּ עָלָיו הַשָּׁלוֹם דער

8 לפני ערדן נמחקה תיבת עשן

6–7 כך נהגו המלאכים אצל אברהם, שעשו עצמם כאילו אכלו. השווה: רש״י, בר׳ יח:ח; בר״ר סח:טז; ב״מ פו ע״ב.
27–29 אנשי כנסת הגדולה... צו דער זאמילונג בון ישראל.–׳למה נקרא שמן אנשי כנסת גדולה, שהחזירו עטרה ליושנה׳ (יומא סט ע״ב). והשווה: ׳מאה ועשרים זקנים ובהם כמה נביאים תיקנו שמונה עשרה ברכות על הסדר׳ (מגילה יז ע״ב).

האט גיזגט הָאֵל הַגָּדוֹל הַגִּבּוֹר וְהַנּוֹרָא. אונ׳ יִרְמְיָה הַנָּבִיא אונ׳ אזו אך דָנִיאֵל דיא
זגטן נוייארט הָאֵל הַגָּדוֹל אונ׳ וואלטן ניט זגן הַגִּבּוֹר וְהַנּוֹרָא, דרום דש זיא ווארן
אים גָּלוּת, אונ׳ דש בֵּית הַמִּקְדָּשׁ וור ור ברענט אונ׳ ור שטוירט. דא מיינטן זיא
הקדוש ברוך הוא דער וועלט ניט מֵין ווייזן זיין מאכט אונ׳ שטערקט דיא בור־
כטצום. אונ׳ דא קאמן דיא אַנְשֵׁי כְּנֶסֶת הַגְּדוֹלָה אונ׳ ווארן מְתַקֵּן דש מן זולט ווידר
זגן הָאֵל הַגָּדוֹל הַגִּבּוֹר וְהַנּוֹרָא אז אם אירשטן, אז דא הוט גיזגט מֹשֶׁה רַבֵּינוּ ע״ה.
דרום דש זיא שפראכן, דש איז דיא בורכט אונ׳ שטערק בון הַקָּדוֹשׁ בָּרוּךְ הוּא,
דש ער אונז הויט צווישן דען בוילקרן אז איין שוף צווישן דען וועלבן דש זיא אונז
ניט קוינן טון נוך אירם ווילן. דא מיט קוינן מיר דר קענן זיין גרושי שטערק אונ׳
5 ע״ב גרושי בורכט. אונ׳ דיא אַנְשֵׁי כְּנֶסֶת הַגְּדוֹלָה דיא האבן אונז אך מְתַקֵּן גיוועזן | דש
שְׁמֹנָה עֶשְׂרֵה אז מירש זגן אל טג דרייא מול, צו יוֹצֵר אונ׳ מִנְחָה אונ׳ מַעֲרִיב. אונ׳
עש זיין אך גיוועזן אונטר זיא נְבִיאִים. אונ׳ דרום זול איין איטליכר אודר איטליכי
דש שְׁמֹנָה עֶשְׂרֵה אורן מיט גרושם ולייש אונ׳ בְּכַוָּנָה. אונ׳ מן זול ניט מַפְסִיק דארינן
זיין שמועות צו רֵידן. אונ׳ אֲפִילוּ איינם צו ענטוורטן עֲלֵיכֶם שָׁלוֹם. דעם אויז גינומן
איינם פָּרִיץ אודר שַׂר, דער עש ור אויבל העט ווען איינר אים ניט גלייך ענטוורט,
אונ׳ ער מויכט איין סַכָּנָה קומן, דא מג מן וואל ענטוורטן. אונ׳ דיא זעלביגן אַנְשֵׁי
כְּנֶסֶת הַגְּדוֹלָה דיא האבן גיזגט דרייארלייא רֵיד, דש דיא וועלט דרויף שטֵיט. דש
איין איז: זייט ווארטן אם גיריכט. דש מיינט: ווען מן זול איין פסק געבן אונ׳ איין
דין אויז שפרעכן, זא זול מן ניט איילן אונ׳ זול בּוֹר וואל חוֹקֵר וְדוֹרֵשׁ זיין אונ׳ זול
בּוֹר וואל דרויש לערנן אירש מן דען פְּסַק גישריבן גיבט. דען ווען מן איילט, זא
מעכט מן ועלן אונ׳ איין ואלשן פסק געבן. אז דש שפריך ווארט גיט: איילן טוט
קיין גוט. דש אנדר: זייט שטעלן ויל תַּלְמִידִים. דש מיינט: דיא רַבָּנִים זולן ויל
תַּלְמִידִים האבן צו לערנן דש דיא תורה גימערט ווערט, ווארום דיא תלמידים
גירוטן ניט אל. אונ׳ ווען איר ויל זיין דא איז עש ניט מויגליך דש ניט איין טייל וואל
גירוטן אונ׳ ווערן קוישטליכי בְּרִיּוֹת. דש דריט: מאכט איין צוין צו דער תּוֹרָה. אז
6 ע״א מן מאכט איין צִיזָה אום איין | גארטן. זולט ניט דיא צִיזָה זיין, זא ווער אידרמן גֵין
אין דען גארטן. אזו אך וש אונזר חכמים ז״ל ור בוטן האבן דש היישט איין צוין

18 תיבת זייט נכפלה ואחת נמחקה

1 האל... והנורא: יומא סט ע״ב.
10 אנשי כנסת הגדולה תיקנו תפילת שמונה־עשרה שמתפללים שלוש פעמים ביום.– המחבר מבאר: ׳צו יוצר [= שחרית] אונ׳ מנחה אונ׳ מעריב׳. השווה מגילה, שם.
13 אונ׳ מן זול ניט מפסיק דארינן זיין.– ראה: ברכות ה:א, ופירושו של ברטינורה.
16–17 משנה א: הם אמרו שלשה דברים.
26 ציזה.– במלה איטלקית זו מבאר המחבר את המלה ׳סְיָג׳. כדי להביא ראיה לדבריו הוא מסתמך על איסור בשר וחלב שהוא סייג על איסור מן התורה; השווה: ׳מנין לבשר וחלב שאסור?׳ (חולין קטו ע״א; שמ׳ כג:יט; לד:כו; דב׳ יד:כא).

און׳ איין צֵייַזֶה דש מן ניט זול קומן צו טון איין עבירה, אז זיא דיא תורה ור בוטן הוט. איין גלייכניש וויל איך אוייך זגן: דיא תורה הוט ור בוטן מיר זולן ניט עשן איין ציקליין אין דער מילך. אבר עופות מויכט מן וואל עשן אין דער מילך, דען ׳דיא׳ תורה הוט עש ניט ור בוטן. אבר אונזר חכמים ז״ל דיא האבן ור בוטן מן זול ניט עשן אין דער מילך קיינרלייא ולייש, נוך ציקליך נוך בֿויגל. דרום ווען איינר שון איין בוגיל אין דער מילך עש, דא העט ער קיין אִיסור מן הַתּוֹרָה גיטון. און׳ אך אזו מיר מויכטן וואל עשן אז באלד נוך דעם ולייש מילכיג, אבר אונזר חכמים האבן אך גימאכט, מן זול לכל הפחות איין שעה דער צווישן ווארטן. און׳ אזו אך, דיא תורה הוט ור בוטן ווען איין ורויא נדה איז, זא זול זיא ניט בייא אירם מן שלופן, אבר ער מויכט זיא וואל אן רוירן. אבר אונזר חכמים האבן גימאכט, ער זול זיא אך ניט דערפן אן רוירן. דען זולט ער זיא דערפן אן רוירן, זא מעכט עש דר צו קומן דש ער בייא איר מויכט ליגן ח״ו. דש גלייכן זיין ויל מצות דיא אונזר חכמים האבן גימאכט אז איך אובן גישריבן הב. דש היישט איין צוין, דש מן ניט זול קומן צו דעם איסור מן התורה.

6 ע״ב שִׁמְעוֹן הַצַּדִּיק דער וואר דער הינטרשט דער דא | וואר אויבר גיבליבן בון דען [2] אנשי כנסת הגדולה. ער וור אין צייטן אליסנדר מוקדון. דען מיר וינדן, דא אליסַנְדֶר מוקדון קאם גֵין ירושלים, דא גינג אים אנגיגן דער שמעון הצדיק. און׳ אז באלד אין דער אליסנדר מוקדון זך, זא שפראנג ער אויז זיינם וואגן און׳ ויל אים צו צו בוש און׳ וואלט אים דיא בויש קוישן. דא שפרנגן אויף אל זיין הערן און׳ קנעכט און׳ שפרכן צו אים: ׳אדוני המלך, ווארום טושטו אזו גֵיגן איינם יודן?׳ דא ענטוורט ער אין און׳ שפרך: ׳דער מַלְאַך דער מיט מיר איז און׳ הוט מיר העלפן ביצווינגן דען גנצן עולם, דער ׳הוט׳ גלייך איין גישטאלט און׳ גיקלייט אז דער דוזיג שמעון הצדיק. און׳ דרום הב איך אים דיא כבוד אן גיטון.׳ {דא באט אין דער צדיק ער זולט ירושלים ניט מחריב זיין. דא שפרך ער: ׳איך בין קונטענט בון דיינן ווענגן.׳ דא נאם ער אין און׳ בוירט אין אין ירושלים און׳ וויז אים אל דינג און׳ אך דש בית המקדש. און׳ דא ער זאך דש בית המקדש אלזו שוין און׳ וואל גיבויט, דא שפרך ער: ׳גילובט זייא דער דא רואט אין דעם הויז.׳ דא באט ער דען צדיק און׳ שפרך: ׳איך וויל דיר געבן גולד און׳ זילבר און׳ לוש מאכן מיין גלייכנש און׳ שטעל זיא אין צווישן דען מִזְבֵּחַ, דש מן זול גידענקן דש איך בין דא גיוועזן.׳ דא שפרך דער צדיק: ׳מיר דוירפן קיין גלייכניש ניט מאכן אין דעם בית

15 משנה ב: שמעון הצדיק (הציונים למשניות ניתנים לפי החלוקה המצויה בסידורים, השונה בכמה וכמה מקומות מן החלוקה הנהוגה במהדורות המשנה).

16 מעשייה מס׳ 2: שמעון הצדיק ואלכסנדר מוקדון.– השווה: יומא סט ע״א; ילקוט סיפורים, ב, עמ׳ 250; גאסטר, מס׳ 279. ייתכן, שכמה מן הסיפורים על אלכסנדר מוקדון עברו ממקורות מזרחיים (ואפשר – יווניים מאוחרים) לאגדה היהודית.

המקדש. אבר מיר וועלן צווייארלייא טון בון דיינר גידעכניש וועגן. דש איין, אל דיא
כהנים קינדר דיא דש יאר גיבורן ווערן, דיא זול מן אל אליסנדר הייסן נוך דיר.
דש אנדר, מיר וועלן אן היבן ציילן דיא יאר בון דיינם קומן, אז ווען מן שטרות שרייבט,
זא זול מן שרייבן, אין דעם יאר איינס, צווייא, דרייא בון מלך אליסנדר מוקדון.׳
דא שפרך ער: ׳איך בין קונטענט.׳ דא וראגט אין דער מלך, ער זולט אין לושן
ווישן וויא זיין קריג זולט אויז גין מיט זיינם ויינד דַּרְיָוֶשׁ. דא שפרך: ׳איך וויל ביטן
גוט ער זול מיכש לושן ווישן אונ׳ וויל דירש זגן.׳ דר נוך קאם דער צדיק צו אים
אונ׳ וויז אים אין ספר דניאל ווש ער הט גיזעהן איין ווידר מיט גרושן הוירנר, דש
מיינט דַּרְיָוֶשׁ. אונ׳ איין ציקליין גיישן דש ווערט צו טרעטן דען ווידר. אונ׳ דש מיינט
דען קוניג אליסנדר, ער וואור דען שטרייט גיווינן אונ׳ דען דַּרְיָוֶשׁ מְנַצֵּחַ זיין. אונ׳
ווער אים אל זיין לנד נעמן. דש ורייט דעם מלך אליסנדר אונ׳ צוך זיין שטרוש.}
דער שמעון הצדיק דער וואר זגן: אום דרייארלייא זוילן בישטֵיט דיא וועלט. אום
ווילן דער תורה, דש מן דיא תורה לערנט. אונ׳ אויף דער עֲבוֹדָה, דש מיינט דש
מן דעם בּוֹרֵא דינט מיט קָרְבָּנוֹת אין דעם בֵּית הַמִּקְדָּשׁ. אונ׳ איצונד בַּעֲוֹנוֹת הָרַבִּים
דש דש בית המקדש ור שטוירט איז אונ׳ מיר קוינן ניט ברענגן קָרְבָּנוֹת, זא האבן
מיר אונזר תפילה אן שטט דער קָרְבָּנוֹת. אונ׳ דרום זול איין איטליכר זיין תפילה
מיט כַּוָּונָה טון, דען ער איז גלייך אז טעט ער עבודה אים בֵּית הַמִּקְדָּשׁ. אז דער
פסוק זגט: וּנְשַׁלְּמָה פָרִים שְׂפָתֵינוּ, דש מיינט ווייל מיר איצונד ניט קוינן ברענגן
קרבנות, זא וועלן מיר זיא ביצאלן מיט אונזרן לעפצן, דש מיר בכוונה וועלן
7 ע״א תְּפִלָּה טון. | אונ׳ דרום האבן אונזר חֲכָמִים מְתַקֵּן גיוועזן דש מן אל טג זול זגן דיא
פַּרְשָׁה בון קרבנות. דש איז וַיְדַבֵּר אונ׳ אֵיזֶהוּ מְקוֹמָן אונ׳ דיא מַעֲמָדוֹת. אונ׳ ווער
זיא אורט אל טג בכוונה, דא איז עש אז ויל אז העט ער דיא קרבנות גיברוכט אים
בית המקדש. אונ׳ אויף גְּמִילוּת חֲסָדִים. דש מיינט ווש מן טוט מיט קרנקי לויט אונ׳
מיט דען טוטן. אונ׳ דש מאן ארמי לוייט לייאט ווען עש אין נוט טוט. דש איז איין
גרושרי מִצְוָה אז ווען מאן צדקה גיבט, ווען צו נעמן גיליאן זא שעמט זיך ניט דער
ארעם טרופפא. {ווען צדקה בידערפן נוייארט דיא לעבנדיגע אונ׳ גמילות חסדים
בידוירפן דיא טוטן אונ׳ אך דיא לעבנדיגע.} אונ׳ עש זיין ויל גמילות חסדים דש

16 תפילה במקום קרבנות.– חשווה: ׳גדולה תפילה מכל הקרבנות׳ (ברכות לב ע״ב);
׳חביבה תפילה לפני הקב״ה... מכל הקרבנות׳ (במ״ר יח:יז); ׳ועכשיו אין בידינו אלא
תפילות׳ (תנחומא, כי תבא, א); והשווה גם: תנחומא, וישלח, ט.

18 ונשלמה פרים שפתינו.– הו׳ יד:ג. בהערתו מוסיף המחבר, שמשום כך תיקנו לומר
בתפילת שחרית פרשת קרבנות (שורה 20).

23 גמילות חסדים.– השווה: ׳גדולה גמילות חסדים יותר מן הצדקה. צדקה בממונו,
גמילות חסדים בין בגופו ובין בממונו׳ וכו׳ (סוכה מט ע״ב).

26 ארעם טרופפא.– כאן במובן: מסכן; האל״ף הסופית במלה ׳טרופפא׳ אילמת.

מן מוז טון צו ווילן 'אפילו' צו דען עשירים. דען וועלט איינר ניט גומל חסד ווער מיט דעם אנדרן, דא קוינט דיא וועלט ניט בישטין. דש זיין דיא דרייארלייא דא דיא וועלט איצונד אויף שטיט: תורה, תפלה, גמילות חסדים.

אַנְטִיגְנֵס דער וואר איין מאן בון סוֹכוֹ. דער הט גילערנט אונ' אנטפפנגן זיין תוֹרָה בון דעם שמעון הצדיק, דער אובן גינענט איז. דער וור זגן: איר זולט ניט דינן דעם בורא אז איין קנעכט דער דא דינט זיינם מיינשטר אום וועגן צו אנטפפֿנגן לון, נוייארט איר זולט דינן גוט ית' אז איין קנעכט דער דא דינט זיינם הערן בון ליבשאפט וועגן אונ' ניט אום ווילן צו אנטפפנגן לון. איין מענש זול ניט גידענקן איך וויל דעם בוֹרֵא ית' דינן דרום דש ער מיר זול וואל לונן, דש עש מיר וואל גין זול אויף דעם עולם, אודר דש איך זול ווערן איין רב. מאן זול גידענקן גוט ית' | [7 ע״ב] הוט מיך בישאפן אונ' הוט מיר געבן דִבוּר וְדַעַת וְהַשֵׂכֶל. ער ווער מיר שכר געבן שענצה אלטר, אונ' ער שפיזט דיא גאנץ וועלט. אונ' הקב״ה גיבט איטליכם זיין שכר טוב אונ' ור געשט נימנט זיין שכר בעולם הזה ובעולם הבא.

[3] אונ' דער אַנְטִיגְנוֹס הט צווין תַלְמִידִים. דער איין היש צָדוֹק אונ' דער אנדר היש בַיְיתוּס. דא זיא הורטן אזו בון אים דש ער זגט מן זולט הקב״ה ניט דינן אום דיש לונש ווילן, דא ווארן זיא זיך טוֹעֶה אונ' מיינטן, הקב״ה געב קיינם קיין לון ווען איינר שון ורום ווער. דען דיא ווארן נוך יונג אונ' האטן ניט אזו ויל שֵׂכֶל דש זיא אירן רבי רעכט ור שטונדן אונ' ווארן זיך מְהַפֵּךְ אונ' ווארן מִינִים. אונ' מאכטן זיך איין ביזונדרי אֶמָנָה אונ' זאמלטן צו זיך ויל לוייט. אונ' איר וינט מן נוך עַד הַיּוֹם הַזֶּה אין פולן אונ' רויישן. אונ' מן היש זיא צדוקים אונ' בַיְיתוּסִים. אונ' זיא האלטן קיין מצוה דיא אונזר חֲכָמִים ז״ל גיבוטן האבן, נוייארט ווש בישיידליך אין דער תורה גישריבן שטֵיט. אז צִיצִית שטיט אין דער תורה 'וּרְאִיתֶם אוֹתוֹ', דש איז טויטש אונ' איר זולט זעהן אין, אונ' אזו הענגגן זיא איין טלית מיט צִיצִית אין איר שול, אונ' ווען זיא 'אל מלך' אורן זא זעהן דיא דיא ציצית אן. אונ' אזו אל דיש גלייכן. אונ' איצונד היישט מאן זיא קָרָאִים. אבר דער חסיד אנטיגנוס מיינעט עש אלזו: איין מענש זול ניט דרום ורום זיין דש אין גוט ית' זול רייך מאכן, אודר לאנג לעבן לושן, נוייארט דש ער אים זול שכר טוב געבן לעולם הבא. אונ' דש ער זול

4 מנוקד אַנְטִיגְנֵס 19 מנוקד אֶמָנָה במקום אמונה 20 לפני רויישן מחוק רווש

4 משנה ג: אנטיגנס איש שוכו.

14 מעשייה מס' 3: צדוקים ובייתוסים.– השווה אדר״נ, ה: 'עמדו ופירשו מן התורה ונפרצו מהן שתי פרצות, צדוקין וביתוסין.' הרמב״ם, שמונה פרקים, ג, אומר: '...ומאז יצאו אלו הכתות רעות ויקרא באלו הארצות, ר״ל מצרים, קראים. ושמותם אצל החכמים צדוקים וביתוסים...'

18–20 אונ' מאכטן... רויישן.– זו תוספת ביאור של המחבר. רויישן.– רוסיה הלבנה.

22 מצוות ציצית. וראיתם אותו.– במ' טו:לט.

זיין נשמה אנטפפנגן נוך זיינם טוט אונ׳ זול זיא טון בייא נשמות דער צדיקים אים
גן עדן, איז דש ערש ור דינט הוט. ווען ווארום ווען איינר דינט בייא איינם הערן
8 ע״א אום שָׂכָר ווילן, דער גידענקט זיך ווערט מיר מיין פטרון | ניט וואל לונן, זא ויל
איך אים ניט לענגר דינן אונ׳ וויל מיר איין אנדרן פטרון וינדן. אבר ווען איינר
דינט בייא איינם פטרון ניט בון שכר וועגן, נוייארט בון אהבה אונ׳ ליבשאפט וועגן,
ווען ער אים שון ניט וואל לונט אונ׳ צאלט, נוך דענוך בלייבט ער בייא אים אין
זיינן דינשט. אונ׳ ער גידענקט זיך, מיין פטרון הוט מיר אל מיין טג ויל גוטש גיטון,
מיר אונ׳ אל מיין אבות, איך קאן אימש ניט אב דינן אל מיין טג. דען הוט דער
פטרון אזו ויל שכל אונ׳ זיכט דש דער אים הולט איז אונ׳ דינט אים ניט בון דש
לון וועגן, זא האלט ער אין וואל אונ׳ גיבט אים אז דער מער לון צום הינטרשטן.
אזו זול איין מענש הקב״ה אך דינן בון אַהֲבָה וועגן, זא הוט מן אך בורכט בור אים
אונ׳ ער ווערט אים שכר טוב געבן אויף דער ווערט אונ׳ אויף יענער וועלט. אזו
מיינט עש דער חסיד אנטיגנוס, אונ׳ דרום הוט ער גיזגט עש זול זיין מוֹרָא שָׁמַיִם
אויף אוייך.

יוסי זון יוֹעֶזֶר איין מאן בון צְרֵידָה אונ׳ יוסֵי זון יוֹחָנָן איין מאן בון יְרוּשָׁלַיִם דיא
אנטפפינגן דיא תורה בון דעם אנטיגנוס דער אובן גינענט איז. יוסי זון יועזר אִיש
צְרֵידָה דער זגט: עש זול זיין דיין הויז איין הויז ביטעטיגונג אונ׳ זאמילונג צו דען
חֲכָמִים צו לערנן תּוֹרָה. דש ווען דו ורום בישט, זא זוכן דיך דיא ורומן לוייט. דש
ווען מן זגט, וואו ווען מיר גין תורה לערנן, זא זול מן זגן אין דעש פלוניש הויז.
אונ׳ דו זולשט דינן זיא אונ׳ אונטר טעניג זיין אז איין פולבר אן בוישן. אונ׳ זייא
מקבל אירי ריד בון דער תורה. קנשטו ניט זיצן אויף בענקן אונ׳ שטויל, זא זולשטו
8 ע״ב דיך בור זיא נידר זיצן אויף דיא ערד, | גלייך אז איינר דען גר זער דוירשט אונ׳
גייציגליך טרינקט, אזו זולשטו מיט לושט אנפפנגן איר רֵיד. יוסי בן יוחנן איין מאן
ירושלים דער זגט: עש זול זיין דיין הויז אופן צו דער ווייטן גאסן, דש אידרמן
דריין ציכט צו ביהערבריגן. אונ׳ זיא זולן זיין דיא עֲנִיִּים דיין הויז גיזינד, אונ׳ זולן
דיר ערביטן דש זיא זיך בייא דיר מוֹיגן דר נֵירן. אונ׳ דו זולשט ניט ויל עֲבָדִים
אונ׳ שפחות האלטן. אונ׳ ווען דו אזו טושט, זא גיבט דיר הקב״ה אך גוטן לון דר
צו אונ׳ טוט דירש רעכנן גלייך אז העשטו ויל צְדָקָה געבן. אונ׳ ניט מן זול מערן
ויל צו רֵידן מיט דען ווייבר, אפילו מיט זיינם אייגנן וויב האבן אונזר חכמים
גיזגט. מכל שכן אונ׳ טויזנט מול וויניגר מיט אנדרן ווייבר. אונ׳ אזו האבן גיזגט
חכמים ז״ל, דש אל צייט דש דער מענש מערט ויל צו רֵידן מיט ווייבר, ער איז
גוֹרֵם רָעָה צו זיך זעלברט אונ׳ ור שטערט דיא תורה, אונ׳ זיין סוף איז דש ער

1 אחרי נשמה נמחקה תיבת זול 18 לפני צו לערנן נמחקה אות צ

15 משנה ד: יוסי בן יועזר איש צרידה. 23 משנה ה: יוסי בן יוחנן איש ירושלים.

נידרט אין דש גיהנום. דש איינר ניט זול ויל רידן מיט זיינם ווייב, דש מיינט ניט אלי
ווייבר, נוייארט דיא זוילכן ווייבר דיא אירי מאנן אומנדר אן רייצן צו קריגן אונ׳
צו האדרן, אונ׳ גַזְלַן אונ׳ גַנְבַן אונ׳ צו אנדרי בויזי מעשים. {עש ווארן צווין רייכי
אין דער וועלט אונ׳ זיא וואורדן ביד ור לורן. קרח וור דער רייכשט אונטר
ישראל, דען ער הט גיבונדן אל דיא אוצרות דיא הט גימאכט יוסף הצדיק אין
מצרים. אונ׳ המן וור דער רייכש אונטר דען אומות העולם, דען ער הט גינומן
אל אוצרות בון מַלְכֵי יְהוּדָה אונ׳ אל זילבר אונ׳ גולד בון קָדְשֵׁי הַקֳדָשִׁים.} אז
[4] מיר וינדן בייא קֹרַח. דער זגט אל זיין הענדל זיינם ווייב אונ׳ זיא רייצט אין אן,
ער העט רעכט צו קריגן מיט משה רבינו אונ׳ אהרן הכהן ע״ה. אונ׳ ער בולגט איר
אונ׳ קריגט מיט זיא. דא קאם ער אום זיין האלז אונ׳ אין דש גיהנם דר צו אלז וש
מיט אים וואר. איינם זוילכן ווייב זול מן ניט אל דינג זגן אונ׳ אך ניט ויל מיט איר
9 ע״א רידן, | אבר איינם ורומן ווייב האבן אונזר חֲכָמִים ניט ור ווערט אירם מאן צו רידן
מיט איר אונ׳ צו זאגן אל זיין עֲסָקִים. אז מיר וינדן אין דער גְמָרָא גישריבן, איינר
זול עצה נעמן צו אלז וש ער טוט בון זיינם ווייב. וועז זיא שון קליין ווער, זא זול
ער זיך בוקין אונ׳ זול איר צו הוירן אונ׳ בולגן. אז מיר וינדן גישריבן: אוֹן בֶן פֶלֶת
דער וואר אך איינר בון דער קונפניאר בון קרח, אונ׳ ער קאם דר בון אונ׳ ור זאנק
ניט מיט קרח. דש מאכט זיין ווייב מיט אירר עצה. דיא שמועה איז זער לנג, דענוך
וויל איך אוייך שרייבן איין טייל בון דעם מעשה, דש איר זולט זעהן וש איין ורום
ווייב טוט. דער קֹרַח וואלט זיך מאכן צו איינם כהן גדול אונ׳ מלך אויבר אל
ישראל, וועז ער וור זער רייך אונ׳ וואר קוזין בון משה רבינו ע״ה. אונ׳ ער ור ליש
זיך אויף זיין גרושן עושר אונ׳ שפרך צו דען אנדרן שבטים אונ׳ אך שבט לוי. ער
וועלט אין אל גינוג געבן זיא זולטן מיט אים זיין אין דעם קריג. אונ׳ ער אויבר
רֵידט ויל לוייט אונ׳ קוישטליכי מאנן, צווייא הונדרט אונ׳ פינפציג אונ׳ אך דער
און בן פלת וור איינר בון דיא. אונ׳ זיא ור הישן אים אל זיא וועלטן אים העלפן
אונ׳ בייא שטין. נון דער און בן פלת קאם היים אונ׳ זגט זיינם ווייב אל דיא שמועות
אונ׳ סודות. דא שפרך זיא צו אים: ׳ווש ווערשטו רֵיוַח האבן אין דעם קריג, וועז
שון קרח מלך ווערט אודר דש משה רבינו מלך בלייבט? דו ווערשט ניט בֵישר
ווערדן אז דו בור בישט. דו מושט אומדר זיין איין קנעכט צום מלך. איז נון ניט
9 ע״ב בישר דו בלייבש וויא דו בישט טון גיקריגט?׳ דא שפרך ער: ׳דו הושט וואר | אבר
איך הב אים ור היישן אונ׳ גילובט, איך וועל מיט אים זיין אין זיינר קונפניאר. גיב
מיר נון איין רוט וויא איך אים טון זול.׳ דא שפרך זיא ווידר צו אים: ׳ווילשטו מיר

8 אחרי הענדל במחקה תיבת אל

8 מעשייה מס׳ 4: מחלוקת קרח.– סנהדרין קט ע״ב; במ״ר יח:יט; תנחומא, קרח, ג.
15 און בן פלת.– אשתו הצילתו; ראה: סנהדרין, שם; במ״ר יח:טו; תנחומא, שם.

ואלגן, זא בלייב אים הויז אונ׳ לוש מיך מאכן.׳ דא שפרך ער: ׳איך בין קונטענט.׳ דא נון דער טג קאם דש אל דיא קונפניאר בון קֹרַח זולטן בייא אנדר זיין אונ׳ איר מן זולט אך גין, דא גינג זיא אונ׳ נאם איין בוירשט אונ׳ שטרעל אונ׳ זיצט זיך גיגן דער הויז טויר אונ׳ בוירשט אונ׳ שטרעלט זיך. דא נון קֹרַח קאם אונ׳ וואלט אירן מן רויפן אונ׳ זאך זיין ווייב דורטן זיצן, אזו איין בורן, דא שעמט ער זיך אונ׳ וואלט ניט איין דש הויז גֵין אונ׳ רויפט: ׳וואו איז אוייער מאן?׳ דא ענטוורט זיא: ׳ער איז ניט דא היימן.׳ דא גינג ער הין וועק. אזו ביהילט זיא אירן מאן בייא זיינם לעבן, דש ער ניט וואר ור לורן מיט קֹרַח אונ׳ זיינר זאמילונג. איינם זוילכן ווייב מג מאן וואל אל דינג זגן.

יהושע זון פרחיה אונ׳ ניתאי דער ארבלי, דיא האטן גיהוירט אונ׳ אנטפפנגן איר לערנן בון יוסי בן יועזר אונ׳ בון יוחנן דיא אובן גינענט זיין. יהושע זון פרחיה {דער ר׳ יהושע איז [גיוועזן] דער רבי בון אותו האיש} דער שפריכט: מך דיר איין רַבִּי דש דו בון אים לערנשט אונ׳ דער דיך אינפארטערט. אבר דו דארפשט דרום ניט צו ויל געלט אויז געבן. אונ׳ קויף דיר איין חָבֵר דער מיט דיר דר טוראנט ווען עש דיך שון ויל געלט קושט. אודר קויף דיר ויל סְפָרִים, דיא זיין איינם תַּלְמִיד חָכָם אזו נויצליך גלייך אז איין חָבֵר. אונ׳ ניט פַּסְקָן דינים אונ׳ הוֹרָאוֹת בון דיר זעלברט, דיא היישן בויך סְבָרוֹת, נוייארט ווען איינר וויל [...]
10 ע״א ...] ׳נון וויל איך אוייך איין כשוף ווייזן אונ׳ דר נוך זולט איר מיך אֵיצווש לערנן. איר
[5] זעכט וואל עש רעגנט זער דוישן. נון וויל איך מאכן קומן דא הריין אכציג בחורים
אין וויישן העמדר אונ׳ זיא זולן אל טרוקן זיין אונ׳ זולן זיך ניט נֵיצן בון דעם גרושן רעגן.׳ דא שפרכן זיא: ׳מיר וועלן עש גערן זעהן, דר נוך וועלן מיר אוייך אך ווייזן ווש מיר קוינן.׳ נון הט ער בור איין מַסְקָנָה גימאכט מיט זיינן בחורים וויא זיא אים טון זולטן. אונ׳ דש זיא דיא העמדר טרויגן אונטר דיא העבֿן, דש עש ניט דרויף רעגינט אונ׳ זולטן ווארטן בור דער מְעָרָה אונ׳ ווען זיא אין הוירטן פפייפן, דא זולטן זיא דיא העמדר ולוקש אן טון אונ׳ זולטן היניין קומן מיט דעם האבן אין

11–12 הכתוב בשוליים פגום   17 בסוף השורה האחרונה של דף 9 ע״ב נפסק כתב־היד וחסר דף שלם; וראה הביאור

10 משנה ו: יהושע בן פרחיה.

14 וקנה לך חבר.– המחבר מפרש, שהמשנה מדברת גם בקניית ספרים: ׳אונ׳ קויף דיר ויל ספרים.׳ והשווה פירושו של ר׳ שמעון בר צמח, ׳מגן אבות׳, שמוסיף כאן: ׳וי״מ קנה לך ספרים.׳ דר טוראנט.– מובנו: לחזור, לשנן; השווה להלן, מפתח המלים בניב הג־רמני העילי־הביניי, עמ׳ 197.

18 בכתב־היד חסר דף שלם, הכולל את ביאוריו של המחבר למשניות ו–ח. דף 10 ע״א פותח באמצע הסיפור על שמעון בן שטח והמכשפות.

19 משנה ט; מעשייה מס׳ 5: שמעון בן שטח והמכשפות.– ראה: סנהדרין ו:ד; סנהדרין מד ע״ב; רש״י, שם; ירוש׳ סנהדרין פ״ו ה״ט; חגיגה טז ע״ב, ותוס׳ שם; ירוש׳ חגיגה פ״ב ה״ב; גאסטר, מס׳ 332; אוצר מדרשים, עמ׳ 321, 399; מעשה בוך, מס׳ 88.

דער האנט. אונ׳ איין איטליכר זולט אייני בון דיא ווייבר אויף איין ארם נעמן אונ׳
אויף היבן דש זיא ניט דיא ערד אן רוירן אונ׳ זולטן זיא אויז דער מערה טראגן
אונ׳ אן דיא בעם הענגן. דען ווען איין מְכַשֵּׁף דיא ערד ניט אן רוירט, זא קאן ער
קיין כשוף טון. אזו טעטן דיא בחורים אונ׳ קאמן היניין. אונ׳ איין איקליכר נאם
אייני אונ׳ הוב זיא אויף אונ׳ טרוגן זיא אויז דער מְעָרָה. אונ׳ ער ליש זיא אל אכציג
הענגן אונ׳ טויטן. אזו וואר עש דש כשוף אל מְבַעֵר בון ישראל. דא קאם אים ווידר
איין חלום, וויא ער ווער בירייט לְחַיֵּי הָעוֹלָם הַבָּא.

[6] שְׁמַעְיָה אונ׳ אַבְטַלְיוֹן. מיר וינדן אין דער גמרא וויא דיא צווין תלמידי חכמים
וועדן ברוידר אונ׳ ווארן גֵּרִים, אונ׳ ווארן בון קינדר סַנְחֶרֶב. אונ׳ אזו ווארן זיא
גרים גיווארדן. סַנְחֶרֶב דער וואר גר איין מעכטיגר מֶלֶךְ. אונ׳ ער האט דיא גאנץ
10 ע״ב וועלט ביצוואונגן אונ׳ כּוֹבֵשׁ גיוועזן נוך זיינן ווילן. | אונ׳ אין צייטן חִזְקִיָּה הַמֶּלֶךְ דא
קאם ער בור יְרוּשָׁלַיִם מיט איינם גרושן חַיִל אונ׳ וואלט זיא אך ביצווינגן אונ׳ כּוֹבֵשׁ
זיין. דא גינג דער מֶלֶךְ חִזְקִיָּה אונ׳ יְשַׁעְיָה הַנָּבִיא אין דש בֵּית הַמִּקְדָּשׁ אונ׳ טעטן
תְּפִלָּה אונ׳ באטן הקב״ה, ער זולט אין העלפן בון דעם קויניג סַנְחֶרֶב. דא הוירט
הקב״ה איר גיבעט אונ׳ שיקט דיא זעלביג נאכט איין מַלְאַךְ אונ׳ ער טויטט אל דש
הער בון דעם סנחרב. אונ׳ עש וואר דיא נאכט בון פֶּסַח אונ׳ ער אויבר בליב
נוייארט מיט צֵיהן זיינר מאנן. אונ׳ דא ער ואנד אל זיין חַיִל אזו טוט, דא ולוך ער
היים אין זיין לאנד אונ׳ שיקט רויפן אל זיין חֲכָמִים אונ׳ יוֹעֲצִים אונ׳ דר צֵילט אין
וויא עש אים גאנגן ווער מיט זיין מלחמות. אונ׳ ורוגט זיא ווש בור זְכוּת האבן
דיא יודן בון יְרוּשָׁלַיִם, דש איך הב ביצוואונגן דען גאנצן עולם, אלי לנד, אונ׳
שטֵיט, קויניג אונ׳ הערן, אונ׳ דיא שטט יְרוּשָׁלַיִם אונ׳ דען קויניג יחזקיה האב איך
ניט קוינן כּוֹבֵשׁ זיין אונ׳ הב אל מיין חַיִל ור לורן? דא ענטוורטן אים זייני חֲכָמִים
אונ׳ זגטן: ׳אֲדוֹנֵינוּ הַמֶּלֶךְ, זיא גינישן דש זְכוּת בון אַבְרָהָם פאטריארקי. דער הט
איין אייניגן זון אונ׳ וואלט אין צו קָרְבָּן ברענגן צו הקב״ה. דש זעלביג זכות ור גיט
נוימר מער אונ׳ העלפט זיא אין אלר צייט.׳ דא שפרך ער: ׳איז עש אזו, נון הב
איך צווין זון דיא וויל איך אלי בייד צו קָרְבָּן ברענגן צו מיינר עֲבוֹדָה זָרָה. דא
ווער איך איר זְכוּת אך גינישן.׳ דש הורטן זייני צוֵוין זון וויא זיא איר ואטר וועלט
טויטן. ווש טעטן זיא? זיא שטונדן אויף בייא דער נאכט אונ׳ טויטטן אירן ואטר
11 ע״א ׳דען קויניג׳ אונ׳ ולוהן אין ארץ ישראל | אונ׳ ווארן זיך מְגַיֵּיר אונ׳ לערנטן אונ׳

10 סַנְחֶרֶב מנוקד בסגול במקום בחירק

8 משנה י׳; מעשייה מס׳ 6: שמעיה ואבטליון מבני בניו של סנחריב.– לפי האגדה היו
שמעיה ואבטליון גרי צדק (ברטינורה, כאן; סנהדרין צו ע״ב; גיטין נז ע״ב); ׳...מבני בניו
של סנחריב למדו תורה ברבים...׳ (מעשה תורה, מה:א–ב).
27–28 השווה סנהדרין צו ע״א.

ווארדן צוויין קוישטליכי תַּלְמִידֵי חֲכָמִים אונ׳ מן היש זיא מיט אירי נעמן שְׁמַעְיָה אונ׳ אַבְטַלְיוֹן.

שמעיה דער זגט: הב ליב דיא מְלָאכָה. ווען איינר שון לערנט אונ׳ זיין קינדר לושט לערנן, זא זול ער זיא אך איין מלאכה דר בייא לושן לערנן, דש זיא זיך דר מיט מויגן דר נערן. אז אונזר חכמים שפרעכן: פְּשׁוֹט נְבֵילְתָא בְּשׁוּק וְאַל תֹּאמַר גַּבְרָא רַבָּא אֲנִי, וְזִילָא בִּי מִילְּתָא. דש איז אין טויטשן: איינר זול אֵי שינדן איין נְבֵילָה אויף דעם פלאץ דש עש אידרמן זיכט, אונ׳ זול זיך מיט דעם לון דש מן אים צו לון גיבט דר נערן. אונ׳ זול ניט גידענקן: אֲיִי, איך בין איין קוישטליכר מן אונ׳ בין בון קוישטליכן לוייטן אונ׳ דש ווער מיר איין שאנד. אי ער זול צְדָקָה מְקַבֵּל זיין, ער זול זיך דר נערן מיט זיינר מְלָאכָה.

אונ׳ הב ויינט דש רַבָּנוּת. דש מיינט דיא הערשאפט. ער זול ניט תורה לערנן דרום דש ער קוישטליך זול ווערדן, ווען דיא שְׂרָרָה איז מְקַבֵּר אירי הערן, דש זי באלד שטערבן. אז מיר וינדן בייא יוֹסֵף הַצַּדִּיק. דער וואר דער יונגישט אונטר זיינן ברוידר אונ׳ וואר איין מלך אונ׳ שטארב אֵי ווידר אל זייני ברוידר.

אונ׳ איינר זול זיך ניט חֶבְרַן אונ׳ קונפאנייערן צו דען הערן. אז דש שפריך ווארט גֵיט: ׳עש איז בויז מיט הערן קירשן צו עשן.׳ זיא זעהן נוייארט ווש איר נוץ איז. אזו לנג טרייבן זיא איינם חניפות אונ׳ מאכן קארעצה. אונ׳ ווען זיא קיין נוץ מֵין האבן בון איינם מענשן, זא לושן זיא אין גין אונ׳ ואלן, אונ׳ העלפֿן אים ניט אין זיין נויטן אונ׳ לושן אין ליגן אים קוט. | איין מָשָׁל זג איך דרויף. דיא הערן זיין גלייך אז איין 11 ע״ב
בוייאר. זֵיצט מן זיך צו נוהנט דר בייא זא ברענט מן זיך. זיצט מן זיך דען וויט דר בון, זא דר ורירט מן. מן מוז זעהן דש מן זיך זֵיצט ניט צו נעך אך ניט צו וויט בון דעם בוייאר, זא איז עש גוט. אזו זיין אך דיא הערן.

אַבְטַלְיוֹן זגט: איר חֲכָמִים זייט גיווארנט אן ⌈אוייערן⌉ רֵידן, ווען איר לערנט מיט אוייערן תַּלְמִידִים, אודר ווען איר מוֹרֶה הוֹרָאָה זייט. ויל לייכט ווערט איר מתיר איין אִסּוּר, דא מיט ווערט איר ור זוינדן דש איר ווערט קומן אין דש גָּלוּת, אונ׳ איר ווערט ווערן ור טריבן צו איינר שטט דיא דא הוט בויזי וואשר, דש מיינט אין איין שטט, דא דא ניט ורומי לוייט זיין אונ׳ איר ווערט אך לערנן בון אירן בויזן מַעֲשִׂים. אונ׳ דר נוך ווערט איר ווידר היים קומן אין אוייערי שטֵיט אונ׳ ווערט

23 אוייערן בין השיטין במקום תיבת אירן שנמחקה 26 אחרי ווערט נמחקה תיבת קאנן / אחרי מיינט נמחקה תיבה בת שלוש אותיות (טשן ?)

5–6 פשוט... מילתא.– השווה: פסחים קיג ע״א; ב״ב קי ע״א; וכאן בהתאם לב״ב: ׳וזילא בי מילתא׳ במקום ׳וסניא בי מילתא׳ שבפסחים.
12 ווען דיא שררה איז מקבר אירי הערן.– השווה: פסחים פז ע״ב; ברכות נה ע״א.
23 משנה יא: אבטליון אומר.

מיט אוייערי תלמידים אך לערנן דיא זעלביגן בויזן מַעֲשִׂים. אונ׳ זיא ווערן טרינקן
דיא תַּלְמִידִים, דש מיינט זיא ווערן בון אוייך לערנן צו זיין מַתִּיר איין אִסוּר אונ׳
ווערן בון דער זוינד וועגן חייב זיין מִיתָה בִּידֵי שָׁמַיִם. דא ווערט גיבונדן דש דא
ווערט זיין שֵׁם שָׁמַיִם ור שוועכט דורך אוייך. דען דיא תַּלְמִידִים ווערן שטערבן
יונג אונ׳ ווערן ניט אלט ווערן. זא ווערן דיא לוייט זגן: זעכט דש זיין יא גיוועזן
קוישטליכי לוייט אונ׳ תלמידי חֲכָמִים אונ׳ איר תּוֹרָה הוט זיא דוך ניט גיהולפן דש
זיא אירי טעג העטן אויז גילעבט. אונ׳ ווערן זגן: עש העלפט קיין תּוֹרָה נוך ורומקייט
12 ע״א צו איינם מענשן. דש ווערט זיין איין חִלּוּל הַשֵּׁם. דען דיא לוייט | ווערן ניט ווישן
דש זיא עש ור זוינט האבן, ׳דרום׳ דש זיא ניט רעכט האבן דיא תּוֹרָה גילערנט.

[7] איין מַעֲשֶׂה וויל איך שרייבן ווש דא איז גישעהן אן איינם תַּלְמִיד חָכָם. עש שטיט
אין דער גְמָרָא. עש וואר איין תַּלְמִיד חָכָם גר יונג גישטורבן. דא קאם זיין ׳ווייב׳
אין דש בֵית המדרש אונ׳ טריב גר גרושן ׳יומר׳ בור דען אנדרן חֲכָמִים. אונ׳ זיא
שפרך: ׳איך זיך נישט דש מיינם מן הוט גיהולפן זיין תורה לערנן.׳ דא ורוגטן זיא
דיא חֲכָמִים: ׳וויא הוט ער זיך מיט דיר גיהאלטן אין דער צייט דא דו בישט ניט
כָּשֵׁר גיוועזן?׳ דא זגט זיא צו אין: ׳ער הוט מיך ניט אן גירוירט אפילו מיט דעם
קליינן וינגר אין דער צייט דא איך בין נִדָּה גיוועזן.׳ דא שפראכן זיא ווידר צו
איר: ׳ווי הוט ער זיך מיט דיר גיהאלטן ווען דו הושט ווייש אן גיליגט גיהאט?׳
דא שפראך זיא: ׳ער איז בייא מיר גילעגן אין מיינם בעט. איך אין מיין קליידר
אונ׳ ער אין זיין קליידר.׳ דא שפראכן דיא תַּלְמִידֵי חֲכָמִים: ׳בָּרוּךְ הַשֵּׁם דש ער
אין גיטוייט הוט. דען בור אים איז קיין אונרעכט אונ׳ ער אויבר זיכט נימנט זייני
מַעֲשִׂים. אונ׳ ור טראגט קיינם זיין זוינד. דען ׳קיין׳ מאן דארף זיין ווייב אן רוירן
גלייך אז וואל ווען זיא שון ווייש הוט אן גיליגט אז ווען זיא נוך איין נידה וועך ביז
זיא צו טְבִילָה גאנגן איז. אונ׳ דרום דש דיין מאן דש הִלְכוֹת ניט רעכט גילערנט
הוט, אונ׳ הוט דען איסור בור איין הֶתֵּיר גיהאלטן אונ׳ דרום איז ער אזו יונג
גישטורבן. אונ׳ דיא לוייט ווישן ניט ווען איינר ועלט אונ׳ זיא גידענקן עש שטֵיט יא
גישריבן: כִּי הִיא חַיֶּיךָ וְאוֹרֶךְ יָמֶיךָ, דש מיינט דיא תּוֹרָה דר לענגט איינם זיין לעבן
12 ע״ב אונ׳ | דא בון קומט איין חִלּוּל הַשֵּׁם, דש מן זגט דיא תּוֹרָה העלפט נישט. אונ׳ אונזער
הער גוט דער טוט אל דינג מיט גיריכט אונ׳ טוט נימנט אונרעכט, ווען שון דיא
לוייט ניט ווישן ווען אונ׳ וויא.׳

5 תיבת ווערן נכפלה ואחת נמחקה

11 מעשייה מס׳ 7: תלמיד־חכם שמת בדמי ימיו.– ראה: שבת יג ע״א–ע״ב; אדר״נ, ב;
השווה גם: סדר אליהו רבה, עמ׳ 76; מעשה בוך, מס׳ 1; H. Schwarzbaum, *Fabula*, III
(1959), p. 147; תומפסון, N 121.2.
12 יומר.– צעקה.
26 כי היא[!] ... ימיך.– דב׳ ל:כ.

הִילֵל און׳ שַׁמַאי, דש ווארן צווין קוישטליכי תַּלְמִידֵי חֲכָמִים און׳ האטן ויל תַּלְמִידִים. {דער הילל הט אכציג תלמידים. דריישיג דיא ווארן ראוי דש דיא שכינה זולט אויף זיא רואן אזו אויף משה רבינו. און׳ דריישיג ווארן ראוי דש אין דיא זון זול שטין אז זיא שטונד צו יְהוֹשֻׁעַ זון נון. און׳ צוויינציג דיא וורן [מיטל מעשיג] דער קוישטליכשט אונטר אין דש וור יונתן בן עוזיאל דער שפעשט אונטר אין דש וור רבן יוֹחָנָן זון זַכַּאי.} און׳ זיא קריגטן שטעץ אין דער תּוֹרָה. דא קם איין בַּת קוֹל בון דעם הימיל און׳ שפרך, אוייערביידי רֵידן זיין גוט דש איר קריגט אין דער תּוֹרָה. אבר דיא הלכה איז אז בֵּית הִילֵל.

[8] און׳ דער הִילֵל דער וואר גר איין גרושר עָנָיו און׳ דעמוטיג דש אין נימנט קונט צורניג מאכן. אז מיר וינדן אין דער גְמָרָא. איין מול וֵויטטן צווֵין מיט אנדר אום ויר הונדרט גוילדן, וועלכר הילל קוינט צורניק מאכן, דער זולט גיווינן דיא ויר הונדרט גוילדן. און׳ עש וואר ניט מויגליך אין צורניק צו מאכן. דיא שמועה איז צו לנג צו שרייבן. און׳ דרום דש ער זוא גר דעמוטיג וור, וואר ער זוכה דש דיא הֲלָכָה
[9] וור אז ער. און׳ אך וואר ער איין ארמר טראפפא, אז מיר וינדן אך אין דער גְמָרָא. עש וור דער סדר דש איין איקליכר דער אין דש בית המדרש וואלט גין מושט ביצאלן איין וירר {אלי וואך דעם שַׁמָשׁ דער דש בֵּית הַמֶדְרַשׁ קערט און׳ דיא שטוּל זֵיצט. און׳ מן העט אים גערן ויל געבן, אבר ער וואלט נישט נעמן, און׳ וואלט זיך דר נערן נוייארט מיט ווש ער גטואן אל טג מיט זיינר מְלָאכָה.}

און׳ ער הט ניט דען וירר צו צאלן און׳ מושט הוישן בלייבן. ווש טעט ער? ער גינג אויף דש טאך און׳ ליגט זיך אן איין וענשטר און׳ הוירט צו לערנן. און׳ עש וור אים ווינטער און׳ עש שניא גר זער. און׳ ער ליש אזו אויף זיך שנייאן ביז דש וענשטר שיר גר צו גישטופפט וור בון אים און׳ דען שנֵיא. דא זגטן דיא חכמים: ׳ווש איז דש
13 ע״א דש עש אזו וינשטר ווערט?׳ דא | וואנדן זיא דען הילל בור דעם וענשטר ליגן אונטר דעם שנֵיא. איז קיין לויגן. און׳ דרום הוט איין ארמר קיין גוטי שקויזא צו זאגן, איך הב ניט קוינן לערנן בון ארמוט וועגן. מן זול בייא שפיל נעמן בון דעם הִילֵל. וויא וואל ער ארם וור דוך לערנט ער אומנדר טג און׳ נאכט.

הִלֵל דער שפרך: איין איטליכר מענש זול זיין גלייך אז דיא תַּלְמִידִים בון אַהֲרֹן הַכֹּהֵן. דער הט ליב דען שלום און׳ וואר רוֹדֵף שָׁלוֹם. און׳ הט ליב דיא לוייט און׳

4–5 התיבה מיטלמעשיג שוחזרה על יסוד לשון המשנה כאן: ׳בינוניים׳

1 משנה יב: הלל ושמאי.
2 שמונים תלמידים היו לו להלל הזקן.– ראה: סוכה כח ע״א; ב״ב קלד ע״א.
6–8 השווה: עירובין יג ע״ב.
9–26 מעשיות מס׳ 8 ו־9: ענוותנותו ועניותו של הלל.– השווה: יומא לה ע״ב; נסים, דפים לח–לט; גאסטר, מס׳ 91; מעשה בוך, מס׳ סד; גנזי שכטר, א, עמ׳ קצה.
28 אהרן רודף שלום.– ראה: סנהדרין ו ע״ב; פדר״א, יז; אדר״נ, יב.

גינעהט זיא צו לערנן דיא תּוֹרָה, אז איך דא זגן ווער. דער סֵדֶר בון אַהֲרֹן וור אזו. ווען ער וואושט צווֵיין דיא מיט אנגדר ויינט ווארן, דא גינג ער צו דעם איינן אונ׳ שפרך צו אים: ׳דער פלוני דער דא ⸢דיין⸣ ויינט איז, איז בייא מיר גיוועזן אונ׳ הוט מיך גיבעטן איך זול מיט דיר רֵידן אונ׳ זול דיך ביטן דש דו אים זולשט מוחל זיין, אונ׳ זולשט שלום מיט אים מאכן, דען ער הב חֲרָטָה אויף אלז ווש ער דיר גיטון הוט.׳ אונ׳ רידט אזו לנג מיט אים דש ער אים דיא ויינטשאפט אויז דעם הערצן צוך אונ׳ קונטענטערט זיך אים מוחל צו זיין אונ׳ שלום מיט אים צו מאכן. אונ׳ דר נוך גינג ער אך צו דעם אנדרן אונ׳ רֵידט אך אזו מיט אים, אז לנג ביז דש ער זיא צו אנגדר ברוכט אונ׳ שלום מיט אנגדר מאכטן אונ׳ ווארן ווידר גוטי ורוינד, מֵין אז זיא בור ווארן גיוועזן. אונ׳ אזו אך ווען ער וואושט דש מאן אונ׳ ווייב ניט וואל מיט אנגדר לעבטן אונ׳ קריגטן מיט אנגדר, דא מאכט ער אך שלום צווישן זיא. איין מעשה גישאך. 13 ע״ב איין מול קריגט איין מאן מיט זיינם ווייב אונ׳ וואר זיא מְגָרֵש אויז | זיינם הויז. אונ׳ ער טעט איין שבועה זיא זולט אים ניט מין אינש הויז קומן ביז דש [10] זיא דעם כֹּהֵן גָּדוֹל העט אין דש פָּנִים גישפיאן. דש וואר אהרן הכהן גיוואר אונ׳ שיקט נוך דער ורויאן אונ׳ שפרך צו איר: ׳ליבי ורויא, איך הב נוך דיר גישיקט, דרום דש מיר איין אג וֵויא טגט דש איך מוז איין צינדאל דר בור טראגן אז דו זיכשט. נון האבן מיך דיא רופאים גילערנט, איך זול מיר איין ורויא נויכטרן דריין שפייאן לושן, זא ווערט מיר דש אויג היילן.׳ דא שפרך זיא: ׳איך טו עש יא ניט גערן, אבר בון אוייער גיזונדהייט וועגן, זא וויל איך עש גערן טון. אונ׳ אפילו ווש מיר אן מיינם לייב וֵויא טעט, דש וועלט איך גערן טון בון אויירר גיזונדהייט וועגן.׳ אונ׳ אזו הוב זיא אים דען צינדאל אויף אונ׳ שפיא אים אין דש אויג. דר נוך ליש ער זיא היים גֵין. אונ׳ שיקט נוך דעם מאן אונ׳ שפרך: ׳וויא אזו הושטו דיין ווייב אויז דעם הויז גייאגט?׳ דא זגט ער אים דיא שמועה, אונ׳ וויא ער העט איין שבועה גיטון. דא שפרך ער צו אים: ׳זיא הוט גיטון אז דו גישווארן הושט.׳ אונ׳ מאכט זיא ווידר היים בוירן אונ׳ לעבטן וואל מיט אנגדר אונ׳ האטן קינדר מיט אנגדר. {אונ׳ דרום ווינטן כל ישראל אום אהרן הכהן דא ער גישטורבן וואר, מאנן אונ׳ ורויאן, ווש זיא ניט טעטן אום משה רבינו ע״ה. דען עש איז גרושר לון שלום צו מאכן, עש קומט ויל גוטש דר בון. דרום זול זיך אידרמן היטן בור ויינטשאפט, נוייארט צו זוכן דען שלום, אז דער פסוק גֵיט: בַּקֵּשׁ שָׁלוֹם וְרָדְפֵהוּ.}

21 לפני אין נמחקה תיבה

12 מעשייה מס׳ 10: אהרן רודף שלום.– המעשייה מספרת על אשה שרקקה בעינו של אהרן; ראה פדר״א, יז. אותו הנוסח מסופר על ר׳ מאיר; ראה: ירוש׳ סוטה פ״א ה״ד; במ״ר ט:יט; דב״ר ה:יד; וי״ר ט:ט; גאסטר, מס׳ 146.

27 אהרן עושה שלום בין אדם לחברו.– אדר״נ, יב; כלה רבתי, ג; גינצברג, ג, עמ׳ 328; ו, עמ׳ 75, 107, 111, 113.

29 בקש שלום ורדפהו.– תה׳ לד:טו.

אונ׳ זונשט אנדרדלייא טעט ער, דש עש צו לנג ווער צו שרייבן. ער וואר דיא לוייט
מְקָרֵב צו דער תּוֹרָה. ווש טעט ער? וועגן ער זאך איין רָשָׁע אודר שקוועציקול דיא
דא אומדר בטל גֵינען, דא גינג ער צו אין אונ׳ חֶבְרְט זיך צו אין אונ׳ זיצט זיך צו אין
אונ׳ רידט שְׁמוּעוֹת מיט אין. דא גדוכט זיך דען דער זעלביג, זולט דער כֹּהֵן ווישן
וויא איך אזו איין רָשָׁע בין, ער ווירד ניט מיט מיר גין נוך שטֵין אַנְצִיָה. ער ווער
14 ע״א בור מיר וליהן. אונ׳ דרום וואר | ער זיך מִתְחָרֵט אים הערצן אויף זייני זוינד, אונ׳
וויל מיך מיינר מַעֲשִׂים רָעִים אב טון. אונ׳ וויל גין תּוֹרָה לערנן, זא ווערט מן מיך
נוך ויל ליבר האבן אונ׳ ווערט מיך קוישטליך האלטן אונ׳ איך ווער מיך ניט
דערפן שעמן.
[11] נוך מֵין. איין מול הורט איין גוי לערנן וויא מן דעם כהן גדול אזו הויפשי קליידר
מאכט. דא גינג ער צו שַׁמַּאי אונ׳ שפרַך: ׳זייא מיך מְגַיֵּיר אונ׳ לערן מיך תּוֹרָה דרום
דש מן מיך צו איינם כֹּהֵן גָדוֹל מאכן זול.׳ דא שאלט אין דער שַׁמַּאי אונ׳ שטיש אין
הִין וועק. אונ׳ שפרך: ׳איז דוך קיין צַדִּיק אונטר יִשְׂרָאֵל דער זא גוט איז איין כֹּהֵן
גָדוֹל צו ווערדן, דען ער זייא בון גישלעכט אַהֲרֹן הַכֹּהֵן. אונ׳ דו ווילשט איין כהן
גדול ווערדן?׳ אונ׳ שטיש אין הין וועק מיט זיינר אייזנן רוט. דא גינג ער צו הִלֵּל
אונ׳ זגט אך אזו צו אים. דא זגט הִלֵּל: ׳יא, איך ווילש טון, אבר דו מושט בור לערנן
וויא מן דיא כְּהֻנָּה האלטן זול.׳ דא וור ער זיך מְגַיֵּיר אונ׳ לערנט ביז ער קאם אן
דען פָּסוּק דא אינן שטיט גישריבן, וועלכר דער דא ורעמד איז אונ׳ ניט בון
מִשְׁפַּחַת כֹּהֲנִים אונ׳ וויל דענוך איין כֹּהֵן זיין, דש ער וויל קָרְבָּנוֹת גינעהן אויף דעם
מִזְבֵּחַ, דער זול ווערדן גיטויט. דא זאך ער וואל דש עש ניט קונט גיזיין. נוך גלייך
אז וואל ווייל ער גילערנט האט, בליב ער איין ורומר גֵר.
נוך מער. קאם איין גוי צו שַׁמְּאַי ⌈אונ׳ שפרך⌉: ׳איך וועלט גערן איין גֵר ווערדן,
וועגן דו מיך וועלשט לערנן כל התורה אויף איינם בוש.׳ דא צוירנט אבר דער
שמאי אונ׳ שפרך: ׳איך הב מיך אל מיין טג גימויט אונ׳ הב גילערנט, נוך הב איך
ניט האלבר גילערנט דיא תּוֹרָה. אונ׳ דו ווילשט זיא גר לערנן אויף איינם בוש.׳
אונ׳ שטיש אין אך הין וועק. דא קאם ער צו הִילֵּל אונ׳ זגט אים אך אזו. דא שפרך
14 ע״ב ער: ׳יא׳, אונ׳ וואר | אין מְגַיֵּיר. אונ׳ דא ער אין גיוֶשט האט, דא שפרך ער צו אים:
׳זול איך דיך נון לערנן כל התורה אויף איינם בוש? זא זיך, אלש ווש דיר לייד איז,
דש זולשטו דיינם חֶבֶר אך ניט טון. אין דעם דוזיגן שטיט כָּל הַתּוֹרָה בִּכְלַל אֶחָד.׳
דא לערנט ער אונ׳ ווארד איין תַּלְמִיד חָכָם.

1 אהרן מקרב את הבריות לתורה ולמעשים טובים.– על־פי ברטינורה.
10 מעשייה מס׳ 11: הלל והגרים.–המעשייה מספרת בגוי שרצה להיות כוהן גדול; ראה: שבת לא ע״א; גאסטר, מס׳ 31; מעשה בוך, מס׳ טו.
23 כל התורה כולה על רגל אחת.– ראה: שבת, שם; מעשה בוך, מס׳ יד.

נוך מִין. קאם איין גוי צו שמאי אונ׳ שפרך: ׳איך וועלט גערן איין גֵר ווערדן, אבר
דו זולשט מיך נור לערנן תוֹרָה שֶׁבִּכְתָב, דש מיינט תוֹרַת מֹשֶׁה. אבר תוֹרָה שֶׁבְּעַל
פֶּה, דש איז דיא גְמָרָא, דיא וויל איך ניט לערנן.׳ דא צוירנט שמאי אונ׳ שטיש אין
אך הין וועק. דא קאם ער צו הִילֵל אונ׳ זגט אך אזו צו אים. דא שפרך הילל: ׳יא,
גערן.׳ דא וואר ער אין מְגַיֵּיר אונ׳ לערנט מיט אים תוֹרַת מֹשֶׁה. דא שפרך ער: ׳איך
ור שטיא עש ניט אלש וויא עש מיינט. איך מוז ווייטר לערנן. אונ׳ לערנט אך דיא
גמרא אונ׳ אך אנדרי סְפָרִים, אונ׳ ווארד אך איין תַּלְמִיד חָכָם.׳

איין מול קאמן דיא דרייא גֵרִים צו אננדר, אונ׳ זגטן: שַׁמַּאי מיט זיינם צורן דער
הוט אונז שיר אין דש גֵיהִנָּם גיברוכט דש מיר זיך ניט העטן מְגַיֵּיר גיוועזן. גיבענשט
זייא דער דעמוטיג הִילֵל דער הוט אונז גיברוכט אין דש אֵיבִיג לעבן. נוך מִין וור
ער זגן דער הִילֵל: דער דא ציכט זיין נאמן, דש מיינט, דש ער ווערט גיהערשט
אונ׳ איז עוֹלֶה לִגְדוּלָה. באלד ער ור לירט זיין נאמן, דש מיינט ער שטערביט
באלד. אז מיר וינדן בייא יוֹסֵף הַצַּדִיק, דער שטארב אֵי אז זייני ברוידר, אז מיר
אובן גישריבן האבן. אודר איין אנדר פְּשַׁט. ווער דיא תוֹרָה לערנט בון וועגן דש
מן אין זול איין רַב מאכן אונ׳ וויל איין שֵׁם האבן אונ׳ לערנט ניט לְשֵׁם שָׁמַיִם, דער
15 ע״א ור לירט זיין נאמן | ווען ער שטערבט באלד. אונ׳ דער דא ניט מערט צו לערנן
בייא נאכט אז וואל אז בייא טג בון חֲמִשָּׁה עָשָׂר בְּאָב אן ביז גֵין שָׁבוּעוֹת דער צו
גיט אונ׳ ווערט איין גיטון אין דש קֶבֶר. אונ׳ דער דא גר ניקש לערנט דער איז חַיָּיב
מִיתָה אונ׳ ור לורן אין דער וועלט אונ׳ אין יענר וועלט. ווען דיא תוֹרָה שפריכט:
כִּי הִיא חַיֶּיךָ וְאוֹרֶךְ יָמֶיךָ, דש מיינט ווען איינר לערנט דער לעבט לנג. אונ׳ ווען
איינר ניט לערנט, דא איז ער ניט מַאֲרִיךְ יָמִים. דען אין דער תוֹרָה ור שטֵיט מאן
בון איינם יא אייןניין אונ׳ אזו אך לְהֵפֶךְ. אונ׳ דער דא לערנט אונ׳ וויל הֲנָאָה האבן
בון דער תוֹרָה, דש ער זיך וויל מיט דער תוֹרָה דר נערן, דער ווערט בָּטֵל אונ׳
גינומן בון דער וועלט.

איין מָשָׁל. ווער דא רייט אויף דיש מלך פפערד אודר טוט אן ׳זיין קליידר׳ בון
הנאה וועגן, אז הָמָן וואלט טון, דער איז חַיָּיב מִיתָה, אז הָמָן דרום גיהאנגן וור. אזו
אך, דיא תוֹרָה איז דש קלייד בון הקב״ה, דער איז אך חַיָּיב מִיתָה. אך וינדן מיר
[12] איין מעשה אין דער גְמָרָא. איין ורומר תַּלְמִיד חָכָם דער היש רִבִּי טַרְפוֹן, דער וור
איין גרושר עָשִׁיר. אונ׳ אין דער זעלבן שטט וור איינר דער האט איין הויפשן באם

21 לפני ימים נמחקה תיבה בת שתי אותיות

2 תורה שבכתב ותורה שבעל־פה.— ראה: שבת, שם; גאסטר, מס׳ 30; מעשה בוך, מס׳ יג.
11 משנה יג: ... נגיד שמא אבד שמה.
28 מעשייה מס׳ 12: ר׳ טרפון ואריסו.— השווה: נדרים סב ע״א; ירוש׳ שביעית פ״ד ה״ב; מסכת כלה, ב; גאסטר, מס׳ 109; מעשה בוך, מס׳ עב. בתלמוד מדובר בתאנים, וכאן — בתפוחים.

גארטן בייא איינם באך ושר אונ׳ מן גַנְבַת אים אומדר דש אופש. אונ׳ ער קונט ניט ווישן ווער דש טעט. דען עש גינג איין וועג גלייך דורך דען גארטן. איין מול גידוכט זיך דער זעלביג אורטילאן: איך וויל זעהן ווער דער איז, דער מיר דש אופש נעמט אונ׳ גיט ניט זיין שטרוש דורך. אונ׳ ער ור בארג זיך הינטר איין גרושן באם 15 ע״ב אונ׳ ווארט. דא וואלט רִבִּי טַרְפוֹן | איין מול ציהן אין איין שטט אונ׳ האט צו פאשערן דורך דען זעלביגן גארטן. אונ׳ דא לאגן ויל אויפפל אונ׳ בירַן אויף דער ערדן אונ׳ בוקט זיך איין אפפיל אויף צו הֵיבן. דא גידוכט זיך דער אורטילאן דש מוז זיין דער מיר אומדר מיין אופש נעמט. דען ער קענט ניט דש עש רִ׳ טרפון וואר. אונ׳ ליף אים נוך מיט איינם גרושן זאק אונ׳ ווארף אין אים איבר דען קופפא אונ׳ שטיש אין אין דען זאק אונ׳ שפרך: ׳איך וויל דיך לערנן דש דו מיר איין אנדר מול קיין אופש מער נעמשט.׳ אונ׳ נאם אין אויף דיא אקשיל אונ׳ וואלט אין ווערפן אין דען באך אונ׳ דר טרענקן. דא הוב ער אן צו שרייאן אין דעם זאק: ׳אוֹיֵי טַרְפוֹן, אוֹיֵי טַרְפוֹן, וואו הר צו בישטו קומן!׳ זא דער אורטילאן הורט דש גישרייא, דא גידוכט ער עש מוז גיוויש ר׳ טַרְפוֹן זיין אונ׳ איך טו אים אונרעכט, אונ׳ ליש אין ואלן מיט דעם זאק אונ׳ ליף הין וועק בור שאנדן. אונ׳ דרום וואר דער ר׳ טַרְפוֹן זער טרויאריג אונ׳ טעט גרושי תְּשׁוּבָה, דרום דש ער זיך דר לויזט האט מיט דער תּוֹרָה. ער זולט זיך ניט גינענט האבן בייא זיינם נאמן. ער העט וואל קוינן זגן: ׳ליבר אורטילאן לוש מיך גֵין. איך וויל דיר אל דיין שאדן ביצאלן.׳ דען ער וואר איין גרושר עָשִׁיר. דא בון לערנן מיר דש מן קיין הֲנָאָה זול האבן בון דער תּוֹרָה. אזו וינדן מיר גישריבן אין דער גְמָרָא.

נוך מין וור דער הִילֵל זגן: ווען איך מיר ניט זעלברט גוטש טו ווער זול מירש טון. דש מיינט, ווען איך ניט זעלברט תּוֹרָה לערן אונ׳ מִצְוֹת אונ׳ מַעֲשִׂים טוֹבִים טו, ווער 16 ע״א זול זיא בור מיך טון. | אונ׳ ווען איך שון ויל מִצְוֹת טו, עש איז מיר ניט צו דאנקן. איינר קאן דש גוטן ניט צו ויל טון, נוך אך ניט גינוג דש איינר איז אובליגערט צו טון. אונ׳ ווען איך עש ניט טוא איצונד אויף דער וועלט, ווען זול איך עש דען טון. נוך דעם טוט קאן איינר קיין מִצְוֹת טון. איין מָשָׁל. ווער דא ניט בירייט אונ׳ קוכט אם עֶרֶב שַׁבָּת, דער הוט נישט צו עשן אם שַׁבָּת. דש מיינט, דיא וועלט איז גיגליכן צו איינם עֶרֶב שַׁבָּת דש מן זיך זול ביררייטן מיט מִצְוֹת אונ׳ מַעֲשִׂים טוֹבִים. אונ׳ ייעני וועלט איז גיגליכן צו איינם שַׁבָּת. דיא איז אייטל מְנוּחָה אונ׳ קיין טרויארן אונ׳ מאן קאן נישט טון.

שַׁמַּאי דער זגט: מאך דיינר תורה איין גיזֵיץ, דש מיינט, מך דיר איין צייט אונ׳ שיעור אלי טג צו לערנן איין שָׁעָה אודר צוואו אי דו איצווש אנדרש טושט. אונ׳

21 משנה יד: אם אין אני לי מי לי. 26 מי שטרח בערב שבת יאכל בשבת. ראה: ע״ז ג ע״א. 28–29 ייעני וועלט... שבת.– ראה: ברכות יז ע״א. 31 משנה טו: שמאי אומר.

וועןּ דו דיר הושט איין גיזַייץ גימאכט, זא זולשטו דען זעלבן שיעור ניט ברעכן מינדר צו לערנן. אַדְרַבָּה, דו זולשט מוֹסִיף דרויף זיין אונ׳ ניט גידענקן: איי איך הון מיין שעור גילערנט. איך הב מיך דישקארגערט, גלייך אז איין פאקן דער זיך דישקארגערט בון זיינם לאשט דען ער טראגט. ור הייש ווינִיג אונ׳ טו ויל. דש איז דער סדר בון צַדִּיקִים אז מיר וינדן בייא אברהם אבינו. דא דיא מלאכים צו אים קאמן, דא שפרך ער: ׳איך וויל נעמן נור איין שטויק ברוט צו שטערקן אוייער הערץ.׳ דר נוך גינג ער אונ׳ מאכט איין גרושי סעודה צו בירייטן. אזו ריד דו אך ווינִיג אונ׳ טו ויל. עש זייא וואו מיט עש זייא, אודר מיט לערנן אודר אנדר דינג.

אונ׳ דש איז איינש בון דען דרייארלייא דש מן דען מענשן ורעגט וועןּ זיין נשמה
16 ע״ב קומט אויף יענר | וועלט. אונ׳ דש זיין זיא: דש אֵירשט איז, אוב ער זיך אל טג הוט גיזַייצט איין צייט צו לערנן. אונ׳ אוב ער הוט מְקַיֵּים גיוועזן פְּרִיָּה וְרִבְיָּה. אונ׳ אוב ער הוט גיהאנדלט בֶּאֱמוּנָה מיט דען לוייטן. אונ׳ וועלכש ער ניט גיטון הוט, דרויף איז מן איין דַּן בְּעוֹלָם הַבָּא. אונ׳ וועלכר נון ניט קאן זעלברט לערנן בון וועגן ער הוט ניט שכל אודר בון עסקים וועגן, דא זול ער העלפן אנדרי דיא דא לערנן אז הַסְפָּקָה צו געבן. דש איז גלייך אזו איין גרושי מִצְוָה אז לערנט ער זעלברט תּוֹרָה. אונ׳ זייא אנטפפ⟨נ⟩גן איין איקליכן מענשן מיט ליבליכם אונ׳ ורויליכן פנים. דש איז מֵין אז וועןּ דו אים צו עשן אונ׳ צו טרינקן גיבשט. אז מן שפריכט: ער הוט מיר אלמאנק גוט פנים גיוויזן.

[13] רַבָּן גַּמְלִיאֵל דער וור דֵיש הִילֵּלש זון דער אובן גינענט איז. {דער הט גרושי מציצייה מיט דעם קיסר. איין מול שפרך דער קיסר: ׳איך ווייש וואל ווש אוייער הערגוט טוט.׳ דא ליש ער איין גרושן זויפצא. דא ורעגט אין דער קיסר: ׳ווארום זויפצא טו אזו?׳ דא שפראך ער: ׳איך הב איין זון אין ורעמדן לאנדן. איך וועלט גערן דו זולשט מיר אין ווייזן.׳ דא שפרך דער קיסר: ׳וויא ווייש איך וואו ער איז?׳ דא שפרך ער צו אים: ׳וויא ווילשטאו דאן ווישן ווש גוט ית׳ טוט?׳ אונ׳ נוך איין מול שפרך דער קיסר צו אים: ׳עש שטיט גישריבן וויא אוייער גוט צֵילט דיא שטערן. איך וויל זיא אך וואל צֵילן.׳ דא נאם ער איין קריוועל בול מיט פאזוליך אונ׳ מישידערט דש קריוועל אונ׳ שפרך צו דעם קיסר: ׳ציל מיר דיא פאזוליך.׳ דא שפרך דער קיסר: ׳האלט שטיל די קריוועל זא וויל איך זיא צילן.׳ דא שפרך ער צו אים: ׳דער הימל דער גיט הרום גלייך אז דש קריוועל. אונ׳ ווש דא איז אויף דער ערדן דש ווייסטו ניט, וויא ווילשטו דאן ווישן ווש דא איז אן דעם הימל.׳}

6 איך וויל נעמן נור איין שטוק ברוט.– ראה: בר׳ יח:א.

11 גיזיצט איין צייט צו לערנן.– ראה שבת לא ע״א: ׳בשעה שמכניסין אדם לדין אומרים לו, נשאת ונתת באמונה, קבעת עתים לתורה...?׳

19 משנה טז: רבן גמליאל. מעשייה מס׳ 13: רבן גמליאל והקיסר. ראה: סנהדרין לט ע״א; והשווה: תומפסון, V 300; שווארצבוים, עמ׳ 196; ולהלן, עמ׳ 145, מעשייה מס׳ 66.

זיא ווארן אלי בייד, ואטר אונ׳ זון נְשִׂיאִים אין אֶרֶץ יִשְׂרָאֵל. רבן גמליאל דער זגט: מך דיר איין רַבִּי דש דו אין קנשט ורוגן ווען דער אֵיצְוַושׁ קָשֶׁה איז. אונ׳ טו דיך אב בון דען סְפֵקוֹת, דען ווען איינר קיין רַבִּי הוט, צו צייטן קומט איינם איין ספק בור דש ער ניט ווייש וויא ער טון זול, אונ׳ ער מויכט ח״ו איין אִסּוּר טון. דרום זול איינר איין רבי האבן דער אים דיא קֻשְׁיוֹת מְתָרֵץ ווערט זיין. אונ׳ ניט גיב מעשר נוך גידונקן ווען דו שון ווֶעלשט מֵין געבן אז בִילִיק איז. דען עש איז איין גרושרי מִצְוָה דו גיבשט דיין מַעְשֵׂר מיט דער צאל אונ׳ מיט דער מוֹס.

רבן שמעון זון בון דעם רבן גמליאל דער אובן שטיט, דער זגט: אל מיין טג בין
17 ע״א איך דר צוהן ווארדן צווישן דען | תַּלְמִידֵי חֲכָמִים אונ׳ הב נישט גיבונדן דש דא
בישר איז צו דעם לייב אז דש שווייגן. אז מן שפריכט: מיט שווייגן קאן מאן זיך
ניט ור רֵידן. אונ׳ אזו וינדן מיר אך אין דער גמרא: מִילִּי בְּסֶלַע שְׁתִיקוּתָא בִּתְרֵין.
דש מיינט, ווען מן זולט קאפן דש רֵידן אום איין רייאל, זא זול מן קאפן דש שווייגן
אום צווין רייאל. אונ׳ אזו הוט אך גיזגט שְׁלֹמֹה הַמֶּלֶךְ עָלָיו הַשָּׁלוֹם אין סֵפֶר מִשְׁלֵי:
איין נר דער דא שווייגט, דער ווערט גירעכנט פאר איין חָכָם. אונ׳ דש שפריכט
ווארט גֵיט: אן רידן אונ׳ אן אורן, דר קענט מן מענכן טורן.

אונ׳ דש דַּרְשַׁן אונ׳ לערנן איז ניט דער עִיקָּר בון דען מִצְוֹת, וועד נוייארט דש מַעְשֶׂה, דש מן דיא מִצְוֹת אונ׳ מעשים טוֹבִים טוט אונ׳ מְקַיֵּים איז. אז מן שפריכט: וויניג ווארט אונ׳ ויל ווערק. עש איז ויל בֵּישר דש איינר ויל מִצְוֹת טוט, אז איינר דער אומדר לערנט אונ׳ טוט קיין מִצְוֹת. אונ׳ אל דער דא מערט ויל צו רֵידן דער ברענגט זיך צו זוינדן. אז דער פסוק זגט: בְּרֹב דְּבָרִים לֹא יֶחְדַּל פָּשַׁע.

נוך מֵין הוט ער גיזגט. אויף דרייארלייא זך שטיט דיא וועלט. אויף דעם דִּין, דש מן יושטיצייא האלט צווישן דען לוייטן אונ׳ אויף דעם אֱמֶת, דש איינר מיט דעם אנדרן מיט ווארהייט אום גֵיט אונ׳ האלט ווש ער אים ור היישט. אונ׳ אויף דעם
שָׁלוֹם, אונ׳ דש מן שלום מאכט איינר מיט דעם אנדרן. אז דער פסוק שפריכט:
אמת ומשפט ושלום שפטו בשעריכם. דש איז טויטש: ווארהייט אונ׳ גיריכט אונ׳
17 ע״ב וריד ריכט אין אויערן טוירן בון אויערן שטֵיטן. | רִבִּי חֲנַנְיָא זון עֲקַשְׁיָא. דער
מאמר גיהערט ניט צו דען פְּרָקִים, נוייארט מן הוט אין דא הער גיזֵיצט אונ׳ זגט אין
נוך איטליכם פֶּרֶק דש מן זול מיט גוטם אונ׳ איינם גוטן מדרש אויז לושן. אונ׳ אזו

26 לפני טוירן נמחקה תיבה

8 משנה יז: שמעון בנו אומר.
11 מילי... בתרין.– נוסח התלמוד (מגילה יח ע״א): ׳מלה בסלע משתוקא בתרין׳. ראה גם: וי״ר טז:ה; קה״ר ה:ג.
14 איין נר... חכם.– ׳גם אויל מחריש חכם יחשב׳ (מש׳ יז:כח).
20 ברוב... פשע.– מש׳ י:יט.
21 משנה יח:... על שלשה דברים העולם עומד. 25 אמת... בשעריכם.– זכ׳ ח:טז.

אך אן צו היבן. אונ׳ דרום זגט מן בור איטליכם פרק אך כל ישראל יש להם חֵלֶק לְעוֹלָם הַבָא, דש מן דיא לוייט ציכט צום לערנן. נון ער וור זגן: הקב״ה הוט גיוועלט דש ישראל זולן זוכה זיין לעוֹלָם הַבָא אונ׳ דרום הוט ער גימערט צו זיא ויל מצות. אז דער פסוק שפריכט: יְיָ חָפֵץ לְמַעַן צִדְקוֹ יַגְדִיל תּוֹרָה וְיַאְדִיר. דש איז טוייטש: גוט אום ווילן זיינר גירעכטיקייט הוט ער ביגערט צו גרוישן דיא תורה אונ׳ הוט [14] זיא גישטערקט מיט מִצְוֹת. עש איז איין מָשָׁל. גלייך אז איין רוֹפֵא, דער דא הוט צווֵין דיא דא זיין קראנק ל״ע. דעם איינן איז צו העלפן. צו דעם זעלביגן שפריכט דער רוֹפֵא: הויט דיך בור דעם אונ׳ בור דעם. דש מויכט דיר שאדן. האלט דיך אזו אונ׳ אזו, זא ווערשטו גיזונד ווערדן. דעם אנדרן איז ניט צו העלפן. דא שפריכט דער רוֹפֵא: געבט אים אלז ווש ער וויל אונ׳ לושט אים אל זיין לושט. עש הילפט דוך נישט אן אים. אזו הוט אך גיטון הקב״ה מיט אונז. דיא אֻומוֹת הָעוֹלָם זך ער דש אינן ניט צו העלפן וואר. זיא וואלטן דיא תוֹרָה ניט מְקַבֵל זיין. דרום הוט ער אין נישט ור בוטן אונ׳ הוט אין אל אירן לושט גילושן ˹דש זיא זולן לעבנדיג אין דש גֵיהִנָם קומן˺. אבר אונז הוט ער ויל ארלייא ור בוטן אונ׳ גיבוטן אין דער תוֹרָה מִצְוֹת עֲשֵׂה אונ׳ מִצְוֹת לֹא תַעֲשֶׂה. דרום דש מיר זולן זוֹכֶה זיין לעולם הבא; ווען מיר זיא האלטן אז ער אונז גיבוטן הוט, זא דר ווערבן מיר דש איביג לעבן. ער איז אונזר רופא אונ׳ הוט אונז דיא גוט ריצעטה געבן דש מיר מויגן לעבן אין דער וועלט אונ׳ אין יענר וועלט. א״ס. |

4 יי חפץ... ויאדיר.– יש׳ מב:כא.

6 מעשייה מס׳ 14: הרופא והחלאים.– השווה: שמ״ר ל:יח. כמו קודמיו משתמש המחבר במיטאפורה רפואית דידאקטית. הרופא הוא הקב״ה, החלאים – אומות העולם ועם ישראל, והמוסר התועלתי הוא ׳ריצעטה׳ לרפואת הנפש. ראוי לציין, שברוח זו השתמשו גם סופרי דור המשכילים במאות הי״ח והי״ט במיטאפורה זו. ההשכלה היתה בעיניהם רפואה בדוקה נגד הבערות והסכלות.

18 ע״א דא הִיבט אן דער אנדר פֶּרֶק.

פרק שני

רַבִּי אוֹמֵר. וויא דא שטיט גישריבן רַבִּי אין דער גְמָרָא, דש איז רבי יְהוּדָה הַנָּשִׂיא. אונ׳ ווארום היישט מן אין רַבִּי? דרום דש ער הט ויל חָכְמִים תוֹרָה גילערנט אונטר יִשְׂרָאֵל. דא הוט אין אידרמן ריבי גיהיישן. אונזַר חֲכָמִים זגן: בון מֹשֶׁה רַבֵּינוּ ביז אן רַבִּי יְהוּדָה הַנָּשִׂיא, דא איז ניא גיוועזן אן איינם אורט אזו ויל תוֹרָה אונ׳ גְדוּלָּה אונ׳ עוֹשֶׁר בייא אננדר אז דא וור אין זיין צייטן. דש מן שפרך: עש איז מֵין ווערט דער מישט בון דען אֵיזלן בון רַבִּי אז דער אוֹצַר בון איינם מֶלֶךְ. נון וויל איך אוייך שרייבן וויא אים דער עושר איז קומן. אונזר חֲכָמִים זגן אין איינם מֶדְרַש דיא מילך בון איינר ורויאן איז מְטַמֵּא אונ׳ איז מְטַהֵר. דש מיינט זיא מאכט דש קינד גוט אונ׳ בויז. [15] אין דען צייטן דא דער רַבִּי גיבורן וואר, דא וואר גיבוטן איין שְׁמַד, דש מן קיין קינד זולט יְוֹדִישַׁן אונ׳ זיין ואטר אונ׳ מוטר דיא ווארן אין מַל. נון עש וואור גיזגט דעם קֵיסַר. דא שיקט ער באלד אונ׳ ליש ברענגן זיין ואטר אונ׳ מוטר מיט דעם קינד צו בור אים. נון אז באלד מן אין גיודישט הט, דא גינג זיין מוטר צו איינר גוֹיָה אירר שְׁכֵנָה. דיא הט אך איין יונג קינד אונ׳ וועקשילט מיט איר אונ׳ זיא זייגט דער גויה קינד אונ׳ דיא גוֹיָה איר קינד. דא זיא נון קאמן בור דען קיסר דא שפרך ער: ׳ווארום הט איר עובר גיוועזן מיין גיבוט אונ׳ הט אוייער קינד מַל גיוועזן?׳ 18 ע״ב דא שפרכן זיא, זיא העטן ניט עוֹבֵר | גיוועזן. דא ליש דער קיסר דש קינד אויף פעטשן אונ׳ ואנד עש עָרֵל אונ׳ ניט גיודישט. דא שפרך איין דוכוס צו דעם קֵיסַר: ׳איך הון גיזעהן מיט מיין אויגן דש זיא איר קינד גיודישט האבן. נון זיך איך דש אין הקב״ה היימליכי נִסִּים טוט אלי טג אונ׳ אלי צייט.׳ אונ׳ אַלְאוֹרַה וואר דער קֵיסַר מְבַטֵּל דיא גְזֵירָה אונ׳ ליש דען ואטר אונ׳ דיא מוטר ווידר בְשָׁלוֹם אונ׳ מיט ורײדן היים גֵין. דא גינג זיא ווידר צו דער גוֹיָה אונ׳ נאם איר קינד אונ׳ גב איר איר קינד. דר נוך ווארד דש קינד בון דער גוֹיָה איין קוישטליכר דוטור אונ׳ צוך גֵין רום אונ׳ ווארד קֵיסַר. אונ׳ זיין מוטר הט אים דר צֵילט דש מַעֲשֶׂה וויא עש גנגן וואר בון דעם

3 מנוקד רַבִּי

3 משנה א: רבי אומר.

5 בון משה רבינו וכו׳.– ׳מימות משה ועד רבי לא מצינו תורה וגדולה במקום אחד׳ (גיטין נט ע״א; סנהדרין לו ע״א).

11 מעשייה מס׳ 15: לידתו של רבי.– רקע המעשייה הוא גזירת המילה מימי אנטונינוס; השווה: תוספתא ע״ז י:ב; ביהמ״ד, ו, עמ׳ 130—131; מנה״מ, ג, פ״ב, כלל א, ח״ב; מעשה בוך, מס׳ 192. והשווה להלן, עמ׳ 142, מעשייה מס׳ 64; ארנה ותומפסון, 920, 921.

רִבִּי יְהוּדָה הַנָּשִׂיא, אונ׳ ער וואר גיווארדן איין קווישטליכר תַּלְמִיד חָכָם אונ׳ איין נָשִׂיא אונטר יִשְׂרָאֵל. דא שיקט דער קֵיסַר נוך אים. ער היש אַנְטוֹנִינוּס קֵיסַר. דא קאם דער נָשִׂיא בור דעם קֵיסַר. אונ׳ ער היש אין זיצן אונ׳ רֵידט לנג מיט אים אונ׳ זיא וואורן צווֵיין גוטי חֲבֵרִים. אונ׳ דער קֵיסַר הוב אן צו לערנן תּוֹרָה, לסוֹף וור ער זיך גנץ מְגַיֵּיר אים סוד דש עש נימנט וואושט. ער מאכט זיך מאכן איין הויל אונטר דער ערדן בון זיינם קשטיל ביז אין רִבִּיש הויז, דש עש נימנט זך וועז ער גינג צו רִבִּי אונ׳ לערנט. אונ׳ וויא ער טעט דש מן עש ניט גיוואר וואורד, דש איז צו לאנג צו שרייבן. אונ׳ וויא זיא אן אנגדר חָכְמוֹת לערנטן אונ׳ רעטעניש אן אנדר שרייבן.

19 ע״א אונ׳ וויא דער קיסר איין טוכטר האט אונ׳ וויא עש איר גינג | אונ׳ ווש זיא טעט. דיא שמועות שטענן אין דער גְמָרָא אונ׳ זענן צו לנג צו שרייבן דא. אונ׳ אך זיין זיא ניט פערפושיט, נוייארט דער קֵיסַר וור רייך אז איין איטליכר קֵיסַר אונ׳ שיקט דעם רִבִּי גנצי זעק מיט גימאלן גולד אונ׳ אובן דרויף דא ליגט ער מעל אונ׳ פַּארִינָה דש מן עש ניט מערקן זולט. דא שפרך דער רִבִּי איין מול צו אַנְטוֹנִינוּס: ׳איך הון נון גינויגן עוֹשֶׁר, שיק מיר נישט מֵין.׳ דא שפרך דער קֵיסַר צו אים: ׳נים ווש מן דיר גיבט. עש ווערט דיר אלז נוט טון דיינן קינדרן. דיא ווערן עש מויזן צו שׁוֹחַד געבן דען זעלביגן דיא דא ווערן זיין נוך אונז בֵּידן.׳ דרום הב איך דש גישריבן דש מן זול ווישן וויא דער רִבִּי וור אזו רייך גיווארדן אונ׳ הט וואל דר ווייל תּוֹרָה צו לערנן אונטר יִשְׂרָאֵל. אונ׳ ער וואר איין גרושר חָסִיד.

דער רִבִּי זגט: וועלכש איז דער וועג דען זיך איין מענש זול אויש דר וֵוילן אונ׳ דרינן גֵין? אל דינג דש איז גוט צו אים זעלברט אונ׳ וואל גיבאלט אך אנדרן לוייטן. אונ׳ מיך דויכט דער פְּשַׁט זייא אזו. איין מענש זול ניט מֵין טון ווידר ער ור מג. דש איז אים גוט. אונ׳ איז אים אך איין לוב בון דען לוייטן. אז אונזר חֲכָמִים האבן גיזגט: איינר זול ויל ארלייא ניט טון. בון הופרט וועגן אופט וויל איין מענש אל טג ואשטן אונ׳ ואשט זיך קראנק דען ער קאן דש ואשטן ניט צו קומן, נוייארט ער ואשט דרום דש ער זיכט איין אנדרר ואשט, דא וויל ער אך אזו גוט זיין אונ׳ וויל אך ואשטן.

19 ע״ב אבר ער | ווייש ניט דש יענר שטערקר בְּטֶבַע איז אז ער אונ׳ קאן דש ואשטן וואל צו קומן. אודר אופט גיבט איינר מֵין צְדָקוֹת אז ער ור מג. דש דוזיג זיין זאכן דיא דען לוייטן וואל גיבאלן, אבר עש איז אים זעלברט ניט גוט אם לייב אונ׳ אם גוט. דרום הוט דער רִבִּי גיזגט: איין מענש זול טון ווש אים מויגליך איז אונ׳ ליידן קאן. אונ׳ דיא לוייט לובן איינן אך דרום. אלזו הוט אך דער פָּסוּק גיזגט: וִהְיִיתֶם נקיים

2 מכאן ואילך המשך הסיפור על רבי ואנטונינוס קיסר.– השווה: בר״ר סז:ו; ע״ז י ע״ב; גאסטר, מס׳ 150. והשווה להלן, עמ׳ 28, מעשייה מס׳ 18.

23 בון הופרט וועגן וכו׳.– מידת גאווה באדם שמצטער יותר מדי ויושב בתענית. השווה נדרים י ע״א: ׳כל היושב בתענית נקרא חוטא.׳

30 והייתם... ומישראל.– במ׳ לב:כב.

מְהֵ׳ ומִיִשְׂרָאֵל. דש מיינט, איינר זול טון דש ער גירעכט איז בור גוט ית׳ אונ׳ דר נוך אך בור דען לוייטן. איין איטליכר ווייש וואל ווש ער ור מג.

נוך מֵין הוט גיזגט דער רַבִּי: איין מענש זול זיין גיוואָרנט אן איינר מִצְוָה דיא אין דויכט גירינג זיין, גלייך אז וואל אז אן איינר מִצְוָה דיא אין דויכט גרוש אונ׳ הערב זיין. ווען איינר ווייש ניט דען שָׂכָר בון דען מִצְוֹת. אונ׳ ווארום הוט הקב״ה ניט
[16] לושן ווישן דען שָׂכָר בון דען מִצְוֹת? עש איז איין מָשָׁל צו איינם מֶלֶך, דער הוט איין הויפשן באם גארטן. אונ׳ דארינן זיין ויל ארלייא בעם צו קונצרן. אונ׳ איין באם איז בעשר אז דער אנדר אונ׳ אך בֵּישר צו קונצערן אז דער אנדר. דער מֶלֶך איז איין חָכָם אונ׳ נימט פּוֹעֲלִים אונ׳ שפריכט צו זיא: ׳קונצערט מיר דען גארטן, איך וויל אוייך וואל לונן.׳ אונ׳ זגט אין ניט וועלכר באם מֵין מאריטערט אז דער אנדר. דיא פּוֹעֲלִים גיין אין דען גארטן אונ׳ קונצערן דיא בעם אל גלייך וואל, גוט אונ׳ בויז, גרוש אונ׳ קליין. דען זיא ווישן ניט דש עש איז איין הֶפְרֵש צווישן איינם צו דעם
20 ע״א אנדרן, נוייארט זיא גידענקן: איך וויל דען וואל | קונצערן, ויל לייכט ווערט מיר דער מֶלֶך בֵּישר לונן אז איינם אנדרן. זא מיט ווערן דיא בעם אל וואל גיערבט. זולט אבר דער מלך זגן, בון איינם גרושן באם וויל מֵין געבן אז בון איינם קליינן, אונ׳ בון איינם גוטן באוים וויל איך מין געבן אז בון איינם בויזן, אידרמן ווער זיך אן דיא גרושן אונ׳ אן דיא גוטן בעם מאכן אונ׳ דיא קליינן אונ׳ בויזן בעם וְואורדן גר כַּלְיָה ווערדן ווען נימנט וואור זיא קונצערן. אזו איז אך הקב״ה דער מֶלֶך אונ׳ דיא וועלט איז זיין גארטן, אונ׳ דיא מצות דיא ער גיבוטן הוט דש זיינן זיין בעם. אונ׳ ווער דא וואל ערביט אונ׳ ויל מִצְוֹת טוט, דעם ווערט ער וואל לונן. אונ׳ דיא לוייט זיין דיא פּוֹעֲלִים אונ׳ ערבטר בון השי״ ב״ה. אונ׳ זיא ווישן ניט דען שָׂכָר בון דיא מִצְוֹת. דרום ווערן זיא אל גיטון. איטליכר מיינט ער טוא איין גרושי מִצְוָה אונ׳ ווער ויל שכר האבן. אז דיא לוייט שפרעכן: אלי מצות ווערן גיטון אונ׳ אלי עֲבֵירוֹת ווערן אך גיטון. איין איטליכר טוט איצווש. אונ׳ נוייארט צוואו מִצְוֹת
[17] הוט הקב״ה דען שָׂכָר דר בון לושן ווישן. איין גרינגי אונ׳ איין שווערי מִצְוָה. דיא שווער מִצְוָה איז כִּבּוּד אָב וָאֵם, דש מן ואטר אונ׳ מוטר אֵירן זול. איינר מוז זיא גר זער מְכַבֵּד זיין אז לנג אז זיא לעבן, מיט זיינם לייב ווען עש אים שון וֵויא טוט. אז ווען זיא וועלטן אויף איין הוך בעט שטייגן, זא זול ער זיך בוקן אונ׳ זול זיא אויף זיך לושן טרעטן, אז ווען ער ווער איין שטול אודר שְׂקַיין. אונ׳ מיט זיינם גוט, ווען עש אים שון שאדן טעט אם גוט. אז מיר וינדן, איינר הט איין מול סְחוֹרָה צו ור

6 מעשייה מס׳ 16: המלך ופועליו.– המעשייה מדברת במלך ששכר לו פועלים לנטוע בשדהו; השווה: תנחומא, תצא, ב; דב״ר ו:ב.

30 מעשייה מס׳ 17: שכר כיבוד אב.– המעשייה מספרת בכיבוד אב שקיים דמא בן נתינה; השווה: קידושין לא ע״א; דב״ר א:יד; גאסטר, מס׳ 188; מעשה בוך, מס׳ 127.

20 ע״ב קאפן | דא קאמן ויל סוֹחְרִים אונ׳ וואלטן זיא קאפן. דא לַג דער ואטר בון דעם
סוֹחֵר אונ׳ שליף אונ׳ הט דען שלוישל בון דער סְחוֹרָה אונטר דעם קופפא. אונ׳
דיא סוֹחְרִים איילטן הין וועק, אונ׳ אֵי ער זיין ואטר וואלט וֵויקן אונ׳ מְצַעֵר זיין, אֵי
ליש ער דיא מַארְקִירַנְטִי הין וועק ציהן אונ׳ ור לור מֵין ווען טויזנט גוילדן דר נוך
אן דער זעלביגן סְחוֹרָה. אבר הקב״ה דער דא אידרמן ביצאלט מיט יוֹשְׁטִיצְיַיה
מאכט אינש ווידר גיווינן אן איינם אנדרן אורט. דש זעלביג יאר וואר אים גיבורן
איין פָּרָה אֲדוּמָה אונ׳ דיא קאפט מן בון אים אום טויזנט גוילדן. אונ׳ דש וואר איין
גוי, דעם דיא מצות ניט גיבוטן זיין, מִכָּל שֶׁכֵּן איינם יודן דער דיא מִצְוֹת רעכט טוט
מיט לייב אונ׳ מיט גוט, דעם גיבט הש״י זיין לון אויף דער וועלט אונ׳ אויף ייענר
וועלט.

אונ׳ דיא גרינג מִצְוָה איז שִׁלּוּחַ הַקֵּן. דש איז טוייטש, ווען איינר וינט איין נֵיַיאַל, דש
איז איין נעשט מיט בויגל. דא זול ער ׳ניט׳ נעמן דיא מוטר מיט דיא קינדר, נוייארט
ער זול נעמן דיא קינדר אונ׳ זול דיא מוטר לושן וליהן. דש איז יא גר איין גרינגי
מִצְוָה דש ער לושט איין בויגלן וליהן, נוך איז דער שָׂכָר גלייך אז ויל אז בון כִּבּוּד
אָב וָאֵם. דען בייא אלי בֵּיד שטֵיט גישרִיבְן ווער דיא טוט דער ווערט לעבן צו לנגי
טעג. אז דער פסוק זגט: לְמַעַן יִיטַב לָךְ וְהַאֲרַכְתָּ יָמִים. דש איז טוייטש, דרום ער
ווערט ביגויטיגן צו דיר אונ׳ דו ווערשט דר׳ לענגן טעג. דא בון הוירן מיר וואל דש
הקב״ה גיבט גלייך אז וואל שָׂכָר אויף איין גרינגי קלייני מִצְוָה אז אויף איין גרושי
21 ע״א הערבי מִצְוָה. | הקב״ה וויל האבן מאן זול אלי מצות טון גרוש אונ׳ קליין, אונ׳
דרום הוט ער דען שָׂכָר בון דען מִצְוֹת ניט לושן ווישן. גיבט ער איינם ניט לון אויף
[18] דער וועלט, זא גיבט ער אים זיין לון אויף יענר וועלט. אז מיר וינדן: איין ואטר
זגט איין מול צו זיינם זון, גֵיא אין דיא קלומבערה אונ׳ ברענג מיר איין פאר טויבן.
דער זון וור ביהענד אונ׳ ליף דיא שטעג הינויף אונ׳ נאם איין פאר טויבן. אונ׳ דא
ער וואלט הראב קומן, דא ויל ער דיא שטעג אב אונ׳ בראך דען האלז. ווש בור
איין לון וור דש? אלא הקב״ה גב אים זיין לון אויף יענר וועלט.

אונ׳ נוך מֵין הוט דער רִבִּי גיזגט: איין מענש זול רעכנן דען הֶפְסֵד בון איינר מִצְוָה
גֵיגן דעם שָׂכָר, אונ׳ דען שָׂכָר בון איינר עֲבֵירָה גֵיגן דעם הֶפְסֵד. דש מיינט אזו:
ווען איינר זולט איין מִצְוָה טון אונ׳ דר ווייל דש ער זיא טעט דא מויכט ער איין
שקוד ור לירן, זא זול ער רעכנן דען שכר דען ער ווער ור לירן אויף יענר וועלט
ווען ער דיא מצוה ניט טוט גיגן דעם גיווין דען ער זולט האבן איצונד אן דער
סְחוֹרָה דיא ער הוט צו ור קאפן. וְכֵן לְהֵפֶךְ. ווען איינר זולט איין גיווין האבן ווען
ער איין עבירה טעט, דא זול ער רעכנן דען ור לושט דש ער ור לירט אויף יענר

16 למען... ימים.– דב׳ כב:ז.
21 מעשייה מס׳ 18: שילוח הקן.–ראה: תנחומא, תצא, ב; חולין קמב ע״א; קידושין לט ע״ב.

וועלט בון דער עֲבֵירָה וועגן. זא ווערט ער זעהן דש ער אל מול מער ור לירט אז
גיווינט. אונ׳ דרום זול איינר קיין מִצְוָה שׁטֵין לושן אונ׳ זול זיא טון ווען ער שון
אֵיצווש הֶפְסֵד הוט אויף דער וועלט. אונ׳ זול קיין עֲבֵירָה טון ווען ער שון איצווש
דראן גיוועון אויף דער וועלט.

אונ׳ נוך מֵין הוט דער רַבִּי גיזגט: איינר זול לוגן אן דרייארלייא, זא קומט ער צו
21 ע״ב קיינר זוינד. איינר זול ווישן | ווש אויבר אים איז. דש איז גוט ית׳. זייני אויגן דיא
זעהן אל דינג אונ׳ זייני אורן הוירן אל דינג ווש דו רֵידשט. אונ׳ אל דיין ווערק
ווערדן אין איין בוך גישריבן. איין איטליכש מענש הוט צווין מַלְאָכִים בייא זיך בייא
טג דיא אין מְלַוֶּה זיין אונ׳ ביהויטן דש אים נישט גישיכט. אונ׳ אזו אך צוֵוין מַלְאָכִים
בייא נאכט. דיא מַלְאָכִים דיא בייא טג בייא אים זיין, ווען עש נאכט ווערט זא
שרייבן זיא אן ווש ער דען גנצן טג גיטון הוט. אונ׳ אזו דיא אנדרן מלאכים ווען עש
טג ווערט זא שרייבן זיא אן ווש ער דיא גאנץ נאכט גיטון הוט. איין מענש זול ניט
גידענקן: איך הון עש גר היימליך גיטון, נימ<נ>ט הוט מיך גיזעהן נוך גיהוירט. עש
קומט אלז אן דש גיריכט. איין שֵׁפֹּון בון דעם טרייף אונ׳ איין שטיין בון דער מויאר
דיא ווערדן עדות זגן אויבר איין בור דעם גיריכט. אז דער פָּסוּק זגט: אֶבֶן מִקִּיר
תִּזְעַק וְכָפִיס מֵעֵץ יַעֲנֶנָּה.

רַבָּן גַּמְלִיאֵל דער וור דער זון בון דען רַבִּי יְהוּדָה הַנָּשִׂיא, דער אובן גינענט איז.
דער זגט: עש איז גר הויפש צו לערנן תּוֹרָה אונ׳ זיך גינערן מיט סְחוֹרָה. עש שטיט
גר וואל דש איינר לערנן קאן אונ׳ קאן אך איין מְלָאכָה דר בייא דש ער זיך דר
מיט מְחַיֶּה קאן זיין. דען איר ביידר ערבייט מאכט ור געשן דיא זוינד. דש איינר
ניט זוינדט צו בור אויז איין מְחְיָה אונ׳ מַשָּׂא וּמַתָּן דיא ער בֶּאֱמוּנָה טוט. אונ׳ איין
איטליכר דער דא לערנט דיא תּוֹרָה אונ׳ הוט קיין מְלָאכָה נוך מְחַיֶּה דר בייא,
22 ע״א דער קאן ניט בישטֵין. ווען איין איטליכר מענש מוז עשן אונ׳ | טרינקן. אונ׳ ווען
ער קיין גיווין ניט הוט, זא מוז ער בון דעם לערנן לושן דש ער זיכט דש ער זיך דר
נערט. קאן ער דען קיין מְלָאכָה דא מוז ער לסוף גַּנְבְּן אונ׳ גַּזְלָן. דער הונגר טוט
וֵויא. איינר קאן ניט לערנן ווען ער נישט צו עשן הוט. אונ׳ דרום הוט ער גיזגט ווער
דא לערנט דיא תורה אונ׳ הוט קיין מלאכה דר בייא, דש זעלביג מאכט אין
זוינדן.

אונ׳ נוך מֵין זגט ער: אל דיא פַּרְנָסִים דיא דא הנדלן אונ׳ מִשְׁתַּדֵּל זיין בון טוֹבַת
הַקָּהָל, דיא זולן עש טון אונ׳ זולן זיך מַטְרִיחַ זיין לְשֵׁם שָׁמַיִם ׳אונ׳ ניט בון הערשפט
וועגן׳, אז מן איצונד בַּעֲוֹנוֹת ווייניג וינט. אונ׳ ווען זיא אזו טון וויא וואל זיך דש קָהָל

9 שני מלאכים מלווים לו לאדם.– השווה: תענית יא ע״א; תנחומא, ויקהל, א.
15–16 א ב ן . . . י ע נ נ ה.– חב׳ ב:יא; תענית, שם; חגיגה טז ע״א.
17 משנה ב: רבן גמליאל.

ניט מַטְרִיחַ איז מיט זיא, דענוך שטֵיט דש זְכוּת בון קָהָל אונ׳ בון אירן אָבוֹת דען פַּרְנָסִים אונ׳ מִשְׁתַּדְלָנִים בייא, אונ׳ העלפט זיא דש זיא קהלש הענדל וואל אויש ריכטן. אונ׳ הקב״ה רעכנט עש דען מִשְׁתַּדְלָנִים אזו בור איין גרושי מִצְוָה אז וועןעש ווער בון אירם זכות וועגן וואל אויש גיריכט ווארדן. דיא וויל זיא עש גיטון האבן לְשֵׁם שָׁמַיִם.

נוך מֵין הוט ער גיזגט: מאן זול נִזְהַר זיין אן דען שָׂרִים אונ׳ שִׁלְטוֹנִים אונ׳ מוֹשְׁלִים, דש מן ניט ויל מיט זיא צו שיקן הוט. וועןזיא זיין ניט מְקָרֵב איין מענשן נוייארט בון אירר הֲנָאָה וועגן, דיא וויל זיא איינש מענשן גינישן אונ׳ האבן הֲנָאָה בון אים, זא שטֵילן זיא זיך אז ווערן זיא אים גר הולט. אונ׳ וועןזיא איינש מענשן נישט מֵין קוינן גינישן, זא לושן זיא אין גֵין אונ׳ ביגערין אים ניט צו העלפן אִין זיינם דוחַק.

נוך מֵין הוט ער גיזגט: איינר זול טון דען רָצוֹן בון הקב״ה, אונ׳ אֲפִילוּ וועןער טוט זיין אייגינן ווילן, זא ׳זול׳ ערש טון לְשֵׁם שָׁמַיִם. אז דער אוֹרַח חַיִּים טוט שרייבן.
22 ע״ב וועןן | דער מענש עשט אודר טרינקט אודר שלופט, דש זול ער ניט טון בון זיינש לושט וועגן, נוייארט לְשֵׁם שָׁמַיִם. אין דער ווארטן, דש ער זול שטארק זיין אין גוט ית׳ דינשט, זייני מִצְוֹת צו האלטן. איינר זול נישט טון בון זיינש לושט וועגן נוייארט בון גוט ית׳ רצון וועגן, דא ווערט הקב״ה אך טון דען רָצוֹן בון דעש מענשן מיט רָצוֹן טוב אונ׳ ווערט אים געבן ויל גוטש בְּעַיִן יָפָה. אונ׳ איין מענש זול ור שטוירן זיין רָצוֹן. אז וועןאים קעם אין זיין זין איין עֲבֵירָה צו טון, דא זול ער זיין יֵצֶר הָרַע כּוֹפֶה זיין בון וועגן רָצוֹן השם ית׳, דש זיין רָצוֹן איז דש מן קיין עֲבֵירוֹת טון זול. דא ווערט השם ית׳ אך מְבַטֵל זיין דען רצון בון אנדרן לוייטן דיא אים וועלן בויז טון. אבר דער סוֹפֵר, דער הֶדְיוֹט דער הוט איין אנדרן פְּשַׁט גיהוירט. איין מענש זול טון גוט ית׳ ווילן אז זיין אייגינן ווילן, וועןער שון ניט טוט דיא מצוה לְשֵׁם שָׁמַיִם. אין דער ווארטן דש ער גיוואנט מִצְוֹת צו טון. דער הֶרְגֵל איז דער עִיקָר. אז דא שטיט גישריבן: מתוך שֶׁלֹא לִשְׁמָה בא לִשְׁמָה. דש מיינט וועןאיינר שון בון ערשטן ניט טוט לְשֵׁם שָׁמַיִם, דא קומט ער דריין דש ערש לסוף טוט לְשֵׁם שָׁמַיִם. וועןאיינר איז רָגִיל מִצְוֹת ׳צו טון׳ דא קאן ערש ניט לושן אל זיין טג. אז דער פילוסוף אך שפריכט: הַהֶרְגֵל חֲצִי הַלִימוּד.

11 אחרי בון נמחקה תיבה

6 משנה ג: הוו זהירין ברשות. 11 משנה ד: עשה רצונו כרצונך.
12 אז דער אורח חיים טוט שרייבן.– המחבר מצטט מספר אורח חיים לרפאל בן גבריאל מנורצי, דף טו ע״ב.
27 ההרגל חצי הלימוד.– המחבר מציג את המאמר כמאמר הפילוסוף, אלא שהוא מצטט מספר אורח חיים; אולם הגירסה שם שונה. הנוסח הרווח הוא: ׳ההרגל טבע שני׳ (פולקיירא, המעלות, ב); וב׳אגרת מוסר׳ לר׳ שלמה אלעמי נמצא: ׳הרגילות טבע שני׳, וכן הנוסח בספר אורח חיים.

הִילֵל דער זגט: קיינר זול זיך ניט אב שיידן בון דעם צִבור מיט קיינרלייא ווש אנדר
לוייט טון. אזו זול ער אך טון, עש זייא מיט וואשטן, אודר מיט תְפִילָה אודר מיט
אלי דינגן ווש דא קומט אויף איין קָהָל אונ׳ צִבור. אלז אונזר חֲכָמִים זגן אין דער
גמרא: ווען זיך איינר טוט אב שיידן בון דעם קהל, דא קומן צווין מַלְאָכִים צו אים
23 ע״א אונ׳ זגן צו אים: גליידך | אז דו דיך אב שיידן טושט בון דעם קהל אין אירן צָרוֹת,
אזו זולשטו אך זיין אב גישיידן אונ׳ ניט זוֹכֶה זיין צו זעהן אין אירי נֶחָמוֹת.
נוך ⌈מֵין⌉ הוט ער גיזגט: איינר זול ניט גלאבן אן זיך זעלברט ביז אן זיין ליצטן טג.
דש איז יום הַמִיתָה. דש מיינט, איינר זול ניט שפרעכן, איך וויל מיך וואל קוינן אויף
האלטן עֲבֵירוֹת צו טון. ווען איך שון זעך ויל ארלייא בור מיר, איך הב ניט זורג
דש מיך דער יֵצֶר הרע זול כּוֹפֶה זיין, דען איך בין ורום. קיינר זול זיך ור לושן אויף
זיין ורומקייט. ער זול ניט ריזיגערן צו טון איין דינג דש דא מויכט איין עֲבֵירָה דר
בון קומן. איין מָשָל האבן אונזר חכמים גיזגט. זיא האבן ור בוטן מן זול ניט לערנן
אם ורייטג צו נאכט בייא איינם ליכט אליין, ויל לייכט מויכט ער זיך ור געשן אין
זיינם לערנן אונ׳ מויכט דש ליכט נייגן אודר שוירן. ווען אבר דש ליכט הוך העגט
דא מג ער וואל לערנן. ווארים אֵי ער ווערט אויף שטֵין, דא ווערט ער זיך ווידר
בידענקן דש עש שַבַּת איז. אזו אל דינג דש דא מויכט איין עבירה דר בון קומן,
זול זיך איינר ניט ור לושן אויף זיין ורומקייט אודר אויף זיין חָכְמָה. מיר וינדן אין
דער גמרא. איינר היש יוחנן. דער ווער אכציג יאר כֹּהֵן גָדוֹל גיוועזן אונ׳ צום ליצטן
ווארד ער צו איינם צָדוֹקִי, דש זיין מִינִים ⌈אונ׳ ווער איין מין⌉. נוך מֵין הוט ער גיזגט:
איינר זול ניט דַן זיין זיין חָבֵר ביז דש ער גירייכט אן זיין שטט. דש מיינט: אוב
איינר הוירט דש זיין חָבֵר העט איין עֲבֵירָה גיטון, זא זול ער ניט זגן ער מאריטערט
דש. אונ׳ דש איך העט עש ניט גיטון, ביז דש אים אך אזו איין עֲבֵירָה צו האנדן
קומט אונ׳ ער טוט זיא ניט. דר נוך מג ער זגן: איך בין ורוימר אז ער. אז אונזר
23 ע״ב חֲכָמִים | אך זגן. חֲנַנְיָא מִישָאֵל אונ׳ עֲזַרְיָה, דיא לישן זיך ווערפן אין איין קאלך
אוֹבַן, דש זיא זיך ניט וואלטן בוקן צו דעם צֶלֶם בון נְבוּכַדְנֶצַר. אונ׳ ווען מן זיא
העט לנג גיפייניגט מיט גרושי עִנוּיִים, זא ווערן זיא אֶפְשַר ניט בישטנדן. עִנוּיִים טוינן
וֵויא. הש״י דער ביהויט איטליכש ⌈ורום⌉ יודן קינד דר בור.
אך הוט ער גיזגט: איינר זול ניט שפרעכן ווען מן אים וויל עצווש זגן בון דִבְרֵי

20, 21 חָבֵר מנוקד בשני סגולים

1 משנה ה: הלל אומר.
4 ווען זיך... דעם קהל וכו׳.– תענית יא ע״א: ׳בזמן שישראל שרויים בצער ופירש אחד מהם מן הציבור׳ וכו׳.
18 כוהן גדול שנעשה צדוקי.– השווה: ברכות כט ע״א; פסדר״כ, פ.
24 חנניא מישאל ועזריה.– ראה: סנהדרין צג ע״א.

תּוֹרָה. ווש זול איך איצונד הוירן, איך ווילש וואל איין אנדר מול הוירן. ויל לייכט
ווערט ער ניט זוֹכֶה זיין דש ערש דר נוך ווערט קוינן הוירן. אך זול איינר ניט
שפרעכן, ווען איך ווער מוּשיג זיין, זא וויל איך לערנן. ויל לייכט דו ווערשט נוימר
מוּשיג זיין. דו זולשט דיך מושיגן אל צייט תּוֹרָה צו לערנן אונ׳ זול ניט שְׁהִיָה דריין
מאכן. איינר זול נישט שפארן. איין מענש ווייש ניט ווש אים צו הענדן קומט. וד״ל.
נוך ⸢מין⸣ זגט דער הִלֵּל: איין בוּר דער בוירכט זיך בּוֹר קיין זוינדן. איינר דער אויז
גילערט איז בון אלי חָכְמוֹת דיא דא זיין אויף דער וועלט, אֲפִילוּ מַשָּׂא וּמַתָּן צווישן
דען לוייטן קאן ער ניט טרייבן, דער זעלביג דער היישט איין בוּר. דער ווייש ניט
ווש זוינד איז אודר ניט. דרום קאן ער זיך ניט ווערכטן בור זוינדן. אונ׳ קיין עַם
הָאָרֶץ דער קאן קיין חָסִיד זיין. דש היישט איין עַם הָאָרֶץ, דער זיך ור שטיט אויף
אלי סְחוֹרָה אונ׳ אלי הענדל דיא ווייש ער צו טראפיגערן, אוּן אין דער תּוֹרָה
דא ווייש ער ניקש, דער קאן קיין חָסִיד ניט זיין. ווען ווארום ער ווייש ניט ווש
חֲסִידוּת איז, אודר ווען ער איין מִצְוָה אודר עֲבֵירָה טוט. {אונ׳ ער ווייש דש מן גוט
יתֿ׳ בורכטן זול שלעכט, פּער דשקריציון. אבר ער ווייש ניט ווען אונ׳ וואו.} אז
24 ע״א איין מולט איין עַם הָאָרֶץ דער הט איין טְרֵיפָה ויש געשן. | דא ער עש גיוואר וואר,
דא אַש ער ולוקש איין וליג דרויף, דרום דש ער זולט דש טַרְפוֹת ווידר אויש
שפייאן. אונ׳ ער מיינט, ער העט איין גרושי מִצְוָה גיטון. דא הט ער מֵין עֲבֵירָה
גיטון אז בור. דען דען טריפה ויש הט ער בְּשׁוֹגֵג געשן אונ׳ דיא וליג בְּמֵזִיד. אך
[19] וואר איין עַם הָאָרֶץ ⸢דער וואושט ניט⸣ דש מן דיא הענד זולט וועשן צו דעם עשן.
דער קאם אין איינש יודן הויש, דער וואר איין ווירט. אונ׳ ⸢ווען⸣ איין ורעמדר קאם
אונ׳ וועשט דיא הענד ווען ער עשן וואלט, זא וואושט ער דש עש איין יוד וואר אונ׳
גב אים כשר שפייז צו עשן. אונ׳ ווען זיך איינר צום טיש זיצט אוּן גיוועשן הענד, דא
וואושט ער דש עש איין גוי וואר אונ׳ ⸢גאב⸣ אים טריפות צו עשן. דער עַם הָאָרֶץ
גינג צו טיש אונ׳ ⸢וועשט⸣ ניט זיין הענד אונ׳ דער ווירט גאב אים טְרֵיפוֹת צו עשן,
דען ער מיינט ער ווער איין גוֹי. דא נון אים דער ווירט דש געלט אן הייש, דא שפרך
ער: ׳עש איז צו ויל.׳ דא שפרך דער ווירט: ׳דו הושט ויל חֲזִיר ⸢ולייש⸣ געשן, דש
איז טוייארר אז רינדר ולייש.׳ דא שפרך דער עַם הָאָרֶץ: ׳איך בין דוך איין יוד.
ווארום הושטו מיר טַרְפוֹת געבן צו עשן?׳ דא זגט דער ווירט: ׳ווארום הושטו דיין
הענד ניט גיוועשן דא דו דיך צום טיש גִיזִיצט הושט? איך זיך וואל דו מושט איין עַם
הָאָרֶץ זיין. אונ׳ דיא זוינד איז דיין אליין. אונ׳ איך הב קיין שולד דראן.׳
אך וינדן מיר אין דער גְמָרָא דש רִבִּי עֲקִיבָא אין זיינר יוגט איין גרופר עם הָאָרֶץ

6 משנה ו: ... אין בור ירא חטא.

19 מעשייה מס׳ 19: מים ראשונים.– השווה: חולין קו ע״א, ורש״י שם; יומא פג ע״ב; תנחומא, בלק, טו; מעשה בוך, מס׳ פו; גאסטר, מס׳ 158.

[20] וור. ער גינג איין מול אויבר וועלד אונ׳ ואנד איין הורג אויף דעם וועג ליגן. דא הוב
ער אין אויף זיין אקשיל אונ׳ טרוג אין וואל דרייא מייל ווייט ביז ער קאם צו איינם
24 ע״ב קְבָרוֹת אונ׳ ביגרוב אין. אונ׳ ער | מיינט ער העט איין גרושי מִצְוָה גיטון אונ׳ איין
גרוש חֲסִידוּת. אונ׳ דא ער דיא שְׁמוּעָה זגט דען חֲכָמִים, דא זגטן זיא צו אים: ׳דו
בישט שולדיג תְשׁוּבָה צו טון, דען דו הושט איין גרושי עֲבֵירָה גיטון, גלייך אז העשטו
שׁוֹפֵךְ דַם גיוועזן אויף איין איטליכן טריט דען דו אין גיטראגן הושט. דא זולשט
אין ביגראבן האבן אן דער שטט דא דו אין גיבונדן הושט. ווען איין מֵת איז קוֹנֶה
מקומו. וואו עש ליגט זול מן עש קוֹבֵר זיין.׳ דא ער דש הורט, דא שפרך ער: ׳נון
וויל איך אך תּוֹרָה לערנן.׳ אונ׳ גינג היים אונ׳ הוב אן צו לערנן אונ׳ וור צו איינם
קוישטליכן תַלְמִיד חָכָם, דש ער האט ויר אונ׳ צווויינציג טויזנט תַלְמִידִים דא ער
מיט לערנט. דיא שְׁמוּעָה איז צו לנג צו שרייבן [דיא שמועה וינט איר אין דעם דריטן
פרק, דף נ״ד], וויא ער בון זיינם ווייב צוך דא ער אן הוב צו לערנן אונ׳ וויא ער
ווידר היים קאם מיט גרושר כָבוֹד. אונ׳ זייני תַלְמִידִים דיא זיין אל גישטורבן אין
דעם עוֹמֶר, אל טג איין טייל צווישן מִנְחָה אונ׳ מַעֲרִיב. אונ׳ דרום טוינן דיא ווייבר
קיין מְלָאכָה בון מִנְחָה אן ביז גֵין נאכט אין דעם עוֹמֶר. ווען אין דער זעלביגן צייט
וואר מאן זיא צו קְבוּרָה טון. דרום זול איין איטליכר מענש תּוֹרָה לערנן, דש ער
זול ווישן צו טון אונ׳ צו לושן. אונ׳ זול ווישן ווש חֲסִידוּת איז אונ׳ ווש עֲבֵירָה אונ׳
מִצְוָה איז.

אונ׳ נוך מין הוט דער הִלֵל גיזגט: איינר דער דא איז איין בוֹיְישָׁן דער קאן ניט
לערנן. ווען ער שעמט זיך צו ורוגן ווש אים גיבריכט. אז דש שפריך ווארט גֵיט:
25 ע״א וויער זיך שעמט צו עשן אונ׳ צו אורן, דער איז היא אונ׳ דורט ור לורן. | אונ׳ קיין
צורניגר רבי איז גוט יונגן צו לערנן. ווען דיא יונגן בוירכטן צו זער בור אים אונ׳
ורוגן ניט ווש אין נוט טוט אונ׳ קשה איז. אונ׳ ניט אלי מרקיראנטי דיא ויל סְחוֹרָה
טרייבן דיא זיין חֲכָמִים. נוייארט מן מוז אנדר דינג אך דר בייא לערנן. דיא תּוֹרָה
דיא מאכט וויזו, אז דער פסוק זגט: עֵדוּת ה׳ נֶאֱמָנָה מַחְכִּימַת פֶּתִי. אונ׳ ווען איין
חכם איז אין איינר שטט אונ׳ זיכט דש קיינר איז אויבר אין מיט חָכְמָה דא זול ער
רֵידְן. אבר זיכט ער דש איין אנדרר מֵין חָכָם איז אז ער, זא זול ער שטיל שוויגן
אונ׳ זול אין לושן רידן. איינר זול מַכִּיר מְקוֹמוֹ זיין. וואו זיין חכמה גילט דא זול ער
זיא ברויכן.

1 לפני וועג נמחקה תיבה

1 מעשייה מס׳ 20: ר׳ עקיבא וההרוג.– ראה: שמחות ד:לד (סוף הפרק).
13 מיתתם של תלמידי ר׳ עקיבא.– יבמות סב ע״ב; אוצר הגאונים, יבמות, קמא.
14 מנהג הנשים שלא לעשות מלאכה בין מנחה למעריב בזמן ספירת העומר.
25 עדות ה׳... פתי: תה׳ יט:ח.

אך וור דער הִלֵל זעהן איין מול איין קופפא בון איינם מענשן ולישן אויף בור דעם וואשר. דא שפרך ער צו דעם זעלבן קופפא: דו בישט גיוועזן איין גַזְלַן אונ׳ הושט דיא לוייט גיווארפן אין דש וואשר אונ׳ הושט זיא ור ולויצט. אונ׳ דרום בישטו אך גיווארפן ווארדן אין דש ושר אונ׳ בישט ווארדן ור ולויצט. אונ׳ דיא דיך האבן גיווארפן אין דש ושר אונ׳ ור ולויצט, דיא ווערדן אך ור ולויצט ווערדן. דען הקב״ה איז מוֹדֵד מִדָה כְנֶגֶד מִדָה. אז איינר טוט, אזו ווערט ער גיצאלט. דיא שמועה איז צו לנג צו שרייבן וויא הקב״ה ביצאלט מיט דער מוֹס. נוייארט דש איז דער כְלַל: וויא איינר זוינט, אזו מוז איינר בוישן. נוך מין הוט ער גיזגט: אלז ווש צו ויל איז דש איז ניט גוט. אין תוֹרָה לערנן ׳אונ׳ מצות טון אונ׳ צְדָקָה געבן׳ קאן מן ניט צו ויל טון נוך לערנן. ׳אֵי מֵין ער טוט אונ׳ לערנט, ויל בישר עש אים אישט׳. דער דא מערט ולייש. דער דא וואל עשט אונ׳ טרינקט, דער מערט וואורים נוך

25 ע״ב זיינם טוט ווען ער ווערט ביגראבן | דער דא ווערט גְרַאש אונ׳ ויישט אונ׳ הוט ויל ולייש אויף אים, זא ווערן אך ויל וואורים אויז אים קבר.

{דער סדר איז אזו. איין מענש זיכט זיך אם ערשטן וואל צו קליידן אונ׳ צו עשן אונ׳ צו טרינקן. אונ׳ ווערט ויישט. אונ׳ דר נוך זיכט ער געלט צו זאמלן. אונ׳ ווען ער נון ויל געלט הוט אונ׳ רייך איז, דא זיכט ער איין ווייב צו נעמן. איז ניט גינויגן אייני, זא נעמט ער צוואו דרייא*, נוך זיינם ור מוגן. אונ׳ דר נוך ווען ער ויל ווייבר הוט זא מוז ער איינר איטליכר איין שפחה האלטן, דען איין איטליכי וויל איין סעניורה זיין. אונ׳ ווען ער נון אזו איין גרוש גיזינד הוט, זא מוז ער האבן ויל נחלות אונ׳ פושישייוני דיא אים קורן אונ׳ ווייז גינויגן מאכן האבן. אונ׳ מוז האלטן ויל קנעכט דיא זיא ערבטן אונ׳ אל דיגג היים ברענגגן. דרום געגן זיא אזו נוך מערר.}

נון וויל איך שרייבן וויא דער מענש צו עש ווערט אים קֶבֶר. דש ולייש דש ווערט צו אייטל וואֹורים אונ׳ ווען עש אייטל וואורים איז, זא עשט איינר דען אנדרן ביז דש צום הינטרשטן בלייבט נור איין וואורם אויבר. דר נוך ווערט דער זעלביג וואורם אך צו עֶש. אבר עש איז גר וויניג עש אז ויל דש דא קאן ליגן אויף דעם גרושן נאגיל. אונ׳ דיא ביין ווערן אך צו עש. אונ׳ ווען דש איין מענש גידויכט, דא ווער עש נוימר מֵין קיין זוינד טון. אונ׳ דיא ערד בון אֶרֶץ יִשְרָאֵל דיא לייט קיין וואורם אונ׳ דש ולייש ור שווינט אונ׳ דיא ביין ווערן צו עש. אונ׳ דרום ליגט מן גערן ביגראבן אין ארץ יִשְרָאֵל ווער דא קאן.

ווער דא מערט גרוש ממון אונ׳ עוֹשֶר, דער מערט גרושי זורג. דען ער בוירכט זיך אומדר ער מויכט שאדן האבן אן זיינם עוֹשֶר. ׳דער מֶלֶך אודר שר מויכט אים איין

17 תיבת דרייא מסומנת בכוכב המרמז להערה שבסוף הדף (להלן, עמ׳ 35, שורה 9: אזו וור דער סדר וכו׳); ההערה כתובה בשוליים

1 משנה ז: אף הוא ראה גולגולת אחת. 8 משנה ח: ...מרבה בשר מרבה רמה.

עְלִילָה צו ווערפן, אודר גנבים אודר גזלנים מעכטן איבר אין קומן.׳ דער דא מערט ווייבר, דער מערט כְשָפִים. דען דיא ווייבר ווערן דש זיא אירי מאנן הולט האבן אונ׳ מאכן אין הויפשי קליידר, אונ׳ דרום טוינן זיא אים כשוף. דער דא מערט שְפָחוֹת גויות אין זיינם הויז, דער מערט ויל זְנוּת. דער דא מערט ויל עֲבָדִים גוֹיִם דער מערט גֶזֶל. דען דיא עבדים זעהן צו גַזְלַן וואו זיא קוינן. אבר דער דא מערט תוֹרָה דער מערט חַיִים. אונ׳ דער דא מערט ויל יְשִיבָה, דער מערט חָכְמָה. ווען דיא תַלְמִידִים מאכן איין רבי קלוג אונ׳ ווייז מיט אירן קשיות ורעגן. דא מוז דער רבי טראכטן דש ער זיא בְחָכְמָה מְתָרֵץ איז.

{אזוו וור דער סדר בור צייטן, ביז דא איז קומן רבינו גרשם מ״ה. דער הוט גיזעהן דש מן עש ניט הוט גיטון לְשֵם שָמַיִם. אונ׳ אך הוט ער גיזעהן דש זיך דיא מְחָיְיוֹת האבן קלערט אונ׳ דיא גיווין זיין קליין גיווארדן אונ׳ אל טג ווערן זיא נוך קלענר בעו״ה. הוט ער ור בוטן בחרם דש איינר זול ניט מֵין הבן אז איין ווייב. אונ׳ אפי׳

26 ע״א אזוו הוט מן צו שיקן זיך מְחַיֶה צו זיין אונ׳ דר נערן.} | אז מיר וינדן אין דער גְמָרָא. רִבִּי יוֹחָנָן שפרך: איך הון ויל תוֹרָה גילערנט בון מיין רַבֵּאִים אונ׳ נוך מֵין בון מיין חֲבֵרִים, אונ׳ בון מיין תלמידים מֵין אז בון זיא אל.

דער דא מערט עֵצָה, דער מערט תְבוּנָה. איינר זול נישט טון, ער זול בור זייני אוֹהֲבִים עֵצָה ורוגן. דער דא מערט צְדָקָה, דער מערט שָלוֹם אין דעם עוֹלָם, אז דער פסוק זגט: וְהָיָה מַעֲשֵי הַצְדָקָה שָלוֹם.

קויפט איינר איין שֵם טוֹב, ער קאפט אין צו אים זעלברט. קויפט ער זיך דִבְרֵי תוֹרָה, דא קויפט ער זיך חַיֵי הָעוֹלָם הַבָּא. דען רֵוַח בון דער תוֹרָה עשט ער אויף דער וועלט אונ׳ דש קֶרֶן וינט ער אך לְעוֹלָם הַבָּא.

רַבָּן יוֹחָנָן זון זַכַּאי דער האט גילערנט בון הִלֵל אונ׳ בון שַמְאַי דיא אובן גינענט זיין. ער זגט: ווען שון איינר ויל תורה הוט גילערנט, ער זול זיך דרום ניט קוישטליך האלטן בון זיינר תוֹרָה וועגן, ווען גוט ית׳ הוט איין מענשן דרום בישאפן דש ער תורה אונ׳ מִצְוֹת טון זול. אונ׳ אך דיא גאנץ וועלט איז בישאפן ווארדן בון דער תוֹרָה וועגן. אונ׳ ווען מיר ניט דיא תוֹרָה לערנטן דא וואור דיא וועלט אונטר גֵין. אז דער פסוק זגט: אִם לֹא בְרִיתִי חֻקוֹת שָמַיִם וָאָרֶץ לֹא שַמְתִי. אונ׳ דרום דש דער

14, 15 מנוקד רַבֵּאִים, רַבֵּאִים (לשון רבים של ׳רבי׳), חֲבֵרִים

1 המשך משנה ח: מרבה נשים מרבה כשפים.
4 הניקוד שְפָחוֹת מעיד על הגיית המלה, שהיא כמו בלשון המדוברת בזמננו.
5–4 איסורו של ר׳ גרשום ממאגנצה על ריבוי עבדים ושפחות.
14 מאמרו של ר׳ יוחנן ׳איך הון ויל תורה גילערנט׳ וכו׳.– תענית ז ע״א (מאמר ר׳ חנינא).
18 והיה... השלום.– יש׳ לב:יז.
22 משנה ט: רבן יוחנן בן זכאי.
27 אם לא בריתי... לא שמתי.– השווה יר׳ לג:כה: ׳אם לא בריתי יומם ולילה חקות שמים וארץ לא שמתי.׳

ר׳ יוֹחָנָן זון זַכַּאי הט ויל תּוֹרָה גילערנט, דרום זגט ער אזו. ער וואר הונדרט אונ׳
צוויינציג יאר אלט גיוואררן. אזו וינדן מיר אך אין דער גמרא. ער וואר וירציג יאר
איין מרקידאנטו גיוועזן אונ׳ הט סְחוֹרָה גיטריבן. אונ׳ וירציג יאר הט ער מיט זיך
26 ע״ב זעלברט גילערנט אונ׳ וירציג יאר הט ער | ווייטר גילערנט מיט זיין תַּלְמִידִים.
אונ׳ ער וואר איין גרושר הער אין תּוֹרָה מִשְׁנָה גְּמָרָא.
דער רִבִּי יוֹחָנָן זון זַכַּאי הט בוינף תַּלְמִידִים אונ׳ זיא הישן אזו. רִבִּי אֱלִיעֶזֶר זון
הוֹרְקְנוֹס. רִבִּי יְהוֹשֻׁעַ זון חֲנַנְיָה. רִבִּי יוֹסֵי הַכֹּהֵן. רִבִּי שִׁמְעוֹן זון נְתַנְאֵל. רִבִּי אֶלְעָזָר
זון עֲרָךְ. אונ׳ דער רבי יוחנן וואר דר צֵילן אירן שֶׁבַח בון זיינן תלמידים אונ׳ שפרך
אזו: ר׳ אליעזר זון הורקנוס דער איז גלייך אז איין גרוב דיא דא וואל גיקאלכט
איז, אונ׳ אלז ווש מן דריין טוט דש בלייבט דרינן אונ׳ ור לירט זיך ניט, אונ׳ שלינד
ניט איין אין דיא ערד. אזו וור ער אך. אלז ווש ער לערנט וור אין אין גיגושן אונ׳
[21] ער ור גאש נישט. דער ר׳ אליעזר דער קריגט אומדר מיט דען חֲכָמִים ⌜אים לערנן⌝
אונ׳ ער וואלט דיא חֲכָמִים מְנַצֵּחַ זיין דש מן דיא הֲלָכָה זולט האלטן אז ער זגט.
אונ׳ דיא חכמים זגטן: ׳מיר זיין דש רוֹב אונ׳ דו בישט נור אליין. דיא הֲלָכָה איז אז
מיר זגן׳. דא שפרך ער: ׳הב איך וואר, זא זול דער באם דער דא שטֵיט בור דעם
בֵּית הַמֶּדְרָשׁ זיך ור רויקן בון זיינר שטט צִיהן אֵילן.׳ אזו באלד רויקט זיך דער באם
בון זיינר שטט. דענוך וואלטן זיך דיא חֲכָמִים ניט אן אין קערן. דא שפרך ער: ׳בין
איך וואר, זא זול איין באך לאפן דורך דש בית המדרש.׳ אזו באלד נאם איין באך
צו ולישן דש זיא שיר אל דר טרונקן ווארן. דענוך וואלטן זיא זיך ניט אן אין קערן.
דא שפרך ער: ׳הון איך רעכט, זא זול איין בַּת קוֹל בון דעם הימל קומן.׳ דא קאם
איין בת קול בון דעם הימל אונ׳ רויפט: ׳מיין זון ר׳ אליעזר הוט רעכט.׳ דא
27 ע״א שטונד אויף | ר׳ יהושע אונ׳ זגט: ׳לֹא בַשָּׁמַיִם הִיא׳. דש מיינט, דיא תורה איז ניט מֵין
אין דעם הימל. הקב״ה הוט זיא אונז געבן מיר זולן זיא לערנן. אונ׳ דרינן שטֵיט
גישריבן: אַחֲרֵי רַבִּים לְהַטּוֹת. דש מיינט, מן זול דעם רוֹב נוך גֵין. דא שפרך ר׳
אליעזר: ׳הב איך רעכט, זא זולן זיך נייגן דיא זוויילן בון דעם בֵּית הַמֶּדְרָשׁ.׳ דא
נייגטן זיך דיא זוויילן אונ׳ דש בית המדרש וואלט נידר ואלן. דא הוב ר׳ יְהוֹשֻׁעַ
אן צו שרייאן אונ׳ שפרך: ׳זוויילן, זוויילן שטֵיט שטיל. נייגט איר אויך מֵין, זא וויל
איך דש בֵּית הַמֶּדְרָשׁ ור ולוכן דש מן נוימר מין דרינן לערנן זול.׳ דא בליבן דיא
זוויילן אזו גיבוקט שטֵין. זיא ריכטטן זיך ניט ווידר אויף בון ר׳ אליעזרש כָּבוֹד

2 מ׳ שנה עסק בפרקמטיא, מ׳ שנה למד ומ׳ שנה לימד (ר״ה לא ע״ב; סנהדרין מא ע״א).
6 משנה י: חמשה תלמידים היו לרבן יוחנן בן זכאי.
8 משנה יא: הוא היה מונה שבחם.
12 מעשייה מס׳ 21: מחלוקת ר׳ אליעזר בן הורקנוס והחכמים.– השווה: ב״מ נט ע״ב; כפתור ופרח, קטז ע״א; מעשה בוך, מס׳ 135; גאסטר, מס׳ 125.
22 לא בשמים היא.– דב׳ ל:יב. 24 אחרי רבים להטות.– שמ׳ כג:ב.

ווענן, אונ׳ נייגטן זיך ניט מֵין בון ר׳ יְהוֹשֻׁעש כָבוֹד ווענן. אונ׳ וואָרום וור ר׳ אליעזר ניט זוֹכֶה דש דיא הלכה זולט זיין אז ער, דרום דש אין זיין ואטר הורקנוס הט אין ׳וועלן אין חֵרֶם לֵיגן׳. אודר ער וואר איינר בון דען תלמידים בון בֵּית שַׁמַאי, אז מיר אובן גישריבן הבן. דא קאם אליהו הנביא אין דש בֵּית הַמֶּדְרָשׁ, דא ורגטן זיא אין, ווש שפריכט הקב״ה צו אונזרם לערנן? דא שפרך ער: ׳ער ורייט זיך אונ׳ זגט, מייני קינדר האבן רעכט. איך הב אין דיא תורה געבן אונ׳ זיא לערנן זיא גר ולייסיגליך מיט גנצם הערצן.׳ {וויא דיא שמועה ווייטר גיט, דש וינשטו הינטן נוך דען פרקים דף צב}.

[22] רִבִּי יְהוֹשֻׁעַ זון חֲנַנְיָה, וואל זיינר מוטר דיא אין הוט גיוואונן. דא זיא אין טרוג, דא גינג זיא אלי טג אין אלי בָּתֵּי מֶדְרָשׁוֹת אונ׳ חֲדָרִים דיא דא וואָרן אין דער שטט אונ׳ שפרך: ׳ליבי רַבָּנִים, זייט מִתְפַּלֵּל אויף מיר דש איך זול גיווינן איין זון דער איין
27 ע״ב תלמיד חכם זול ווערדן.׳ אזו גישאך עש. | אונ׳ ער ׳וור׳ אויך גר קוישטליך בייא דעם קֵיסַר. {אז דו וינדשט דף ק״ז}. אך שפריכט מאן, דרום דש זיא אל טג גינג אין דש בֵּית המדרש אונ׳ גב דען קינדרן דיא דא לערנטן אופש אונ׳ אלרלייא זויש דינג אז קונפיט אונ׳ מרציפאן. אונ׳ שפרך: ׳ליבי קינדר, לערנט וואל, איך וויל אוייך מורגן מֵין ברענגן. אונ׳ וואל אוייערן מויטרן דש אין דער בורא הוט בישערט זִין דיא דא תורה לערנן.׳ אונ׳ דרום דש זיא דיא תורה אזו ליב האט אונ׳ טעט אזו תפילה, דרום גיווערט זיא הש״י אונ׳ בישערט איר איין זון דען דוזיגן ר׳ יהושע. דער וור גר איין קוישטליכר תלמיד חכם, דש אידרמן זגט אויף אים: ׳אַשְׁרֵי יוֹלַדְתּוֹ׳.

[23] יוֹסֵי הַכֹּהֵן דער איז איין חָסִיד. דעם ר׳ יוסי שטארב זיין ווייב אונ׳ זיא הט אים קלייני קינדר גילושן. אונ׳ בייא אירר קבורה דא וור איר שוֶעשטר, דיא וור נוך איין פוילציל. דא שפרך ער צו איר: ׳גֵיא היים אונ׳ מאך דיינר שווישטר קינדר צו עֶשן.׳ אונ׳ ער נאם זיא אזו צו איינם ווייב.

רִבִּי שִׁמְעוֹן זון נְתַנְאֵל, דער וואר איין ירא חטא, דש מיינט איין בורטר ׳בורכטר׳ דער זוינדן.

רִבִּי אֶלְעָזָר זון עֲרָךְ דער איז אז איין קוועל ברונן דער זיך שטערקט. אונ׳ מֵין ווסר אז מן דרויש שויפפט, אי לענגר אי מֵין קוועלט ער בון זיך זעלברט אזו שטערקט ער זיך אך אין דער תורה בון זיך זעלברט.

3 ווע‌לן אין חֵרֶם לֵיגן בין השיטין במקום תיבות חרם גילעגט שנמחקו   25 המחבר טעה בכתיב תיבת בורכטה וכתב בין השיטין בורכטר

9 מעשייה מס׳ 22: אשרי יולדתו.– ראה: מחזור ויטרי, עמ׳ 499; ירוש׳ יבמות פ״א ה״ו; חגיגה יד ע״ב; אבות ב:ח, רש״י שם; ממקור ישראל, מס׳ רמט.
13 ראה להלן, עמ׳ 138–140.   15 ממתקים לתינוקות.– על־פי ברטינורה.
21 מעשייה מס׳ 23: ר׳ יוסי נושא אחות־אשתו לאשה.

רַבָּן יוֹחָנָן זוּן זַכַּאי זַגט: ווען זיא ווערן אל דיא חֲכָמִים בוּן ישראל אין איינר וואג
שאל, אונ׳ ר׳ אליעזר זון הורקנוס אין דער אנדרן וואג שאל, דא ווער ער זיא אל
אויבר וועגן מיט דער חכמה אונ׳ תורה. אַבָּא שָׁאוּל דער זגט בון זיינש רַבִּיש וועגן,
28 ע״א דער וואר ר׳ יוחנן: ווען דא ווערן | אל דיא חכמים דיא דא זיין אונטר יִשְׂרָאֵל אין
איינר וואג שאל אונ׳ ר׳ אליעזר זון הורקנוס אך מיט זיא אונ׳ ר׳ אֶלְעָזָר זון עֲרַךְ
אין דער אנדרן וואג שאל, דא ווער ער זיא אל אויבר וועגן מיט זיינר תּוֹרָה אונ׳
חָכְמָה. רבן יוחנן זגט צו זיינן בוינף תלמידים: זעכט אונ׳ לערנט אונ׳ זגט מיר
וועלכיש איז דער בֵּישט וועג דען זיך איין מענש זול אויש דר ווֵילן אונ׳ דרינן גֵּין,
דש עש קאן דא מיט זוכה זיין לְעוֹלָם הַבָּא. ר׳ אליעזר זגט: איין גוט אויג. דש מיינט,
דער אידרמן גערן גוטש טוט אין ליפליכן אן גיזיכט. אונ׳ דש איינר קיין קנאה אויף
נימנט הוט, אונ׳ גוינט אידרמן וואל ווש ער הוט. ר׳ יהושע זגט: איין גוטר חָבֵר. איין
גוטר גיזיל אונ׳ קומפּיין, דער דא ווייזט אונ׳ לערנט זיין חבר צו גוטן מַעֲשִׂים אונ׳
צו אלם גוטן. ר׳ יוֹסֵי דער זגט: איין גוטר שָׁכֵן דער ניט מיט אים קריגט. ר׳ שמעון
זגט: דער דא זיכט ווש דר נוך קומן מג. דש מיינט, אֵי ער איצווש טוט, זא בידענקט
ער זיך בור, ווש דר בון קאן קומן. דער זעלביג טוט קיין עֲבֵירָה ניט. דען ער
בידענקט זיך בור אויף אל זיין עֲסָקִים דען רעכטן וועג צו גֵּין. ר׳ אֶלְעָזָר זגט: איין
גוט הערץ. ווער איין גוט ורום הערץ הוט, דער הוט אל דינג. דא שפרך אירר
רבן יוֹחָנָן בֶּן זַכַּאי: איך בין מַסְכִּים מיט ר׳ אלעזר. ווען אוייערי ריד זיין אל אים
כְּלַל בון איינם לֵב טוֹב. ווער איין גוט הערץ הוט דער הוט אלי גוטי מדות אן זיך.
28 ע״ב דא שפרך ער צו זיא: | גיט אונ׳ לערנט אונ׳ זגט מיר וועלכיש איז דער בֵּויזט וועג
אונ׳ דער אֵירגשט דש זיך איין מענש זול דר בון ווערן. ר׳ אליעזר זגט: איין עַיִן
הָרַע. דער דא קִנְאָה הוט אויף דיא לויט אונ׳ גוינט אין ניט ווש אין הש״י בישערט.
ר׳ יְהוֹשֻׁעַ זגט: איין בויזר חָבֵר. דער ברענגט זיך אונ׳ זיין גיזילן אין דש גֵיהִנָּם. ר׳
יוֹסֵי זגט: איין בויזר שָׁכֵן, דער זיך אומדר מיט אים קריגט. ר׳ שִׁמְעוֹן זגט: דער דא
אנטלֵיהנט אונ׳ ביצאלט ניט ווידר. ווען איינר אנטלֵיהנט בון איינם מענשן אונ׳
ביצאלט אין ניט, דש איז גלייך אז העט ער אנטלֵיהט בון הקב״ה. דען הקב״ה
דער גּוֹזֵר אם רֹאשׁ הַשָּׁנָה אונ׳ זיצט איטליכם מענשן וויא ויל עש דש יאר מוז האבן.
ווען אים נון איינר אב אנטליהנט בון ווש ער בידארף אונ׳ ניט ⌜ווידר⌝ ביצאלט, דא
מוז הקב״ה דעם ווידר דר בּוילן ווש ער אים גיזֵיצט הוט. אין דער ווארטן דש זיין
ווארט בישטֵט ווש ער אים גיגזרט הוט. אז דער פסוק זגט: דער רָשָׁע אנטלֵיהט

27 אחרי מענשן נמחקה תיבת אויף

1 משנה יב: אם יהיו כל חכמי ישראל בכף מאזנים.
7 משנה יג: איזו היא דרך ישרה. 20 משנה יד: ... איזו היא דרך רעה.
27 כל מזונותיו של אדם קצובין לו מראש השנה.– ביצה טז ע״א.
30 דער רשע... ביצאלט.– ׳לוה רשע ולא ישלם׳ (תה׳ לז:כא).

און׳ ניט ער ביצאלט. אבר הקב״ה דער איז צַדִיק וְיָשָׁר, דער איז זיך מְרַחֵם און׳
ביצאלט יענם ווידר זיין לייאונג. ר׳ אֶלְעָזָר זגט: איין בויז הערץ. דא זגט ר׳ יוחנן
צו אין: איך בין מַסְכִּים מיט ר׳ אלעזר, דען אל אוייער ריד זיין אין כְּלַל בון זיינן
רֵידן. ווער דא הוט איין לֵב רַע, דער הוט אל דיא בויזן מִדוֹת אן זיך.
דיא בוינף רַבָּנִים דיא זגטן איטליכר דרייארלייא. ר׳ אליעזר זגט: איין מענש, דעם
זול זיינש חָבֵרְש כָּבוֹד אזו ליב זיין אז זיין אייגן כָּבוֹד. און׳ זול זיך ניט באלד לושן
29 ע״א דר | צוירנן דש דו אים אן זיין כָּבוֹד וועלש רֵידן. דש אנדר: איינר זול תשובה טון
איין טג בור זיינם טוט. דש מיינט אלי טג, דען איינר וויש ניט וושן זיין צייט איז צו
שטארבן, הוייט אודר מורגן. און׳ דש דריט: איטליכר מענש זול זיך מְקָרֵב זיין צו
דען חֲכָמִים און׳ זול זיך בייא אירים בוויאר ווערמן. דש איז דיא תורה דיא זיא אין
זיך האבן. דיא איז גיגליכן צו בוייאר, אז דער פסוק זגט ׳הֲלֹא כֹה דְבָרַי כָּאֵשׁ׳ און׳
זול גר וואל נִזְהַר זיין אן אירן רֵידן און׳ זול זיא גר וואל צו הוירן, דש ער זיך ניט
ור זענגט און׳ ווערט נֶעֱנַשׁ דורך זיא. מן טוט זיך גר לייכט ור זוינדן אן זיא. און׳ איר
ביישונג איז גלייך אז ביישונג דער בֿויקש דיא האבן שפיציגי צֵין. ⌈און׳ גרושי צֵין דיא
קאן מן ניט וואל מֵידיגערן. מן מוז דיא וואונד אויף שניידן⌉. און׳ איר שטעכן אז
שטעכונג דער אֵיגדיש, דיא דא טוט ור גיפטן מיט אירם גיפט ווען זיא הֵיקט. און׳
איר רוימונג אז רוימונג דער ברענידיגן שלנגן. און׳ אל אירי רֵיד אז קולן בוויאר.
דש מיינט ווען זיא איינר דר צוירנט און׳ דיא חכמים טוינן תְּפִילָה דרויף, דער
קומט ניט און גישידיגט בון זיא. ⌈עש זייא וויניג אודר ויל⌉. ר׳ יְהוֹשֻׁעַ דער זגט אך
דרייא ארלייא. דער דא גיבט עַיִן הָרַע אן דיא לוייט און׳ גוינט אין ניט איר געלט
און׳ גוט, צו לֵיצט דא ור לירט ער דש זיין. דש אנדרי: דער זיינם יֵצֶר הָרָע טוט
זיין ווילן און׳ זיינם לושט נוך גֵיט. דש דריט: דער דיא לוייט אום זוישט ויינט הוט.
דיא דרייארלייא ציהן אויז דען מענשן בון דער וועלט אֵי זיין ⌈רעכטי⌉ צייט קומט.
29 ע״ב ר׳ יוֹסֵי דער זגט אך דרייארלייא. דש אֵירשט: עש זול זיין איינם | מענשן דש מָמוֹן
בון זיינם חבר ⌈גלייך⌉ אז ליב אז זיין אייגן גוט, און׳ זול אין צו קיינם הֵיזֵק ברענגן.
אלז ווש אים זעלבש וֵויא טוט, דש זול ער זיינם חָבֵר אך ניט טון. דש איז איין גרושר
כְּלַל אין דער תּוֹרָה. דש אנדר: איין איטליכר זול זיך בירייטן צו לערנן דיא תּוֹרָה.
ווען ווארום דיא תּוֹרָה קאן איינר ניט יַרְשַׁן ווען ער זיא ניט לערנט. ווען שון זיין
ואטר און׳ זיין הערלן זיין קוישטליכי לערנר גיוועזן, ווען ער זיך ניט זעלברט
מויאט און׳ לערנט, דא קאן ער נישט און׳ בלייבט איין גוֹלֶם. דש דריט: אלז דש
איין מענש טוט זול ער טון לְשֵׁם שָׁמַיִם. ר׳ שמעון דער זגט אך דרייארלייא. דש
אירשט: איינר זול זיין נִזְהַר אין קְרִיאַת שְׁמַע און׳ אן זיינר תְּפִלָּה דש ער זיא אורט

5 משנה טו: הם אמרו שלשה דברים. 11 הלא כה דברי כאש.–יר׳ כג:כט. 19 משנה טז: רבי יהושע אומר. 24 משנה יז: רבי יוסי אומר. 31 משנה יח: רבי שמעון אומר.

בְּכַוָּונָה אונ׳ אין אירר צייט, בִּפְרַט זול ער זיך וליישן ׳וועןֹ ער שון דא היים אורט,
אין זיינם הויז זא זול ער אורן אין דער צייט ׳וועןֹ דש קָהָל אין דער שול אורט.
דש אנדר: אונ׳ ווען איינר תפילה טוט, זא זול ער זיא ניט טון אז איינר דער דא
הוט אל טג איין ערביט צו טון. דא הוט ער נוימר קיין רוא ביז ער זיא גיטון הוט.
אונ׳ ווען ער זיא גיטון הוט, דא גידענקט ער, איך בין נון דר לויזט. אזו זול ער זיין
תפילה ניט טון נוייארט מיט רַחֲמִים אונ׳ מיט תַּחֲנוּנִים אונ׳ מיט גאנצם הערצן. אז
דער פסוק זגט: ווען גוט ית׳ דער איז דר ברמיג אונ׳ איז לנצום צו דר צוירנן אונ׳
טוט ויל גינוד אונ׳ איז מיזיריקרדייוא אונ׳ בידענקט זיך ׳אויף דש בויז אונ׳ ביגערט
30 ע״א ניטֹ צו ברענגן בויז אויף דיא וועלט. אונ׳ דש דריט: איינר זול ניט | זיין איין רשע
אין זיין זעלבש אויגן. דש מיינט, ער זול ניט הוייט איין דינג טון אונ׳ מורגן מויכט אים
איין בויז דרום גישעהן. דש איז איין פְּשַׁט. איין אנדר פְּשַׁט: איינר זול ניט גידענקן
ער הב ויל גיזוינט אונ׳ וועלט זיך ור ווענן תשובה צו טון, אונ׳ וועלט זיינעם ווילן נוך
גֵין אויף דער וועלט. דיא תשובה העלפט אומדר אונ׳ איינם איטליכן ווען ער זיא טוט
מיט גנצם הערצן. איינר זול זיך לושן דוינקן ער הב האלב מִצְוֹת גיטון אונ׳ האלב
עֲבֵירוֹת. דא ווערט ער אומדר זעהן מצות צו טון אין דר ווארטן דש ער זול מֵין
מִצְוֹת האבן אז עֲבֵירוֹת. אודר איין אנדרר פְּשַׁט: איינר זול ניט טון עֲבֵירוֹת בְּסֵתֶר
דש ערש אליין זולט ווישן. ר׳ אלעזר זגט אך דרייארלייא. דש אירשט: איינר זול
איילן צו לערנן דיא תּוֹרָה דרום דש ער זול ווישן צו ענטוורטן דען מִינִים {אונ׳
זול ניט זורגן אונ׳ גידענקן עש זייא סַכָּנָה}, דיא דא ניט גלויבן אין הקב״ה אונ׳
אן זיינר תּוֹרָה אונ׳ ורוגן קֻשְׁיוֹת אויף דיא תּוֹרָה אונ׳ אויף אונזר אֻמָּנָה. דש אנדר:
איינר זול ווישן בור ווען ער דיא מִצְוֹת טוט. דש דריט: איינר זול גידענקן דש גוט
ית׳ איז דער פַּטְרוֹן דער אים ווערט ביצאלן זיין שָׂכָר בון אל זיין מַעֲשִׂים דיא ער
טוט. ר׳ שִׁמְעוֹן דער זגט: דער טג איז קורץ. דש מיינט, דש לעבן בון איינם מענשן
ווערט ניט לנג. אונ׳ דיא מְלָאכָה איז גרוש. דש מיינט, דער מִצְוֹת זיין ויל. אונ׳ דיא
ערביטר דיא זיין טרעג. דש מיינט, דיא לוייט דיא טונן ניט ויל מצות. {אונ׳ דער
שכר בון דען מִצְוֹת איז ויל}. אונ׳ דער פַּטְרוֹן איז דיא פּוֹעֲלִים דוֹחֵק אונ׳ זגט אין,
30 ע״ב זיא זולן מִצְוֹת טון. דש מיינט, דער פטרון איז הקב״ה דער ווארנט אונ׳ | גיבִיט דען

20 מנוקד אֻמָּנָה

4 תפילה כאדם שיש לו חובה.– על־פי ברטינורה.
7 ווען גוט וכו׳.– ׳כי אתה אל חנון ורחום׳ (יונה ד:ב; יואל ב:יג).
9 אל תהי רשע בפני עצמך.– המחבר משתמש בפירושו של הברטינורה ובפשוטו של הרמב״ם; והשווה רש״י לאבות ב:יג.
17 משנה יט: רבי אל[י]עזר אומר.
23 משנה כ: ר׳ שמעון.– צ״ל: ר׳ טרפון.

לוייטן זיא זולן מצות טון, אונ׳ זולן דיא תּוֹרָה לערנן. אז דער פסוק זגט: אונ׳ דו זולשט רֵידן אין דער תורה טג אונ׳ נכט.

נוך מין וור ער זגן: דו מעגש ניט אויף דיך עש איז צו בול ברענגן דיא מְלָאכָה. דש מיינט, הקב״ה הוט דען מענשן ניט דרום בישאפן דש איינר זול אל דיא מִצְוֹת טון, אז איין מענש דער דא דינגט איין פּוֹעֵל צו מאכן איין מְלָאכָה. דער גיבט אים קיין לון ביז ער זיין מלאכה אויז הוט גימאכט. אבר הקב״ה דער ביצאלט איין איטליכן אויף איטליכש וויניג דש ער טוט. דען דער מענש קאן ניט אלי מִצְוֹת טון. אונ׳ אוב ער נון וועלט גידענקן, דיא ווייל איך דיא מִצְוֹת ניט אל קאן טון אונ׳ הלטן, זא איז עש בֵּישר איך גֵיא מְוישיג אונ׳ היב קיינש אן אונ׳ טו גר קיין מִצְוָה. דרום שפריכט ער: אונ׳ ניט דו בישט ורייא צו זיין ור שטוירט בון איר. דש מיינט, דו בישט ניט פָּטור נוך לֵידיג בון דען מִצְוֹת. ווען דו שון וועלשט גידענקן, איך וויל קיין מצוה טון אונ׳ וויל קיין שָׂכָר האבן. דו בישט דרום ניט לידיג בון הקב״ה. דען ער הוט דיר גיבוטן דו זולשט מִצְוֹת טון. נוייארט טושטו ויל מִצְוֹת, זא ווערשטו אנטפפנגן ויל שָׂכָר טוֹב, ווען דו זיא שון ניט אל טושט. ווען ער איז נֶאֱמַן, דער פַּטְרוֹן דעם דו ערביטשט אונ׳ זיין מצות טושט, דש ער דיר ווערט ביצאלן דיין ערביט. אונ׳ וויש דען גוטן שָׂכָר דען גוט ית׳ ווערט געבן דען צַדִיקִים לֶעָתִיד לָבֹא, אים גַן עֵדֶן.

סליק דער אנדר פרק. נון זגט מן ר׳ חנניה אז דו וינדש נוך דעם ערשטן פרק. |

1–2 אונ׳ דו זולשט... נכט.– ׳והגית בו יומם ולילה׳ (יהו׳ א:ח).
3 משנה כא: ...לא עליך המלאכה לגמור.
16 מתן שכרם של צדיקים לעתיד לבוא.– המחבר מוסיף: ׳אים גן עדן׳.

〈פרק שלישי〉

31 ע״א עֲקַבְיָא זון מַהֲלַלְאֵל. דער עקביא וואר איין תַּלְמִיד חָכָם אונ׳ איין גָּדוֹל הַדּוֹר.
[24] אונ׳ ער הט גיזגט איין דִּין אין דעם בֵּית הַמִּדְרַשׁ בור דען חֲכָמִים. אונ׳ דיא חֲכָמִים
קריגטן אל ווידר דען זעלביגן דין אונ׳ זגטן, ער העט ניט רעכט. דא שפראכן צו
אים דיא חֲכָמִים: ׳ווילשטו חוֹזֵר זיין בון דעם דִּין דען דו גיזגט הושט אין דעם בֵּית
הַמִּדְרַשׁ, זא וועלן מיר דיך רֹאשׁ יְשִׁיבָה מאכן.׳ אונ׳ ער וואלט ניט חוֹזֵר זיין.
אונ׳ דא ער שטערבן וואלט, דא רופט ער זיין זון צו אים אונ׳ שפרך: ׳ליבר זון.
דען דִּין דען איך ⌈הון⌉ גיזגט, זייא דו חוזר אונ׳ טו אז דיא אנדרן חֲכָמִים.׳ דא שפרך
ער: ׳ליבר ואטר, ווארום הושטו דען אל דיין טג ניט וועלן חוֹזֵר זיין?׳ דא שפרך
ער: ׳ליבר זון, דש וויל איך דיר זגן. איך הון דען דִּין גיהערט גיהאט בון ויל
קווישטליכן חֲכָמִים דיא זיין מיין רַבֵּאִים גיוועזן. דרום בין איך גלייך אז דיא אנדרן
חֲכָמִים גיוועזן, רַבִּים גיגן רַבִּים. אונ׳ דרום הב איך ניט דערפן חוֹזֵר זי׳ ן ⌈מִשּׁוּם אַל
תִּטּוֹשׁ תּוֹרַת אִמֶּךָ⌉. אבר דו הושט דען דִּין גיהוירט נור בון מיר אליין, אונ׳ דיא
חֲכָמִים זיין רַבִּים ווידר דיך, אונ׳ דו בישט איין יָחִיד גיגן רַבִּים. אונ׳ דרום מאגשטו
וואל חוֹזֵר זיין אז דער פסוק זגט: אַחֲרֵי רַבִּים לְהַטּוֹת.׳
דער עֲקַבְיָא וור זגן: איין מענש זול לוגן אונ׳ גידענקן אן דרייארלייא, דא קומט
31 ע״ב ער צו קיינר עֲבֵירָה. איינש. ער זול גידענקן | בון וואנן ער איז הער קומן. בון
איינם אונזויברן שטינקידיגן טרופּפֿן. דש אנדר. וואו ער וועט ווידר הין גֵּין. צו
איינר שטט דיא דא איז אייטל ווֶֽאורם. דש מיינט אין דש קֶבֶר אונטר דיא ערד.
אונ׳ דש דריט. בור וועם ער הוט צו געבן דין אונ׳ חֶשְׁבּוֹן, צו בור מֶלֶךְ מַלְכֵי
הַמְּלָכִים הַקָּבָּ״ה. וווער דיא דרייארלייא שטעץ גידענקט, דער לושט זיך זיין יֵצֶר
הָרַע ניט אן רייצן ⌈אונ׳⌉ דער הויט זיך בור זוינדן אונ׳ הוט קיין גַּאֲוָה אין זיך. רַבִּי
חֲנִינָא דער וואר דער נעשט נוך דעם כֹּהֵן גָּדוֹל. ווען דעם כֹּהֵן גָּדוֹל עצווש וור
גישעהן, דש ער ניט קונט עֲבוֹדָה טון, דא וור ער אן זיין שטט גידינקט. אז מן

16 לפני זגן מחוקה תיבת זגט

2 משנה א: עקביא בן מהללאל. מעשייה מס׳ 24: מחלוקת עקביא בן מהללאל עם החכמים.– נראה, כי המחבר מסתמך על דברי המשנה (עדויות ה:ו–ז) על עקביא שציווה לבנו: ׳מוטב להניח דברי היחיד ולאחוז בדברי המרובין.׳ ראה גם: נגעים א:ד; ה:ג.
12–13 אל תטוש תורת אמך.– מש׳ א:ח.
15 אחרי רבים להטות.– שמ׳ כג:ב.
22 משנה ב: רבי חֲנִינָא.– במשנה כאן: רבי חנינא. גירסת השם של התנא מתחלפת לפעמים; השווה: עדויות ב:ב (חנינא); תענית ב:ה; סנהדרין לב ע״ב (חניא).

שפריכט אין וועלשן: איין לוגיטינענט. דער זגט: איין מענש זול ביטן בור שָׁלוֹם
מַלְכוּת. דש דיא מלכים זולן שָׁלוֹם מיט אננדר הבן, אֲפִילוּ מן זול ביטן בור מַלְכֵי
הָאוּמּוֹת. דרום מאכט מן אין אלן לנדן אין דיא שולן אם שבת מִי שֶׁבֵּירַךְ דען מְלָכִים
אונ׳ שָׂרִים אונ׳ שִׁלְטוֹנִים, דא מיר אונטר זיצן. ווען ווארום ווען עש ניט ווער דער
מוֹרָא בון מַלְכוּת, דש מן זיך ניט מוישט בורכטן ווען איינר איצווש טעט ⌜דאוונקעכט⌝
דש מן אים דש זייל געב אודר אין תְּפִיסָה ליגט. דא וואָורד איין מענש דש אנדר
לעבנדיג ור שלינדן. ⌜אונ׳ דיא לוייט וואורדן ניט קוינן בייא אנדר בלייבן⌝. אונ׳
[25] דרום דש מוֹרָא מַלְכוּת איז דא מוז זיך איטליכר בוֹרכטן רעכט צו טון. ר׳ חֲנַנְיָה
זון תְּרַדְיוֹן דער וואר איינר בון דען עֲשָׂרָה הֲרוּגֵי מַלְכוּת, דיא דא שטֵין אין אֵלֶּה
אֶזְכְּרָה. אונ׳ דא מן אין זולט ור ברענן, דא באנד אים דער תַּלְיוֹן אויף דש הערץ
32 ע״א נאשי ֿוואולני טְוֹיכר, דרום דש ער דיא יְסוּרִים זול לנגליידן. דען אז לנג | טויכר
נאש ווארן, דא קונט דש הערץ ניט שטערבן. אונ׳ דא דער תליון זאך דש ער זיך
אזו מְצַעֵר וואר אין דעם בוייאר, שפרך ער צו אים: ׳ווען איך דיר דיא נאשן טויכר
הין וועק טעט אונ׳ העלף דיר באלד בון דען יסורים, ווערשטו מיך ברענגן לְחַיֵּי
הָעוֹלָם הַבָּא?׳ דא שפרך ער: ׳יא׳. אונ׳ אז באלד ער זיא הין וועק נאם, דא ור
ברענט ער שוויביט. דא קאם איין בַּת קוֹל אונ׳ שפרך: ר׳ חֲנַנְיָה אונ׳ זיין תַּלְיוֹן דיא
זיין בירייט לְחַיֵּי הָעוֹלָם הַבָּא.

דער זגט: צווייא דיא דא זיצן בייא אננדר אונ׳ רֵידן ניט אויז דִּבְרֵי תוֹרָה, דא היישט עש מוֹשַׁב לֵצִים. דש מיינט ווען זיא זיצן אונ׳ רֵידן גישפויט אונ׳ לֵיצָנוּת, אבר ווען זיא רֵידן בון אירן עֲסָקִים דא היישט עש ניט מוֹשַׁב לֵצִים. עש קאן ניט אידרמן דִּבְרֵי תוֹרָה רֵידן. אז דער פסוק זגט: אין תּוֹרָה גוטש איז זיין ביגערונג אונ׳ אין גיזעש דער שפויטר ניט ער זיצט. אבר צווֵין דיא דא זיצן אונ׳ רידן דִּבְרֵי תוֹרָה מיט אננדר, דא רואט דיא שְׁכִינָה צווישן זיא. אז דער פסוק זגט: דען זיא רידן בורכטר גוט איין מאן צו זיינם גיזילן אונ׳ ער ור נעמט עש גוט אונ׳ הוירט עש אונ׳ שרייבט עש אן אין דש סֵפֶר זִכָּרוֹן צו בור אים צו זיינן בורכטר אונ׳ גידענקר זיינש נאמן. אונ׳ בון וואנן

5 תיבת דאוונקעכט שבין השיטין אינה ברורה

1 מן המאמר במשנה כאן, ׳הוי מתפלל בשלומה של מלכות׳, מביא המחבר ראיה על מנהג ישראל לעשות ׳מי שבירך׳ למלכים ולשרים בבתי־תפילה; מנהג־ותיקין זה נסמך אל יר׳ כט:ז; עז׳ ו:י.

8 משנה ג: ר׳ חנניה בן תרדיון. מעשייה מס׳ 25: מיתתו של ר׳ חנניה בן תרדיון.

9 דער וואר איינר... אלה אזכרה.– השווה: צונץ, עמ׳ 66, והערה 97 (בעמ׳ 312); שמחות, ח; ביהמ״ד, ב, עמ׳ 64–72; אוצר מדרשים, ב, עמ׳ 440–448; נסים, עמ׳ יא. ועיין גם: סנהדרין יד ע״א; ע״ז יז ע״ב – יח ע״א; מדרש תהילים פז. ללשון ׳אלה אזכרה׳ השווה תה׳ מב:ה; ראה גם: ביהמ״ד, ו, עמ׳ 19–35; תומפסון, V 463.

21 אין תורה... ביגערונג.– ׳בתורת ה׳ חפצו׳ (תה׳ א:א).

23 דען זיא רידן בורכטר גוט וכו׳.– ׳אז נדברו יראי ה׳ וגו׳ (מל׳ ג:טז).

זעהן מיר דש אֲפִילוּ איינר דער דא לערנט דש אים הקב״ה אך זיצט זיין שָׂכָר, אז
דער פסוק שפריכט: דער דא זיצט אליין אונ׳ לערנט מיט זיך זעלברט, דער זול
ווארטן אויף דען לון דען דער בורא הוט גיווארפן אויף אין. ער הוט איין שָׂכָר
32 ע״ב גליייך אז ווער דיא תּוֹרָה בון זיינן וועגן אליין ווארדן גיגעבן. | ר׳ שמעון דער זגט:
דרייא דיא דא עשן אויף איינם טיש אונ׳ זיא רידן ניט מיט אנגדר דִּבְרֵי תּוֹרָה, דש
איז גלייך אז זיא עשן בון שעכטונג דער עֲבוֹדָה זָרָה, אז דער פסוק שפריכט: ווען
אלי טיש זיין בולר צוֹאָה אונ׳ שפייכיט אונ׳ קוט ווען מן ניט דרויף אויז דער תּוֹרָה
רֵיט. אונ׳ ווען מן בענשט מיט מְזוּמָן, דש איז גלייך אז ויל אז ווען מן העט גירֵיט
דִּבְרֵי תּוֹרָה. אבר דרייא דיא עשן אויף איינם טיש אונ׳ רֵידן דִּבְרֵי תּוֹרָה, דא איז
עש גלייך אז זיא עשן אויף דעם טיש בור הַשֵּׁם יִתְעַלֶּה, אז דער פסוק שפריכט:
דש איז דער טיש צו בור גוט. דש מן דרויף ריט דִּבְרֵי תורה, דש וור דער מִזְבֵּחַ דא
מן דיא קָרְבָּנוֹת אויף ברוכט. דא מיט ווארדן אין איר זוינד ור געבן. דש היישט
דער טיש בון גוט ית׳. אונ׳ ווייל מיר נון בַּעֲוֹנוֹת הָרַבִּים קיין מִזְבֵּחַ האבן, זא איז
דער טיש דא מן אויף עשט אונ׳ דברי תורה רֵיט, אונ׳ דען עניים אך דרויף צו עשן
גיבט. דש איז איצונד אונזר מִזְבֵּחַ, דא מיט אונז אונזר זוינד ווערן ור געבן. ר׳
חֲנִינָא זון חֲכִינַאי דער זגט: דער דא וואכט בייא נאכט אונ׳ דער דא גֵיט אויבר
וועלד אליין אונ׳ גידענקט אין זיינם הערצן אייטל נרהייט אונ׳ דְּבָרִים בְּטֵלִים, דער
איז חַיָּיב בְּנַפְשׁוֹ ווען אים איצווש גישעך. ווען ווארום בייא נכט עש איז מְסוּכָּן בור
דען מַזִּיקִים. אונ׳ אויף דעם וועג איז עש מְסוּכָּן בור גַּזְלָנִים אודר אנדרי פְּגָעִים
רָעִים הַשֵּׁם יִשְׁמְרֵנוּ. אונ׳ ווען איינר גידענקט דִּבְרֵי תּוֹרָה אין זיינם הערצן, דא
33 ע״א ביהויט אין דיא תורה בייא נאכט אונ׳ אויף דעם וועג אונ׳ איז זיין גווארדייה. | אבר
ווען ער ניט גידענקט אין זיינם הערצן אן דִּבְרֵי תּוֹרָה, דא איז ער אוֹן הויטונג אונ׳
אוֹן גווארדייה. דא מאכט ער דש אים ח״ו איצווש גישעהן מויכט דיא ווייל ער איז
בְּמָקוֹם סַכָּנָה. אונ׳ דרום זול איין עַם הָאָרֶץ ניט אליין אויף זיין בייא נכט, אודר
אליין וואנדלן אויבר וועלד ווען ער גידענקט ניט אן דִּבְרֵי תּוֹרָה. [אבר ווען מן

18 אחרי איצווש נמחקה תיבת ווען

2 דער דא זיצט... אויף דען לון.– על־פי איכה ג:כח: ׳ישב בדד וידם׳. אבל אינו פשוטו של מקרא; והשווה ברטינורה: ׳יחידי ששונה בלחש׳.
4 משנה ד: רבי שמעון אומר.
6–7 ווען אלי טיש... אונ׳ קוט.– ׳כי כל שלחנות מלאו קיא צאה׳ (יש׳ כח:ח).
8 ברטינורה כאן: ׳ואם אמרו דברי תורה׳; המחבר מוסיף, כדרכו, בפשטנות: ׳ווען מן בענשט מיט מזומן...׳.
11 דש איז דער טיש צו בור גוט.– ׳זה השלחן אשר לפני ה׳׳ (יח׳ מא:כב).
16 משנה ה: רב חנינא בן חכינאי אומר.
20 הביאור כאן על־פי ברטינורה; המחבר מסיים בנימה חסידית: ׳השם ישמרנו׳.
21 זיין גווארדיה.– על־פי ברטינורה: ׳משמרתו׳.

לייאט קריאת שמע אונ׳ זגט תפלת הדרך, דש איז אך דִבְרֵי תוֹרָה אונ׳ איז איין גוטי שְמִירָה]. רִבִּי נְחוּנְיָה זון קָנָה דער זגט: אל דער דא אנטפפנגט אויף זיך צו ליידן דש יוך בון דער תורה, אונ׳ דש ער זיא וויל לערנן אונ׳ וויל דיא מִצְוֹת האלטן, דא מאכט גוט ית׳ דען זעלביגן מענשן דש יוך בון דעם מַלְכוּת אויבר ווארן. אונ׳ אך דש יוך בון דֶרֶך אֶרֶץ. דש מיינט דש ער ניט דארף צאלן דש מַס אונ׳ עֳוֹלִים דש מן מוז צאלן דען שָׂרִים אונ׳ דען מְלָכִים. דש איז איין יוך אויף דעם האלז, גלייך אז דיא אוקשן דש יוך טראגן אונ׳ מויזן ציהן. אונ׳ דיא מויא אונ׳ ערבט בון זיינר מֶחְיָה, דש היישט דֶרֶך אֶרֶץ. זיין שְפֵּיזָה קומט איין גירינג אן. ער דארף זיך ניט זער צו מויאן אונ׳ ער קאן לערנן דיא תורה אונ׳ האלטן דיא מִצְוֹת. אבר איין מענש דער דא אבריישט בון אים דש יוך בון דער תוֹרָה אונ׳ מִצְוֹת, אונ׳ דונקט אין זיין שווער דיא תוֹרָה צו לערנן אונ׳ דיא מִצְוֹת צו האלטן, דא גיביט הקב״ה אויף אין דש יוך בון מלכות, דש ער מוז ביצאלן מַס אונ׳ עֳוֹלִים. אונ׳ עול דֶרֶך אֶרֶץ דש אים זיין מחיה שווער אן קומט. אז דש שפריך ווארט גיט אין טויטשן: ווער
33 ע״ב עס ניט וויל געבן יעקב, דער מוז עס געבן עֵשָׂו. אז מיר וינדן אך איין מַעֲשֶׂה | אין
[26] דער גְמָרָא. דש ר׳ יוֹחָנָן זון זַכַּאי דער הט נבודי דיא ווארן רייך. איין מול קאם אים בור אין איינם חֲלוֹם וויא זיין נבודי׳ זולטן ור לירן דש יאר ויר טויזנט שקוידי. דא גינג ער צו אין אונ׳ מאכט דש זיא דש גאנץ יאר גרושי צְדָקָה גאבן דען עֲנִיִּים מער ׳וואל צווייא טויזנט גוילדן גאבן׳ אז זיא פפלאַגן צו געבן אונ׳ ער זגט אין נישט בון דעם חלום. דא עס קאם אם עֶרֶב יוֹם כִּפּוּרִים דא שיקט דער מושל נוך אין אונ׳ ווארף אין איין עְלִילָה צו אונ׳ קַנְסִית זיא אום צווייא טויזנט שקוידי. דא עס איר אוענקלן ר׳ יוֹחָנָן הוֹרט, דא גינג ער צו אין אונ׳ זגט אין זיין חלום אונ׳ שפרך: ׳דרום הב איך אייך דש יאר מאכן דען עֲנִיִּים צְדָקָה ׳געבן׳, דען איך הון וואל גיוווישט דש איר דש יאר אום ויר טויזנט גוילדן זולט קומן. אונ׳ איך הב אוייכש אזו וועלן אויש דער האנט ציהן דש אירש זולט אויז געבן לְדְבַר מִצְוָה. נון הט איר נור בֵ אֲלָפִים צדקה געבן, דרום הט איר דיא אנדרן בֵ אלפים מויזן דעם מלך געבן. העט איר זיא אך צְדָקָה געבן, זא העט איר דעם מַלְכוּת נישט דערפן געבן. מיין חֲלוֹם איז נון ווער גיווארדן.׳

רִבִּי חֲלַפְתָּא איין מאן בון איינם דורף דש היש חֲנַנְיָה דער זגט: צֵיהן דיא דא זיצן אונ׳ זיין עוסק בְתוֹרָה דיא שְכִינָה רואט צווישן זיא. אז דער פָסוק זגט: גוט דער

2 משנה ו: רבי נחוניה בן הקנה.
15 מעשייה מס׳ 26: רבן יוחנן בן זכאי וקרוביו.– המעשייה באה כאילוסטראציה לעניין עול מלכות; השווה: ב״ב י ע״א; וי״ר לד:יב.
20 קנסית.– פועל מן המלה העברית ׳קנס׳.
28 משנה ז: רבי חלפתא בן דוסא.
29 גוט דער שטיט ... לערנר.– ׳אלהים נצב בעדת אל׳ (תה׳ פב:א).

שטֵיט אין זאמלונג דער שטארקן לערנר. אונ׳ איין זאמלונג איז ניט מינדר אז צֵיהן. אונ׳ בון וואנן זעהן מיר אֲפִילוּ בוינף דיא דא לערנן דש דיא שְׁכִינָה איז אך בייא זיא, אז דער פָּסוּק שפריכט: צווישן דען גויטליכן לוייטן דיא רעכט ריכטן, ער
34 ע״א ריכט. אונ׳ סְתָם | ריכטר, דש מיינט דַיָּינִים דער זיין דרייא. דיא היישן־איין בֵּית
דִין. אונ׳ צווין בעלי דינין דיא קריגן בור דען דַיָּינִים, דש זיין בוינף. אונ׳ בון וואנן זעהן מיר אֲפִילוּ דרייא. אז דער פסוק זגט: אונ׳ זיין בונט אויף דער ערדן, ער הוט גיגרונט ועשט. אונ׳ איין גיבונט דש זיין ניט מינדר אז דרייא. אונ׳ בון וואנן לערנן מיר אֲפִילוּ צווֵין. אז דער פסוק זגט: דען זיא רֵידטן בורכטר גוטש איין מאן צו זיינם גיזילן אונ׳ ער ור נימט עש גוט אונ׳ ער הוירטש אונ׳ עש ווערט גישריבן אין בוך דער גידעכניש. אונ׳ בון וואנן לערנן מיר אֲפִילוּ איינר. אז דער פסוק שפריכט: אין אלר שטט דש איך מאך גידענקן מאן נאמן, איך וויל קומן צו דיר אונ׳ איך וויל בענשן דיך.

רבי אלעזר זון יהודה איין מאן בון בַּרְתוֹתָא דער זגט: גיב צו גוט יתֿ׳ בון דעם זיינן. ווען דו אונ׳ דש דיין איז אלז זיין. דש מיינט, דו זולשט ניט ור מיידן צו טון ביגערונג בון הַשֵּׁם יִתְעַלֶּה. עש זייא מיט דיינם גוף אודר מיט דיינם מָמוֹן. ווען ווארום דו גיבשט אים ניקש בון דעם דיינן. ווען דיין גוף אונ׳ דיין מָמוֹן דש איז אלז זיין. ער הוט דירש גיליהן אונ׳ צו ביהאלטן געבן. אונ׳ אזו הוט אך גיזגט דָּוִד הַמֶּלֶךְ עָלָיו הַשָּׁלוֹם, דא ער ויל גולד אונ׳ זילבר הט געבן אונ׳ אך כָּל יִשְׂרָאֵל צו בויאן דש בֵּית הַמִּקְדָּשׁ: ליבר הער גוט, בון דיר הון מיר אלצדינג אונ׳ בון דיינר האנט מיר געבן צו דיר. רבי יַעֲקֹב דער זגט: איינר דער דא גֵיט אויבר ועלד אונ׳ לערנט
34 ע״ב תּוֹרָה מיט זיך זעלברט אונ׳ הוירט אויף בון | זיינם לערנן אונ׳ זגט: וויא גר הויפש איז ⌐דער¬ באוים, אונ׳ וויא גר הויפש איז דער אקיר; ווען אים אֵיצווש גישעך, דער פסוק זגט וויא ער איז חַיָּיב בְּנַפְשׁוֹ. ווען ווארום דיא ווייל ער תּוֹרָה לערנט, דא איז דיא תּוֹרָה זיין הויטר דש אים דיא מַזִּיקִים נישט קוינן טון. אונ׳ ווען ער אויף הוירט צו לערנן, דא לושט ער שטין זיין הויטר, זא האבן דיא מַזִּיקִים רְשׁוּת אויבר אין.

ר׳ דוֹסְתַּאי זון יַנַּאי דער זגט בון ווענן רַבִּי מֵאִיר: איינר דער דא ור געשט איין רֵייד בון זיינם לערנן, ווען אים איצווש גישיכט, דער פסוק זגט אויף אין דש ער איז חַיָּיב

3–4 צווישן... ער ריכט.– ׳בקרב אלהים ישפט׳ (שם, שם).
6–7 אונ׳ זיין בונט... ועשט.– ׳ואגדתו על ארץ יסדה׳ (עמוס ט:ו).
8–9 דען זיא רידטן... גידעכניש.– ׳אז נדברו יראי ה׳ וגו׳ (מל׳ ג:טז).
11–12 אין אלר שטט... בענשן דיך.– ׳בכל המקום... וברכתיך׳ (שמ׳ כ:כד).
13 משנה ח: רבי אלעזר איש ברתותא אומר.
19 בון דיר... אלצדינג וכו׳.– ׳כי ממך הכל׳ וגו׳ (דה״א כט:יד); והשווה ברכות ו ע״א.
20 משנה ט: רבי יעקב אומר.
27 משנה י: רבי דוסתאי בן ינאי.

בְּנַפְשׁוֹ. אז דער פסוק זגט: נוייארט ׳זייא׳ גהויט צו דיר אונ׳ הויט דיין לייב זער, לייכט דו ווערשט ור געשן דיא רֵיד דיא דא האבן גיזעהן דיין אויגן. דש מיינט דיא תּוֹרָה. דא ורעגט דיא גְּמָרָא: וועז איינר ניט קוינט דען פְּשַׁט ור שטֵין דרום דש ער הערב אונ׳ שווער צו ור שטין איז, אודר דש ער קיין זִכָּרוֹן העט אונ׳ העט אין ור געשן וויא ער אין העט גילערנט בון זיינם רַבִּי, זול ער אך דרום חַיָּב בְּנַפְשׁוֹ זיין? דא לערנט מיך דער פָּסוּק דער זגט: פֶּן יָסוּרוּ מִלְּבָבְךָ. ער איז ניט אנדרש חַיָּב בְּנַפְשׁוֹ, נוייארט וועז ער אין ור געשט בון זיינם הערצן, דרום דש ער ניט ביגערט צו לערנן אונ׳ ניט ביגערט צו גידענקן. רבי חֲנִינָא זון דוֹסָא דער זגט: אל דער דא איז איין בורכטר זוינדן מֵין אז זיין חָכְמָה איז, זיין חכמה בלייבט בישטין. אבר אל דער דא איז זיין חָכְמָה מֵין אז ער זיך בורכט בור זוינדן, זיין חָכְמָה בלייבט ניט
35 ע״א בישטֵין. אודר איינר דער דא ברוויכט זיין | חָכְמָה צו לערנן דרום דש ער זול ווישן זיך צו הויטן בור זוינדן, זיין חָכְמָה בישטֵיט. אבר איינר דער דא ברויכט זיין חָכְמָה אין אנדר דינג אונ׳ ניט צו לערנן זא ווייש ער זיך ניט צו הויטן בור זוינדן, דרום בלייבט זיין חָכְמָה ניט בישטֵין. אזו הוט שְׁלֹמֹה הַמֶּלֶךְ עָלָיו הַשָּׁלוֹם אך גיזגט: דיא אֵירשט חָכְמָה דיא איין מענש זול האבן דש זול זיין יִרְאַת הַשֵּׁם. דען דער דא איז איין חָכָם אונ׳ הוט ניט יִרְאַת הַשֵּׁם אין זיך, דער איז גלייך אז איין הויז דש דא איז גיבויאט און גרונד ועשט אונ׳ און פונדמענט, דש בישטֵיט ניט. נוך מֵין וור דער רַבִּי חֲנִינָא זגן: אל דער דא מֵין מִצְוֹת אונ׳ מַעֲשִׂים טוֹבִים טוט, מֵין אז ער גילערנט הוט, זיין חָכְמָה בלייבט בישטֵין. אונ׳ אל דער דא מֵין לערנט אז ער מִצְוֹת אונ׳ מַעֲשִׂים טוֹבִים טוט, זיין חָכְמָה בלייבט ניט בישְׁטֵין. אז דיא לוייט זגן: וויניג ווארט אונ׳ ויל ווערק. נוך מֵין וור דער ר׳ חֲנִינָא זגן: איין איטליכר מענש דער דא איז וואל גיהאלטן אונ׳ לִיבּ איז אין דער לוייט אויגן, דא איז ער אך ליב אונ׳ וואל גיהאלטן אין אויגן הַשֵּׁם יִתְעַלֶּה. אונ׳ ווער דא איז אויבל גיהאלטן אין דער לוייט אויגן אונ׳ דיא האבן אין ויינט, דעם איז הַשֵּׁם יִתְעַלֶּה אך ניט הולט אונ׳ הוט אין ויינט. דש איז גיוויש, מאן איז קיינם מענשן ליב אודר ויינט אום זוינשט.

ר׳ דוֹסָא זון הָרְכִּינַס דער זגט: דער שלוף בון מורגיש, דער זיך גיוועגט לנג צו שלופן ויר בוינף שעות אויף דען טג אונ׳ ור שלופט דיא שול אונ׳ ור לירט דיא
35 ע״ב צייט | צו אורן אונ׳ טַלִּית אונ׳ תְּפִילִּין צו לֵיגן אונ׳ קְרִיאַת שְׁמַע צו לייאן. אונ׳ דער דא טרינקט ויל ווינן צו מיטג, דער מאכט דען מענשן באלד טרונקן. אונ׳ דש איז

1–2 נוייארט... אויגן.– ׳רק השמר לך׳ וגו׳ (דב׳ ד:ט). 6 פן יסורו מלבביך.–שם.
8 משנה יא: רבי חנינא בן דוסא.
14–15 דיא אירשט חכמה... יראת השם.– ׳ראשית חכמת יראת ה׳׳ (תה׳ קיא:י). טעה המחבר והביא את האימרה בשם ׳שלמה המלך עליו השלום׳. או שמא התכוון לפסוק: ׳יראת ה׳ ראשית דעת׳ (מש׳ א:ח)? 17 משנה יב: הוא היה אומר.
21 משנה יג: הוא היה אומר. 26 משנה יד: רבי דוסא בן הרכינס.

דיא בֵישט צייט דש דער מענש זול זיין עֲסָקִים טון. אונ׳ דער דא ויל רֵיט מיט קינדר. דש זיין גיוויש אייטל דְבָרִים בְטֵלִים דען ער קאן קיין חָכְמָה מיט זיא לערנן, דען זיא זיין נוך צו קליין. אונ׳ קיין חָכְמָה קאן ער בון זיא אך ניט לערנן, נווייארט ער ור לירט דיא צייט. אונ׳ דער דא זיצט אין הויזר דער עמֵי הָאָרַצִים. דיא זאמלן זיך נווייארט צו רֵידן דְבָרִים בְטֵלִים. ווער דען ויר ארלייא נוך גֵיט, דיא ציהן אויז דען מענשן בון דער וועלט ˹דש ער שטירבט˺ אֵי זיין רעכטי צייט קומט. רִבִּי אֶלִיעֶזֶר בון בערג מוֹדָעִי דער זגט: דער דא איז מְחַלֵל דיא קרבנות. דש ער ניט מיט רייניקייט אונ׳ הייליקייט דר מיט אום גֵיט {אונ׳ עשט זיא ניט אין אירן צייטן דש מן זיא מוז דר נוך ורברענן, וועז זיא ווערן פיגול אונ׳ נותר} אונ׳ איצונד בַעֲוֹנוֹתֵינוּ הָרַבִּים דא האבן מיר קיין קָרְבָּנוֹת, דא זאגן אונזר חֲכָמִים דיא קְדָשִׁים אונ׳ קרבנות זיין אונזר סְפָרִים תְפִילִין אונ׳ מזוזות. אונ׳ אל דינג ווש מן זול הייליג האלטן, דש זול מן ניט מְחַלֵל זיין. {אונ׳ אך אן שטט דער קרבנות האבן מיר אונזרי תפילות שחרית מנחה ערבית. דיא זול מן ניט מחלל זיין אונ׳ זול זיא אורן אין אירן צייטן}. אונ׳ דער דא מְבַזֶה איז דיא יָמִים טוֹבִים אונ׳ האלט זיא ˹ניט˺ אז ער ˹זיא˺ זולט האלטן, אונ׳ איז זיא ניט מְכַבֵד מיט הויפשי קליידר, אונ׳ מיט אֲכִילָה אונ׳ שְׁתִיָה ווש ער קאן אונ׳ ור מג. אונ׳ אך אים חול הַמוֹעֵד טוט ער מְלָאכָה דיא מן ניט זול טון. אונ׳ דער דא ור שטוירט דען בְרִית בון אַבְרָהָם אָבִינוּ ע״ה, אונ׳ ער האלט ניט רעכט דיא מִילָה אז זיא גוט ית׳ גיבוטן הוט. דש ער זיין קינדר ניט וויל יודישן לושן. אונ׳ דער דא אויז לֵיגט דיא תוֹרָה צו שאנדן אונ׳ דַרְשַׁת שענטליכי דְרָשׁוֹת,

36 ע״א אונ׳ זגט פְּשָׁטִים דיא ניט רעכט זיין, אודר איז עוֹבֵר אויף | דִבְרֵי תוֹרָה בְּפַרְהֶסְיָא אונ׳ שעמט זיך ניט בור דען לוייטן. {אונ׳ ווער דא מְבַזֶה איז זיין חבר בור אידרמן אונ׳ איז אין מְזַלְזֵל אונ׳ ור שעמט אין בור דען לוייטן}. אֲפִילוּ ווען ער ווער איין לערנר אונ׳ טעט אנדרי מַעֲשִׂים טוֹבִים. אונ׳ הוט אן זיך דיא ארלייא בויזן מִידוֹת אונ׳ טוט ניט תְשׁוּבָה דרויף, דא הוט ער נוימר מער חֵלֶק לְעוֹלָם הַבָּא. ר׳ יִשְׁמָעֵאל דער זגט: איינר זול זיין ביהענד אונ׳ גירינג ˹אונ׳ זול זיך שפל מאכן˺ צו בור איינם אָדָם גָדוֹל, אודר איינם זָקֵן, אודר בור איינם רֹאשׁ יְשִׁיבָה כָבוֹד אן צו טון אונ׳ צו דינן אונ׳ שערווירן מיט אלן דינגן. אבר בור איינם יונגן דער נוך איין שווארצן בארט הוט, וועז ער שון איין אָדָם גָדוֹל ווער, זא דרף מן זיך ניט אזו שפל מאכן אז בור איינם זָקֵן. אבר דוך מן זול אין בְכָבוֹד הלטן אז ער רָאוּי איז. דש איז נוח לְתִשְׁחוֹרֶת. אודר איין אנדרר פְּשַׁט: מן זול וויליג אונ׳ זענפטיג זיין גֵיגן דער הערשאפט. דש ווען אים זיין שַׂר אודר מוֹשֵׁל איין דינשט טון היישט, זא זול ערש גערן טון. אודר זיא זויכן איינם עֲלִילוֹת צו אונ׳ בִלְבּוּלִים. אודר זייא גירינג אונ׳

32 לפני זייא נמחקה תיבת זיין

7 משנה טו: רבי אלעזר המודעי. 24–25 משנה טז: רבי ישמעאל.

מאך דיך שָפַל צו ׳טון׳ מִצְוֹת אונ׳ מַעְשִׂים טוֹבִים אין דיינר יוגנט אונ׳ דין הקב״ה מיט גאנצעם ולייש, זא ווערשטו אים וואל גיבאלן אין דיינר אֵילטר ווען דו שווארץ וורשט זיין בון וועגן דער אֵילטר.

ר׳ עְקִיבָא דער וור וירציג יאר אלט דא ער אן הוב צו לערנן, אז איך אובן גישריבן הב ׳אין דעם אנדרן פרק׳ אונ׳ וואור איין קוישטליכר תַלְמִיד חָכָם דש מן זיין גלייכן [27] ניט וואנד אין זיין צייטן. {ר׳ עקיבא. מיר וינדן אין דער גמרא וויא ער וואר איין פיגורער בייא כַלְבָא שָבוּעָה. דער הט איין טוכטר אונ׳ דער ר׳ עקיבא גיביל איר וואל, דען ער וור איין הויפשר יונג. דא שפרך זיא צו אים: ׳ווען איך דיך וועלט נעמן, ווילשטו תורה לערנן?׳ דא שפרך ער: ׳יא׳. אונ׳ ער וור זיא מְקַדֵש אונ׳ צוך אוועק לערנן צוועלף יאר. דא איר ואטר דש גיוואר וור, דא שטיש ער זיא אויז דעם הויז אונ׳ טעט איין נֶדֶר זיא זולט נוימר קיין וירר בון אים האבן. דא זגטן אירי שכינות צו איר: ׳ווען קומט איין מול דיין מאן?׳ אונ׳ ער וור אויף דעם וועג צו קומן מיט צוועלף טויזנט תלמידים. דא שפרך זיא: ׳וועלט ער מיין ווילן טון, זא זולט ער נוך אזו לנג אויז בלייבן.׳ אונ׳ ער וואורד עש גיוואר אונ׳ קערט ווידר אום אונ׳ צוך לערנן נוך י״ב שנים. דר נוך קאם ער מיט כ״ד אֲלָפִים תלמידים. דא זיא עש הורט, דא גינג זיא אים אנגֵיגן. אונ׳ זיא וור צו רישן אונ׳ צו האדרט, דען זיא הט נישט וועדר דש זיא גיוואן מיט אירר ערבט. דא וואלטן איר אירר שכינות לייאן הויפשי קליידר, דא וואלט זיא ניט אונ׳ שפרך: ׳איך וויש איך ווער מיינם חתן דוך וואל גיבאלן אזו צו רישן.׳ דא זיא צו אים קאם, דא ויל זיא אים צו בוש אונ׳ וואלט אים דיא בויש קוישן. דא וואלטן זיא דיא תלמידים הוועק שטושן. דא שפרך 36 ע״ב ער: ׳לושט זיא שטֵין, דען דיא תורה דיא איך אונ׳ איר גילערנט העט} [...|...] {איין קוישליכר רב קומן מיט ויל תלמידים. אונ׳ ער גינג אונ׳ וואלט אין אך אנטפפנגן, דען ער וואושט ניט דש עש זיין איידם וור. דא ער צו אים קאם, דא שפרך ער: ׳וויא הושטו דיין נדר גיטון, דא דו דיין טוכטר הושט אויש דעם הויז גישטושן?׳ דא זגט ער אים דיא שמועה. דא שפרך ער: ׳העשטו גיווישט דש ער איין קוישליכר חָכָם ווער, העשטו דש נדר גיטון?׳ דא שפרך ער: ׳ניין׳. דא וור ער אים דש נדר מתיר אונ׳ שפרך: ׳איך בין דער זעלביג הירט.׳ אונ׳ ער פריאט אין מחילה אונ׳ בוירט אין היים מיט זיינם ווייב אונ׳ תלמידים, אונ׳ מאכט איין הויפשי ברוילפט

7 כלבא שבועה צ״ל כלבא שבוע 21 הכתוב בסוף דף 36 ע״א מקולקל וחסרות כמה שורות; סוף הסיפור בדף 36 ע״ב, בשוליים למעלה

4 משנה יז: רבי עקיבא אומר.

6 מעשייה מס׳ 27: תחילתו של ר׳ עקיבא. רומאן אהבים בנוסחאות שונות: הרועה ובת העשיר; קידושין בסתר; אמונת אשתו לבעלה; לימודו וגדולתו בתורה; כבודו ועושרו.– השווה: כתובות סב ע״ב; נדרים נ ע״א; אדר״נ, ו; גאסטר, מס׳ 148; מעשה בוך, מס׳ 68; תומפסון, L 160. הסיפור כתוב בשוליים.

און׳ ׳עש׳ גינג אין וואל. אזו זולן ווערן אלי ורומי יודן קינדר, און׳ זול אין אזו אויש
גֵין. א״ס] דער זגט: דש שְׂחוֹק, דש איין מענש צו ורוויליך איז און׳ שימפפט און׳
קַלּוֹת רֹאש ׳טרייבט׳. דש ער ניט זורגט אויף זֵיל נוך אויף אֵיר, דש גיווַיינט און׳
ברענגט דען מענשן צו שאנדן און׳ צו זְנוּת. נוך מין וור ער זגן: דיא מַסוֹרֶת דיא זיין
איין צויאן אום דיא תורה. דש מיינט מסורת, וויא ויל פְּסוּקִים און׳ ווערטר און׳
לֵיטריש אין דער תּוֹרָה זיין, און׳ אין נְבִיאִים און׳ כְּתוּבִים, דש מן קאן רעכט לערנן
סֵפֶר תּוֹרת און׳ תְּפִלִּין און׳ מְזוּזוֹת שרייבן. דש מן ניט צו ויל אודר צו וויניג ווערטר
אודר לֵיטרש שרייבט. און׳ זונשט ויל אנדרי שְׁמוּעוֹת לערנט מן אויז דען מַסוֹרֶת.
און׳ דש מַעֲשֵׂר איז איין צויאן און׳ ביוןוארט דען עוֹשֶׁר. דש מיינט, וועו איינר רעכט
זיין מַעֲשֵׂר גיבט דש מאכט דען מענשן רייך. דען כִּשְׁמוֹ כֵּן הוּא. מַעֲשֵׂר איז לָשוֹן
עוֹשֶׁר. און׳ דיא נְדָרִים דיא זיין איין צויאן צו אבשיידן בון עבירות. דען וועו איינר
איין נדר טוט איצווש גוטש צו טון, אודר איצווש ניט צו טון, זא הויט ער זיך מער
דש ער זיין נֵדֶר ניט ברעכט און׳ איז זיין יֵצֶר הָרַע כּוֹפֶה און׳ ווערט דר דורך צו
איינם גרושן צַדִּיק און׳ איז זיך פּוֹרֵש בון אלן עֲבֵירוֹת. און׳ איין צויאן דער דא
ביוןוארט דיא חָכְמָה איז דיא שְׁתִיקָה. דש ער ניט ויל דְבָרִים בְּטֵלִים זול רֵידן צו
בור אויז ווש ניט זיין דִּבְרֵי תּוֹרָה אודר ניט זיין בידוירפניש איז. אז שְׁלֹמֹה הַמֶּלֶךְ
הוט גיזגט: איין נר דער דא שווייגן קאן, דער ווערט גיהאלטן בור איין חָכָם. נוך
37 ע״א מֵין הוט ער גיזגט | דער ר׳ עֲקִיבָא: וויא גר ליב איז דער מענש צו הַשֵּׁם יִתְעַלֶּה
דש ער איז בישאפן ווארדן אין איינם פורם און׳ ניט מיט ווארטן אז ער זונשט אנדר
דינג הוט בישאפן, און׳ ווש מן אין איינם פורם מאכט מוז מן גרושן ולייס דרויף לֵיגן.
איין אויבריגי ליבשאפט איז ווארדן דר קענט צו דעם מענשן דש זיא זיין בישאפן
אין פורם גוטש, אז דער פָּסוּק זגט: בְּצֶלֶם אֱלֹהִים עָשָׂה אֶת הָאָדָם. דש איז טויטש:
אין פורם גוטש הוט ער בישאפן דען מענשן. דער מַיְימוּנִי דער זגט דען פְּשַׁט אזו:
איין אויבריגי אהבה הוט גוט ית׳ לושן ווישן דיא לוייט דש ער הוט אן גישריבן אין

13 אחרי ברעכט תיבה מחוקה ומטושטשת

1–2 אזו... א״ס.– המחבר מסיים, כדרכו, את הסיפור בנעימה חסידית.
2 שימפפט.– מתלוצץ; השווה להלן, מפתח המלים בניב הגרמני העילי־הביניי, עמ׳ 210.
10–11 מעשר איז לשון עושר.– השווה מאמר חז״ל: ׳עשר בשביל שתתעשר׳ (שבת קיט ע״א; תענית ט ע״א).
17 איין נר... חכם.– מובא על־פי הברטינורה; ׳גם אויל מחריש חכם יחשב׳ (מש׳ יז:כח).
18 משנה יח: חביב אדם שנברא בצלם.
22 בצלם אלהים עשה את האדם.– בר׳ ט:ו. המחבר מפרש את הפסוק לפי טעמו: ׳צלם אלהים׳ הוא שכל האדם ׳מיט דעם איז ער גלייך צו איינם מלאך׳ (עמ׳ 51, שורה 6).

דער תּוֹרָה, דש זיא זיין ׳וואַרדן׳ בישאפן בְּצֶלֶם אֱלֹהִים. ווען וואַרום ווען איינר
דעם אנדערן גוטש טוט אונ׳ לושט אין נישט דר בון ווישן, דא איז ער אים ניט אזו
הולט אז איינם דער דעם אנדרן גוטש טוט אונ׳ לושט אינש ווישן. אונ׳ דרום הוט
עש גוט ית׳ אן גישריבן דש דער מענש איז בישאפן וואַרדן אין צֶלֶם אֱלֹקִים, דש
דער מענש זול ווישן דיא ליבשאפט דיא גוט ית׳ צו אים הוט. אונ׳ דער צֶלֶם אֱלֹהִים
איז דער שֵׂכֶל בום מענשן; מיט דעם איז ער גלייך צו איינם מַלְאַךְ דש זיכט אידרמן
אן זיינר חָכְמָה. אונ׳ דרום זגט דער פסוק: בְּצֶלֶם אֱלֹהִים עָשָׂה אֶת הָאָדָם. אונ׳ אזו
זיין אך גיליבט דש בולק ישראל בור גוט ית׳ מער אז אנדרי אֻמּוֹת, דש זיא זיין
גירופן קינדר צו גוט ית׳. אונ׳ ער הוט זיא עש אך לושן ווישן דש ער זיא ליבר הוט
37 ע״ב מער אז אלי אֻמּוֹת, אונ׳ וויא ער זיא הוט גיהיישן קינדר, | אז דער פָּסוק זגט: בָּנִים
אַתֶּם לַהָ׳ אֱלֹהֵיכֶם אונ׳ נוך מין זיין זיא ליב יִשְׂרָאֵל, דרום דש דא איז וואַרדן
גיגעבן צו אין איין לוּשטיג כְּלִי. איין אויבריגי ליבשאפט הוט ער זיא לושן ווישן דש
ער אין הוט געבן איין לושטיג כְּלִי, זא מיט ער דיא גאנץ וועלט הוט בישאפן. דש
כְּלִי איז דיא תּוֹרָה, גלייך אז איין מיינשטר דער דא הוט איין בוך אונ׳ איין טאביל
בור זיך ווען ער איצווש בויאן וויל. אזו הוט אך הַשֵּׁם יִתְעַלֶּה דיא גאנץ וועלט
בישאפן מיט דער תּוֹרָה. אונ׳ דיא הוט ער געבן ישראל אליין אונ׳ קיינר אנדרן
אֻומָּה. אז דער פָּסוק זגט: ווען מיין לערנונג דיא גוט, דש איז דיא תורה. איך הון
געבן צו אייך מיין תּוֹרָה, ניט איר זולט ור לושן. ווען עש איז בישר איר קאפּען
שאץ מֵין אִידר קאפענשאץ זילבר. ווען וואַרום, ווען צוויין סוחרים מיט אנדר
וועקשילן איר סְחוֹרָה, זא הוט איטליכר נור איין סחורה. אבר דיא תורה ווען איינר
דען אנדרן לערנט ווש ער קאן, זא הוט ער ווש ער הוט בור גיהאט, אונ׳ ווש אין
זיין חבר הוט גילערנט. גוט ית׳ שפריכט: אך בון וועגן דער תּוֹרָה דיא איך אוייך
הון געבן, הב איך דיא גנץ וועלט בישאפן. אונ׳ ווען איר ניט דיא תּוֹרָה זולט האלטן,
דא וועלט איך דיא וועלט ניט בישאפן הון. אז דער פסוק זגט: אוב ניט ׳ווער׳ מיין
זיכרהייט בון דער תורה, גיזיץ בון הימיל אונ׳ ערד העט איך ניט בישאפן. דש איז
דיא ליבשאפט דש ער ישראל הוט לושן ווישן דש ער בון דער תּוֹרָה וועגן אונ׳ בון
אירן וועגן הוט דיא וועלט בישאפן. אל דינג ווערט גיזעהן צו בור גוט ית׳ ווש דער
38 ע״א מענש טוט, גוט אודר בויז. אֲפִילוּ בְּחַדְרֵי חֲדָרִים. אונ׳ דער מענש | הוט עש אין

10–11 בנים אתם לה׳ אלהיכם.– דב׳ יד:א.
15 הקב״ה הסתכל בתורה וברא את העולם.– בר״ר א:ב.
17–18 ווען מיין לערנונג... לושן.– ׳כי לקח טוב נתתי לכם׳ וגו׳ (מש׳ ד:ב).
24–25 אוב ניט... בישאפן.– ׳אם לא בריתי... חקות שמים וארץ לא שמתי׳ (יר׳ לג:כה).
27 משנה יט: הכל צפוי והרשות נתונה.

זיינם רשות צו טון וויש ער וויל אויף דער וועלט. אונ׳ איין איטליכש מענש ווערט גיריכט מיט מִדַת הָרַחֲמִים. דש מיינט, נוך זיינן מיינשטן מעשים. זַיין זיין זָכִיוֹת מין אז זיין עֲוֹנוֹת, זא ווערט עש גיריכט נוך זיין זָכִיוֹת. וְכֵן לְהֶפֶך. אודר אזו ריכט ער מיט מִידַת הָרַחֲמִים. ישראל לערנן מֵין תּוֹרָה אונ׳ טונן ⸢מין⸣ מִצְוֹת בייא טג אז בייא נכט, זא ריכט ער זיא בייא טג. דא ווערט גיבונדן דש זיא ויל מִצְוֹת האבן גיטון. אונ׳ דיא אֻומות דיא טוינן וויניגר עֲבֵירוֹת בייא נכט אז בייא טג, דיא ריכט ער בייא נכט. זולט ער אבר ישראל ריכטן בייא נכט דא זיא ניט ויל מצות טונן אונ׳ דיא אומות בייא טג, דא זיא ויל עבירות טוינן, זא וואור דיא וועלט ניט קוינן בישטֵין. דער מַיימוֹני דער זגט דען פְּשַט אזו. אל דינג ווערט גיזעהן בור גוט וויש דער מענש ווערט טון אונ׳ הוט גיטון אונ׳ טוט. אונ׳ אוב איינר נון וועלט גידענקן, ווייל נון הַשֵם יִתְעַלֶה וואל ווייש דש דער מענש ווערט איין רָשָע זיין, וויש זול דער מענש דר צו טון דש ער איין רָשָע איז? אונ׳ ווארום זול ער איין עוֹנֶש דרום האבן? דרום זגט ער, דער מענש הוט עש אין זיינר גיוואלט בויז צו טון אודר גוט צו טון. גוט ית׳ הוט אים דש רְשוּת געבן. אונ׳ דרום ווערט דער מענש גיריכט דר נוך אז ער טוט. אונ׳ דר נוך איין מענש טוט ויל מצות נוך אננדר ⸢אויף איין מול⸣, אודר ויל עבירות נוך אננדר ⸢אויף איין מול⸣. אודר הוויט אייני אונ׳ מורגן איין אנדרי, גלייך אז ווען איין מענש גיבט צְדָקָה ציהן שקוד אויף איין מול, אונ׳ איינר |
38 ע״ב גיבט צֵיהן שקוד צו צְדָקָה אויף צֵיהן מול, אל מול איין שְקוד. דער זיא הוט אויף איין מול געבן דער הוט שָכָר בון איינר מִצְוָה. דען ער הוט נור איין מול צְדָקָה געבן. אונ׳ דער זיא הוט אין ציהן מול געבן, דער הוט שָכָר בון צֵיהן מִצְוֹת, דען ער הוט צֵיהן מול צְדָקָה געבן, וויא וואל דש איינר הוט אז ויל צדקה גיגעבן אז דער אנדר. דֵיש גלייכן זיין אך אנדרי מִצְוֹת. נוך מֵין הוט גיזגט דער ר׳ עֲקִיבָא: אל דינג איז גיגעבן אין עֲרָבוֹת. בון איטליכם מענשן הוט גוט יִתְבָרַך איין מַשְכוֹן בייא זיך, דש איז דיא נְשָמָה. דיא איז עֳרֶב בור זיין לייב, ווען זיך דער מענש אב שיידט בון דער וועלט. הוט דער לייב גיזוינד, דא מוז דיא נְשָמָה ליידן אונ׳ בְוישן וויש ער הוט גיטון אויף דער וועלט. אונ׳ אֲפִילוּ אויף דער וועלט דא טראגן איינן מענשן זייני בְויש צו וויש אים גישעהן זול, בויז אודר גוטש. אונ׳ דש גארן, דש נֵיץ לַאֲרֵידָה איז אויז גישפרייט אויף אלי דיא דא לעבן. אז מן אויז שפרייט איין רֵידָה בויגיל צו באגנן. אל דיא דריין קומן, דיא

1 אונ׳ איין איטליכש מענש וכו׳.– ׳ובטוב העולם נדון׳; על־פי ברטינורה הוא מוסיף: ׳מיט מדת הרחמים׳.
9 דער מיימוני... פשט אזו.– על־פי ברטינורה.
22 משנה כ: הכל נתון בערבון.
26 אויף דער וועלט... בויש.– השווה: ׳רגלוהי דבר איניש... לאתר דמיתבעי תמן מובילין יתיה׳ (סוכה נג ע״א; ירוש׳ כתובות פי״ב ה״ג).

קוינן ניט אנטפליהן. אזו אל דיא װעלט. זיא מויזן גֵין אונ׳ קומן אין יְסוּרִים אונ׳ אן
דיא מִיתָה. אין דש זעלביג גארן דא מויזן היניין אלי ⌈דיא⌉ דא לעבן אויף דער
װעלט. אונ׳ דער חָנוּת אונ׳ דיא בוֹטִיגֵי זיין אופן, דיא לוייט גענן דריין אונ׳ נעמן
אויף בורג אונ׳ אנטלעהגן װש זיא װעלן. דש מיינט, הַשֵׁם יִתְעַלֶּה לושט דען לוייטן
אירן װילן אויף דער װעלט, זיא מויגן טון װש זיא װעלן. גלייך אז איין מארקיראנט
דער דא װר קאפט אונ׳ גיבט אידרמן אויף בורג אונ׳ אין קרידענצה ביז דא קומט
ד⟨י⟩א צייט. אונ׳ דש בוך אונ׳ פנקס איז אופן אל צייט אן צו שרייבן אלז װש דער
39 ע״א מענש טוט אז דער | בוטיגיר דער דא אן שרייבט אלז װש ער גיבט אויף בורג. אונ׳
איין הנט דיא שרייבט אן אל דינג גרוש אונ׳ קליין, אונ׳ װערט נישט װר געשן אן צו
שרייבן. װען װארום עש איז קיינר גינויט צו טון גוט אודר בויז. גלייך אז דער
מארקיראנט נימנט נויט דש מן בון אים זול נעמן אויף בורג, נוייארט װש איינר װיל
מיט זיינם רָצוֹן טוֹב. אונ׳ דיא גַבָּאִים דש זיין דיא פַּאטוֹרִי דיא גֵינן אום שטעטיגליך
איין צו מאנן אונ׳ אויף צו הֵיבן אל טג בון דען דיא אין שולדיג זיין. עש זייא זיא
גידענקן דען חוב אודר זיא האבן דען חוב װר געשן. אונ׳ דיא פַּאטוֹרִי האבן
⌈װישן⌉ װאל אויף װעם זיא זיך װר לושן איין צו מאנן דש איז איר פִּנְקָס. װען עש
אישט נישט און רעכט אן גישריבן, עש איז אייטל אֱמֶת. מן טוט נימנט אונרעכט.
אזו אך דיא פַּאטוֹרִי בון הַשֵׁם יִתְעַלֶּה. אונ׳ זייני גַבָּאִין דש זיין דיא יְסוּרִים אונ׳
פְּגָעִים רָעִים אונ׳ מִיתוֹת מְשוּנּוֹת דיא דא קומן אויף דיא לוייט. צו װיילן גידענקט
איין מענש אונ׳ ביקענט זיין זוינד אונ׳ איז מַצְדִיק אויף זיך דען דִין, אונ׳ שפריכט:
בָּרוּךְ דַיַּין אֱמֶת. אונ׳ צו װיילן װר געשט איין מענש זיין זוינד אונ׳ מיינט הַשֵׁם יִתְעַלֶּה
טוט אים אונרעכט. אבר הַשֵׁם יִתְעַלֶּה דער װר געשט קייני, אונ׳ דיא יְסוּרִים קומן
אויף קיינן ⌈מענשן⌉ בְּחִנָּם. זיא זיין דען חייב צו ליידן. הַשֵׁם יִתְעַלֶּה טוט זיין לוייטן
קיין און רעכט ניט אונ׳ עש איז אלש בְּמִשְׁפַּט יוֹשֶׁר וְצֶדֶק. אונ׳אל דינג װערט
[28] בירייט צו דער סְעוּדָה. גלייך אז איין מֶלֶךְ דער פרייט אידרמן זל קומן צו זיינר
סְעוּדָה אונ׳ זגט ניט װען מאן קומן זול. דיא חֲכָמִים דיא זיין אװערטירט אונ׳
בירייטן זיך אל טג אונ׳ װארטן; אפשר איצונד װערט אונז דער מֶלֶךְ שיקן רויפן.
39 ע״ב אבר דיא שוטים זיא אכטן עש ניט אזו זער, | גידענקן װען מן אונז שיקט רויפן
װעלן מיר זיך װאל צו בירייטן. זא נון דער מֶלֶךְ שיקט נוך אין זיא זולן אורבליצ־
לינג קומן אונ׳ זולן זיך נישט זוימן. דיא חֲכָמִים קומן אל הויפש גיצירט אונ׳
גיקלייט, אונ׳ דיא שוֹטִים קומן אין אירן אונזויברן קליידר אזו ברודיג בור דען מֶלֶךְ.
דא דער מֶלֶךְ דש זיכט זא צירנירט ער דיא חֲכָמִים אונ׳ זֵיצט זיא בייא זיך אן זיין

17 זייני גבאין.– בעקבות ברטינורה מפרש המחבר: ׳דיא יסורים אונ׳ פגעים רעים׳.
24 מעשייה מס׳ 28: סעודת המלך.– השווה: שבת קנג ע״א; קה״ר, סדרא תליתאה, ט:ו; מעשה בוך, מס׳ 9.

טיש. און׳ דיא שוטים ווייט בון אים און׳ מכט זיא קעשטיגערן. גלייך צו דען לוייטן דיא מן פרייט צו איינר סְעוּדָה דיא געגן אל צו איינר טוירן היניין. און׳ ווען מן זיך זול זעצן אן טיש, זא זֵיצט מן איטליכן נוך זיינר ווירדיקייט. אזו איז אך דיא וועלט גֵיגן דער אנדר וועלט. ווער זיך הויט בור זוינדן, דער קומט ׳אזו באלד׳ אין גַן עֵדֶן אן דעש מֶלֶך טיש. ׳דש זיין דיא חֲכָמִים׳. און׳ ווער דא ויל זוינד אויף דער וועלט, אורבליצלינג דא קומט דער טוט, זא מוז ער מיט זיין זוינדן שטערבן, און׳ מוז זיא דורטן בוישן ׳דש זיין דיא שוֹטִים׳. אבר עש זיין צַדִיקִים אודר רְשָעִים דיא האבן אל חֵלֶק לְעוֹלָם הַבָּא ווען זיא אירי זוינד גיבוישט האבן. און׳ דר נוך גיבט מן איטליכם זיין שכר טוב, אך דר נוך ער ור דינט הוט.

[29] ר׳ אֶלְעָזָר זון עֲזַרְיָה. אין זיין צייטן דא שטארב איין נָשִיא בון יִשְׂרָאֵל. דא וור קיינר אונטר ישראל דער מֵין רָאוּי וור צו איינם נָשִיא אז ער. אבר ער ווער נוך צו יונג און׳ מאן מאכט קיין יונגן צו איינם נשיא נוייארט אלטי לוייט, דיא דא גרייז גרואי בערט האבן און׳ במורא זיין דש מן זיך בור אים בורכטן זול. דא גישאך אים איין נֵס דש אים זיין בארט און׳ קופפא דיא זעלביג נאכט גרא און׳ גרייז און׳ ווייש ווארן, אז ווען ער ווער איין מאן בון זיבנציג יארן. דא זגט ער: הֲרֵי אֲנִי כְּבֶן שִׁבְעִים שָׁנָה, |
ע״א 40 דא מאכט מן אין צו איינם נָשִיא. דער זגט: ווען איינר ניט קאן תּוֹרָה לערנן, דא הוט ער אך קיין דֶרֶךְ אֶרֶץ. דש ער מיט דען לוייטן רעכט מַשָא וּמַתָן טרייבן ׳קאן׳. און׳ ווען איינר קיין דֶרֶךְ אֶרֶץ הוט, דער הוט אך קיין תּוֹרָה. ווען ער שון תּוֹרָה קוינט און׳ העט זוינשט קיין שֵׂכֶל בַּהֲוָיוֹת הָעוֹלָם דש ער מיט דען לוייטן הנדלן קוינט, זא ווערט דיא תּוֹרָה בון אים ור געשן. און׳ ווען איינר ניט שֵׂכֶל הוט דש ער קאן איין טַעַם זגן און׳ צו ור שטֵין געבן איין רעכטן פְּשַט, דא הוט ער ׳אך קיין׳ ור שטענטיקייט דש ער קוינט מֵבִין זיין דָבָר מִתּוֹךְ דָבָר. ווען איינר ור שטֵיט ווש מן אים זגט און׳ בון דעם זעלביגן ור שטיט ער איצווש אנדרש בון אים זעלברט, דער היישט איין מֵבִין. און׳ ווער דא ניט הוט ור שטענטיקייט דער הוט אך קיין שֵׂכֶל. איינר מוז בור איין וויניג שֵׂכֶל האבן אֵי דש ער מֵבִין איז דָבָר מִתּוֹךְ דָבָר. און׳ ווען איינר קיין חָכְמָה ניט הוט, דא הוט ער אך קיין יִרְאָה. ווען ווארום דיא חָכְמָה איז דיא תּוֹרָה. און׳ ווען איינר ניט תּוֹרָה לערנן קאן, דא ווייש ער זיך ניט און׳ קאן זיך ניט בורכטן בור הַשֵם יִתְעַלֶה, דען ער ווייש ניט ווש הַשֵם יִתְעַלֶה איז. איינר דער ניט לערנן קאן דער קאן ניט מַשִׂיג זיין ווש ער איז בָּרוּךְ הוּא. און׳ ווער דא ניט הוט יִרְאָה, דא איז זיין חָכְמָה אך נישט, דען ער היישט איין חָכָם לְהָרַע. און׳ ווער דא ניט הוט פַארִינָה אין זיינם הויז, דער הוט קיין תּוֹרָה. דש מיינט, ווען איינר נישט

26 משנה כא: ר׳ אלעזר בן עזריה. מעשייה מס׳ 29: נשיאותו של ר׳ אלעזר בן עזריה.– השווה: ברכות כח ע״א. המחבר מסתייע בפירושו של ברטינורה.
31 פארינה.– קמח.

4 ע״ב הוט צו עשן, דא הוט ער אך קיין תורה דען ער קאן ניט לערנן | בור זורגן. אונ׳ ווער דא ניט הוט תוֹרָה, דער הוט אך ניט פַּרְנָסָה. דש מיינט, ווש העלפט אין ווען ער שון ויל צו עשן הוט. עש ווער בֵּישר צו אים, ער ווער ניט בישאפן ווארדן אויף דער וועלט, אודר גלייך אז ווער ער גישטורבן בור הונגר דיא ווייל ער קיין תורה ניט קאן. נוך ⸢מֵין⸣ הוט דער ר׳ אלעזר זון עֲזַרְיָה גיזגט: איין איטליכר דש זיין חָכְמָה מֵין איז אז זייני מַעֲשִׂים, צו ווש איז ער גיגליכן? צו איינם בויאם דש זייני צווייג זיין ויל אונ׳ זייני ווארצלן זיין וויניג. אונ׳ ווען דא קומט איין קליינר ווינט דא ריישט ער אין אויז מיט זיינר ווארציל אונ׳ ווערפט אין נידר אונ׳ ור קערט אין בון אוינטרשט צו אויברשט. אז דער פסוק זגט: ער ווערט זיין אז איין איינציגר באוים דער דא שטֵיט אין דער מִדְבַּר אונ׳ ניט ער ווערט זעהן ווען דא ווערט קומן גוטש אונ׳ ער ווערט רואן אין דער דוירקייט אונ׳ מאגרקייט אין דער מִדְבַּר אן איינם גיזלציגַן אורט דא ניקש ווקשט אונ׳ דא ניט זיצט דורטן קיין מענש. אבר איין מענש דש דא זיין זייני מַעֲשִׂים טוֹבִים מֵין ווערר זיין חָכְמָה, צו ווש איז ער גיגליכן? צו איינם באוים דש דא זיין זייני צווייג וויניג אונ׳ זייני ווארצילן זיין ויל. אונ׳ ווען שון קעמן אלי שטארקי ווינט אין דעם עוֹלָם, זא ור וואגילן זיא אין ניט בון זיינר שטט. אז דער פסוק זגט: אונ׳ ער ווערט זיין אז איין באוים גיפפלאנצט אונ׳ פייאנטערט

4 ע״א בייא דעם וושר אונ׳ בייא דיא | בעך. ער שפרייט זייני ווארצילן אונ׳ ניט ער בורכט זיך ווען דא קומט דיא גרוש היץ דש זיא אין ור דוירט. אונ׳ עש ווערן זיין זייני בלעטר גרוין אונ׳ ווען עש שון ווער איין דְוִיר יאר דש עש ניט ויל רעגיט, ניט ער דארף זיך ביזורגן אונ׳ ניט ער ווערט זיך אב טון אונ׳ ור מיידן בון צו מאכן ורוכט אונ׳ אופש. רבי אלעזר זון חסמא דער זגט: דיא קִינִּין, דש ווארן דיא נעשטר בון בויגיל דש דיא ורויאן ברוכטן דר בון אירי קרבנות, דרויף זיין ויל הלכות אין דער גְמָרָא. אונ׳ הִלְכוֹת נִדָּה, וויא איין ורויא זול האלטן אירי נְדוֹת אונ׳ ווען זיא אן הֵיבט צו צֵילן, אונ׳ וויא אונ׳ ווען זיא זול טְבִילָה גֵין. דען עש איז איין תנא דער דא האלט, עש איז איין מִצְוָה דש מן זיך זול טובל זיין אין זיינר צייט. דא מויכט עש זיין דש זיך איין ורויא מוישט בוינף אונ׳ נוינציג מול טובֵל נוך אנודר. דרויף זיין ויל הֲלָכוֹת אך אין דער גְמָרָא. אונ׳ דש זיין גוּפֵי תוֹרָה ⟦דש דיא תורה דראן הענגט אונ׳ זיין גרושי אינפורצאצייו⟧, תְקוּפוֹת אונ׳ מוֹלָדוֹת צו רעכנן אונ׳ לוּחוֹת מאכן. אונ׳ גִימַטְרִיָאוֹת דש מן רעכ⟨נ⟩ט ווערטר גיגן אנודר, דש איינש אז ויל איז

28 תיבת אינפורצאצייו משובשת ואינה ברורה

5 משנה כב: כל שחכמתו מרובה ממעשיו.
12–9 ער ווערט... קיין מענש.— ׳והיה כערער בערבה׳ וגו׳ (יר׳ יז:ו).
21–16 אונ׳ ער ווערט... אונ׳ אופש.— ׳והיה כעץ שתול על מים׳ וגו׳ (יר׳, שם, ח).
21 משנה כג: רבי אלעזר בן חסמא.

דש אנדר. אז אָרוּר הָמָן אונ׳ בָּרוּךְ מָרְדְכַי ˹אונ׳ ויל דיש גלייכן˺. דיא זיין אז דיא ברויקיליך דיא דא אב גישיידן ווערדן בון איינם ברוט ווען מן איין שטויק שנייט. ˹דיא זיין ניט אוועק צו ווערפן˺. אזו זיין אך דיא דוזיגן שְׁמוּעוֹת אב גישיידן בון דער תּוֹרָה דיא איז דער עִיַּקר חָכְמָה. אונ׳ גלייך אזו אז דא צירט דש אופש דש מן עשט
נוך | דער סעודה, דיא מאכן דיא גאנץ סעודה הויפש אונ׳ מן לובט זיא, אזו שטיט 41 ע״ב
וואל אונ׳ זיין גיצִירט דיא לוייט אונ׳ גילובט דיא דא קוינן דיא דוזיגן חָכְמוֹת. אונ׳ זגט ר׳ חנניה אז דא שטיט נוך דעם ערשטן פרק.

סליק פרק שלישי. בעזרת כבודי ומרים ראשי.

2 תיבת וועץ נכפלה ואחת נמחקה

1 ארור המן אונ׳ ברוך מרדכי.– מגילה ז ע״ב.
3 בכתוב בין השיטין מזכיר המחבר את הנוהג שלא להשליך פירורי לחם (מפני המזיקין).

דא הֵיבט אן

פרק רביעי

בעזרת אל רועי.

בֶּן זוֹמָא אונ׳ בֶּן עַזַּאי. עש ווארן צווין תַּלְמִידֵי חֲכָמִים. איינר ⁽וור⁾ זון עזאי. אונ׳ דער אנדר וור זון זוֹמָא. אונ׳ אירביידר נאמן וור שִׁמְעוֹן, אונ׳ דרום היש מן זיא נוך אירן ועטרן אונ׳ ניט מיט אירן נאמן, דרום דש עש ווארן ויל דיא דא הישן שִׁמְעוֹן. אונ׳ דש מן זיא קענט, דא רוּפט מן זיא בֶּן זוֹמָא אונ׳ בֶּן עַזַּאי. אודר דרום דש זיא יונג ווארן גישטורבן אונ׳ מן הט זיא נוך ניט דש רַבָּנוּת געבן. דרום רוּפט מן זיא ניט בייא אירן נעמן ר׳ שמעון, נורייארט נוך אירן ועטרן. אונ׳ זיא ווארן אזו גר קוּרשטליכי
חֲכָמִים דש מן אירי רֵיד אך אן גישריבן הוט. אונ׳ זיא ווארן בון דען וירן חֲכָמִים [3]
דיא דא גינגן אין איין גארטן אונ׳ לערנטן תּוֹרָה. אונ׳ עש וור ר׳ עקיבא אונ׳ אֱלִישַׁע
זון אֲבוּיָה אונ׳ דיא צווין שִׁמְעוֹן. אונ׳ זיא לערנטן אך מַעֲשֶׂה | מֶרְכָּבָה. דש איז גר 4 ע״א
טיף צו לערנן. איינר מוז איין גוטן שֶׂכֶל האבן דער עש לערנן וויל. אונ׳ זיא וואלטן אלז לערנן אונ׳ ווייט טראכטן. ר׳ עֲקִיבָא דער וור איין גרושר חָכָם. דער קאם ווידער אויז דעם גרטן מיט שָׁלוֹם, מיט זיינר תּוֹרָה אונ׳ חָכְמָה אונ׳ שֶׂכֶל. ער לערנט אומדר דען גלייכן פְּשַׁט. אונ׳ אֱלִישַׁע זון אֲבוּיָה דער וואלט וייטר טראכטן אז זיין שֶׂכֶל וור, דער וואר צו איינם מִין אונ׳ גינג לְתַרְבּוּת רָעָה. אונ׳ דיא גְמָרָא היישט אין אַחֵר, דען ער הט זיך ור קערט צו איינם אנדרן. אונ׳ בֶּן עַזַּאי דער שטארב אין דעם גארטן, דען זיין שֶׂכֶל וור נוך צו יונג. אונ׳ דער בֶּן זוֹמָא וואר מְשֻׁגָּע גיווארדן, אונ׳ דרום זול איינר ניט מֵין לערנן אז זיין שֶׂכֶל טראגט. דער בֶּן זוֹמָא הט גיזגט, אֵי ער אין דען גארטן וור גנגן. ווּעלכר היישט איין חָכָם, דער דא לערנט בון איינם איטליכם מענשן. ווען ער שון ניט אזו ויל קאן אז ער זא ור שמעכט ער אין ניט אונ׳ שעמט זיך ניט בון אים צו לערנן. דען זעלבּיגן זול מן האלטן בור איין חָכָם אונ׳ לובן מיט זיינר חכמה. ווען וואָרום ווען איינר לערנט בון אידרמן, אפילו דער דא ניט אזו גוט איז אז ער, זא טוט ערש ניט אנדרש אז לְשֵׁם שָׁמַיִם אונ׳ניט בון

20 אחרי איינר נמחקה תיבת היש

4 משנה א: בן זומא.

5 פירוש שמותיהם של בן עזאי ובן זומא.– השווה: אדר״נ, כג; הוריות ב ע״ב; קידושין מט ע״ב (רש״י).

10 מעשייה מס׳ 30: ארבעה נכנסו לפרדס.– בן עזאי ובן זומא היו מארבעת החכמים שנכנסו לפרדס, ׳אין גארטן אונ׳ לערנטן תורה׳. המחבר מספר בהרחבה איך ר׳ עקיבא נכנס ויצא בשלום ואלישע יצא לתרבות רעה. בפשטנותו הוא מתרגם את המלה פרדס: ׳גארטן׳, ומספר, שעסקו שם בלימוד התורה ובמעשה בראשית; השווה: חגיגה יד ע״ב.

גַּאֲוָה אונ׳ הופרט ווענן. ווייל ער זיך אזו שָׁפָל מאכט דא לערנט ער ניט דרום דש
מן אין קורשטליך האלטן זול אונ׳ רוימן זול. אז דער פסוק זגט, דען דוד המלך זגט
42 ע״ב אין תְהִלִים: מִכָּל מְלַמְּדַי הִשְׂכַּלְתִּי, | דש איז: בון אל מיין לערנר איך בין גיווארדן
וויז אונ׳ קלוג, אפילו ווען זיא שון ניט זיין גיוועזן אז קורשטליך אז איך. אונ׳ וועלכר
היישט איין גִבּוֹר, דער דא קאן ביצווינגן אונ׳ כּוֹבֵשׁ זיין זיין יֵצֶר הָרָע. דען דער
יֵצֶר הָרָע דער ווערט גיבורן מיט דעם מענשן, אונ׳ דער יֵצֶר טוב דער קומט
ערשט ווען איינר דרייא צֵיהן יאר אלט איז. זא איז דער יֵצֶר הָרָע נון ור אלטרט
אין אים אונ׳ ור שטארט. דרום מוז איין מענש גר שטארק זיין דש דער יונג יֵצֶר
טוב קאן ביצווינגן דען אלטן יֵצֶר הָרַע. דרום זול מן דען זעלבן מענשן לובן אונ׳
היישן איין גִבּוֹר. אז דער פָּסוק זגט: עש איז בֵישר איינר דער דא איז לאנצים צו
דר צוירנן אונ׳ צוירנט ניט באלד. דער איז מֵין אז איין גִבּוֹר. אונ׳ דער זיין צורן
צו גיוואלט הוט דש ער זיך קאן אויף האלטן צו צוירנן, דער איז שטערקר, מֵין
ווִידר דער דא כּוֹבֵשׁ איז איין גנצי שטט מיט זיינר שטערק. גלייך אז איין מֶלֶךְ דער
דא קריגט מיט איינר שטט אונ׳ ליגט דר בְוֹר. לְסוֹף ביצווינגט ער זיא מיט זיינר
שטערק. נון דיא ווייל ער זיא הוט ביצוואונגן פַּעַר פּוֹרְצָה, זא זיין אל דיא דארינן
זיין חַיָּיב מִיתָה. נוך דענוך ביצווינגט ער זיין צורן אונ׳ לושט זיא אל לעבן. דען
זעלבן מֶלֶךְ לובט אידרמן אונ׳ ער מוז זיין איין גרושר גִבּוֹר. אזו איז אך דער מענש
דער דא קאן אויף האלטן זיין צורן. מיר וינדן אין דער גְמָרָא. איינר דער זיך ניט
43 ע״א קאן אויף האלטן אין זיינם צורן אונ׳ צו ריישט זיין קליידר אודר צו | בריכט כֵּלִים
אין זיינם רוֹגֶז, דער איז גלייך אז העט ער גידינט דער עֲבוֹדָה זָרָה. ווען דש איז
דער סדר בון דעם יֵצֶר הָרַע. צום אֵירשטן רייצט ער דען מענשן אן דש ער זול
ריישן אודר ברעכן אין זיינם רוֹגֶז. אונ׳ ווען ער אים נון הוט וואל גיבולגט, זא רייצט
ער אין דר נוך אומדר מער אן ביז דש ער אין אן רייצט צו דינן דער עֲבוֹדָה זָרָה.
דרום היישט איינר איין גבור דער זיין יצר הרע ביצווינגן קאן. אונ׳ איין איטליכר
זול זיך צו איינם גִבּוֹר מאכן. אונ׳ וועלכר היישט איין עָשִׁיר? דער זיך מְשַׂמֵחַ בְחֶלְקוֹ
איז, אונ׳ לושט זיך בינויגן ווש אים הַשֵׁם יִתְעַלֶּה בישערט הוט אונ׳ איז נימנט מְקַנֵּא
אום דש זיין. דען זעלביגן זול מן לובן אונ׳ היישן איין עָשִׁיר. ווען ווארום ווען זיך
איינר ניט בינויגן לושט אן דעם זיינן, ווען ער שון העט זיין אייגן עֲשֶׂרֶת אֲלָפִים זא
דוינקט עש אין נישט זיין אונ׳ מֵיינט ער זייא איין עָנִי, פָּאוֶוער אום. אז דער פסוק

1 מכל מלמדי השכלתי.– תה׳ קיט:צט.
6–9 השווה: שוחר טוב, תה׳ לד; אדר״נ, טז.
10–12 עש איז בישר... צוירנן.– ׳טוב ארך אפים מגבור׳ וגו׳ (מש׳ טז:לב).
20 כל הכועס כאילו עובד עבודה זרה.– רמב״ם, הלכות דעות, ב: ׳אמרו חכמים הראשונים, כל הכועס כאלו עובד ע״ז׳. כך גם בפירושו לאבות, פרק ב. בדומה לזה: נדרים כב ע״א–ע״ב; אדר״נ, א; זוהר, בר׳ ב:טז.

שפריכט: ערביט דיינר טענר [עש זייא ווייניג אודר ויל] ווען דו זיא וורשט עשן
מיט ליב אונ׳ בישט קונטענט, וואל צו דיר אונ׳ גוט צו דיר. וואל דיר אויף דער
וועלט אונ׳ גוט צו דיר אויף יענר וועלט. ווען ער ניט ביגערט אויבריגן עוֹשֶׁר זא
טוט ער קיין זוינד ניט בון געלטש וועגן. אונ׳ אך אויף דער וועלט זורגט ער ניט
אזו זער אונ׳ אויבר מויט זיך ניט בון דש געלטש וועגן אונ׳ לושט זיך בינויגן וש אים
43 ע״ב השם יתעלה אויף ריכטיג בישערט אונ׳ מיט אֵירן דר נערט. | וועלכר היישט
איין נִכְבָּד? אל דער זא איז מְכַבֵּד דיא לוייט, זא אֵירן אין דיא לוייט אך. אז דער
פסוק שפריכט: השם יתעלה דער זגט, אל מיין אֵירר איך וויל אֵירן, אונ׳ מייני ור
שמעהר זיא ווערדן אויך ור שמעכט. אונ׳ דרום דש דרייארלייא דיא ער אובן
גינענט הוט. דש איז גִבּוֹר, חָכָם, עָשִׁיר. דא אֵירט זיך איינר זעלברט דר מיט אין
אויגן גוט יִתְבָּרַךְ אונ׳ אין אויגן דער לוייט. אבר וש זול דער מענש טון דש אין
דיא לוייט אֵירן זולן? ער זול דען לוייטן כָּבוֹד אן טון, דא טוינן אים דיא לוייט אך
כָּבוֹד אן. אונ׳ מן זול איין קַל וָחוֹמֶר לערנן וויא הקב״ה, דער איז מלך הַכָּבוֹד אונ׳
אלז וש ער הוט בישאפן דש הוט ער בון זיינר כבוד וועגן, דש מן אין זול
מְכַבֵּד ⟨זיין⟩. דש מיינט, דש מן זול זייני מִצְוֹת האלטן. נוך איז ער מְכַבֵּד דיא אין
מְכַבֵּד זיין אונ׳ גיבט אין בון דען מצות דיא זיא טוינן שָׂכָר טוֹב בָּעוֹלָם הַזֶה, וְהַקֶרֶן
קַיֶימֶת לְעוֹלָם הַבָּא. מִכָּל שֶׁכֵּן איין מענש דש ער זול מכבד זיין זייני מְכַבְּדִים. אונ׳
דיא דא הַשֵׁם יִתְעַלֶה מְבַזֶה זיין אונ׳ האלטן ניט זייני מִצְוֹת דיא ווערן בון זיך
זעלברט מְבוּזֶה אונ׳ ור שמעכט. ווען זיא שון השם ית׳ ניט ור שמעכט אין דער לוייט
אויגן, הַשֵׁם ית׳ איז מֵין מַקְפִּיד ווען מאן ור שמעכט דיא צַדִיקִים אז אין זעלברט.
אז הַשֵׁם יִתְעַלֶה זגט צו אַבְרָהָם אָבִינוּ אונ׳ דייני ולוכר איך ויל ולוכן, אונ׳ דרום
זול מן דיא צַדִיקִים ניט מְבַזֶה זיין. |
44 ע״א בֶּן עַזַאי דער זגט: איין איטליכר מענש זול לויפן צו איינר מִצְוָה ווען זיא שון גרינג
איז, גלייך אז וואל אז צו איינר מִצְוָה דיא דא גרוש אונ׳ הערב איז. אונ׳ איינר זול
וליהן גלייך בון איינר קליינן עֲבֵירָה אז בון איינר גרושן עֲבֵירָה. ווען וואָרום איין
מִצְוָה ברענגט דיא אנדר מִצְוָה. [כפשוטו, אודר] דש מיינט אזו: דער דא טוט איין
מִצְוָה זא איז אים דר נוך גירינג צו טון איין אנדרי מִצְוָה. אונ׳ נוך מֵין, דער שָׂכָר
בון דער מִצְוָה איז אך איין מִצְוָה. הַשֵׁם יִתְעַלֶה בישערט אים אונ׳ הילפט אים צו
טון מער מִצְוֹת דרום דש ער ויל שָׂכָר טוֹב זול האבן. אזו אך דער דא טוט איין

10 אחרי זיך נמחקה תיבת דען   23 התיבות דער זגט נכפלו ונמחקו פעם אחת

1 ערביט דיינר טענר.– ׳יגיע כפיך כי תאכל׳ (תה׳ קכח:ב).
8 אל מיין אירר . . . ור שמעכט.– ׳כי מכבדי אכבד׳ וגו׳ (שמ״א ב:ל).
21 אונ׳ דייני ולוכר . . . ולוכן.– ׳ומקללך אאר׳ (בר׳ יב:ג).
23 משנה ב: בן עזאי אומר.– המחבר מפרש את מאמרו של בן עזאי על־פי ברטינורה.

עֲבֵירָה. דעם איז דר נוך גירינג צו טון איין אנדרי עֲבֵירָה. איין עבירה שליפט דיא
אנדר. וועו ער אייני טוט זא קומן אים אנדרי עֲבֵירוֹת צו. {אז אונזר חז״ל זגן: לְסוֹף
נַעֲשֵׂית לוֹ כְּהֵיתֵר}. וואו הריין זיך דער מענש געווינט, זא גֵיט ער זיינר געוואנהייט
נוך. נוך ווש דער מענש רינגט, דר נוך אים גילינגט. עש זייא בויז אודר גוט.

נוך מֵין זגט דער בֶּן עַזַּאי. קיינר זול דען אנדרן ניט ור שמעהן וועו ער שון שָׁפָל
אונ׳ נִבְזֶה איז. דש איינר וועלט זגן, ווש ליגט מיר אן אים ער איז ⌜דוך⌝ איין שָׁפָל.
ער קען מיר נישט העלפן נוך שאדן. איין מענש זול זיך האלטן מיט אידרמן. וועו
עש איז קיין מענש אויף דער וועלט עש הוט איין צייט דש זיין מזל שיינט דש עש קאן
איינם בויז אונ׳ גוטש טון. אז איין מול וואר איין גוֹי איין רוֹעֶה צֹאן אונטר יִשְׂרָאֵל.
[31] דעם טעטן ⌜דיא⌝ יְהוּדִים גרוש גָלוּת אונ׳ צָרוֹת אן. לסוף דער הירט ווארד צו |
44 ע״ב איינם אַפִּיפְיוֹר אונ׳ טעט יהודים גרוש צרות אונ׳ וואלט זיא אל מְגָרֵשׁ. דא טעט
הַשֵּׁם יִתְעַלֶּה איין נֵס דש דיא גארדינאלי ניט וואלטן אונ׳ דר וויל פָּגַרט ער. כֵּן
יֹאבְדוּ. אונ׳ איינר זול זיך ניט וערן בון קיינרלייא זאכן אודר רֵיד. דש איינר וועלט
שפרעכן, דש קאן מיר ניט וואל גישעהן. איך הב מיך נישט צו ביזורגן בור דעם
אונגלויק דען עש איז ווייט בון מיר. איינר זול זיך אומדר ביזורגן בור אלן דינגן
אונ׳ זול זיך הויטן בור אלן דינגן אונ׳ זול נישט ור אכטן. דען עש איז נישט אזו ווייט
אודר אזו שלעכט. עש הוט איין שטאט דש עש קומט זיין צייט. דא גישיכט עש
איינם, עש זייא בויז אודר גוט.

רִבִּי לְוִיטַס דער וור איין מאן בון יַבְנֶה. דער זגט: איין מענש זול זיין זער אונ׳ זער
נידר אונ׳ דעמוטיג גימויט בור איינם איטליכם מענשן. דען דיא הופנונג בון איינם
מענשן, דיא איז צו דען וְוארמן. אונ׳ דרום זול איין מענש אומשגר ניט הופרטיג
זיין. וויא וואל איין אנדרי מִדּוֹת, זול זיך דער מענשן האלטן שעמפר מייר דען
מיטילשטן וועג צו גֵין. אונ׳ מיט דער גַּאֲוָה אונ׳ מיט דער עֲנָוָה זול זיך איינר גנץ
בְּתַכְלִית שָׁפָל האלטן אונ׳ זול גר קיין הופרט אן אים האבן. וועו דש פֵּין בון אלי
תִּקְוַת אונ׳ שפיראנצה דש זיין דיא וְוארם. וועו איינר לנג הופרטיג איז, לסוף עשן
אין דיא וְוארים. אונ׳ דש רוֹב עוֹלָם האבן אן זיך דיא הופרט. {ווארום זול איינר
דען הופרטיג זיין} אונ׳ דרום זגט דער חָכָם לְוִיטַס: זער אונ׳ זער זול איינר זיין
45 ע״א שְׁפַל רוּחַ אונ׳ זול זיך מַרְחִיק זיין בון דער בויזן | מִדָּה דער הופרטיקייט. אז מן
זגט איין פְּרָוֶוערבְּיֵין: עש איז נישט אזו דעמוטיג אז דער גֵאוּת, וועו ער איז בייא

2–3 לסוף נעשית לו כהיתר.– השווה: יומא פו ע״ב; קידושין כ ע״א; מ ע״א; מ״ק כז ע״ב. 5 משנה ג: אל תהי בז לכל אדם.
9 מעשייה מס׳ 31: רועה צאן שנעשה לאפיפיור.– השווה בר״ר סג:יב: ׳דיקליטיינוס היה רועה חזירים׳ וכו׳; ראה גם ירוש׳ תרומות פ״ח ה״י.
19 משנה ד: רבי לויטס איש יבנה.
22–23 על־פי הברטינורה: ׳אע״פ שבשאר מדות הדרך האמצעית היא המשובחת׳.

אלן לוייטן גלייך. אז וואל בייא דען ארמן אז בייא דען רייכן, אז וואל בייא דען אונלוישטיגן אז בייא דען הויפשן אונ׳ ריינן. ר׳ יוֹחָנָן זון בְּרוֹקָה דער זגט: אל דער דא ור שוועכט גוטש נאמן היימליך אונ׳ ור בורגן, אונ׳ דיא לוייט האלטן איין ור ורום, הַשֵּׁם יִתְעַלֶּה דער ביצאלט עש אים אופן בערליך. אונ׳ שיקט אים איין פֻּרְעָנִיּוֹת צו, אונ׳ דר דורך ווערט אנטפלעקט זיין זוינד דש אידרמן זול ווישן ווארום אים דיא צָרָה איז גישעהן. דרום דש דיא לוייט ניט זולן זגן, גוט יתברך הוט אים אונרעכט גיטון דען ער איז איין צַדִּיק גיוועזן. נימנט גישיכט נישט אום זוינשט. ער מוז עש ור זוינט האבן. עש זייא ער הב גיזוינדט בְּשׁוֹגֵג אודר בְּמֵזִיד, וואו דא איז חִלּוּל הַשֵּׁם דא ביצאלט אימש השם יִתְעַלֶּה אונ׳ בורגט אים ניט אז אנדרי עֲבֵירוֹת. ר׳ יִשְׁמָעֵאל דער זגט: איינר דער דא לערנט דרום דש ער וויל קוישטליך ווערדן אונ׳ איין רָב, דרום דש ער וויל אנדר לוייט דר נוך אך לערנן. אז זא הוט גיטון דער תַּלְמִיד חָכָם רַבָּה. דער לערנט זער אונ׳ דר נוך לערנט ער אנדרי לוייט. אבר ער ביגערט ניט גְּמִילוּת חֲסָדִים צו טון. דא בינויגט אין הקב״ה אונ׳ גיבט אים קראפט דש ער לערנט אונ׳ ⌐דש ער¬ אך אנדר לוייט קאן לערנן. אונ׳ דער דיא
תורה לערנט דרום דש ער אנדרי לוייט וויל אך לערנן אונ׳ וויל אך | טון ווש ער 45 ע״ב
גילערנט הוט, גְּמִילוּת חֲסָדִים אונ׳ מַעֲשִׂים טוֹבִים, דען בינויגט הקב״ה אונ׳ גיבט אים קראפט דש ער לערנט אונ׳ קאן אך ווייטר אנדר לוייט לערנן, אונ׳ צו טון גְּמִילוּת חֲסָדִים, אז דא טעט דער תַּלְמִיד חָכָם אַבַּיֵי. דער לערנט ויל תּוֹרָה אונ׳ טעט ויל גְּמִילוּת חֲסָדִים דר בייא. רַבִּי צָדוֹק זגט: איין מענש זול ניט דרום לערנן דש מן איין זול רבי היישן אונ׳ קוישטליך האלטן אונ׳ אֵירן אונ׳ אובן אן זֵיצן. ווען נוייארט ער זול דיא תּוֹרָה לְשֵׁם שָׁמַיִם ⌐לערנן¬. דער כָּבוֹד קומט דר נוך בון זיך זעלברט. אונ׳ איינר זול אך ניט דרום תּוֹרָה לערנן דש ער וויל געלט דר מיט גיווינן אונ׳ ווערט זיך מיט דער תּוֹרָה דר נערן אונ׳ אום לון לערנן. מן זול דיא תּוֹרָה אום זוינשט לערנן. {אז משה רבינו עליו השלום הוט גיזגט צו ישראל: אונ׳ מיר גיבוט גוט אין דער צייט דער זעלבינגן צו לערנן אוייך חֻקִּים אונ׳ מִשְׁפָּטִים, אז מיר השם יתעלה הוט גיבוטן. וויא הב איך אוייך דיא תורה גילערנט בְּחִנָּם, אזו זולט איר אך דיא תורה איינר דען אנדרן לערנן. אודר דער פשט איז אזו: איינר זול

2 משנה ה: רבי יוחנן בן ברוקא.
8 ור זוינט האבן.– אדם נענש משום שחטא.
10 משנה ו: רבי ישמעאל בר רבי יוסי.
12, 18 המחבר מזכיר את שמות האמוראים רבה ואביי על־פי ברטינורה.
19 משנה ז: רבי צדוק.
20 ואל תעשה עטרה להתגדל בה.– מוסיף המחבר: ׳איין מענש זול ניט דרום לערנן דש מן איין זול רבי היישן...׳ השווה נדרים סב ע״א: ׳שלא יאמר אדם אקרא שיקראוני חכם, אשנה שיקראוני רבי...׳
24–25 אונ׳ מיר גיבוט... משפטים.– ׳ואותי צוה ה׳ בעת ההיא׳ וגו׳ (דב׳ ד:יד).

ניט לערנן דרום דש ווען ער גרוש ווערט זא וויל ער זיך מיט קנוילן דר נערן. דער וינט מן לפי דעתי קיין. איין איטליכר מיינט רייך צו ווערדן, אונ׳ אל מייני ויינד זולן זיך דר נערן מיט קנוילן]. אבר דיא קנוילר דיא דא קינדר לערנן, דיא נעמן דש געלט דש זיא מיט זיא לערנן אנדרל⟨ייא⟩ אז נִיגוּנִים ⌈אונ׳ טעמים⌉, אונ׳ שרייבן אונ׳ לייאן. אונ׳ האלטן דיא קינדר אים חֶדֶר דש זיא ניט כְּלָיוֹת מאכן אונ׳ ציהן זיא צו אורן אונ׳ בענשן אונ׳ תַּרְבוּת אונ׳ דֶּרֶךְ אֶרֶץ. דא מיט גיווינן זיא איר געלט צו בור אויז מיט קליין קינדר, דא מוז מן מֵין מויא האבן אז מיט דען גרושן. אונ׳ ווען מן איין שון נוך אז ויל געב זא ור דינן זיא עש וואל. אונ׳ דרום זול קיין דַּיַּין קיין געלט נעמן איין דין צו פַּסְקְנֵן, דען דער דין איז אך תּוֹרָה. אבר ער מאג גיצאלט

46 ע״א נעמן זיין בִּיטוּל ווש ער דיא | ווייל ור זוימט בון דען דיא בור אים קומן לְדִין. אז מיר וינדן אין דער גְמָרָא. איין תַּלְמִיד חָכָם דער היש קַרְנָא. דער וור איין דיין אין אֶרֶץ יִשְׂרָאֵל. אונ׳ ער וור גר וור איין גרושר עָנִי. ⌈אונ׳ וור איין בַּעַל מלאכה⌉ [אונ׳ דר נערט זיך מיט זיינר ערבט אונ׳ ער גינג ניט מוישיג]. אונ׳ ווען ער איין דִין זולט אויז שפרעכן, דא גב מן אים אזו ויל צו לון אז ער העט קונן דיא זעלביג ווייל גיווינן מיט זיינר ערבט. אבר ווען איין תַּלְמִיד חָכָם ווער מְקַבֵּל צְדָקָה, דא זול מן אים אך געבן גלייך אז איינם אנדרן עָנִי. אודר ווען איינר ווער איין שטט רַב אונ׳ מוישט זיך אומדר מויאן מיט דעם קָהָל, דא מג ער אך וואל לון נעמן, אפילו ויל געלט. דש ווער אים ניט און גיזונד אונ׳ קיין זוינד. אונ׳ אלזו הוט אך גיזגט דער ארם הִילֵל דער דא ערביט מיט דער תּוֹרָה, דש מיינט ווער דא הוט הַנָאָה בון דער תּוֹרָה, דעם נעמט ⌈מן⌉ זיין לעבן בון דער וועלט. צו בור אויז, ווער דא וויל קוינשט מאכן אונ׳ וויל פּוֹעֵל זיין מיט שֵׁמוֹת בון געלטש וועגן, דער שטירבט אֵי זיין צייט קומט.

ר׳ יוֹסֵי דער זגט: אל דער דא איז מְכַבֵּד דיא תוֹרָה, אז וויא ⌈דש⌉ ער דַּרְשַׁת דיא תוֹרָה אונ׳ אויף איין איטליך אות זגט ער איין טַעַם אונ׳ ווייזט, דש נישט אומזווישט איז אן גישריבן אין דער תוֹרָה אפילו איין עוֹקֶץ, איין שטריכלן, איין תַּג, עש איז אֵיצוּוש יוֹצֵא דרוויש. דש איז דער תורה איין גרושר כָּבוֹד דש מן אל דינג אויז לֵיגט

46 ע״ב ווארום עש איז אן גישריבן. | אודר דש ער זיא לערנט איין תלמיד דער דא ראוי

1, 3 קנוילן, קנוילר.– פטם בלימודים; השווה להלן, מפתח המלים בניב הגרמני העילי־הביניי, עמ׳ 209.

4 טעמים.– טעמי הנגינה.

11 דיין קרנא.– השווה סנהדרין יז ע״ב: ׳דייני גולה קרנא׳.

16 המחבר מפרש על־פי ברטינורה.

18 אונ׳ אלזו הוט גיזגט דער ארם הילל וכו׳.– וכך אמר הלל המסכן: ׳ודאשתמש בתגא חלף׳ – אלה המשתמשים בשמות הקדושים או שברצונם לעסוק במיני כשפים סופם שנאספים לפני זמנם.

23 משנה ח: רבי יוסי אומר.

דר צו איז, אונ׳ ורום איז אונ׳ דש ער קיין סֵפֶר אויף דש חומש לֵיגט. אונ׳ איז מְכַבֵּד
דיא סֵפֶר תּוֹרָה אונ׳ אירי לערנר דיא זיא לערנן, דש ער גיגן איין אויף שטֵיט אונ׳
אך אנדרי כָּבוֹד. דא ווערט אך גיאֵירט זיין לייב צווישן דען לוייטן. אונ׳ דער זיא
ור שוועכט אונ׳ איז ניט נִזְהַר אן דען זכן אונ׳ דַרְשַׁת דיא תּוֹרָה לְהֵפֶךְ אונ׳ צו
שאנדן, אודר איז מְבַזֶּה דיא סֵפֶר תּוֹרָה אונ׳ אירי לערנר, דא ווערט אך ור שוועכט
זיין לייב צווישן דען לוייטן.

ר׳ יִשְׁמָעֵאל דער זגט: אל דער זיך ור מיידט בון דעם דִּין, דש מיינט, אי ער וויל
קומן בור דען דַיָּנִים אֵי מאכט ער פְּשָׁרָה מיט זיינם חָבֵר אונ׳ וויל ניט מיט אים
קריגן, דער רייסט אב בון זיך ויינטשאפט אונ׳ גָּזֵל אונ׳ בון שְׁבוּעַת שָׁוְא. ווען אזו
בלייבט ער מיט שָׁלוֹם אונ׳ ורוינטשאפט מיט זיינם גיזֵילן. אודר איין דַיַּין זול זיך ור
מיידן צו זֵיצן אונ׳ דִינֵי תּוֹרָה פַּסְקְנֵן צו בור אויז וואו איין קוישטליכר איז אז ער.
נוייארט ער זול זגן צו דען לוייטן דיא אין צו איינם דַיַּין ווען נעמן, זיא זולן זיך
מְפַשֵׁר זיין מיט אננדר. אך וועל ער זיך גערן מויאן אונ׳ וועל דיא פְּשָׁרָה מאכן
אונ׳ וועל קיין פְּסַק דִין צווישן זיא מאכן. דען ער זייא ניט אזא זער גילערנט דש
ער דיא דִינִים וויש, דער | דַיַּין זיין מיט גיוואלט. דען זיא זיין אין לִיבָּארְטָה אונ׳ 47 ע״א
מויגן עש טון ווען זיא ווען. אונ׳ ער קאן זיא ניט נויטן דש זיא אין בור איין דיין
נעמן. אבר איין בֵית דִין דש קאן איין וואל נויטן דש ער מוז בור זיא קומן אונ׳
האלטן ווש זיא פַּסְקְנֵן. ר׳ יוֹנָתָן דער זגט: אל דער דא איז מְבַטֵּל דיא תּוֹרָה בון
וועגן עוֹשֶׁר, אונ׳ לערנט ניט דרום דש ער ויל עֲסָקִים הוט, דער ווערט זיא לסוף
מְבַטֵּל זיין בון וועגן עוֹנִי. אונ׳ ⌜בון⌝ ארמוט וועגן ווערט ער ניט קוינן לערנן. אונ׳
אל דער דא איז מְקַיֵּים דיא תּוֹרָה אין זיינר ארמוט אונ׳ לערנט דוך וויא וואל ער
ארם איז, דער ווערט זוֹכֶה זיין דש ער זיא ווערט לסוף מקיים זיין אין עוֹשֶׁר אונ׳
כָּבוֹד דש ער זיך ניט ווערט דוירפן מויאן צו זער אום זיין שְׁפֵיזָה. נוייארט איינר
זול טון וויא ער קאן אונ׳ זול איין צייט האבן אל טג צו לערנן. ער זייא וויא ער
זייא, ארם אודר רייך. אז מיר וינדן אין דער גְמָרָא. לעולם הבא ווערט גיברוגט [32]
איין איטליכר מענש אוב ער הוט תּוֹרָה גילערנט אויף דער וועלט. איז איינר איין
עני גיוועזן אונ׳ ווערט שפרעכן איך הון ניט קוינן לערנן בון וועגן גרושם דַלוּת.
איך הון מיך בדוחק קוינן דר נערן מיט מיינר ערביט. דא ווערט הקב״ה שפרעכן:
דו בישט ניט ארמיר גיוועזן אז הִילֵל. דער הט ניט איין בערנר צו געבן דעם שׁוֹמֵר
הַפֶּתַח בון דעם בֵית הַמִּדְרָשׁ אונ׳ קונט ניט אינטרערן | אין דש בֵית הַמֶּדְרָשׁ. דא 47 ע״ב
שטיג ער אויף דש טאך, {עש רעגינט אודר שניא.} אונ׳ ליגט זיך בור איין וענשטר
אונ׳ הוירט צוג לערנן. אונ׳ לערנט כָּל יָמָיו דש ער איין קוישטליכר תַּלְמִיד חָכָם

7 משנה ט: רבי ישמעאל בנו. 18 משנה יא: רבי יונתן.
25 מעשייה מס׳ 32: עני ועשיר לפני בית־דין של מעלה.– השווה: יומא לה ע״ב; אדר״נ, ו; תנחומא, בראשית, לט; והשווה להלן, עמ׳ 129 (מעשייה מס׳ 54).

וואר. איז איינר דען איין עָשִׁיר גיוועזן אונ׳ ווערט שפרעכן: ליבר הער גוט, איך הון ניט קוינן לערנן. איך הב ויל נְכָסִים אונ׳ עֲסָקִים גיהאט אונ׳ הב ניט דר וייל גיהאט צו לערנן. זא ווערט הקב״ה שפרעכן: דו בישט ניט רייכר גיוועזן אז ר׳ אֶלְעָזָר זון חַרְסוּם. דער הט זיין אייגן ויל דוירפר אונ׳ טויזנט שֵׁיט אונ׳ הוט דענוך תּוֹרָה גילערנט. אונ׳ דש איז דש אונזר חכמים זגן הִילֵל מְחַיֵּיב אֶת הָעֲנִיִּים אונ׳ אֶלְעֶזֶר זון חַרְסוּם מְחַיֵּיב אֶת הָעֲשִׁירִים לְיוֹם הַדִּין. אונ׳ יוסף הצדיק דער מאכט חַיָּיב אל מפונקים אונ׳ הויפשי. דען עש וואר קיין הויפשרר אונ׳ מער מְפֻנָּק אז ער. נוך דענוך הוט ער תורה גילערנט. אונ׳ דרום ווערט זיך קיינר קוינן שקוזערן לְעוֹלָם הַבָּא, נוך בון עֲנִייוֹת וועגן, נוך בון עוֹשֶׁר וועגן, נוך פון מְפֻנָּקוֹת וועגן. ר׳ מֵאִיר דער זגט: איינר זול מינדרן זיין עֲסָקִים אונ׳ זול עוֹסֵק זיין אין דער תּוֹרָה. אונ׳ זול זיך שָׁפָל האלטן בור אידרמן, אפילו בור איינם דער ניט אז קוישטליך איז אז ער. אונ׳ אוב זיך איינר וועלט ויל עֲסָקִים אן נעמן אפושטה דש ער ניט וויל לערנן. אונ׳ וויל זיך מְבַטֵּל זיין בון דער תּוֹרָה. דא הוט השם יתעלה ויל בַּטְלָנִים אויף דעם עוֹלָם [אז יְסוּרִים אונ׳ אנדרי צָרוֹת], דיא ער אים שיקט דש זיא אין אך מְבַטֵּל זיין בון זיינן עֲסָקִים. וְנִמְצָא קֶרַח מִכַּאן וּמִכַּאן. אבר ווען איינר לושט שְׁטֵין
48 ע״א זיין עֲסָקִים אונ׳ איז עוֹסֵק | בְּתוֹרָה, הקב״ה גיבט אים זעלברט זיין לון אונ׳ ניט דורך איין אנדרן. אז דיא בַּטְלָנִים דיא שיקט ער איינן מבטל צו זיין, אונ׳ טוט עש ניט זעלברט. ווען עש איז בֵּישר דיא מִידָּה טוֹבָה ווידר מִדַּת פּוּרְעָנוּת. דש וינדן מיר אן ויל אורטן אין אונזרן סְפָרִים. [אודר דער פשט איז אזו. איינר דער דא מבטל איז דיא תּוֹרָה אונ׳ שפריכט איך ווער נוך וואל לערנן אונ׳ לושט זיך אל דינג, עש זייא קליין אודר גרוש, מבטל זיין לערנן. זא שיקט אים הקב״ה ויל בטלנים אונ׳ אינטריגי צו, דיא אין אומדר מבטל זיין, דש ווען ער שון וועלט לערנן דא קאן ער ניט. דרום זול איין איטליכר אל צייט לערנן אונ׳ ניט צו ווארטן אונ׳ שפארן אויף איין אנדר מול].

ר׳ אֱלִיעֶזֶר זון יַעֲקֹב דער זגט: דער דא טוט נור איין מִצְוָה אין דעם עוֹלָם דער קויפט זיך איין גוטן מֵלִיץ אין יענם עוֹלָם. דיא מִצְוָה דיא גֵיט בור הקב״ה אונ׳ זגט עֵדוּת אויף דען מענשן וויא ער זיא גיטון הוט, אז איין גוטר פרוקריטור דער בור איין רֵיט. אונ׳ דער דא טוט נור איין עֲבֵירָה אויף דעם עוֹלָם, דער קויפט זיך איין מַלְשִׁין אויף יענם עולם. דיא עבירה הינדרט אונ׳ רייצט אן מִדַּת הַדִּין דש מן אים טון זול זיין ור געלטונג אז ער ור דינט הוט. אבר דיא תְּשׁוּבָה אונ׳ מעשים טובים

10 משנה יב: רבי מאיר אומר.
15 קֶרַח מכאן ומכאן.– השווה ב״ק ס ע״ב; מנוקד קֶרַח במקום קֵרֵחַ.
16 הקב״ה גיבט אים וכו׳.– על־פי ברטינורה.
25 משנה יג: רבי אליעזר בן יעקב.
26 איין גוטן מליץ.– בעקבות ברטינורה, המבאר ׳פרקליט׳: מלאך, מליץ טוב.

דיא זיין אז איין גוטי טַארְגָה צו בישויצן איינן מענשן בור דעם פורענות אונ׳ בור
אל אונגלויק. ר׳ יוֹחָנָן דער וור איין ציקלער אודר שקארפער. דער זגט: אלי דיא
זאמלונג דיא דא איז לְשֵׁם שָׁמַיִם, ווען זיך דיא לוייט זאמלן צו אננדר, אז ווען מן
רויפט איין קהל צו אנגדר, צו איינר מִצְוָה אז צו לערנן תורה אונ׳ מַעֲשִׂים טוֹבִים
צו טון. אונ׳ זיא טוינן עש לְשֵׁם שָׁמַיִם, איר זאמלונג דיא בלייבט בישטין, דש זיא
בְּשָׁלוֹם מיט אננדר לעבן. אונ׳ אל איר ביגערונג ווערט גיטון אונ׳ ווש זיא ווען דש
גישיכט. אונ׳ איז אבר דיא זאמילונג ניט לְשֵׁם שָׁמַיִם ⸢נוייארט בון הערשאפט וועגן⸣,
48 ע״ב איר זאמילונג ווערט | ניט בישטֵין. עש קומט קריג אונ׳ אונגלויק אונטר זיא דש
זיא בון אננדר קומן; אונ׳ ווערט ניט גיטון איר ווילן אונ׳ ביגערונג. ר׳ אליעזר זון
שמוע [דער וור אך איינר בון דען עשרה הרוגי מלכות], דער זגט: עש זול זיין צו
דיר אזו ליב דיא כָבוֹד בון דיינם תַלְמִיד אז דיין אייגן כָבוֹד. איין איטליכר רַבִּי
דער זול אכטונג האבן אויף כבוד זיינש תַלְמִיד, גלייך אז ער מַקְפִּיד איז אויף זיין
כָבוֹד זעלברט. דש וינדן מיר בייא מֹשֶׁה רַבֵּינוּ ע״ה דער אכטט אויף דיא כָבוֹד
בון יהושע גלייך ⸢אז⸣ אויף זייני. דא ער וואלט מלחמה מאכן מיט עֲמָלֵק, דא שפרך
ער צו אים: דר וֵויל צו אונז מאנן אונ׳ מיר וועלן שטרייטן. אונ׳ ער זגט ניט, דר
וֵויל צו מיר מאנן אונ׳ איך וויל שטרייטן, וויא וואל ער דער עִיקָר וואר. אונ׳ דיא
אֵיר בון דיינם חָבֵר אונ׳ קומפיין דיא זול דיר אזו ליב זיין אז דיא מוֹרָא בון דיינם
רַבִּי. אזו וינדן מיר בייא אַהֲרֹן הַכֹּהֵן, דער וואר ברודר בון מֹשֶׁה רַבֵּינוּ אונ׳ היש
אין הער ⸢וויל ער זיין רבי וואר⸣. אז דער פסוק זגט: וַיֹּאמֶר אַהֲרֹן אֶל מֹשֶׁה, בִּי
אֲדוֹנִי. דא ער אין באט ער זול ביטן אום איר שווישטר מִרְיָם. אונ׳ דיא מורא בון
דיינם רבי דיא זול זיין אויף דיר אז דיא מורא בור השם יתעלה. דש וינדן מיר בייא
יְהוֹשֻׁעַ. דער זגט צו משה רבינו ע״ה, דא אֶלְדַד אונ׳ מֵידָד נְבִיאוֹת זגטן ⸢ווידר מֹשֶׁה⸣.
דא זגט ער: אֲדוֹנִי מֹשֶׁה כְּלָאֵם. דען וויל זיא דיין תלמידים זיין זא זיין זיא חייב
מיתה, גלייך אז העטן זיא ווידר השם יתעלה גיטון. ר׳ יְהוּדָה דער זגט: איינר זול
49 ע״א גיווארנט זיין מיט זיינם לערנן. דש ער זול רעכט לערנן מיט זיין | תַלְמִידִים אונ׳
זול אין דיא פְשָׁטִים רעכט צו ור שטין געבן דש זיא ניט גריייזן קונן. אונ׳ זול רעכטי
הוֹרָאוֹת אונ׳ רעכטי דִינִים אויז שפרעכן, דש מן זיך ניט קאן טוֹעֶה זיין אן זיינן

2 משנה יד: רבי יוחנן הסנדלר.
9 משנה טו: ר׳ אליעזר [צ״ל: אלעזר] בן שמוע.– ראה: עירובין נג ע״א; יומא עט ע״ב. בשוליים מוסיף המחבר, שגם תנא זה היה אחד מעשרה הרוגי מלכות; השווה: סנהדרין יד ע״א; ביהמ״ד, ב, עמ׳ 71–72.
13 דש וינדן... משה רבינו.– על־פי ברטינורה.
15 דר וויל צו אונז מאנן.– ׳בחר לנו אנשים׳ (שמ׳ יז:ט).
19 ויאמר אהרן... אדוני.– במ׳ יב:כא.
23 אדוני משה כלאם.– שם, יא:כח.
24 משנה טז: רבי יהודה אומר.

הוֹרָאוֹת אונ׳ דִינִים. ווען ווארום, ווען זיך איינר טוֹעֶה ווער ווען שון בשוגג ווער גישעהן, דען ער מיינט עש ווער רעכט, זא רעכיט אימש הַשֵׁם יִתְעַלֶה בור איין גרושי עֲבֵירָה, גלייך אז העט ערש גערן אונ׳ בְּמֵזִיד גיטון. ר׳ שמעון דער זגט: עש זיין דרייא קרונן, דיא הוט השם יתעלה גיבוטן מן זול זיא בְּכָבוֹד האלטן. אונ׳ דש זיין זיא. דיא תורה איז איין קרון, דש מן זול איין תַלְמִיד חָכָם בְּכָבוֹד האלטן. אונ׳ דיא כְּהֻנָּה איז איין קרון, דש מן דיא כֹּהֲנִים זול אך בְּכָבוֹד האלטן. אונ׳ דש מלכות איז איין קרון, דש מן איין מלך זול אך בְּכָבוֹד האלטן. אבר עש איז נוך איין קרון, דיא מן זול אין גרושר כָבוֹד האלטן, אונ׳ זיא שטֵיט ניט אין דער תוֹרָה, דש איז דער שֵׁם טוֹב. דש איז אויבר דיא דרייא קרונן, דש ווער דא הוט איין שם טוב בון מעשים טובים אין דער וועלט דען זול מן אך אין גרושר כבוד האלטן, וויא וואל עש דיא תורה ניט גיבוטן הוט. ווען ווארום דיא קרון בון דעם שם טוֹב, דיא גיהערט צו דען דרייא קרונן דיא אובן שטֵינן. ווען דש איז גיוּוִישליך ווען איין תַלְמִיד חָכָם איין בויזן שם הוט וויא ער ניט טוט נוך זיינר תורה, זא איז זיין תורה ניקש. אונ׳ איין כֹּהֵן דער זיין כְּהֻנָּה ניט רעכט האלט בקְדֻשָׁה, אונ׳ איין מֶלֶךְ דער זיין מַלְכוּת ניט רעכט
49 ע״ב בוירט, זא זיין דיא קרונן נישט. מן דארף זיא | ניט בְּכָבוֹד האלטן. עש ליגט אלז אן דעם שם טוב אונ׳ דרום איז דיא קרון בון דעם שֵׁם טוֹב אויבר אל דיא קרונן. {אונ׳ דער שלעכט פְּשַׁט איז. דיא דרייא קרונן זול מן בכבוד האלטן. אונ׳ דיא כֶּתֶר שֵׁם טוֹב מער אז דיא אנדרן}.

ר׳ נְהוֹרְאַי, דער וור ר׳ אליעזר זון ערך, איינר בון דען בוינף תלמידים בון ר׳ יוחנן זון זַכַּאי. אונ׳ מן היש אין דרום ר׳ נהוראי, דרום דש ער וור דר לוייכטן אויגן דער תַלְמִידֵי חֲכָמִים אין דער הֲלָכָה; ווש זיא ניט קונטן דש זגט ער אין. נְהוֹרְאַי איז טוייטש גידענקר. ער האט איין בישרן זכרון אז דיא אנדרן. אונ׳ איז אויך טוייטש לוייכטן. דער זגט: איינר זול זיך זעלברט אין דש גָלוּת טון בון וועגן דער תוֹרָה. דש מיינט ווען איינר ניט קאן לערנן אין זיינר שטט, זא זול ער ציהן אין איין שטט דא תַלְמִידֵי חכמים זיין, אונ׳ זול לערנן. אונ׳ איינר זול ניט שפרעכן אודר גידענקן איך וויל ניט בון מיינר שטט ציהן, דען ער מיינט דיא תוֹרָה ווערט אים נוך ציהן אונ׳ צו אים קומן, דיא תלמידים ווערן צו אים קומן. אודר זיא ווערן לערנן אין איינר שטט אונ׳ ווערן דר נוך צו אים קומן אונ׳ ווערן מיט אים לערנן ווש זיא גילערנט האבן בון דעם רַב. דרויף זול ער זיך ניט ור לושן. דען עש איז ניט גלייך

1 לפני שין נמחקה תיבת נישט

3 משנה יז: רבי שמעון אומר.
19 משנה יח: ר׳ נהוראי, דער וור ר׳ אליעזר [צ״ל: אלעזר] זון ערך.– המחבר מסתמך על פירושו של רש״י: ׳ר׳ נהוראי זה ר׳ אלעזר בן ערך... על שם שהיה מנהיר ומאיר עיני חכמים בהלכה׳ (שבת קמז ע״ב; עירובין יג ע״ב).
22–21 נהוראי איז טוייטש גידענקר.– נהוראי מתרגם ׳גידענקר׳, בעל זכרון.

איינר דער דא לערנט בון איינם רב אודר בון זיינן תַלְמִידִים. אונ׳ אוב איינר וועלט גידענקן, איך וויל אליין לערנן ווען ער האלט זיך חָכָם אונ׳ ווייז אונ׳ ור שטענטיג
50 ע״א גינוג. איינר זול זיך ניט אויף זיין חכמה אונ׳ ור שטענטיקייט ור לושן. ווען | ווער אליין לערנט, דער גידענקט זיין לערנן ניט אזו וואל אז ווען ערש לערנט אויף איינר יְשִׁיבָה מיט פִּלְפּוּל. מיר וינדן אך דש צוואו יְשִׁיבוֹת בָּטֵל ווארן דרום דש דיא רבנים איטליכר אליין לערנט. אז דער פסוק שפריכט: חֶרֶב עַל הַבַּדִּים וְנוֹאָלוּ. דש מיינט דיא אליין לערנן, דיא זיין רָאוּי דש מן זיא זולט דר שלאגן מיט דעם שווערט. ר׳ יַנַּאי דער זגט: מיר קוינן ניט ווישן ווארום עש אופט איינם צַדִּיק אויבל גֵיט אונ׳ איינם רָשָׁע וואל גֵיט. מיר האבן דש ניט אין אונזרן הענדן, נוייארט הקב״ה דער וויש עש וואל אונ׳ הוט עש אין זיינן הענדן. אונ׳ איטליכי זגן דען פשט. {אודר דער פשט איז אזו. אין בידינו וכו׳ מיר זיין ניט אז דיא רשעים. מיר האבן יא קיין גוטש אויף דער וועלט אז זיא האבן. אך זיינן מיר ניט אז דיא צדיקים, דען אירי יסורים זיין יסורים של אהבה, דש זיא קוינן דר בייא לערנן. אונ׳ מיר האבן גרושי אונ׳ ויל בטול תוֹרָה דש מיר ניט קוינן לערנן, בעו״ה. יצאנו מכלל רשעים ולא באנו לכלל צדיקים}. הקב״ה דער לושט דען רְשָׁעִים וְריד אונ׳ גוטי טג אין דיזם עוֹלָם דא מיט ביצאלט ער אין דש זעלביג וויניג גוטש דש זיא האבן גיטון. אונ׳ דרום דש זיא קיין זְכוּת זולן האבן אין יענם עוֹלָם, אונ׳ דיא צַדִּיקִים דיא קונשטיגערט ער אין דעם עוֹלָם דא מיט ביצאלט ער אין דיא עֲבֵירוֹת דיא זיא גיטון האבן, דרום דש זיא גאנץ ריין און זוינד זולן קומן אין יענם עוֹלָם. נור מיר ווישן ניט וויא לנג דיא רשעים זולן האבן דען וריד אונ׳ וויא לנג דיא צדיקים זולן
[33] האבן דיא יְסוּרִים. מַתְיָא זון חָרָשׁ דער וור גר איין גרושר חָסִיד אונ׳ דער שָׂטָן הט קִנְאָה אויף אין אונ׳ העט אין גערן אן גירייצט צו זוינדן אונ׳ ׳קונט׳ עש דוך ניט
[34] גישיקן, דען ער וואלט זיך ניט אן אין קערן. {ווארום הייסט מן אין זון חרש. דש

7–6 חרב ונואלו.– יר׳ נ:לו; על־פי פירושו של רש״י.

8 משנה יט: ר׳ ינאי אומר.

21 משנה כ: ר׳ מתיא בן חרש. מעשייה מס׳ 33: נסיונו של ר׳ מתיא בן חרש.– המעשייה מספרת כיצד השכיל מתיא בן חרש להכשיל את השטן אשר בא לפתות אותו בדמות אשה יפה. השווה: מדרש עשרת הדברות, ז:א; כפתור ופרח, עו ע״א; ביהמ״ד, א, עמ׳ 79–80; גאסטר, מס׳ 136; *Legenda Aurea*, Chap. ii: 'De S. Andrea'. נוסח דומה על נסיונו של ר׳ מאיר (וגם של ר׳ עקיבא) נמצא בתלמוד (קידושין פא ע״א); מעשה בוך, מס׳ 112; השווה גם שם, מס׳ 247. ייתכן, שלגנדה זו על נסיונו של ר׳ מתיא היא חיצונית (השווה: שבילי האגדה, עמ׳ 190). המעשייה נזכרת רק בילקוט שמעוני, בראשית, רמז קסא, בשם מדרש אבכיר. השווה גם: A. Marmorstein, in: *Jahrbuch für jüdische Volkskunde*, 1925, pp. 280 ff.; תומפסון, G 303.9.6.2; T 332; T 333.

23 מעשייה מס׳ 34: מעשה כשפים.– מעשייה זו משולבת בשוליים, בתוך הסיפור על נסיונו של ר׳ מתיא בן חרש. השווה: תומפסון, D 801.1. נוסח דומה מסופר בתלמוד על לידתו של ר׳ יהודה בן בתירא (ירוש׳ סנהדרין פ״ז הי״ט); השווה: גאסטר, מס׳ 388; ממקור

חָרָש איז איין צייברר, איין מכשף זול שטין, הב איך גיהוירט. דא ער הט זיין וייב גינומן, דא הט מן אים כישוף גיטון דש ער ניט קונט קינדר הבן מיט זיינם וייב. דא וור זיך זיין ואטר גר זער מצער אונ׳ גינג אין איין קאמר אונ׳ טעט איין נדר, ער וועלט ניט מֵין אויז דער קאמר קומן ביז דש דא קעמן תלמידי חכמים אויז ארץ ישראל דש ער זיא קוינט וריגן. איין מול קאמן דרייא רַבָּנָן אויז ארץ ישראל אין זיין שטט אונ׳ ער גינג זיא אנטפפנגן אונ׳ פרייאט זיא, זיא זולטן מיט אים עשן. אזו בירייטט ער איין הויפשי סעודה צו אונ׳ ריכטט דען טיש אין איינם הויפשן זאל. |
50 ע״ב אז זיא אם טיש זאשן אונ׳ מן הוב אן אויף צו טראגן, דא טרוג מן אלז בור אין איין קאמר אונ׳ דר נוך ברוכט מן עש אויף דען טיש. דיא רבנן ורוגטן, ווש ביטוייט דש, דש מן אלז טראגט בור אין דיא קאמר. דען זיא מיינטן ער העט אפשר איין עבודה זרה אין דער קאמר, אודר דש מן אין סם המות טעט אין דש עשן. דא הוב ער אן: ׳מיין ליב רבנים, עשט ורוויליך אונ׳ הט אוייך קיין זורג. איך וויל אוייך דר צילן דיא שמועה. איך הב איין אלטן ואטר, דער הוט איין נדר גיטון ניט אויז דער קאמר צו קומן. אזו ברענג איך אלז בור אים, דש ער זול בון ערשטן זיין חלק דרבון נעמן.׳ דא ורוגטן זיא: ׳ווארום הוט ער דש נדר גיטון.׳ דא וואלט ערש לנג ניט זגן. דוך לסוף זגט ער אין דיא שמועה. דא הובן זיא אן: ׳הייש אין הרויש קומן.׳ אזו קאם ער בור זיא אונ׳ זיא ווארן אים דש נדר מתיר. אונ׳ זיא ווארן משביע דיא מכשפה דש זיא מושט קומן. אז באלד זגטן זיא צו איר: ׳זייא מבטל דש כישוף.׳ דא זגט זיא: ׳איך הב עש ניט מֵין אין מיינר גיוואלט. איך הב עש אין דש ים גיווארפן.׳ זא מושט זיא שווערן, דש זיא קיינם מענשן מער כישוף וואלט טון. אזו ווארן זיא אך משביע דען שר בון דעם יַם. דער קאם אונ׳ ברוכט אין דש כישוף, אזו ווארן זיא עש מבטל. אזו קאם ער צו זיינם וייב אונ׳ זיא וואור טראגן איין יונגן הויפשן זון. אונ׳ בון דעש כישוף וועגן הייש מן אין בן חרש]. איין מול קאם ער בור דען בוֹרֵא ית׳. דא שפרך ער: ׳וואו בור האלטשטו דען מַתְיָא זון חָרָש?׳ דא שפרך ער: ׳איך האלט אין בור איין ורומן יודן.׳ ׳אבר עש איז קיין חִדוש, וועז ווארום דו האלטש דיין האנט אויבר אין. גיב מיר אבר רְשות אויבר אין – שפרך דער שָׂטָן – זא

ישראל, סי׳ רמח (חיבור המעשיות, ג). ווארום היישט מן אין וכו׳.– המחבר מדגיש שכך שמע, אבל השמועה בטעות יסודה. אביו של מתיא לא היה מכשף, אלא שנעשה לו כישוף, כמסופר באגדה. במעשיות ניכרים מוטיבים אלה: במעשייה 33: (1) הגיבור עומד בפני פיתויי עבירה (תומפסון, Q 537); (2) פיתויי אשה (שם, T 331); (3) גיבור הסיפור עומד בנסיונו שם, M 110.3; באגדה הנוצרית – אנטוניוס הקדוש עומד בנסיונו. במעשייה 34: שבועה שלא להסתכן בנסיון (שם, שם); רפואה מאגית נגד עקרות (שם, T 591.1); ניטול כוח גברא (שם, T 591); העקר נענה על־ידי תפילה (שם, T 548); הערמה על השטן (שם, G 272.15; K 218); הקסם נטמן בים (ארנה ותומפסון, 560; תומפסון, D 860).

23 כאן מסתיים הכתוב בשוליים – הסיפור על אביו של מתיא. מכאן ואילך חוזר המחבר לסיפור על נסיונו של ר׳ מתיא.

ווערשטו וואל זעהן וויא ורום ער איז.׳ דא שפרך דער בוֹרֵא: ׳דש זייא דיר דר
לאבט, נוייארט זיך אונ׳ רויר איין ניט אן אן זיינם לייב. איך ווייש דש דו איין ניט
ווערשט קוינן אן רייצן ˹צו זוינדן˺ דען ער איז איין גרושר חָסִיד.׳ דא וואר דער
שָׂטָן ורויליך אונ׳ מאכט זיך צו איינר שוינן ורויאן, דיא אלר שוינשט דיא מן אין
דער וועלט מוכט וינדן. אונ׳ קאם אל מול אונ׳ שטֵילט זיך בור אין גיגן זיין אויגן
דא ער זאש אונ׳ לערנט. דא קערט ער זיך בון איר אויף איין אנדרי זייט אונ׳ וואלט
זיא ניט אן זעהן. דא גינג זיא אך אויף דיא זעלביג זייט. דא ווענדט ער זיך ווידר
אויף איין אנדרי זייט. דש טריב זיא לאנג צייט אן אונ׳ ער וואלט זיא ניט מיט זיין
אויגן אן זעהן. אונ׳ דא ער נון זאך דש זיא ניט וואלט בון אים לושן, דא רויפט ער
זיין תַלְמִידִים איינן אונ׳ היש אים ברענגן צווין גוילדני נֵיגיל אונ׳ איין האמר אונ׳
איין בֵיקן מיט וושר. אונ׳ ער שטאך זיך זעלברט דיא אויגן אויז אונ׳ וועשט זיך דר
נוך מיט דעם וושר. דא דער שָׂטָן דש הט גיזעהן, דא גינג ער גר טרויאריג אונ׳ קאם
בור דען בוֹרֵא אונ׳ זגט, וויא עש אים גאנגן וואר מיט דעם ⟨זון⟩ חָרָשׁ. אונ׳ זגט
עֵדות אויבר אין וויא ער ווער איין גרושר צַדִיק אונ׳ חָסִיד. דא שפרך דער בורא
צו דעם מַלְאַךְ רְפָאֵל: ׳גֵיא הין אונ׳ הייל דעם מַתְיָא זון חָרָשׁ זיין | אויגן ווידר אלזו 51 ע״א
שוין אז זיא בור זיין גיוועזן.׳ דא קאם דער מַלְאַךְ רְפָאֵל צו אים אונ׳ שפרך: ׳דער
בוֹרֵא יִתְבָּרַךְ הוט מיך גישיקט הער איך זול דיר דיין אויגן היילן.׳ דא וואלט ערש
אים ניט גלויבן אונ׳ וואלט זיך ניט לושן היילן. אונ׳ שפרך: ׳מיר איז ויל בישר איך
זייא בלינד, ווערדר דש איך גיזעך אונ׳ דש מיך דער יֵצֶר הָרַע זולט ביצווינגן צו
זוינדן אונ׳ מאכט מיך ור לירן מיין תּוֹרָה אונ׳ חֵלֶק לְעוֹלָם הַבָּא.׳ דא קאם דער
מַלְאַךְ רְפָאֵל ווידר צו דעם בוֹרֵא אונ׳ זגט אים וויא ער זיך ניט וועלט היילן לושן.
דא שפרך דער בוֹרֵא ווידר צו רְפָאֵל: ׳גֵיא הין אונ׳ זג אים איך וויל אים עֶרֶב זיין
אונ׳ שויגירערן דש איין דער שָׂטָן נוך יֵצֶר הָרַע זול נוימר מֵין אן רייצן.׳ דא נון דער
מַלְאַךְ ווידר קאם אונ׳ זגט אים אזו ויל בון דעש בוֹרֵא יִתְבָרַךְ ווענן, דא גלאבט
ערש אונ׳ ליש זיך זייני אויגן ווידר היילן אונ׳ ער גיזאך גלייך אז וואל אז בור. אונ׳
ביז ער שטארב, הט ער זיין גוט גיזיכט אונ׳ נויצט נוימר קיין פְּרִיל ניט. אונ׳ דער
יֵצֶר הָרַע הט זיך גאנץ בון אים אבגיטון אונ׳ ביגערט איין נוימר מֵין אן צו רייצן אונ׳
ער בליב איין צַדִיק אונ׳ חָסִיד ביז אין זיין ענד. אזו זול איין איטליכר ורומר יוּד
אך טון, זא קומט ער נוימר צו זוינדן.

דער ר׳ מַתְיָא וור זגן: זיך אונ׳ זייא דיך מַקְדִים דש דו איינן איקליכן מענשן גרושט
אונ׳ שָׁלוֹם גיבשט, אֲפִילוּ איינם גוֹי בון דֶרֶךְ שָׁלוֹם ווענן. זול מן אין בוֹנְדִי זאגן אונ׳
שַׁאלְמֶערַן. אונ׳ איינר זול ליבר זיין בייא ורומן קוישטליכן | לוייטן, זיא זיין גיגליכן 51 ע״ב
צו שטארקן לֵיבן. איין דינר אונ׳ שערוויטור מין דש ער זולט זיין איין ראש אונ׳
קאפיטאני בייא שְׁפָלִים אונ׳ רשעים, זיא זיין גיגליכן צו בויזן בֹויקשן. ווען ווארום

בייא ורומן לוייטן לערנט מן קיין בויז נוייארט מן ˹זיכט˺ וויא מן אין כָבוֹד אן טוט, דר דורך ווערט ער אך גיאֵירט. אבר בייא דען רְשָעִים קאן מאן נישט גוטש לערנן אונ׳ אך קיין כָבוֹד דר ייאגן. ר׳ יַעְקֹב דער זגט: דיא וועלט איז בור יענר וועלט גיגליכן צו איינם {בור הוב} בור איינם פאליש אונ׳ פלאץ. דיא וועלט דיא איז גלייך אז איין פורטיק אונ׳ איין קורט גיגן עוֹלָם הַבָא, דש איז דער פאליש אונ׳ פלאץ. איין משל. ווען איינר וויל גֵין בור איין דוכוס אודר מֶלֶך, אֵי דש ער אינטרערט אין דיא קאמר בור דען מֶלֶך, דא בירייט ער זיך צו אונטר דעם פורטיג וויא ער רֵידן אונ׳ שפרעכן זול דש ער זיך ניט ורְרֵייט, אונ׳ וויא ער גֵין זול דש זיין קליידר הויפש אונ׳ ריין אונ׳ פוליז זיין. דש ער מיט אֵירן אונ׳ כָבוֹד מג בור דען מלך רֵידן אונ׳ גֵין. אזו זול זיך אך איין איטליך מענשן בירייטן בָעוֹלָם הַזֶה מיט תוֹרָה מִצְוֹת אונ׳ מַעֲשִים טוֹבִים, אין דר ווארטן דש ער מג אינטרערן אין דען פאליש לְעוֹלָם הַבָא מיט אנדרי צַדִיקִים בור דען קוניג הקב״ה. אזו איז אך ווער זיך ניט הויפשט צירט אויף דער וועלט אונ׳ הויט זיין נְשָמָה ניט דש זיא ריין בלייבט און זוינד, דער קאן ניט קומן לעולם הבא אין דש גַן עֵדֶן. ווער דא ניט קוכט אם עֶרֶב שַבָת, דער הוט נישט צו עשן אם שַבָת. איר ור שטֵיט מיך אל וואל. | נוך מֵין וור ער זגן: עש

52 ע״א איז הויפשר אונ׳ בֵישר איין שָעָה דש דער מענש תְשוּבָה אונ׳ מִצְוֹת אונ׳ מַעֲשִים טוֹבִים טוט אויף דער וועלט, מער ווידר ער זולט דורטן אויף ייענר וועלט אל זיין לעבטג תשובה אונ׳ מעשים טובים טון. ווען אויף ייענר וועלט העלף קיין תשובה ניט אונ׳ מעשים טובים דיא געלטן ניט. ווען הָעוֹלָם הַבָא איז נישט אנדרש, נוייארט צו געבן איטליכם זיין שָכָר דר נוך ער ור דינט הוט אויף דער וועלט. הוט ער ויל גוטש גיטון, זא ווערט ער האבן ויל גוטן לון. הוט ער וואל גיקוכט, זא ווערט ער וואל עשן. דורטן קאן מאן נישט מער קונצרן. איין משל וויל איך אוייך זגן. גלייך אז איין פוֹעֵל איין לאווירענט דער דא ערביט איין גאנצן טג אויף דעם ועלד אונ׳ צו נאכט ווען ער זיין ערביט הוט גיטון אונ׳ מן זול אים זיין שָכָר געבן, דא בוירט מן אין אין דש הויז צו דעם פַטְרוֹן, אונ׳ גיבט אים צו עשן אונ׳ צו טרינקן אין איינם הויפשן זאל; אונ׳ דר נוך ליגט מן אין אין איין הויפש בעט, דארינן שלופט ער גר וואל אונ׳ זענפטיגליך אונ׳ רואט זיך גר וואל אויז נוך זיינר גרושן ערבט אונ׳ פַאדיגה דיא ער גיטון הוט. אזו איז דער עוֹלָם הַזֶה, דער איז דש ועלד דש מיר ערבטן אונ׳ דער עוֹלָם הַבָא איז דש הויז בון דעם פַטְרוֹן דא גיבט מן איטליכם זיין לון ווש עש ור דינט הוט, אונ׳ איטליכר זיצט אויף זיינם אורט אין גוטר רוא. אונ׳ עש איז

1 אחרי נוייארט מן נמחקה תיבת זעך   19 התיבות איז נישט נכפלו ונמחקו פעם אחת

3 משנה כא: רבי יעקב אומר.
6 משל על אחד שנכנס אל השר או אל המלך.– על־פי ברטינורה.
14 ׳מי שלא טרח בערב שבת לא יאכל בשבת׳.– ע״ז ג ע״א; קה״ר א:לו.
15 משנה כב: יפה שעה אחת בתשובה.

בֵּישר צו זיין בְּעוֹלָם הַבָּא איין שעה מיט רוא אונ׳ זענפטיקייט, מֶין ווען אל דש
52 ע״ב לעבן | אויף דער וועלט, אונ׳ ווען ער שון לעבט טויזנט יאר. אונ׳ דרום זול זיך
[35] קיין ורומר מענש ניט בורכטן בור דער מִיתָה. וד״ל. ר׳ שמעון זון אלעזר זגט. {מיר וינדן אין דער גמרא וויא דש ער איין מול ביגיגט דעם בריזעל. דא ורוגט ער אין: ׳וויא ווישטו וועלכי גיבעלט האבן, תאמר דו בישט דיך טוֹעֶה?׳ דא שפרך ער: ׳ווש זול איך טון, עש איז אזו דיא קומישיין בון מלך.׳ דא שפרך ער צו אים: ׳איך וויל דיך לערנן דש דו ניט ועלשט. גֵיא אל מול אום דיא צייט ווען מן דיזנערן זול אין דיא אוּשְׁטְרִיאַש. אונ׳ ווען דו איינן וינטש דער אויבר דעם עשן אנטשלופט, דער איז גיוויש איין גנב, דען ער הוט דיא גאנץ נאכט גיוואכט אונ׳ איז אום גאנגן גנבן.׳ ער טוט אזו אונ׳ ואנד אזו, אז ער גיזגט הוט. דא גינג דער בריזעל צו דעם מלך אונ׳ זגט וויא אין דער ר״ש גילערנט הט. דא זגט דער מלך: ׳איך וויל ער זול מיין בריזעל זיין, דיא ווייל ער זיך אזו וואל דרויף ור שטֵיט.׳ אזו וואור ער באריזעל. איין מול ביגיגט אים איין וועשר. דער שפרך צו אים: ׳דו בישט איין שפין נאשוידו בון איינר רוזן.׳ דא שפרך ער צו זיינן קנעכטן: ׳וויל דער אזו איין עזות פנים הוט גיגן מיר, ער מוז חייב מיתה זיין. ואנגט אין.׳ אזו וינגן זיא אין. אן מורגיש וואלט ער אין ווידר מאכן אויז קומן, דא קונט ער ניט. אונ׳ מן בוירט אין צו העגנן. דא ⟨ער⟩ גינג אונטר דעם גאלגן, דא קם איין קול אונ׳ זגט: ׳לוש דירש ניט לייד זיין, ווען ער אונ׳ זיין זון, דיא האבן אם יום הכיפורים איין כלה גינויט.׳ דא שלוג ער זיך מיט דער הנט אויף זיין בויך אונ׳ שפרך: ׳איך בין גיוויש דש קיין וואורים אן מיינם פלייש ווערן עשן נוך מיינם טוט, דיא ווייל מיר דש מעשה גישעהן איז, דען איך הב גימיינט איך העט אים אונרעכט גיטון.׳ אונ׳ ער ליש זיך דען בויך אויף שניידן אונ׳ ליש זיך בון זיינם חלב אונ׳ ויישטיקייט אב שניידן אונ׳ ליגט עש אין דיא זון אין תמוז דא עש אם אלר היישטן וואר. אונ׳ עש וור ניט שטינקן נוך וואוקשן קיין וואורים דרין. ער וור גר איין ויישטר מן, אז מיר אי⟨ן⟩ וינדן[...]} איינר דער איין גוטן חָבֵר הוט אונ׳ אימנט הוט אים אֵיצווש גיטון, אודר אים איז אֵיצווש גישעהן דש ער צורניג איז, זא זול ער ניט צו אים גֵיין אונ׳ מְרַצֶה ״זיין״ דיא ווייל ער צורניג איז, דען ער ווערט זיך דוך ניט אן אין קערן. ער זול אים לושן דען צורן ור גֵיין אונ׳ פאשערן, אונ׳ דר נוך זול ער זעהן דש ער אין מְרַצֶה איז. אונ׳ איינר זול קיין אָבֵל מְנַחֵם זיין, דיא ווייל דש מת נוך בור אים ליגט אונ׳ ניט ביגראבן איז. ״דען

24 סוף הסיפור בחתך מכתב־היד

3 משנה כג: ר׳ שמעון בן אלעזר. מעשייה מס׳ 35: ר׳ שמעון בן אלעזר תופס גנבים.– השווה: ב״מ פג ע״ב – פד ע״ב; גאסטר, מס׳ 95; מעשה בוך, מס׳ 233; תומפסון, N271.5. המחבר טעה ויחס לר׳ שמעון בן אלעזר את הסיפור התלמודי על ר׳ אלעזר ב״ר שמעון. הסיפור ששולב כאן נשנה להלן באוסף המעשיות (מס׳ 49, עמ׳ 121), וכפי שמעיד המחבר שם, כתבוֹ מזכרונו.

עש העלפט קיין טרוישטן ניט˺. ער זול בור לושן דען בַר מִינַן צו קְבוּרָה טון, דר
נוך זול ער אין טרוישטן אונ׳ מְנַחֵם זיין. אונ׳ איינר דער דא הוירט דש איינר איין
נֶדֶר טוט, זא זול ער אין ניט ורוגן אלאורה, אלאורה, לוש דיר דיין נֶדֶר מַתִיר זיין
˺אודר וויא אונ׳ וועק טושטו דש נדר˺. דען ער מאכט אין גידענקן אן דש נֶדֶר אונ׳
וואור ערשט נוך מֵין נֶדֶר טון, דש מן אימש זולט נוימר מֵין מַתִיר זיין. אונ׳ וועך מן
אים דש נֶדֶר דר נוך וועלט מַתִיר זיין, דא וְואור ער קיין אויז רֵייד האבן צו זאגן,
העט איך אזו גיוויסט, איך העט דש נֶדֶר ניט גיטון. דען ער העט עש אלז בור
גיוויסט אונ׳ דענוך הוט ער דש נֶדֶר גיטון. אונ׳ וועך דיין חבר העט איין גרושי זוינד
גיטון, אודר איין בויברייא דיא אים איין שאנד ווער, זא זולשטו דיך ניט לושן זעהן
53 ע״א בור אים, דש דו וועלשט צו אים גֵין אונ׳ אין ורעגן: | וויא איז דיר גישעהן אודר
ווארום הושטו דש גיטון אונ׳ דעש גלייכן. דען ער שעמט זיך בור אידרמן אונ׳
ווערט דיר נישט זאגן בון שאנדן וועגן.

שְׁמוּאֵל הַקָטָן. ער היש דרום שמואל הַקָטָן, דרום דש ער זיך נידר אונ׳ שָׁפָל מאכט
בור אידרמן. אבר ער וור איין גרושר אונ׳ קוישטליכר תַלְמִיד חָכָם ˺אונ׳ איין
גרושר עָנָיו˺. אונ׳ ער וואר איין האלבר נָבִיא, אז מיר וינדן אין דער גמרא. {דש דא
ער שטארב, דא קלאגט מן אויף ⟨אין⟩ אזו: וואו איז מֵין אזו איין חָסִיד, וואו איז
מֵין אזו איין עָנָו אונטר אל דען תַלְמִידִים בון הִילֵל}. דער שמואל וור זגן: וועך
איינר זיין ויינד זיכט ואלן, דש עש אים אויבל גֵיט, זא זול ער זיך ניט ורייאן. אונ׳
וועך ער שטרויכלט דש עש אים אן הֵיבט אויבל צו גֵין, זא זול זיך איינר ניט ורייאן,
אֲפִילוּ אין זיינם הערצן. דען וועך זיך איינר ורייאט וועך עש זיינם ויינד אויבל גֵיט,
דא גידענקט ער זיך: השם יתעלה דער איז מיין שָׁלִיחַ דש ער מיין ויינד טוט ועלן.
דש ווערט השם יתעלה אויבל גיבאלן אונ׳ ווערט אב טון זיין צורן בון זיינם ויינד
[36] אונ׳ ווערט אין אויף אין טון, ח״ו. אֶלִישַׁע זון אֲבוּיָה. בורנן אין דעם פרק הב איך
גישריבן וויא ער איינר וור בון דען וירן דיא דא גינגן אין איין גארטן. אונ׳ ער וואלט
צו ווייט טראכטן, אונ׳ דר נוך וור ער איין מִין אונ׳ גינג לְתַרְבּוּת רָעָה. {אונ׳ דיא
גמרא הייסט אין אַחֵר}. ווארום עש וור איין בת קול קומן ˺בון דעם הימל˺ דש זגט:

13 משנה כד: שמואל הקטן.– כדרכו מבאר המחבר, משום־מה נקרא שמואל הקטן (מפני שהקטין את עצמו והיה עניו). בזה הוא מסתמך על פירושו של רש״י, על־פי סנהדרין יא ע״א; סוטה מח ע״ב.

17–20 וועך איינר... הערצן.– ׳בנפל אויבך אל תשמח׳ וגו׳ (מש׳ כד:יז).

22–23 דש ווערט... אין טון: ׳פן יראה ה׳׳ וגו׳ (שם, יח).

23 משנה כה; מעשייה מס׳ 36: אלישע בן אבויה.– המחבר מעיר, שכבר בפרק הקודם סיפר על ארבעה שנכנסו לפרדס; כאן הוא מוסיף, שיצאה בת קול ואמרה: ״שובו בנים שובבים״ (יר׳ ג:כב) ותהיה לכם כפרה, חוץ מאחר שיצא לתרבות רעה.׳ השווה: חגיגה טו ע״א; קה״ר ז:יח; ירוש׳ חגיגה פ״ב ה״א; גאסטר, מס׳ 142.

טוט תְּשׁוּבָה, איר ווילדי קינדר, זא ווערט איר כַּפָּרָה האבן. און דער אֱלִישַׁע זון אֲבוּיָה ווען ער שון תְּשׁוּבָה טוט, זא הוט ער דוך קיין כַּפָּרָה. אונ׳ דא ער דש הורט,
53 ע״ב דא גידוכט ער זיך, דיא וייל איך יא הב עולם הבא ור לורן, זא | וויל איך דען עוֹלָם ניט ור לירן אונ׳ וויל טון אלש דש מיין הערץ ביגערט, אונ׳ גינג לְתַרְבּוּת רָעָה. עש ווער ויל דר בון צו שרייבן, מיט ווש עש זיין ואטר ור זוינד הט. דען ער וואר איין גרושר עָשִׁיר אונ׳ איין ורומר יְוד, אונ׳ דער זון וור איין גרושר תַּלְמִיד חָכָם. עש איז אבר צו לאנג אונ׳ דרום וויל איכש אזו לושן בלייבן. באשטה מא. דער אֱלִישַׁע זגט דיא וייל ער נוך ורום וור גיוועזן. איינר דער דא לערנט איין קינד, דיא וייל עש יונג איז דא איז זיין לערנן וואל אן גילֵיגט, דען עש ביהאלט ווש עש לערנט, וואו הר צו איז ער גיגליכן? גלייך אז איינר דער דא שרייבט מיט גוטר טינט אויף איין גוט ווייש נוייא פפיר. דא קלעבט זיך דיא טינט וואל דראן אונ׳ גֵיט ניט באלד אב. אלזו איז אך ווש איין מענש לערנט אין זיינר יוגנט, דש ביהאלט ער אונ׳ ור גישט עש ניט באלד אונ׳ גידענקט עש לאנג. אונ׳ דער דא לערנט איין אלטן, דער איז גיגליכן אז איינר דער דא שרייבט מיט איינר בויזן טינט אויף איין אלט פפיר, דש זעלביג כְּתַב גֵיט באלד אב דש מן עש ניט לייאן קאן. דען דיא טינט איז נישט גוטש אונ׳ דש פפיר אך אלט. אלזו איז אך איינר דער אֵירשט אין זיינר אֵילטר לערנן וויל. דש ור געשט ער באלד, דען ער קאן עש ניט ביהאלטן, אונ׳ עש איז אלז ור לורן ווש ער אין זיינר אֵילטר אן הֵיבט צו לערנן.

ר׳ יוסי בַּר יְהוּדָה דער וואר איין מאן בון איינם דורף בייא בָּבֶל. דער זגט: איינר
54 ע״א דער דא לערנט בון איינם יונגן דער זעלברט נוך | ניט ויל קאן. דער איז גלייך צו איינם דער דא אישט און צייטיגי טרויבן, דיא מאכן אים דיא צין איילִיג. אונ׳ גלייך אז איינר דער דא טרינקט נוייאן וויין, דער דא ערשט קומט בון דער קעלטר. דער הוט נוך קיין טַעַם נוך רֵיחַ אונ׳ גיבט נוך קיין קראפט. אזו איז אך דער דא לערנט בון דען יונגן. זיא קוינן איינם ניט צו ור שטין געבן דען שוֹרֶשׁ, אונ׳ קוינן איינם ניט טַעְמִים אונ׳ סְבָרוֹת זגן. דא איז דש לערנן נישט נויץ. אבר איינר דער דא לערנט בון אלטן לוייטן דיא אל איר טג גילערנט האבן, דער איז גלייך צו איינם דער דא עשט צייטיגי טרויבן דיא דא זויש אונ׳ גוט זיין, אונ׳ טרינקט גוטן, אלטן וויין, דער גיבט אים קראפט אונ׳ מאכט אין זאט. אזו איז אך איינר דער דא לערנט בון זְקֵנִים דיא קוינן איינם איין פשט צו ור שטֵין געבן אונ׳ קוינן איינם טַעְמִים אונ׳ גוטי סְבָרוֹת זגן דש ער איין גינויגן הוט אונ׳ גינן אים צו הערצן אונ׳ ער ביהאלט אונ׳ גידענקט זיא.

8 המחבר מפרש על־פי רש״י.
19 משנה כו: ר׳ יוסי בר יהודה.
20 המחבר מפרש על־פי ברטינורה.

ר׳ דער זגט אויף דיא רֵיד בון ר׳ יוֹסֵי אונ׳ שפריכט: עש איז ניט אלמול אזו [דען
מן שפריכט]. דען מן זול ניט אן זעהן קיין קאן, דש מיינט איין כְּלִי דש צו גידעקט
איז מיט זיינר קְוַוערְטַה דש מן ניט קאן זעהן ווש דרינן איז, דיא ווייל דיא קווערטה
דרויף איז. דש היישט איין קאן אודר בוקאל, דיא זול מן ניט אן זעהן אוישן וויניג
˹צו ווישן ווש דריין איז˺, נוייארט מן זול זעהן ווש דרינן איז. דען דו זיכשט אופט
איין נוייאי קאן דיא איז בול מיט גוטם קוישטליכם אלטן וויין, אונ׳ איז אופט איין
54 ע״ב גוטי, אלטי קאן, אונ׳ איז אפילו נוייאר ויין | ניט דארינן. אלזו איז אך אופט איין
יונגר מאן דער איז ואל חָכְמָה אונ׳ תּוֹרָה אז איין מילגרום, אונ׳ איז אופט איין אלטר
מאן דש נישט אין אים איז אונ׳ איז און חָכְמָה אונ׳ און תּוֹרָה. דרום זול מן קיין מענשן
ור שמעהן, דען מן קאן ניט זעהן אן זיינר גישטאלט ווש ער איז, נוייארט מן זול בור
מיט אים רֵידן, דא הוירט מן ווש אין אים שטעקט.
ר׳ אלִיעֶזֶר⟨!⟩ דער קַפָּר דער זגט: דיא קִנְאָה אונ׳ ניידונג דיא איינר הוט אויף
זיין חָבֵר, אונ׳ דיא תַּאֲוָה, דש איינר נוך גֵיט זיינם וואָל לושט צו נִיאוּף אונ׳ אֲכִילָה
אונ׳ שְׁתִיָּה אונ׳ זוינשט אנדרי עֲבֵירוֹת, אונ׳ דער כָּבוֹד ביגערט, דש איינר וויל האבן
מן זול אין מְכַבֵּד זיין, מער אז ער ווערט איז. דיא דרייארלייא ציהן אויז דען
מענשן בון דער וועלט, דש ער שטערבט אֵי זיין צייט קומט. נוך מען ווער ער זגן:
אל דיא דא ווערן גיבורן, דיא מויזן שטערבן אונ׳ אל דיא דא זיין גישטורבן, דיא
ווערן ווערדן ווידר לעבדיג. אונ׳ דיא דא ווערדן ווידר לעבדיג, דיא ווערן גיריכט.
איין טייל, זיא ווערן לעבדיג בלייבן אוימר אונ׳ איביג אז דיא מַלְאָכִים. אונ׳ איין
טייל דיא ווערן ווידר שטערבן וועןן זיא האבן אירן דין מְקַבֵּל גיוועזן; וואו זיא דער
דִין ווערט הין ווייזן, דא מויזן זיא הין גֵּיין. אונ׳ אך דיא ווייל דש זיא לעבן אויף דער
וועלט, זא ווערן זיא אך גיריכט. איינם גישיכט דש, דעם אנדרן דש. אונ׳ דרום זול איין
55 ע״א איטליכר מענש לערנן דש ער | זול ווישן אונ׳ ער זול עש אנדר לוייט אך לושן ווישן,
דש עש אידרמנן ווערט צו ווישן. אונ׳ ער זול זיך דש אן נעמן צו הערצן. אונ׳
זול עש אומנדר גידענקן דש הַשֵּׁם יִתְעַלֶּה איז דער בּוֹרֵא, דער דא הוט בישאפן
אל דיא וועלט בון נישט. אונ׳ דרום זול דער מענש גידענקן דש דער בורא יתברך

1 משנה כז: רבי אומר אל תסתכל בקנקן. ׳ר׳׳, כך כתוב, במקום ׳רבי׳, ויש גירסאות הגורסות ׳רבי מאיר׳. על־פי פירושו של ברטינורה מוסיף המחבר: ׳דער זגט אויף די ריד בון ר׳ יוסי׳.

4 את המלה ׳קנקן׳ מתרגם ׳קאן׳ או (באיטלקית) ׳בוקאל׳.

12 משנה כח.– במשנה: ר׳ אלעזר הקפר; כאן: ר׳ אליעזר. תנא זה נקרא לפעמים ר׳ אלעזר ולפעמים ר׳ אליעזר; אלבק, מבוא, עמ׳ 233, גורס: ר׳ אליעזר הקפר. והשווה: תנחומא, שופטים, יח: ר׳ אליעזר הקפר.

13 דיא תאוה.– המחבר מוסיף, על־פי ברטינורה: ׳ניאוף אונ׳ אכילה אונ׳ שתיה׳.

17 משנה כט: הילודים למות.

מג טון מיט זיינן בישעפניש ווש ער וויל, גלייך אז איין העבנר אונ׳ פינייאַטער דער
מאכט אויז איינם שטויק ליימן איין כְּלִי וויא ערש וויל האבן, אונ׳ צו בריכט עש
ווידר ווען עש אים ניט גיבאלט. אונ׳ דרום פרויבט ער אונ׳ ווייש וואל ווש איינר
[37] אין זיינם הערצן גידענקט, גלייך אז איין מויארר דער דא בויאט דען לוייטן הויזר
אונ׳ מאכט אין דרינן היימליכי אורטר דש מן אוֹצְרוֹת אונ׳ חְפוּרוֹת דרינן ור בערגן
קאַן. דר נוך ווערט דער מויארר צו איינם שַׂר אודר מֶלֶךְ אויבר דיא זעלביג שטט
דיא ער גימויארט הוט אונ׳ היישט אין אן, איין גרוש מַס אונ׳ טַאשָׁה. אונ׳ זיא גינן
אונ׳ ור בערגן איר מָמוֹן אין דיא אוירטר דישיקרעט אונ׳ שפרעכן צו דעם שר,
מיר האבן נישט אונזר אייגן. ווילשטו אונז ניט גלאבן, זא קום אונ׳ זיך אין אונזר הויזר
ווש מיר דרינן האבן. דא שפריכט ער: ווערלט אירש בור מיר ור לייקנן אונ׳ אים
סוד האלטן? איך ווייש וואל אוייערי סוֹדוֹת אונ׳ אוייערי חפורות דיא איר גימאכט
55 ע״ב הט. | דען איך הון אוייערי הויזר אל זעלברט גיבויאט. אזו הוט אך דער בּוֹרֵא דען
מענשן בישאפן אונ׳ ווייש ווש ער אין זיינם הערצן גידענקט, אונ׳ ער איז מֵבִין אל
דינג. אונ׳ דרום איז ער איין רעכטר דַיַּן, דען ער ווייש אונ׳ איז מֵבִין אל ווערק
דעש מענשן. אונ׳ אוב איינר ווערלט גידענקן, ווער וויל אויף יענר ווערלט עֵדוּת
אויבר מיך זגן, אודר ווער וויל מיך תּוֹבֵעַ זיין. הקב״ה דער איז זעלברט דער בַּעַל
דִין, דער דיך תּוֹבֵעַ איז. אונ׳ ער איז אך דער עֵד דער עֵדוּת אויבר דיך זגט, אונ׳
איז אך דער דיין. גילובט זייא ער דש ניט עש איז צו בור אים קיין אונרעכט אונ׳
ור געשט נישט. אונ׳ ניט ער איז נוֹשֵׂא פָּנִים קיינם מענשן, עש זיין בון ורומקייט אודר
בון בושהייט ווענן. אונ׳ ער נעמט קיין שׁוֹחַד, דען עש איז אלז בור זיין. דש איינר
ווערלט גידענקן, הון איך שון ויל עֲבֵירוֹת גיטון, זא הון איך אך ויל מִצְוֹת גיטון. אונ׳
ווען מן מיר ווערט אב שלאגן גֵיגן איטליכר עֲבֵירָה איין מִצְוָה, זא ווער איך ניט
אזו ויל צָרוֹת האבן אונ׳ יִסוּרִים ליידן אז ויל אז איך עֲבֵירוֹת גיטון הב, דען עש
ווערן וויניג עֲבֵירוֹת בלייבן. דש איז ניט וואל גידוכט. דען אז ויל עֲבֵירוֹת אז איינר
גיטון הוט, אזו ויל יִסוּרִים מוז ער ליידן אויף איין איטליכי עבירה 'אירן עונש',
שיגונד אז זיא איז גרוש אודר קליין. אונ׳ דר נוך איז ער אך מְקַבֵּל שָׂכָר אויף איין
איטליכי מִצְוָה דיא ער גיטון הוט, אפילו איינם צַדִיק גָמוּר דעם שענקט מן ניט איין
56 ע״א קליינִי | עֲבֵירָה דיא ער גיטון הוט. ער מוז זיין עוֹנֶשׁ דרום ליידן. אונ׳ וויש דש ער
אלז ביצאלט נוך דעם חֶשְׁבּוֹן דר נוך ער גיטון הוט, עש זייא בויז אודר גוט. אויף

8 נמחקו אותיות ממן ובמקומן נכתב ממון   11 לפני ווייש נמחק וושש

4 מעשייה מס׳ 37: מחבואים בפלטין.– ראה: במ״ר ט:א; והשווה: ׳אני בניתי את המדינה ואני עשיתי את המטמונים׳ (תנחומא, נשא, ה; בר״ר כד:א).
28–29 אונ׳ וויש... חשבון.– ׳ודע שהכל לפי החשבון׳.

איטליכי עֲבֵירָה זיין בוז דיא ער ליידן מוז. אויף איין איטליכי מִצְוָה זיין שָׂכָר. אונ׳
ניט עש זול דיך ור זיכרן אונ׳ שיגורערן דיין שֵׂכֶל אונ׳ זין אונ׳ גידאנקן צו זאגן, דש
קֶבֶר איז איין הויז דער וליהונג. דש ווען דו אין דעם קֶבֶר ליגשט אונ׳ בישט טוט,
זא ויישטו אנטרונן בון אל דינג דש דו קיין עוֹנֶש אודר יְסוּרִים מֵין ליידן ווערשט,
דען השם יתעלה ווערט דיך דורטן ניט וינדן. דו בישט דיך גרופליך טוֹעֶה. ווען
אל דינג גישיכט אויבר דיין דאנק אונ׳ קוֹנְטרַה דיין ווֹאָלוּנְטַה. אם אירשטן, אויבר
דיין דאנק ווערשטו גיבורן. דש מיינט ווען ער בישאפן ווערט אין דער מוטר לייב.
ווען דיא נְשָׁמָה קומט ניט גערן אויז דעם גַן עֵדֶן אויף דיא וועלט אין דער מוטר
בויך. איין מַלְאַך דער טראגט זיא מיט גיוואלט אויז דעם גַן עֵדֶן. אונ׳ אך אויבר
דיין דאנק ווערשטו גיבורן. אויז דער מוטר לייב אויף דיא זוינדיג וועלט. אונ׳ דרום
ויינן דיא קינדר ווען זיא גיבורן ווערדן. דען אל דיא וייל דש עש איז אין דער [38]
מוטר לייב, דא ברענט אים איין ליכט אויף זיינם הייבט, דש עש אלז זיכט ווש דא
איז אויף דער וועלט אונ׳ אך אויף ייענר וועלט. אונ׳ איין מַלְאַך דער וועיזט אים דש
גַן עֵדֶן אונ׳ וועיזט אים וויא וואל עש גֵיט | דען צַדִיקִים אונ׳ וועיזט אים אך דש גֵיהִנָם 56 ע״ב
אונ׳ וועיזט אים וויא עש גֵיט דען רְשָׁעִים. אונ׳ זגט אים, דיא דוזיגן זיין אך גיוועזן אין
דער וועלט דא דו הין ווערשט קומן אונ׳ דש האבן זיא ור דינט. דרום זייא גיווארנט
ווען דו גיבורן ווערשט דש דו זולשט זיין בון דען צדיקים אונ׳ ניט בון דען רְשָׁעִים.
אונ׳ ווען עש זול גיבורן ווערן, זא טוט עש עש ניט גערן, דען עש בוירכט זיך צו
ור לירן דש גוט דש עש גיזעהן הוט. דא קומט ⌈הער⌉ איין מַלְאַך אונ׳ שלאגט עש
אויף זיין מויל דא ור גישט עש אלז ווש עש גיזעהן הוט. דש איז איין צייכן אונ׳ שינייאל
דש עש דער מלאך גישלאגן הוט. דא הוט איין איטליכר איין גרויבלן אונטר דער נאזן.
אונ׳ איין טייל זגן, דש קינט וויינט דרום ווען עש גיבורן ווערט, אונ׳ ווען ⌈עש⌉ נון
גיבורן איז. אויבר דיין דאנק מושטו בלייבן לעבן. דען אופט וועלט איין מענש
גערן שטערבן, דא קאן עש ניט שטערבן. אונ׳ אופט וינט מאן איין מענש דער

22 אחרי דרום וועגן נמחקה תיבה בלתי־קריאה

7 על כרחך אתה נוצר.— המחבר מוסיף בפירושו: ׳ווען די נשמה קומט ניט גערן אויז דעם גן עדן אויף די וועלט...׳ (שורה 8). השווה ברטינורה: ׳שהנשמה אינה רוצה לצאת מן הפרגוד, מקום טהור שהנשמות מונחות שם.׳ את ׳פרגוד׳ הוא מפרש כ׳גן עדן׳. על ׳פרגוד׳ ראה: חגיגה טו ע״א; נידה ל ע״ב; והשווה: ביהמ״ד, א, עמ׳ 153 ואילך; אוצר מדרשים, א, עמ׳ 244; ביהמ״ד, א, עמ׳ 79.

9 מעשייה מס׳ 38: הוולד במעי אמו.— השווה נידה ל ע״ב: ׳דרש רבי שמלאי למה הולד דומה במעי אמו?׳ והשווה רש״י, שם. והמחבר מוסיף: ׳אונ׳ איין מלא(ך) דער וועיזט אים דש גן עדן׳ (שורה 13). השווה: תנחומא, פקודי, ג; גינצברג, ה, עמ׳ 75—78. המוטיב של לימוד התורה של הוולד והשיכחה עם צאתו לאוויר העולם, יסודו, כנראה, בתורתו של אפלטון על חיים פרי־אקסיסטנטיים בעולם של מעלה.

וועלט גערן לעבן, דא מוז ער אויבר זיין דאנק שטערבן. אונ׳ ווען דער מַלְאַךְ הַמָּוֶת קומט דיא נְשָׁמָה נעמן, דא טוט זיא איין שרייא דער גֵיט בון איינם ענד דער וועלט ביז אן דש אנדר ענד. אונ׳ זיא מוז דען גוף לושן אויבר אירן דאנק, דען זיא לושט אין ניט גערן. זיא בורכט זיך בור דעם דִין אונ׳ עוֹנֶש. אונ׳ ווען דו נון גערן אין דעם קֶבֶר לעגשט, זא מושטו בעל כרחך אויף שטֵין אונ׳ מושט קומן לְדִין אונ׳ געבן רעכנשאפט צובור דעם קוניג דער דא איז אויבר אלי קוניגי. דער איז הייליג, גילובט זייא ער, דער קוניג הקב״ה.

נון זגט מן ר׳ חנניא אז ער שטיט הינטן, נוך דעם אירשטן פרק וכו׳.

בעזרת ברך יום השביעי נשלם פרק רביעי. |

3–1 אונ׳ ווען... ענד.– השווה יומא כ ע״ב: ׳שלושה קולות הולכין מסוף העולם ועד סופו... קול נשמה בשעה שיוצאה מן הגוף׳; ראה גם שמ״ר ה:י.

6–5 זא מושטו... קויניגי.– ׳ועל כרחך אתה עתיד ליתן דין וחשבון לפני מלך מלכי המלכים הקב״ה.׳

57 ע״א אתחיל

פרק חמישי

בַּעֲשָׂרָה מאמרות. מיט צֵיהן זגן הוט השם יִתְעַלֶּה דיא וועלט בישאפן. דש מיינט
מיט דען רֵידן אונ׳ און מויא. דש לערנן מיר, דען עש שטיט צֵיהן מול וַיֹּאמֶר בון
בְּרֵאשִׁית אן ביז אן וַיְכֻלּוּ הַשָּׁמַיִם. דש איז טויטש: אונ׳ ער הט וואלענט אלז צו
בישאפן. אונ׳ דש ווארט בון בְּרֵאשִׁית איז אך גירעכנט בור איין וַיֹּאמֶר. אונ׳ מן אן
הֵיבט צו צֵילן, איינש דש איז איין אָלֶף; דיא איז איינּיג. דש ווייזט אונז דש הקב״ה
איז איינציג אז דיא אָלֶף. אונ׳ ער הוט דיא וועלט בישאפן אליין בון נישט. אונ׳
ווארום הוט ער דיא וועלט בישאפן מיט צֵיהן זג? העט ער זיא דוך וואל קוינן
בישאפן מיט איינר זג אונ׳ מיט איינם ווארט? דרום דש ער זיך וויל רעכנן אונ׳ נְקָמָה
טון אן דען רְשָׁעִים דיא דא ור שטוירן אונ׳ מאכן צו גֵין דיא וועלט, דיא דא איז
בישאפן מיט צֵיהן זג. דש מיינט דש זיא ניט האלטן דיא עֲשֶׂרֶת הַדִּבְּרוֹת דא בון דיא
דיא וועלט בישטֵיט. אונ׳ צו געבן גוטן לון צו דען צַדִּיקִים דיא דא האלטן דיא
עֲשֶׂרֶת הַדִּבְּרוֹת, דא מיט מאכן זיא דיא וועלט בישטֵין, דיא דא איז בישאפן מיט
צֵיהן זג. גלייך אז איין מענש דעם איינרלייא דש ער מאכט גר הערט אן קומט.
אונ׳ ווען מן דש זעלביג כַּלְיָה מאכט, זא דר צוירנט ער זיך ויל מֵין אז ווען מן אים
כַּלְיָה מאכט איינרלייא דש אים גרינג איז אן קומן צו מאכן. אונ׳ איין טייל דיא זגן
אזו איין פְּשַׁט. אונזר חֲכָמִים וועלן מיך לושן ווישן מיט דעם, וויא איין גרושר עונש
איז בון דעם דער דא מאכט ור לירן איין לייב בון יִשְׂרָאֵל. ווען איין מענש דער
57 ע״ב היישט איין עוֹלָם קָטָן. אונ׳ דרום דער איין | מענשן אום ברענגט, אז העט ער דיא
גאנץ וועלט אום גיברוכט. אונ׳ דרום האבן זיא אן גישריבן דש גוט יִתְבָּרַךְ הוט דיא
וועלט בישאפן מיט צֵיהן מַאֲמָרוֹת. איין מָשָׁל, צו איינם מענשן דער איפש מאכט
אונ׳ מויט זיך דרויבר צֵיהן טג. אודר ער מאכט איצווש אונ׳ מויט זיך דרויבר נור
איין טג. אויבר ווש ער זיך הוט גימויט ציהן טג, דש איז אים ויל ליבר אונ׳ מֵין חָשׁוּב
איין זיין אויגן אז דש ער זיך דרויבר גימויט הוט נור איין טג. אונ׳ ווער אימש כַּלְיָה
מאכט, דער איז ויל מער ˹עוֹנֶש˺ חַיָּב אז ווען ער אים העט כַּלְיָה ˹גימאכט˺ ווש ער
הוט גימאכט אין איינם טג. אזו הוט אך איינר איין גרושי זוינד דער דא אֵיפש כַּלְיָה
מאכט בון גוט יתברך בישעפניש דיא ער הוט בישאפן מיט צֵיהן מַאֲמָרוֹת. אונ׳ דש
זיין דיא רְשָׁעִים, דרום דש ˹זיא˺ כַּלְיָה מאכן דיא וועלט מיט אירן זוינדן. דא קומט

7, 8 מנוקד אָלֶף

3 משנה א: בעשרה מאמרות.
22 השימוש במשל ׳צו איינם מענשן... ציהן טג׳ בא בעקבות פירושו של ברטינורה.

אל דש פּוּרְעָנוּת אין דיא וועלט. נון מערק וויא איין גרושי זוינד איז דש, דש איין
רָשָׁע גוֹרֵם איז מיט זיין עֲבֵירוֹת דש גוט יתברך בְּרִיוֹת כַּלָיָה ווערן, אונ׳ וויא איין
גרושן עונש ער ווערט האבן דער רָשָׁע. אונ׳ ⌜וויא⌝ איין גרוש זְכוּת דער צַדִּיק הוט
דער דא מאכט מיט זיין צִדְקוֹת אונ׳ מַעֲשִׂים טוֹבִים, דש דער גאנץ עוֹלָם בישטֵיט
דער דא איז ווארדן בישאפן מיט צֵיהן מַאֲמָרוֹת. ור שטיא נון וואל דען פְּשַׁט. ווען
ווארום הַשֵּׁם יִתְעַלֶּה דער ריכט דיא גאנץ וועלט אין איינם כְּלַל, אז ווען עש נור
איין מאן וואר. דש מיינט אזו. ער נעמט אל דיא מִצְוֹת בון דען צַדִּיקִים אונ׳ בון דען
רְשָׁעִים מיט אננדר. אונ׳ אזו אך אל דיא עֲבֵירוֹת בון דען רְשָׁעִים אונ׳ בון דען
58 ע״א צַדִּיקִים מיט אננדר, אונ׳ וועגט זיא גֵיגן אננדר. | זיין דיא עֲבֵירוֹת מֵין אז דיא מִצְוֹת,
זא ווערט דיא גאנץ וועלט גיריכט לְכַלָיָיה ח״ו. זיין דען דיא מִצְוֹת מֵין אז דיא
עֲבֵירוֹת, דא ווערט דיא גאנץ וועלט גיריכט צו גוטם, לְכַף זְכוּת. ווען נון דיא
עֲבֵירוֹת אונ׳ מִצְוֹת גלייך זיין, איינש אז ויל׳ אז דש אנדר, אונ׳ איינר טוט איין עֲבֵירָה
דש דיא עֲבֵירוֹת מער ווערן אז דיא מִצְוֹת, דא איז ער גוֹרֵם איין כַּלָיָה אויבר זיך
אונ׳ אויבר דיא גאנץ וועלט. אונ׳ אזו אך ווען איין צַדִּיק טוט איין מִצְוָה אונ׳ מאכט
דש דיא מצות מֵין ווערן אז דיא עֲבֵירוֹת, דא איז ער גוֹרֵם גוטש צו אויבר זיך אונ׳
אויבר דיא גאנץ וועלט, דש זיא בון זיינן וועגן בישטין בלייבט. ובכן, דש דוזיג לערנן
מיר בון דעם דש דא שטיט גישריבן בַּעֲשָׂרָה מַאֲמָרוֹת נִבְרָא הָעוֹלָם. {אודר עש
מיינט אזו. איין מענש דער היישט איין עוֹלָם קָטָן. ווען נון איינר איין רָשָׁע איז, זא
איז ער מְאַבֵּד זיין נפש אונ׳ נְשָׁמָה מיט זיין עֲבֵירוֹת. דא הוט ער איין עולם מְאַבֵּד
גיוועזן. אזו אך איין צַדִּיק דער זער איז מהיה זיין נפש אונ׳ נשמה מיט זיין מַעֲשִׂים
טוֹבִים. דא הוט ער איין עוֹלָם מקיים גיוועזן. אז אונזר חֲכָמִים אך זגן: כָּל הַמְקַיֵּים
נֶפֶשׁ אֶחָד<!> מִיִּשְׂרָאֵל כְּאִילוּ קַיֵּים עוֹלָם מָלֵא. וד״ל}.
צֵיהן דורות זיין גיוועזן בון אָדָם הָרִאשׁוֹן ביז אן נֹחַ, אונ׳ דיא ווארן אייטל רְשָׁעִים;
אונ׳ זיא ווערן וואל ווערט גיוועזן דש דש מַבּוּל זולט אֵיי קומן זיין. אונ׳ ווארום הוט
מן זיא אן גישריבן? צו לושן ווישן דש הקב״ה לנג שֵׁטִיט צו צוירנן, ביז דש דיא מוֹש
גאנץ בול איז. דען אל דיא זעלביגן ציהן דורות דיא האטן איין זער דר צוירנט
דש ער זולט ביליך דש מבול גיברוכט האבן אויף דש אירשט אודר דש אנדר
גיבוירד. דענוך ווארטט ער אונ׳ גאב איין אומדר זמן ⌜אוב⌝ זיא וועלטן תְּשׁוּבָה טון.
אונ׳ דא זיא נון ניט תְּשׁוּבָה טעטן דיא ניין דורות, דא קאם דש ציהנד דוֹר דש ווך
דש דוֹר בון נֹחַ, דא ברוכט ער דש מַבּוּל אונ׳ דר טרענקט זיא אל. אונ׳ בליב נימנט

2 נמחקה תיבת גרם ובמקומה נכתב גוֹרֵם   23 אחרי ביז אן נמחקה תיבת אברהם

21–22 כאן מצטט המחבר מאמר חז״ל: ׳כל המקיים נפש אחד [צ״ל: אחת] מישראל כאילו קיים עולם מלא׳ (סנהדרין ד:ה).
23 משנה ב: עשרה דורות מאדם ועד נח.

58 ע״ב אויבר דען נֹחַ אונ׳ זיין וייב אונ׳ זיין דרייא זוין אונ׳ אירי וייבר. | אונ׳ בון דיא חַיּוֹת אונ׳ בויגיל דיא דא טריפָה ווארן בליב נור איין פאר, מאן אונ׳ווייב, דש זיא דר נוך קונטן פְּרָה וּרְבָה זיין. אונ׳ בון דען דיא דא כשר ווארן, דא בליבן זיבן פאר. בוינף פאר ברוכט ער צו קרבנות אונ׳ איין פאר לְקִיוּם הַמִּין, וד״ל. אונ׳ דרום זול זיך קיינר וואונדר נעמן דש הקב״ה אזו לנג מַאֲרִיךְ אַפּוֹ איז אונ׳ צו זיכט דען רִשְׁעֵי אֻומּוֹת, דש זיא יִשְׂרָאֵל דיא דא זיין בָּנִים לַמָּקוֹם אזו ויל לנגי יאר אזו גרוש גלות אן טון. דען עש וואר ויל לענגר בון אָדָם הָרִאשׁוֹן ביז אן נֹחַ, אונ׳ דיא זעלבן דורות ווארן אייטל רְשָׁעִים אונ׳ הקב״ה דר לענגט זיין צורן צו ור דערבן זיא ביז ער דש מַבּוּל אויבר זיא ברוכט. אזו איצונד אך דר לענגט הקב״ה זיין צורן צו צוירנן אויבר דיא רְשָׁעִים, דען ער ווייש וואל ווען דיא מוֹשׁ בול איז אונ׳ דיא צייט דש דיא רְשָׁעִים אל זולן ור לורן ווערן, ווען עש אונז שון וואונדר נעמט. נוייארט מיר זולן גוט ביטן, יְמַהֵר יָחִישָׁה מַעֲשֵׂהוּ. באלד אין אונזרן טגן, דרויף זול אידרמן אמן זגן.

ציהן דורות ווארן בון נח ביז אן אַבְרָהָם אָבִינוּ עָלָיו הַשָּׁלוֹם. דיא ווארן אך אייטל רְשָׁעִים. אונ׳ ווארום הוט מן זיא אן גישריבן? צו לושן ווישן דש הקב״ה דר לענגט זיין צורן. דען אל דיא זעלביגן ציהן דורות דיא דר צוירנטן הקב״ה אונ׳ טעטן קיין מִצְוֹת נוך מַעֲשִׂים טוֹבִים, ביז דא קאם אַבְרָהָם אָבִינוּ אונ׳ טעט אזו ויל מִצְוֹת אונ׳ מַעֲשִׂים טוֹבִים גיגן זיא אל, אז ויל אז זיא אל זולטן גיטון האבן. אונ׳ בון זיינן וועגן
59 ע״א ווארן זיא אל בישירמט דש זיא הקב״ה ניט מְכַלֶּה וואר. | דען ער וור מער צדיק אז נֹחַ. נֹח דער וור אזו איין צַדִּיק דש זיין זְכוּת אין אונ׳ זיין וייב אונ׳ קינדר אונ׳ אירי וייבר מַצִּיל וור אונ׳ ניט מֵין. אבר אַבְרָהָם אָבִינוּ זיין זְכוּת וור אזו גרוש דש עש מציל וואר אין אונ׳ זיין גיזינד. אונ׳ אך דיא זעלביגן דורות וויא וואל זיא רשעים ווארן, אונ׳ אז וואל אז ער טעט מצות אונ׳ מַעֲשִׂים טוֹבִים גיגן זיא אל, אזו וור ער אך מְקַבֵּל שָׂכָר טוֹב לעולם הבא גיגן אין אל. דרום דש זיא בְּעוֹלָם הַזֶּה בון זיינן וועגן ווארן לעבן גיבליבן. דען אברהם אבינו הט זיא גילערנט אונ׳ גיוויזן דען רעכטן וועג אונ׳ דש זיא גלויבטן אן הקב״ה בְּאֱמוּנָה שְׁלֵימָה. אונ׳ איטליכר מענש הוט צווייא חֲלָקִים. איין חלק אים גן עדן אונ׳ איין חלק אים גֵיהִנָּם. איז איינר זוֹכֶה מיט מִצְוֹת דש ער ויל טוט, דא נעמט ער זיין חֵלֶק אונ׳ זיינש חֲבֵרְש חֵלֶק דֵיש רשע אים גַּן עֵדֶן. אונ׳ דער רשע נעמט זיין חֵלֶק אונ׳ דעש צַדִּיק זיינש חֲבֵרְש חֵלֶק אים גֵיהִנָּם. אזו וור זוֹכֶה אַבְרָהָם אָבִינוּ. איך וועלט דש איין איטליכר יוד ווער אז ורום אז אברהם אבינו.

14 משנה ג: עשרה דורות מנח עד אברהם.
26 אונ׳ איטליכר מענש הוט צווייא חלקים וכו׳.– השווה חגיגה טו ע״א: ׳כל אחד ואחד יש לו ב׳ חלקים אחד בג״ע ואחד בגיהנם.׳

מיט ציהן ור זוכונג וור ור זוכט אַבְרָהָם אָבִינוּ אונ׳ ער בישטונד אן זיא אל. אונ׳
ווארום מיט צִיהן? דרום דש בון זיינש זְכוּת וועגן זולט בישטין דיא גאנץ וועלט דיא
דא איז בישאפן מיט ציהן מַאֲמָרוֹת. דש אירשט. דש ער זיך ליש ווערפן אין דען
היישן קאלך אובן, דרום דש ער זיך ניט וואלט בוקן צו דען צְלָמִים, דען ער זאך
59 ע״ב דש זיא נישט ווארן. אונ׳ ווארום ווארף מן אין אין דען קאלך אובן? | זיין ואטר
[39] דער האט ויל צְלָמִים אין פְּרַא קְוֶעלִי ⁽אין איינר קאמר⁾. דא וור איין גרושר גויץ,
דען הילט ער בור איין גרושן בוֹק. אונ׳ אַבְרָהָם דער העט גערן זיין ואטר אונ׳ אל
זיין גיזינד גילערט דען רעכטן גלאבן אונ׳ העט גערן דיא צְלָמִים מְבַטֵּל גיוועזן.
אונ׳ זיין ואטר דער וואר דער קאפיטאני. איין מול גינג ער אויז דעם הויז. דא גינג
אברהם אונ׳ צו בראך אל דיא צְלָמִים. דא זיין ואטר היים קאם אונ׳ זך אל זיין
צְלָמִים צוברוכן, דא שפרך ער: ׳ווער הוט דש גיטון?׳ דא שפרך אַבְרָהָם: ׳איך
הב אין צו עשן גיברוכט, אונ׳ דער גרוש גויץ הוט עש אלז אליין וועלן עשן אונ׳
הוט דיא קליינן גישלאגן אונ׳ צו ברוכן. דא איך דש גיזעהן הב, בין איך הין גאנגן
אונ׳ הון דען גרושן אך גישלאגן אונ׳ צו ברוכן.׳ דא וור זיין ואטר זער צורניג אויבר
אין, אונ׳ ליף צו נִמְרוֹד אונ׳ גב אים די מסירה. דא שיקט ער ולוקש נוך אים אונ׳
שפרך צו אים: ׳ווארום הושטו דיא צלמים צו ברוכן?׳ [דא זגט ער אים דיא שמועה
אך אזו. דא שפרך דער נמרוד: ׳וויא הוט ער דש קוינן טון, ער איז דוך נור איין
הולץ אונ׳ הוט קיין רוח חיים?׳ דא שפרך ער: ׳הויר ווש דו זעלברט רֵידשט. זיא
זיין נישט אונ׳ דו האל⟨ש⟩ט זיא בור איין אֱלוֹהַּ?׳ אונ׳ דא ער הרויש קאם, דא קאמן
זיא אל אונ׳ שענקטן אים גרוש ממון. אונ׳ דער נמרוד שענקט אים דען אליעזר זיין
קנעכט, דש ער זולט זיין צו אברהם לעבד עולם]. דא ⁽וור דער נמרוד צורניג
אונ׳⁾ שפרך: ׳נעמט אין אונ׳ ווערפט אין אין דען היישן קאלך אובן. דא וויל איך
זעהן אוב אים זיין גוט ווערט העלפן.׳ אונ׳ הקב״ה וואר אין מַצִּיל, דש אים דש

21 אחרי דא נמחקה שורה בת חמש תיבות ובין השיטין תוקן וור דער נמרוד צורניג אונ׳

22 אחרי שפרך נמחקו שתי תיבות

1 משנה ד: עשרה נסיונות נתנסה אברהם אבינו.

3–4 אברהם בכבשן האש.– על־פי ברטינורה. האגדה על אברהם היוצא מכבשן האש מסופרת גם בפי המוסלמים; השווה: קוראן, סורה כא:69; לז:95. לפי דעתו של שוארצבאום, חדר נוסח הקוראן במרוצת הזמן לאגדת ישראל של ימי־הביניים; השווה: ממקור ישראל וישמעאל, עמ׳ 323–325.

6 מעשייה מס׳ 39: צלמי תרח.– השווה: בר״ר לח:יט; תנא דבי אליהו, ו; ספר הישר, יא; ביהמ״ד, א, עמ׳ 25–34; ב, עמ׳ 118; פדר״א, כו; מדרש עשרת הדברות, ב:א; גינצברג, א, עמ׳ 214; ז, עמ׳ 230; גרינבוים, עמ׳ 218–222; גאסטר, מס׳ 2. והשווה גם: בנפי, א, עמ׳ 378. יש כאן מוטיב בינלאומי: הגיבור הורס פסילי אלילים; תומפסון, J 1853.1.1; אארנה ותומפסון 1643; *A 1572. והשווה גם: Perry, *Aesopica*, No. 285. מוטיב שני: שני צדדים – או שני יריבים – אברהם ונמרוד; תומפסון, H 221. פרא קוועלי.– לשון איטלקי; ובין השיטין מוסיף המחבר: ׳אין איינר קאמר׳.

בווייאר נוך היץ קיין שאדן טעט. דר נוך גלויבטן זיא דש אברהם דיא רעכט אֱמוּנָה
האט. דש אנדר. דש אין היש הקב״ה הין וועק גין בון זיינש ואטרש הויז אונ׳ בון אל
זיינן ורוינדן אין איין ורעמד לאנד, דא ער נוך אל היא זיינן ניא גייועזן וור. אונ׳
60 ע״א שויבט הוב ער זיך אויף שענצו אלטר אונ׳ גינג דר בון. | דש דריט. דא ער נון גינג
אונ׳ קאם אין דש לאנד, דא אין הקב״ה הט גיהיישן הין גֵין, דא קאם שְׁויבּיט איין
גרושר רָעָב אין דש זעלביג לאנד, דש נימנט קונט בלייבן בור גרושם הונגר. אונ׳
ער גידוכט זיך ניט צו זגן: זיך הקב״ה הוט מיך גיהיישן אין דש לאנד קומן, אונ׳ דא
איך נון קומן בין, דא קאן איך ניט בלייבן בור הונגר. דש וירד. דש ער מושט ציהן
אויז דעם זעלביגן לאנד בון וועגן דש גרושן הונגר. אונ׳ צוך אין אֶרֶץ מִצְרַיִם. דא
וור אים שָׂרָה גינומן בון אירר הויפשקייט וועגן אונ׳ וואורד גיבוירט צו דעם הויז
פַּרְעֹה קיניג בון מִצְרַיִם. דש בוינפט. דש ער נוך יאגט דען מְלָכִים דיא דא האטן
מלחמה גיהאט מיט דען מלכים בון סדום אונ׳ עמורה אונ׳ זיא האטן אלז גוט גינומן
אונ׳ הין וועק גיבוירט. אונ׳ אך זיין נְבוֹד לוֹט אונ׳ אל זיין מָמוֹן. אונ׳ ער יאגט אין
נוך מיט דרייא הונדרט אונ׳ אכציהן מאנן אונ׳ נאם אין אל דש ממון אונ׳ מער דר
צו, אונ׳ ווידר קערט זיין נְבוֹד דען לוֹט אן זיין שטט. דש זֵיקשט. דא אים הקב״ה
וויז בֵּין הַבְּתָרִים אים טרוים דש זייני קינדר וואורדן אונטר ויר גרושי גָלִיּוֹת קומן
אונ׳ וָואורן גרושי צָרוֹת אונ׳ אוֹן גלויק האבן. אונ׳ לסוף וָואורן זיא ווידר דר לויזט
ווערדן. דש זיבנד. דא ער אים גיבוט אויף דיא מִילָה, דש ער זיך זולט יוֹדִישַׁן אונ׳
60 ע״ב אל זיין גיזינד, אונ׳ ער וואר אלט נוינציג יאר. דש עכט. דא ער קאם | אין לאנד
דער פְּלִשְׁתִּים אונ׳ דער [קוניג] אֲבִימֶלֶך נאם אים זיין ווייב שרה בון אירר
הויפשקייט וועגן. דש וור נון דש אנדר מול דש זיא אים וור גינומן. דש נוינד. דש
ער מושט מְגָרֵשׁ זיין זיין שִׁפְחָה הָגָר דיא מִצְרִית מיט זיינם זון יִשְׁמָעֵאל. אונ׳ ער הט
אַלאוֹרַה קיין אנדר קינד נוייארט אין אליין אויף דער וועלט. נוך דענוך טעט ערש
גערן אז אין גוט ית׳ גיהיישן הט. דש צֵיהנד. דש ער זיין איינִיגן אֵיליכן זון יִצְחָק צו
קָרְבָּן זולט ברענגן, דער אים וואר גיבורן אין זיינר אֵילטר בון זיינם אֵיליכן ווייב
שָׂרָה. אונ׳ ער טעט עש מיט גוטם ווילן, דיא ווייל אימש גוט ית׳ גיהיישן הט. אונ׳
זיין זכות גינישן מיר עוֹד הַיּוֹם. אין דען צֵיהן ור זוכונג בישטונד ער אונ׳ הט ניא קיין
בויזן גידאנקן, נוייארט ער ליבט אומדר הַשֵּׁם יִתְעַלֶּה. אונ׳ דיא תּוֹרָה הוט זיא אל
אן גישריבן, דרום דש דיא לוייט זולן ווישן ווארום אין הקב״ה הוט אזו ליב גיהאט,
מֵין אז אל דיא לוייט דיא דא וואַרן אויף דער ערדן.

ציהן צייכן דיא וואַרן גיטון צו אונזרן אֵילטרן אין מִצְרַיִם. דש וואַרן דיא ציהן

13, 15 נבוד.– לשון איטלקי: אחיין.
16 בין הבתרים.– השווה: בר״ר מד: כא–כב.
31 משנה ה: עשרה נסים נעשו לאבותינו במצרים.

מַכּוֹת: דַם צְפַרְדֵעַ, כִּנִים, עָרוֹב, דֶבֶר, שְׁחִין, בָּרָד, אַרְבֶּה, חֹשֶׁךְ ׳מַכַּת בְּכוֹרוֹת׳.
דיא האטן דיא מִצְרַיִם. אונ׳ ישראל דיא ווארן אונטר זיא, אונ׳ אין גישאך נישט.
דש ווארן גרושי וואונדר צייכן. אונ׳ ציהן צייכן גישאהן אין אך אויף דעם ים, אונ׳
דש זיין זיא. דש אֵירשט, דש זיך דש יַם שפאלטט צו בור אין. אונ׳ אך אל דיא וואשר
דיא אויף דער ׳וועלט׳ ווארן דיא שפאלטטן זיך. דש אנדר. דש יַם וור גימאכט אז
61 ע״א איין גיצעלט אונ׳ גיוועלב אונ׳ יִשְׂרָאֵל דיא | גינגן דריין אונ׳ נֵיצטן זיך ניט. דש דריט.
דש זיך דער בוֹדים אונ׳ פונד בון דעם יַם אונ׳ דער ליימן אונ׳ קוט אויז טרויקיט
אונ׳ ישראל גינגן טרוקינשי בוש דר דורך. דש וירד. אז באלד אז יִשְׂרָאֵל ווארן
פאשערט, דא ווייכיט זיך דער ליימן אונ׳ קוט דש דיא מִצְרַיִם זולטן דרינן ור
זינקן, אונ׳ קונטן ניט ווידר הרויש קומן אונ׳ בליבן דרינן שטעקן. דש בוינפט. דש
זיך דיא וואשר בון דעם יַם גיליברטן אונ׳ ווארן קייערט אז איין מויאר, גלייך אז
זיא ציגיל שטיין אונ׳ קוואדרעלי זיין גיבויאט אונ׳ גיזֵיצט איינר אויף דען אנדרן אז
איין הויפשר בִּנְיָן. דש זֵיקשט. דש דיא וושר דיא דא ווארן גיליברט, דיא ווארן אז
הערט אז איין ועלזן אונ׳ מארמיל שטיין, דש זיך דיא מִצְרַיִם דרויף צו בראכן
דען דש וושר ווארף זיא דארויף. דש זיבנד. דש יַם שפאלטט זיך צו צוועלף שטויק,
דרום דש איטליכש שֵׁבֶט זולט האבן זיין ביזונדרן וועג דר דורך צו גין. דש עכט.
דש דיא גיליברטן וושר בון דעם יַם דיא לויכטיטן אז וועגן עש ווערן אייטל
קרישטאל אונ׳ אֲבָנִים טוֹבוֹת, דש איין שֵׁבֶט דש אנדר קונט זעהן. אונ׳ גינגן אזו דורך
דש ים בייא נאכט אז גינגן זיא מיט איינם גרושן בוייאר דש דא לוייכט. אונ׳ דער
עמוד הֶעָנָן גינג בור אן אונ׳ זיא זאהן כָּל יִשְׂרָאֵל איינר דען אנדרן דורך דש יַם גין.
דש נוינד. וויא וואל דש אידרמן ווייש דש דש ים גיזאלצן איז אונ׳ בפרט דש דא
ישראל דורך גינגן דש וור ים הַמֶלַח, דוך ראנן דר דורך זוישי בעכליך דש זיא קונטן
טרינקן מיט אירן קינדרליך גוטי זוישי וואשר ווען זיא דורשט האטן ׳אונ׳ ווש אין
איבר בליב דש ווארן שויביט גיזאלצן׳. דש ציהאנד. דש דיא זעלביגן זוישי וושר
61 ע״ב דיא דא איבר בליבן, זיא גיליברטן זיך אך | שויביט אונ׳ ווארן צו גרושי הויפן,
הויפן. {אונ׳ דיא מִצְרַיִם ווארן אלז לְהֶפֶךְ. דא האטן זיא דיא ציהן מכות אין מִצְרַיִם
אונ׳ דיא ציהן אויף דעם יַם}.
ציהן ור זויכניש, זיא ור זוכטן אונזר אֵילטרן הקב״ה אין דער מִדְבַּר. אז דער פָּסוּק זגט:

13 קריעת ים סוף.– השווה: ׳נבקע להם הים... ונחלק לי״ב שבילים... ונעשו סלעים, סלעים... ויצאו להם כדי מים מתוקין מתוך מלוחין וקפאו המים ונעשו ככלי זכוכית...׳ (תנחומא, בשלח, י; אוצר מדרשים, א, עמ׳ 153). מוטיב מדרשי זה נמצא גם באגדות הערבים (ממקור ישראל וישמעאל, עמ׳ 69).
22 ים המלח.– במקום ׳ים סוף׳, והוא טעות.
28 משנה ז: עשרה נסיונות ניסו אבותינו את הקב״ה במדבר.

און׳ זיא ור זויכטן מיך צֵיהן מול און׳ ניט זיא הוירטן אין מיין שטים. דש אירשט. דא זיא קאמן אן דש ים, דא בורכטן זיא זיך און׳ זגטן: אוב בון וועגן דש ניט זיין קְבָרִים אין מִצְרַיִם הט איר אויז גיצאהן אונז צו שטערבן אין דער מִדְבַר. דש אנדר. דא זיא ווארן דורך דש יַם גאנגן, דר נוך ואנדן זיא קיין גוט ושר צו טרינקן. דא הובן זיא אן צו מויר־מלן און׳ זגטן: ווש זולן מיר טרינקן? זולן מיר בון דורשט שטערבן. {דא מאכט אין משה רבנו דיא וושר בון מָרָה זִויש, און׳ גיבוט אין איין טייל מִצְוֹת}. דש דריט. דא זיא קאמן אין דיא מִדְבַר ˹סִין˺, דא הובן זיא אן צו מוירמלן און׳ וואלטן האבן צו עשן. און׳ הקב״ה גב אין דען מַן. דש וירד. דש זיא ניט וואלטן גלאבן אן דיא רֵיד בון הקב״ה, דער הט גיזגט און׳ גיבוטן זיא זולטן ˹ניט˺ לושן אויבר בלייבן בון דעם ˹מַן˺ ביז אן דען מורגן און׳ זיא לישן אויבר בלייבן. דש בוינפט. הקב״ה הט גיזגט אם שַבַת זולטן זיא ניט אויז גֵין צו קלויבן, און׳ זיא גינגן אויז אם שַבַת. דש זֵיקשט. דא זיא קאמן אין דיא וואושטנייא רְפִידִים, דא מוירמלטן זיא אבר איין מול און׳ וואלטן האבן ושר צו טרינקן. דש זיבנד. דש זיא ניט ווארטיטן ביז דא קַם מֹשֶה רַבֵּינוּ און׳ זיא מאכטן דש עֵגֶל. דש עכט. אין תַּבְעֵרָה דא וואלטן זיא ניט גלויבן דש הקב״ה מיט אין וואר. דש נוינדא. דא זיא קאמן אין קִבְרוֹת הַתַּאֲוָה, דא מוירמלטן זיא און׳ וואלטן ולייש האבן צו עשן. דש צֵיהאנדא. דא זיא קאמן אין דיא מדבר פָּארָן, דא שיקטן זיא דיא מְרַגְּלִים. |

62 ע״א
צֵיהן נִסִים דיא ווארן אויבר אונזרן אֵילטרן אין דעם בֵית הַמִקְדָש. דש אֵירשט. קיינר ורויא גינג ניא קיין קינד אב בון וועגן דש ˹זיא˺ העט גילוישט דש ולייש בון דען קָרְבָּנוֹת, וויא וואל זיא עש שמֵיקט ברוטן און׳ פרעגילן אויף דעם מִזְבֵּחַ. און׳ דש וור איין גרוש נֵס. דען ווען דיא טראגידיגן ורויאן איצווש שמֵיקן, דא גילושט עש זיא גערן. און׳ וועו זיא עש ניט קוינן האבן, זא גיט אין דש קינד גערן אב. און׳ דא וועו זיא עש שון גילווישטט דוך גינג קיינר ניא קיין קינד דרום אב. דש אנדר. דש ולייש בון דען קָרְבָּנוֹת וואר ניא שטונקן וועו עש שון צווֵין טג און׳ איין נאכט לאג אין דער גרושן היץ אים זומר. ˹אופט ברוכט מן אז ויל קרבנות דש מן זיא ניט אל

1 און׳ זיא ור זויכטן מיך ציהן מול.– ׳וינסו אותי זה עשר פעמים׳ (במ׳ יד:כב).
2–3 אוב בון וועגן... אין דער מדבר.– ׳המבלי אין קברים במצרים׳ וגו׳ (שמ׳ יד:יא).
5 ווש זולן מיר טרינקן.– ׳מה נשתה׳ (שם, טו:כד).
6 מרה.– שם, שם, כג.
7 מדבר סין.– שם, טז:א.
8 מן.– שם, שם, טו.
12 רפידים.– שם, יז:א.
14 העגל.– שם, שם, לב ואילך.
15 קברות התאוה.– במ׳ יא:לד.
17 המרגלים.– שם, יג ואילך.
18 משנה ח: עשרה נסים נעשו לאבותינו בבית המקדש.

קונט ור ברענן אין איינם טג׳. דש דריט. מאן זאך ניא קיין וליג אין דער בעקיריאר וואו מן דיא קָרְבָּנוֹת שעכטעט אונ׳ אויף טעט. {דש ווארן צווֵין מער מיל שטיינן אונ׳ דא מן אויף ביריישט דיא קָרבנות}. דש וירד. עש גישאך ניא קיין קֶרִי דעם כֹּהֵן גָדוֹל אם יום הַכִּפּוּרִים, דש ער זולט זיין טָמֵא גיווארדן אונ׳ דש ער ניט העט קוינן עבודה טון. אונ׳ דש ווער איין בויזר סימן גיוועזן. ˺דש מן העטן זולן איין אנדרן נעמן, וויא וואל אל מול מאכט מן איין אנדרן, אוב אים איצווש גישען˹. דש בוינפט. קיין רעגן קונט ניא ור לעשן דש בוייאר אויף דעם מִזְבֵּחַ, וויא וואל עש ˺אויף˹ גידעקט וואר. דוך ור ברענטן דיא קָרְבָנוֹת וועֹן עש שון רעגיט דרויף. דש זֵיקשט. דער ווינט קונט ניא ור וועהן דיא זויל בון דעם ראך. {דש וור איין נֵס, דרום דש דיא כהנים שטונדן אום דש בוייאר אונ׳ טענדערטן דיא קרבנות. אונ׳ ווען דער ווינט העט דען רויך גיוועט הין אונ׳ הער, זא העטן דיא כהנים ניט קוינן שטין הרום אונ׳ העט אין ווִיא גיטון אין אירן אגן}. דער ראך גינג אויף גלייך אז איין זויל אונ׳ קולונה בון דעם מזבח ביז אן דען הימל. דש זיבנד. דש עוֹמֶר ברוכט מן אל מול אן דעם אנדרן טג בון פֶּסַח. {דש עוֹמֶר וור איין מוש גערשטן, אונ׳ מושט זער דראן גיווארנט זיין, דש ווען עש פסול ווער גיווארדן זא העט מן קיין אנדרש קוינן ברענגן ביז צום פסח אויבר יאר. אונ׳ דש זעלביג יאר העט מן קיין נוייאי תבואה דערפן עשן. דען מן ברוכט דרום דש עוֹמֶר דש עש מתיר וואר צו עשן דיא נוייא תְבוּאָה}. זא ואנד מן עש ניא פָסוּל. אונ׳ אך אן דען צווייא ברוט דיא מן ברוכט צו קרבן אם

62 ע״ב שָׁבוּעוֹת. אונ׳ | ווען מן העט איין פוצו גרושי גיבונדן, זא העט מן ביז אן דש אנדרי שבועות קיין מִנְחָה קוינן ברענגן בון דער נוייאן תְבוּאָה. אונ׳ אן דעם לֶחֶם הַפָּנִים, דא וור אך ניא קיין פסול גיבונדן. אלי שַׁבַּת ריכטעט מן אן וריש ברוט אויף דעם שֻׁלְחָן הַזָּהָב אים בֵית הַמִקְדָּשׁ. אונ׳ עש ווארן צוועלף ברוט. אונ׳ דיא ערשטן נאמן דיא כהנים אונ׳ אַשן זיא, אונ׳ זיא ווארן נוך אזו וריש אז ווען זיא ערשט וערן אויש דעם אובן קומן. אונ׳ ווען עש ווער פסול גיוועזן, דא העט מן דיא זעלביג וואוך מויזן אוֹן לחם הפנים זיין אונ׳ דיא כהנים העטן נישט צו עשן גיהאט. דש עכט. ווען כָל יִשְׂרָאֵל קאמן גֵין יְרוּשָׁלַיִם צו דען רְגָלִים אונ׳ זיא שטונדן אין דער עֲזָרָה ענג אויבר אננדר גידרונגן, אזו איין גרוש קָהָל וור דא. אונ׳ ווען זיא תְפִילָה טעטן אונ׳ נייגטן זיך אונ׳ זגטן וִדוּי אונ׳ בוקטן זיך צו דער ערדן, דא גישאך איין נֵס. דש צווישן איינם צו דעם אנדרן וואר ויר אֵילן ווייט, דש איינר דען אנדרן ניט זולט הוירן וויא ער זיין זוינד ביקענט אונ׳ מִתְוַדֶּה וואר, אודר ווש ער באט ווש אים נוט טעט. דש

7 אויף בין השיטין במקום תיבת אוף שנמחקה

2 מער מיל שטיינן.– שַׁיִשׁ; השווה להלן, מפתח המלים בניב הגרמני העילי־הביניי, עמ׳ 205.

14–16 הכתוב בשולים הוא תוספת של המחבר.

נוינדא. קיין נַחַש אודר עַקְרַב, אודר אנדרי גיפטיגי טיר, דיא ווארן ניא קיין מענשן
מַזִיק אין יְרוּשָׁלַיִם. דש ציהנד. מן הוט ניא גיהוירט ׳אין ירושלים׳ דש איינר העט
גיזגט צו זיינם חָבֵר: דיא שטט איז מיר צו ענג. איך קאן מיך ניט דר נערן, איך מוז
מיין מְחְיָה זוכן אויש דער שטט, איך מוז אויבר נאכט אויז יְרוּשָׁלַיִם ליגן. אודר ווען
דא קאמן כל ישראל צו דען שָׁלֹש רְגָלִים געגן יְרוּשָׁלַיִם, זא שפרך ניא קיין מענש צו
דעם אנדרן, דיא ווייל איז | מיר לנג דש איך זול אויבר נעכטיגן אין יְרוּשָׁלַיִם, דען
63 ע״א עש איז צו ענג אין אלי הערברינגן. דען זיא האטן אל הערבריג גינוג אונ׳ אלי קומו־
דיטה. אונ׳ אי מֵין אז איר ווארן, אי ליבר זיא דא ווארן. אזו הט דיא שטט יְרוּשָׁלַיִם
דיא ברכה.

ציהן ערלייא זיין ווארן בישאפן אם עֶרֶב שַׁבָּת בֵּין הַשְּׁמָשׁוֹת, דא עש איז שיר צייט
גיוועזן שַׁבָּת צו מאכן, דא בישוף הקב״ה דיא ציהן ערלייא. דש אירשט. דער מונד
בון דער ערדן. דש זיך דיא ערד אויף טעט אונ׳ ור שלאנד קֹרַח מיט אל זיינר
זאמילונג, דא זיא קריגטן מיט משֶׁה רַבֵּינוּ עָלָיו הַשָּׁלוֹם. דש אנדר. מונד דיש ברונן,
דער דא גינג מיט יִשְׂרָאֵל וירציג יאר ׳אין דער מִדְבַּר׳ אונ׳ זיא טראנקן דר בון אונ׳
אל איר ויך, בון וועגן זְכוּת מִרְיַם הַנְּבִיאָה. אונ׳ אז ב אלד אז זיא גישטורבן וור, דא
ור שוואנד דער זעלביג ברונן. דש דריט. דער מונד בון דער אֵיזְלִין בון בִּלְעָם
הָרָשָׁע. דא ער וואלט גֵין מְקַלֵּל זיין שׂוֹנְאֵי יִשְׂרָאֵל, אונ׳ בון ישראלש וועגן דא מאכט
הַשֵּׁם יִתְעַלֶּה דיא אֵיזְלִין אירן מונד אויף טון אונ׳ זיא רֵידט אונ׳ שטרופט אין. אונ׳
אז באלד דר נוך שטארב זיא בון דער לוייט כבוֹד וועגן, דש מן ניט זול זגן, דש
דוזיג איז דיא אֵיזְלִין דיא דא הוט מֵין שֵׂכֶל גיהאט אז בִּלְעָם הָרָשָׁע. דש וירדא. דער
רעגן בוגן דער דא שטֵיט אם הימיל צו וויליש ווען עש רעגינן וויל. דא מיט ווייזט
הַשֵּׁם יִתְעַלֶּה דש דיא וועלט אבר שולדיג ווער, דש הקב״ה זולט ווידר איין מַבּוּל
ברעגנן אז אין צייטן בון נֹחַ. אבר ער גידענקט אין זיין שְׁבוּעָה, | דיא ער גישווארן
63 ע״ב הוט צו נֹחַ אונ׳ צו אלן בישעפניש אויף דער ערדן, דש ער קיין מבול מין וויל
ברעגנן. דש ווייזט ער מיט דעם רעגן בוגן. אונ׳ דרום מאכן מיר דיא בְּרָכָה ווען מן
איין רעגן בוגן זיכט: נֶאֱמָן בִּבְרִיתוֹ וְקַיָּם בְּמַאֲמָרוֹ. בָּרוּךְ אַתָּה הָ׳ זוֹכֵר הַבְּרִית. דש
בוינפט. דען מַן דען ישראל אשן אין דער מִדְבַּר וירציג יאר. דש זֵיקשט. דען שטאב
בון משה רבינו עליו השלום, דא מיט ער וילי נִסִּים טעט אין מִצְרַיִם אונ׳ אויף דעם

4 מחיה.– במובן: פרנסה.
10 משנה ט: עשרה דברים נבראו בערב שבת בין השמשות.– השווה: פסחים נד ע״א; גינצברג, ה, עמ׳ 109, הערה 99. 14–16 באר מרים.– השווה: תענית ט ע״א.
25 המחבר מזכיר את הברכה שיש לברך כשנראית הקשת בענן; השווה: ברכות נט ע״א.
27 המטה.– המחבר מביא כאן את אגדת המטה; ראה: פדר״א, מ; שמ״ר ח:ב; שם, כא:ח; במ״ר יח:יט; תנחומא, וארא, ח; ׳מדרש ויושע׳, אוצר מדרשים, א, עמ׳ 149–150. השווה גם: גינצברג, ב, עמ׳ 291 ואילך; ה, עמ׳ 411, הערה 88.

יַם אונ׳ אין דער מִדְבָּר. דער וואר אייטל אֲבָנִים טובות, אונ׳ דער שֵׁם הַמְּפוֹרָשׁ
שטונד דרויף גישריבן. אָדָם הָרִאשׁוֹן הט אין גיברוכט אויז דעם גַּן עֵדֶן. דש זיבנדא.
דען שָׁמִיר. דש איז איין וואורם, וועז מאן אין ליגט אויף איין שטיין זא שפאלט ער
זיך, גלייך אז העט מן אין בון אננדר גישניטן. אונ׳ מיט דעם זעלבן וואורם בויאט
שְׁלֹמֹה הַמֶּלֶךְ דש בֵּית הַמִּקְדָּשׁ אונ׳ דען מִזְבֵּחַ, דען מן דורפט קיין אייזן ברויכן צו
בוייאן דש בֵּית הַמִּקְדָּשׁ אודר מִזְבֵּחַ. דיא תּוֹרָה הוט עש ור בוטן, אז דער פסוק זגט:
ולא תָנִיף עֲלֵיהֶם בַּרְזֶל. דען דש אייזן קוירצט איינם מענשן זיין לעבן וד״ל. אונ׳
דש בֵּית הַמִּקְדָּשׁ אונ׳ מִזְבֵּחַ דיא ור לענגן איינם מענשן זיין לעבן. דען וועז מאן דיא
קרבנות ברוכט, דא מיט ווארן איינם מענשן זיין זוינד ור געבן. אונ׳ דרום ברויכט
מן קיין אייזן ניט דא מן זיא בויאט. אונ׳ אך מיט דעם שָׁמִיר גרוב מן דיא נעמן בון
קינדר ישראל, דיא צוועלף שְׁבָטִים אין דיא אֲבָנִים טוֹבוֹת דיא דא ווארן אין דעם
חֹשֶׁן הַמִּשְׁפָּט, דען דער כהן גדול טרוג אויף זיינם הערצן. אונ׳ וויא שלמה המלך
64 ע״א דען שָׁמִיר אויבר קאם, | דש שטיט אין דער גְּמָרָא, אבר עש איז צו לאנג דא צו
[40] שרייבן. ער מושט האבן דען מֶלֶךְ בון דען שֵׁדִים, דער הייסט אַשְׁמְדַאי, אונ׳ וויא
ער אין מאכט ברענגן. ער גינג אל טג אין הימל אויף דיא יְשִׁיבָה, אונ׳ וועז ער
היראב קאם, דא מושט ער טרינקן דען ער וואר אזו דר היצט; אונ׳ הט איין ברונן
בישלושן מיט זיינם חוֹתָם. שלמה המלך דער וואושט דש אלז מיט זיינר חָכְמָה, אונ׳
שיקט דען בְּנָיָהוּ דער וור דער ראש בון דען סַנְהֶדְרִין אונ׳ זגט אים: ׳גיא אונ׳ גראב
איין ברונן בייא זיינם ברונן אונ׳ אונטר דער ערד מאך אים זיין וושר אב גראבן אונ׳
בויל אים זיין ברונן מיט וויין.׳ אזו טעט ער. דא נון דער אַשְׁמְדַאי קאם אונ׳ ואנד זיין
ברונן אובן בישלושן, אונ׳ ביהעגד שלוש ער אויף אונ׳ צוך איין גרושן קֵיסל
בול הירויף אונ׳ מיינט עש ווער וושר אונ׳ זֵיצט אין אן האלז אונ׳ טראנק אין אויז,
דען ער וור זער דוירשטיג. אונ׳ דער וויין גינג אים אין קופפא אונ׳ אנטשליף בייא
דעם ברונן. אונ׳ דא קאם בְּנָיָהוּ אונ׳ ליגט אים איין קעט אן דיא בויש אזו אים שלוף
אונ׳ דרויף וור איין (חתום) ⟨הותם⟩ מיט דעם שֵׁם הַ׳מְ׳פוֹרָשׁ. דא קונט ער נישט
דר ווידר זגן. דא ער אויף וואכט אונ׳ זאך זיך אזו גיבונדן מיט דעם שם המפורש,
שפרך ער: ׳ווער איז דש דער מיך אזו ביטרוגן הוט?׳ דא שפרך בְּנָיָהוּ: ׳שלמה
המלך הוט מיך גישיקט דו זולשט מיר ווייזן וואו דער שָׁמִיר איז.׳ דא שפרך ער:
׳גיא דורט אויף יענן בערג, דא איז איין נעשט בון איינם אויערהאן אונ׳ דעק אים

13 מעשייה מס׳ 40: אגדת השמיר (מעשה שלמה ואשמדאי).– השווה: גיטין סח ע״א; חבור מעשיות, ד; גאסטר, מס׳ 114, 404; מעשה בוך, מס׳ 104; גינצבורג, ד, עמ׳ 166; ו, עמ׳ 299. בניהו בן יהוידע מערים על אשמדאי, כופתו ומביאו אל שלמה. זהו מוטיב בינלאומי נפוץ; ב׳ הלר, ׳די תלמודישע אגדה וועגן אשמדאי׳, ייווא־בלעטער, כרך יג, מס׳ 1–2, עמ׳ 29 ואילך; גאסטר, מחקרים, ב, עמ׳ 980. והשווה: אארנה ותומפסון, 331, 560, 803. טבעת הקסם: תומפסון, D 1335.5.2; K 776 (השד נלכד כשהוא שיכור).

64 ע״ב דש נעשט צו מיט איינם גלאז, זא ווערט ער | ⟨דען⟩ שמיר ברענגן.׳ דא גינג ער אונ׳ ואנד דש נעשט אונ׳ דעקט עש צו מיט איינם גלאז. דא נון דער אויערהאן קאם אונ׳ זאך זייני אייער אונ׳ יונגי דורך דש גלאז אונ׳ קונט ניט צו זיא קומן. דא ולוך ער הין דען שָׁמִיר הולן, אונ׳ ליגט אין אויף דש גלאז. דא צו שפראנג דש גלאז אין טויזנט שטויק. דר נוך וואלט דער אויערהאן דען שמיר ווידר הין וועק טראגן. דא ליף באלד דער בְּנָיָהוּ אונ׳ יאגט דען אויער האן הין וועק אונ׳ ער ליש דען שמיר ואלן. אונ׳ ער נאם אין אונ׳ ברוכט אין שְׁלֹמֹה הַמֶּלֶךְ, אונ׳ ער בוייאט מיט דש בית המקדש. אונ׳ וואו דער אויערהאן דען שמיר הט גינומן אונ׳ ווש ער טעט מיט אַשְׁמְדַאי, איז מיר צו ויל צו שרייבן. ווען איר איין מול ווערט לייאן דען טויטשן מְלָכִים בוך דא ווערט איר דיא שְׁמוּעָה גאנץ וינדן. דש עכט. דש כְּתָב, דש מיינט דיא ליטריש אים אָלֶף בֵּית וויא זיא זולטן זיין גישטעלט. אודר עש מיינט דיא צורות בון דען ליטריש, דיא דא ווארן גיגראבן אויף דען לוחות דיא השם יתעלה גאב משה רבינו. דרויף ווארן גישריבן דיא עֲשֶׂרֶת הַדִּבְרוֹת. דש נוינדא. דש מן דש כְּתָב קונט לייאן אויף אלי בידי זייטן. אודר וְהַמִּכְתָּב מיינט דען גריפֿיל דא מיט השם יִתְעַלֶּה שריב דיא עֲשֶׂרֶת הַדִּבְרוֹת. דש ציהנדא. דיא לוחות זעלברט, דיא ווארן אויז קרבונקיל שטיין. דש זיין דיא ציהן ארלייא דיא דא ווארן בישאפן אם עֶרֶב שַׁבָּת. אונ׳ איין טייל בון אונזרי חֲכָמִים זאגן: אך דיא מַזִּיקִים, דש זיין דיא שֵׁדִים
65 ע״א דיא ווארן בישאפן אם עֶרֶב שַׁבָּת. אונ׳ דש קבר בון משה רבינו עליו השלום. | דש ווייש קיין מענש וואו עש איז. אז דער פסוק זגט: וְלֹא יָדַע אִישׁ אֶת קְבֻרָתוֹ עַד הַיּוֹם הַזֶּה, וויא וואל דש עש איז אויף הַר נְבוֹ, נוך קאן עש קיין מענש וינדן. שטֵיט איינר אונטן אם בערג, דא מיינט ער דש קֶבֶר זייא אובן. שטֵיט איינר אובן אויף דעם בערג, זא מיינט ער דש קֶבֶר זייא אונטן. טאנטו, קיין מענש קאן דר צו קומן נוך ווישן וואו עש איז. אונ׳ אך דער ווידר, דש אַיִל דש אברהם אבינו צו קָרְבָּן ברוכט אן שטט זיינש זון יצחק. דער זעלביג ווידר קאם צו לאפן אויז דער מִדְבָּר. אונ׳ דא אין אברהם זך, דא נאם ער אין אונ׳ ברוכט אין צו קרבן אן שטט יִצְחָק זיינן זון. אונ׳ איין טייל בון אונזר חֲכָמִים ז״ל דיא זגן, אך דיא ערשט צוואנג דיא דא איז קומן אויף דיא וועלט, דיא הוט השם יתעלה אך בישאפן אם עֶרֶב שַׁבָּת בֵּין הַשְּׁמָשׁוֹת. דען ווען דיא אירשט צוואנג ניט ווער בישאפן וואררדן, דא העט קיין שמיד גישט

10 עכט בין השיטין במקום תיבות דש נוינדא שנמחקו

9 המחבר מעיר, שהקורא ימצא את הסיפור בשלימותו ב׳דען טויטשן מלכים בוך׳, הפואימה הידועה ׳דש ספר מלכים׳, הכתובה ביידיש קמאית (אויגסבורג 1543).
19 ולא ידע... היום הזה.– דב׳ לד:ו. והשווה להלן, עמ׳ 97, הערה לשורה 2.
20 המחבר מביא את האגדה התלמודית: ׳...עמדו למעלה ונדמה להם למטה...׳ (סוטה יד ע״א).
23 האיל שהקריב אברהם תחת בנו.– בר׳ כב:יג; עיין פסחים נד ע״א.

קוינן מאכן. וועז וויא זולט ער איין הייש אייזן אויז דעם בווייאר נעמן. אֶלָּא וַדַּאי,
מן ואנד איין צוואנג דיא השם יתעלה הט בישאפן דא מיט הוט מן אנדרי צוואנגן
אונ׳ אנדר דינג גימאכט. זיבן ארלייא זיין דא מיט מן דר קענט איינן דער זיא טוט,
דער היישט איין גוֹלֶם. אל דינג דש ניט אויז גימאכט איז, דש היישט איין גוֹלֶם. אזו
אך איין מענש דש קיין שֵׂכֶל הוט, דער היישט איין גוֹלֶם. אונ׳ זיבן ארלייא זיין דש
ווער זיא טוט, דער ווערט דר קענט דש ער איין חכם איז. דש איין. איין חָכָם דער
רֵיט ניט בור איינם אנדרן דער דא איז בֵּישר אונ׳ גרוישר אונ׳ קוישטליכר גיהאלטן
65 ע״ב אונטר דען לוייטן. עש זייא בון וועגן חָכְמָה אודר דש ער אֵילטר איז אז ער. | דש
אנדר. ער ואלט קיינם אין זיין רֵיד. ער לושט איין בור אויז רֵידן אונ׳ דר נוך רֵיט
ער אונ׳ ענטוורט. דש דריט. ער דר שריקט ניט וועז ער איינם זול ענטוורטן אויף
זיין רֵיד. אונ׳ דרום קאן ער זיין ענטוורט רעכט זאגן. דען וועז איינר רֵיט מיט דר
שרוקנים הערצן זא קאן ער ניט רעכט רידן נוך ענטוורטן. דש וירדא. ער ורוגט
רעכטי גלייכי קֻשְׁיוֹת אין דער הֲלָכָה אונ׳ ענטוורט אך גלייך אונ׳ ואלט ניט אויז,
דש וועז מן ורעגט בון הוֹדוּ דש ער זולט ענטוורטן בון כּוּשׁ. דש פוינפט. ער ענטוורט
אויף דש ער בון אירשטן גיהוירט הוט צום ערשטן. אונ׳ וויש ער צום הינטרשטן הוט
גיהוירט ענטוורט ער צום הינטרשטן, אז וויא מן איין גיברוגט הוט, אונ׳ ור קערט
ניט דיא שְׁאֵילוֹת אונ׳ תשובות נורייארט על רִאשׁוֹן רִאשׁוֹן וְעַל אַחֲרוֹן אַחֲרוֹן. דש
זֵיקשט. וועז ער איין פְּסַק גיבט בון זיך זעלברט, בון זיינר סְבָרָא, זא זאגט ער ניט
דער דִין איז אזו, דען איך הון אין אזו גיהוירט בון מיינם רַבִּי, נורייארט ער זגט מיך
דוּיכט דער דין זייא אזו בון מיר זעלברט. אונ׳ וויש ער הוט גיהוירט בון איינם
אנדרן דא שעמט ער זיך ניט צו זגן דש הב איך ניט בון מיר זעלבש; איך הבש
גיהוירט בון איינם אנדרן. אז איך הב איין מול גיהוירט איין יְרוּשַׁלְמִי דרשן, דש
וועז ער זגט צווֵיין פשטים, דא זגט ער אל מול: דען פשט זג איך בון מיר זעלבש אונ׳
דען פשט הב איך גיהוירט בון מיינם רַבִּי הַשֵּׁם יִשְׁמְרֵהוּ. דש זיבנדא. ער איז מוֹדֶה
66 ע״א אויף דען אֱמֶת וועז ער זיך העט תוֹעֶה גיוועזן, וויא וואל וועז ער זיך וועלט | אין
איין עֶקש זֵיצן דא קוינט ער דען שֶׁקֶר ביהערטן מיט זיינר חָכְמָה. נוך טוט ערש
ניט אונ׳ איז מוֹדֶה אונ׳ שעמט זיך ניט צו זאגן, איך הון גיבעלט. דא מיט זיכט מן
דש ער איין חָכָם איז. אונ׳ דיא זיבן גוטן מִידוֹת זיין גלייך לְהֵיפֶךְ אן איינם גוֹלֶם.
זיבן ארלייא פוֹרְעָנִיוֹת דיא קאמן אין ארץ יִשְׂרָאֵל בון זיבן גרושי עבירות וועגן דיא
מן טעט. וועז איין טייל לוייט אונטר יִשְׂרָאֵל דיא גאבן איר מַעֲשֵׂר רעכט. אונ׳ איין

19 לפני אזו גיהוירט נמחקה תיבת גיהוירט 20 אחרי גיהוירט נמחקה תיבה מיותרת הוט
30 אחרי לוייט תיבה מיותרת מעשר והיא בסוגריים, ובסוף המשפט המלה מעשר במקומה הנכון

3 משנה י: שבעה דברים בגולם.
29 משנה יא: שבעה מיני פרעניות.

טייל דיא גאבן ניט איר מַעֲשֵׂר. בון דער זעלביגן זוינד וועגן דא קאם איין הונגר אין דיא וועלט דש עש ניט זער רעגיט אונ׳ דש קורן וואר טוייאר. אונ׳ איין טייל לוייט דיא האטן צו עשן גינוינגן אונ׳ ⌈איין⌉ טייל לוייט דיא שטארבן הונגר; דר נוך דש זיא גיטון האטן, דר נוך ור גאלט אין הקב״ה. אונ׳ ווען נימנט קיין מַעְשֵׂר ⌈גאב⌉, דא קאם איין הונגר, דער ור טוימלט דיא לוייט אונ׳ מאכט זיא מְשֻׁגָּע ווערדן. דש וור, עש קאמן גרושי חֲיָילוֹת דש מן דש קורן אונ׳ אנדרי תבואות ניט קונט שניידן אונ׳ איין זאמילן אין דיא הויזר. אונ׳ ווען זיא נון ניט מַעְשֵׂר גאבן אונ׳ אך ניט חלה נאמן בון אירן טייגן, דא קאם אומשגר קיין רעגן נוייארט וויניג טויא, דהיינו טַל, דיא מאכטן דיא תבואות כַּלְיָיה אונ׳ ור בוילן.

דער דֶבֶר קאם אין עוֹלָם ווען זיא ניט רעכט מִשְׁפָּט הילטן אונ׳ ווארן ניט מֵמִית דיא דא חַיֵּיב מִיתָה ווארן, אז דיא תורה גיבוטן הוט. אודר דש איינר חַיֵּיב מִיתָה איז אונ׳ זיין ניט נִמְסַר לְבֵית דִין דש זיא קוינן משפט דרויבר האלטן, זא ריכט דער בוֹרֵא
66 ע״ב יִתְבָּרַךְ זעלברט אונ׳ שיקט דען דֶבֶר. אונ׳ דרום דש זיא ניט רעכט | דיא שְׁמִיטָּה הילטן אונ׳ ווארן ניט מַפְקִיר דיא פֵּירוֹת דיא דא וואוקשן אין דער שְׁמִיטָּה אונ׳ זיא טריבן סחוֹרָה מיט דען זעלביגן פֵּירוֹת אונ׳ תְבוּאוֹת, דא קאם אך דער דֶבֶר. חֶרֶב קאם אין דיא וועלט, אונ׳ דש מיינט קריג, בון וועגן עִנּוּי הַדִין, דש מן דיא לוייט שטענטערט, דש מן ניט אירי פְּסָקִים גאב. ווען דש איז גר איין גרושי זוינד. אז מיר וינדן דא מן ר׳ יִשְׁמָעֵאל כֹּהֵן גָדוֹל אויז בֹּורט אונ׳ מן זולט אין דַן זיין. ער וור אך איינר בון דען עֲשָׂרָה הֲרוּגֵי מַלְכוּת. דא שפרך ער: ׳מיך רוויאט ניט מיין טוט אזו זער, נוייארט דש איך ניט ווייש וואו מיט איך דש ור זוינט אונ׳ ור שולט האב.׳ דא שפרך צו אים ר׳ שִׁמְעוֹן: ׳הושטו ניא קיין שטענטערט דער דא בור דיך איז קומן לְדִין, אונ׳ הושט אים זיין פְּסַק געבן אזו באלד אז דו דיין מנטיל מויכשט אן גיטון האבן אודר איין שוך אן גיטון?׳ דא שפרך ער: ׳איך ווייש גיוויש, איך הב אופט דש דוזיג עוֹבֵר גיוועזן.׳ דא שפרך ער: ׳זאלש דיכש ניט וואונדר נעמן. ווען דיא תוֹרָה הוט גיזגט, הְרֵיגָה קומט אין דיא וועלט, דרום דש מן דיא לוייט מְעַנֶּה איז אם מִשְׁפָּט.׳ אונ׳ בון וועגן עִוּוּת הַדִין. דש מן אונרעכט אונ׳ וואלשי פְּסָקִים גאב, אונ׳ ווארן מְזַכְּאֵי הַחַיָּיב אונ׳ מְחַיֵּיב הַזַכְּאַי. אונ׳ ⌈בון וועגן דש זיא⌉ מוֹרֶה הוֹרָאוֹת דיא דא ניט ווארן כְּדִין וְכַהֲלָכָה. ווש דא וור מוּתַּר מאכטן זיא אָסוּר, אונ׳ ווש דא וואר

3 איין בין השיטין במקום תיבת אין שנמחקה

16 עינוי הדין.– השווה רש״י: ׳עינוי הדין. שמתענה דינו של אדם ומעכבו מלפסוק לו דינו.׳ 18–19 ר׳ ישמעאל כהן גדול ועשרה הרוגי מלכות.– השווה: מכילתא, שמ׳ כ: יח: ׳כבר היה רבי ישמעאל ורבי שמעון יוצאים ליהרג... אחד עינוי מרובה ואחד עינוי מועט.׳ וראה: סנהדרין יא ע״א; שמחות, ח: ׳שמעון וישמעאל לחרבא... והתורה אמרה: ״אם ענה תענה אותו״...׳; סוטה מח ע״ב; אדר״נ, לח; ביהמ״ד, ב, עמ׳ 64 ואילך; ו, עמ׳ 19–35; אוצר מדרשים, ב, עמ׳ 440 ואילך.

אָסור מאכטן זיא מוּתָּר. אודר דרום דש זיא מאכטן און רעכטי פֵּירוּשִׁים אויף דיא
תּוֹרָה אונ׳ זיא לֵיגטן זיא אויז צו שמוכהייט. חַיּוֹת רָעוֹת דיא קאמן אין דיא וועלט
67 ע״א אונ׳ צוריסן דיא לוייט, דרום | דש זיא ויל שבועות אום זוינשט שוואורן. ווען זיא
שון רעכט שוואורן, אז איינר שווערט אויף איין שטויק זילבר עש זייא זילבר, דש
הייסט איין שְׁבוּעָה לְבַטָּלָה וְשָׁוְא אונ׳ דער טעטן זיא ויל. אודר דרום דש ⌜זיא⌝ ויל
ואלשי שבועות טעטן, אונ׳ דרום דש זיא ווארן מְחַלֵּל הַשֵּׁם. דש דיא רבנים טעטן
עבירות בְּפַרְהֶסְיָא אונ׳ אנדרי לוייט לערנטן בון אינן. ווארום ווען איין רַב אודר
קוִשטליכר דען דיא לוייט ⌜ור⌝ ורום האלטן אונ׳ ער טוט עֲבֵירוֹת, אונ׳ דיא לוייט
מיינן ער טוט אייטל ורומקייט אונ׳ קיין עֲבֵירָה, אונ׳ זיא לערנן בון אים אונ׳ טוינן
אך אזו, דש הייסט רעכט חִילוּל הַשֵּׁם. אודר דער איינם גוֹי שֶׁקֶר טוט מיט ווילן.
דען אונזר חֲכָמִים האבן גיזגט טָעוּת גוֹי מוּתָּר, אבר ניט דש מן אים זול בְּכַוָּונָה שֶׁקֶר
טון. אודר דש איינר הַשֵּׁם יִתְעַלֶּה גירינג האלט אונ׳ נענט אין צו און נויצן צייטן, אז
מיר וינדן. איינר דער שטארב אונ׳ נוך דעם יאר קאם ער ווידר צו זיינם ורוינד.
דא ורוגט ער אין: ׳וויא גיט עש דיר דורטן?׳ דא שפרך ער: ׳עש איז מיר זער
אויבל גאנגן דש יאר, אבר איצונד גֵיט עש מיר ניט אזו אויבל. אבר דוך וויא וואל
דש, דש מִשְׁפָּט בון דען רְשָׁעִים איז נור צוועלף חֳדָשִׁים, דוך זא מוז איך נוך אל טג
[41] אֵיצווש ליידן בון צווייא ארלייא וועגן. איינש, דרום דש איך מיין נעגיל ליש לאנג
וואקשן אונ׳ קאם מיר דרונטר ולייש אונ׳ מילך אונ׳ איך הב אזו מיט געשן, דא הב
איך בָּשָׂר וְחָלָב געשן. דש אנדר, דרום דש איך דען שֵׁם שטעטיגליך גינענט הון,
67 ע״ב גלייך אז איין אנדר ווארט.׳ | דרום זול איין איטליכר יוד נִזְהַר זיין אונ׳ זול זיך זיין
נֶגִיל ניט לאנג לושן וואקשן. אונ׳ זול ניט מַזְכִּיר זיין שֵׁם שָׁמַיִם אומנדר. אז ⌜מאז⌝
איצונד בעונות ויל וינד דש אנדר ווארט דש מן רֵיט איז חַי אֲדֹנָי. מאן זאל בייא
שפיל נעמן בייא איינם קוִשטליכן מלך וויא מן אין ניט אופט נענט. אונ׳ ווען מן

5 זיא בין השיטין במקום תיבת אין שנמחקה

6 חילול השם.

10 אודר דער איינם...ווילן.—אזהרה על אונאת גוי בכוונה; השווה: ב״ק קיג ע״ב. בהמשך (שורה 11) מביא המחבר בשם חז״ל ׳וטעות גוי מותר׳, כדברי שמואל (ב״ק, שם), שטעותו של גוי מותרת, וכרמב״ם, הלכות מכירה טו:א: ׳טעות גוי מותר׳; ומוסיף, כדרכו: ׳אבר ניט דש מן אים זול בכוונה שקר טון.׳ השווה: ברכות יג ע״ב; ב״מ פז ע״ב.

13 מעשייה מס׳ 41: דינו של מגדל צפורניים.— מעשה אילוסטראטיבי באחד שנידון לי״ב חודש בגיהינום משום שגידל ציפורניו ועל־ידי כך בא לכלל איסור בשר וחלב. במעשייה יש מוטיב פולקלורי ידוע על הסכנה שיש בגידול צפורניים. ידועה האמונה הטפילה שצריכים לגנוז או לשרוף את הצפורניים אחרי נטילתן משום שהן מקום מושבם של רוחות רעות וכוחות הטומאה; השווה: נידה יז ע״א; מ״ק יח ע״א; תומפסון, G 303.25.5.1.

16 משפט רשעים בגיהינום שנים־עשר חודש. — השווה: עדויות ב:י. והשווה גם פירושו של הראב״ד, שם; וכן: ילקוט שמעוני, ישעיה, רמז תקיד.

אין נענט, זא נענט אין בְּכָבוֹד אונ׳ אידרמן ציכט דיא הויב אב ווען מן אין נור הוירט נענן. מִכָּל שֶׁכֵּן דש מן זול נִזְהַר זיין בְּשֵׁם מֶלֶךְ מַלְכֵי הַמְּלָכִים הקב״ה. גלות קאם אין דען עוֹלָם, דרום דש זיא דינטן דער עֲבוֹדָה זָרָה. דש מיינט, דש מן איינם און רעכט טוט אום געלטש וועגן. דש איז גלייך אז דינט מאן דער עֲבוֹדָה זָרָה אונ׳ זיא ווארן מְגַלֶּה עֲרָיוֹת אונ׳ טריבן זְנוּת אונ׳ זיא ווארן שׁוֹפֵךְ דָּמִים. דש מיינט, זיא טעטן ויל רְצִיחוֹת אודר דש מן איינן ור שעמט בור דען לוייטן. דש איז גלייך אז ור גויש מן אים זיין דַם. אז אונזר חֲכָמִים זגן דְאָזִיל סוּמְקָא וְאָתָא חִיוְּרָא. דש מיינט, ווען מן איינן ור שעמט דא דר בלייכט זיך איינר גלייך אז העט ער קיין בלוט אין זיך. אונ׳ דרום דש זיא ווארן ערבטן אין דער שְׁמִיטָּה, זיא אקרטן אונ׳ זעטן אונ׳ שנידן אין דער שְׁמִיטָּה אונ׳ לישן דיא ערד ניט רואן, אז גיבוטן איז אין דער הייליגן תּוֹרָה. וויא וואל דש איך הון גישריבן דיא זיבן ארלייא קאמן אין אֶרֶץ יִשְׂרָאֵל, זיא זיין וואל אך נוֹהֵג בַּעֲוֹנוֹת הָרַבִּים אין חוּצָה לָאָרֶץ. אונ׳ איינר זול זיך ניט גידענקן, איך מג טון ווש איך וויל דיא ווייל מיר ניט זיין אין אונזרם הייליגן לאנד. דער ווירט איז אויבראל דא היים. עש גֵיט קיינם אומזוישט וואל אודר אויבל. איטליכם נוך זיינם ור דינשט. |

68 ע״א

אין ויר צייטן וור זיך דער דֶבֶר השם ישמרנו מערן. אין דעם וירדן יאר בון דער שְׁמִיטָּה אונ׳ אים זיבנדן יאר, דש וור אין דער שְׁמִיטָּה זעלברט. אונ׳ ווען דש זיבנד יאר אויז גינג, אונ׳ ווען סוכות אויז גינג אַלְיָאַר נון ליגט ער זיא אל אויש וויא אונ׳ ווארום אים וירדן יאר בון דער שְׁמִיטָּה, דרום דש זיא ניט האטן רעכט מעשר געבן אין דעם דריטן יאר. דש וור אין דעם דריטן יאר בון דער שְׁמִיטָּה, דא גאב מן מַעְשַׂר דען עֲנִיִּים. אונ׳ ווען זיא דש ⌜מעשר⌝ ניט רעכט האטן געבן דא וור זיך דער דֶבֶר מִתְרַבֶּה. דר נוך אים וירדן יאר אונ׳ אים זיבנדן יאר, דרום דש מן אים זֵיקשטן יאר אך מַעֲשֵׂר גאב דען עֲנִיִּים. אונ׳ ווען זיא עש אך ניט רעכט גאבן, זא וור זיך דער דֶבֶר דר נוך אים זיבנדן יאר מִתְרַבֶּה. אונ׳ ווען דש זיבנד יאר אויז גינג, דרום דש זיא ניט האטן גיהאלטן רעכיט דיא שְׁמִיטָּה דש מן זול הֶפְקֵר מאכן אלז דש דא וואקשט, תְּבוּאָה אונ׳ פֵּירוֹת. אונ׳ נימנט איז פַּטְרוֹן, ארם אונ׳ רייך. זיא זיין אל גלייך אין דער שְׁמִיטָּה. אונ׳ דרום דש זיא האטן מארקידנציה גיטריבן מיט דער תְּבוּאָה אונ׳ פֵּירוֹת אונ׳ האטן זיא ניט הֶפְקֵר גימאכט, דא וור זיך דער דֶבֶר מִתְרַבֶּה ווען דש יאר אויז וור. אונ׳ אל יאר ווען סֻכּוֹת אויז וור, דרום דש מן הט גיגזֵלט אונ׳ הט ניט געבן דען עֲנִיִּים לֶקֶט שִׁכְחָה אונ׳ פֵּאָה. דש ווארן דרייא מִצְוֹת, דיא מן אל יאר מושט האלטן. דש ווען איינר הט זיין תְּבוּאָה גישניטן, דא זול מן לושן דיא

5 שפיכות דמים.– המחבר חורג מפשוטה של המשנה ומפרש ׳ועל שפיכות דמים׳: מי שמבזה פני חברו ברבים׳. מקור האימרה שהוא מצטט כאן (שורה 7), ׳דאזיל סומקא ואתא חיורא׳, הוא ב״מ נח ע״ב.

15 משנה יב: בארבעה פרקים הדבר מתרבה.

68 ע״ב עניים | קלויבן אונ׳ שפיגילערן. דש היישט לֶקֶט. אונ׳ מן זול לושן ליגן איטליכי שפיגִי אים ועלד אונ׳ זול זיא ניט דער פטרון נעמן. וועז עש איין פראנקאדה ווער, דא מג ער זיא וואל נעמן. אבר צוואו דרייא שפיגי דיא זול ער ור געשן אונ׳ זול זיא לושן ליגן. ˹דש זיא דיא עניים נעמן˺. דש היישט שִׁכְחָה. אונ׳ וועז מן שניד דיא תְּבוּאָה, זא זול מן לושן שטין אן דיא ענד אונ׳ קנטוני אֵיטליכי שפיגי, אונ׳ דיא עֲנִיִּים זולן זיא אב שניידן. דש היישט פֵּאָה. דרום ˹דש זיא˺ ניט רעכט ˹האטן˺ גיהאלטן אל יאר דיא דרייא מִצְוֹת, דרום וור זיך דער דֶּבֶר מִתְרַבֶּה אל יאר נוך סֻכּוֹת, וועז מן אל דיא תְּבוּאוֹת איין דיא הויזר הט גיברוכט. אזו אך ווארן נוהג דיא מִצְוֹת איין דיא ויין גערטן. אונ׳ אם סוכות דא הט מן אל דינג אים הויז. דרום היישט סכות חג הָאָסִיף. ויר ארלייא מִדּוֹת זיין אן דען לוייטן. איינר דער דא שפריכט דש מיין איז מיין, אונ׳ דש דיין איז דיין. דש מיינט, איינר דער וויל קיין הֲנָאָה האבן בון דען לוייטן, אונ׳ דיא לוייט זולן אך קיין הֲנָאָה בון אים האבן, דש איז איין מיטל מעשיגי מִידָה. זיא איז ניט גוט, אונ׳ איז אך ניט בויז. אונ׳ איין טייל בון אונזרן חֲכָמִים דיא זגן עש זייא איין מִדָּה בון סְדוֹם אונ׳ עֲמוֹרָה. דיא וואלטן בון נימנט קיין הֲנָאָה האבן, אונ׳ זיא וואלטן אך נימנט זולט הֲנָאָה בון איין האבן. אפילו איין הֲנָאָה דש זיא קיין

69 ע״א שאדן דר בון האטן. אונ׳ דש איז גר איין בויזי מִדָּה. דש | איינר זיינם חבר ניט מג איין הֲנָאָה טון און זיין שַׁאדן. אונ׳ דער דא זגט, דש מיין איז דיין אונ׳ דש דיין איז מיין. דש מיינט, איינר זיכט גערן דש דיא לוייט הֲנָאָה בון אים האבן אונ׳ אזו וויל ער אך הֲנָאָה בון דען לוייטן האבן, דער איז איין עַם הָאָרֶץ. ער וויל אל דינג גלייך האבן. ער וויל אנדרן שענקן דרום דש מן אים זול ווידר שענקן. דש איז קיין חָכְמָה. ער הוט ניט אזו ויל שֵׂכֶל דש ער וועלט איין הֶפְרֵשׁ מאכן צווישן איינם אונ׳ דעם אנדרן. דרום היישט ער איין עַם הָאָרֶץ. אונ׳ דער דא זגט, דש מיין איז דיין אונ׳ דש דיין איז אך דיין. ער וויל דש דיא לוייט זולן הֲנָאָה בון אים האבן אונ׳ ער ביגערט ניט בון דען לוייטן הֲנָאָה צו האבן, דער היישט איין חָסִיד. אונ׳ דער דא שפריכט דש מיין איז מיין אונ׳ דש דיין איז אך מיין. ער וויל דש אים דיא לוייט זולן הֲנָאוֹת טון אונ׳ ער וויל נימנט קיין הנאה טון. ער וויל דש זיין אלז בור זיך האלטן, דער היישט איין רָשָׁע גָּמוּר. ויראַרלייא מדות זיין אן דען דֵיעוֹת בון דען לוייטן. דיא דא זיין באלד אונ׳ לייכט צו דר צוירנן אונ׳ לייכט ווידר צו ביווילִיגן, דא גִיט אים זיין ˹עונש˺ היין וועק. דען ער מאריטערט דרום דש ער איז לייכט צו דר צוירנן גיגן דעם שָׂכָר דען ער מאריטערט דרום דש ער איז לייכט ווידר צו ביווילגן. איז איינר

69 ע״ב הערט צו דר צוירנן אונ׳ איז אך הערט צו | ביווילִיגן, דא גֵיט זיין ור לושט דש ער איז הערט צו ביווילִיגן גֵיגן דעם שָׂכָר דש ער איז הערט צו דר צוירנן. דער דא

6 אחרי דרום דש נמחקו תיבות האטן דיא   29 עונש בין השיטין במקום תיבת שכר שנמחקה

10 משנה יג: ארבע מדות באדם.   27 משנה יד: ארבע מדות בדעות.

איז הערט צו דר צוירנן אונ׳ לייכטליך צו ביווילגן, דער איז איין חָסִיד, דען ער הוט אלי גוטי מִדות. אונ׳ דער דא איז לייכט צו דר צוירנן אונ׳ הערט צו ביווילגן, דש ״איז״ אלז בויז, דער איז איין רָשָׁע. דען ווער ויל צוירנט, דער קומט צו זוינדן אין דעם צורן, דש ער זוינשט ניט טוט. ויר ארלייא מִדות זיין אן דען תַלְמִידִים דיא דא לערנן תורה. דער דא באלד איז מְקַבֵל וש ער לערנט אונ׳ אך באלד ווידר ור געשט וש ער גילערנט הוט. דא גֵיט זיין שָׂכָר דען ער מאריטערט דש ער באלד לערנט, גיגן דעם ור לושט דען ער מאריטערט דש ערש באלד ווידר ור גישט. דער דא הערט איז מְקַבֵל צו זיין דש לערנן, אונ׳ ווען ערש גילערנט הוט, דא ור גישט ערש ניט באלד, דא גיט אבר זיין הֶפְסֵד דש ער איז הערט צו לערנן גיגן דעם שָׂכָר דש ער איז הערט צו ור געשן. דש מיינט, ווש ער גיווינט מיט איינם, דש ור לירט ער מיט דעם אנדרן. אבר איינר דער דא באלד מְקַבֵל איז זיין לערנן אונ׳ ווש ער גילערנט הוט דש ור גישט ער ניט באלד, דער איז איין חָכָם. אונ׳ דער דא איז הערט מקבל צו זיין זיין לערנן אונ׳ ווען ערש גילערנט הוט דא ור געשט ערש באלד ווידר, דש איז איין חֵלֶק רַע, איין בויזי פארט. ויר ארלייא מִדות זיין אן דען לוייטן דיא דא צְדָקָה געבן. דער דא גערן צְדָקָה גיבט אונ׳ זיכט ניט גערן דש אנדר לוייט צְדָקָה געבן. דש מיינט, דש ווען איינר גערן צְדָקָה גיבט דרום דש

ע״א 70 ער זול רייך ווערן. דען אֵי מער מאן צְדָקָה | אונ׳ מַעֲשֵר גיבט, אֵי מֵין זיך דש מָמוֹן

[42] מערט אונ׳ גֵרִישֵרט. אז מיר וינדן אין דער גְמָרָא. איין מול גינג ר׳ יוֹחָנָן זון זַכַּאי אויז יְרוּשָׁלַיִם אונ׳ זיין תַלְמִידִים גינגן אים נוך. דא זאך ער איין פוילציל ״יונגי ורויא״, דיא קלויבט דש קורן אונ׳ קערשטן אונ׳ שפעלטה אויז דעם קוט בון דען פפערדר אונ׳ אֵיזיל אונ׳ קעמליך אויף דעם וועג אונ׳ אש זיא. דא זיא אין זאך, דא צוך זיא אב איר הויב ״אונ׳ שלייאר״ אונ׳ שטונד אזו אין בורן בור אים, אונ׳ שפראך צו אים: ׳ליבר ר׳, גיב מיר צו עשן אום גוטש ווילן.׳ דש שפרך ער: ׳וועש טוכטר בישטו?׳ דא שפרך זיא: ׳איך בין דיא טוכטר בון נַקְדִימוֹן זון גוּרְיוֹן.׳ דש שפרך ער צו זיין תַלְמִידִים: ׳איך בין גיוועזן איין עֵד אויף איר כְתוּבָה אונ׳ מיך גידענקט דש איר כְתוּבָה איז גיוועזן מְלִי וואָלְטִי מִילִי שְקוּדִי.׳ דא שפרך ער: ׳וואו איז דש מָמוֹן בון דיינם ואטר הין קומן?׳ דא שפרך זיא: ׳ווייַשטו ניט דש שפריך ווארט דש מן זגט? דער דא וויל זאלצן זיין מָמוֹן דש עש אים בלייבט, דער זול עש זאלצן אודר זול עש מאכן

4 משנה טו: ארבע מדות בתלמידים.

14 פארט.– פירוש באיטלקית למלה ׳חלק׳. משנה טז: ארבע מדות בנותני צדקה.

18 מעשייה מס׳ 42: בתו של נקדימון בן גוריון.– השווה: כתובות סו ע״ב; אדר״נ, יז; מעשה בוך, מס׳ 67; גאסטר, מס׳ 135.

19 יונגי ורויא.– הוספה הבאה לפרש את המלה האיטלקית ׳פוילציל׳.

27 דש שפריך ווארט... דש עש אים בלייבט וכו׳.– השווה כתובות, שם: ׳מתלא בירושלים, מלח ממון חסר...׳; רש״י, שם: ׳הרוצה למלוח ממונו, כלומר, שיתקיים, יחסרנו לצדקה.׳

גיברעכן. דש מיינט, מן זול דר בון גוטש טון אונ׳ צְדָקָה געבן. אונ׳ מיין ואטר הוט
ניט ויל צְדָקָה געבן.׳ דא שפרך ער: ׳וואו איז דש מָמוֹן בון דיינם שוועהר הין קומן?׳
דא שפרך זיא: ׳איינש הוט דש אנדר הין וועק גיבְּוירט.׳ דא שפראכן זיין תַלְמִידִים:
׳מיר וינדן יא דש וועגן דער נַקְדִימוֹן זון גוּרְיוֹן אויז זיינם הויז אין דש בֵית הַמֶדְרַש
׳גינג׳ דא גינג ער ניט אויף דער ערדן נוייארט אויף טַאפֵּי אונ׳ סעמיט אונ׳ זייד,
אונ׳ ליש זיא ליגן. אונ׳ עש קאמן דיא עניים אונ׳ הובן זיא אויף. דש טעט ער אל
טג, דען ער וואר איין גרושר עָשִיר | אונ׳ דש וור יא איין גרושי צְדָקָה.׳ איין טייל 70 ע״ב
זגן, דש דוזיג טעט ער ניט בון צְדָקָה וועגן נוייארט בון זיינר כָבוֹד וועגן. אונ׳ איין
טייל זגן, ער הט עש יא גיטון בון צְדָקָה וועגן, אבר עש וור צו וויניג נוך זיינם עוֹשר.
דער וור אזו גר גרוש דש ער דיא גאנץ שטט יְרוּשָלַיִם העט דרייא יאר קוינן דיא
שְפֵיזָה טון. אונ׳ דרום הט ער דש ור זוינט דש זיין טוכטר אזו ארים וור גיווארדן.
דר נוך דער איזיל שטארק איז, דר נוך זול מן אים אויף לאדן. גלייך אז דש הור.
אי מֵין מן עש אב שערט, אי מען עש וואקשט. אונ׳ זיכט ניט גערן דש אנדר לוייט
צדקה געבן, דער הוט איין בויז אויג אן אנדר לוייט גוט. ער גוינט אנדרן ניט דש זיא
זולן רייך ווערן. אונ׳ איינר דער דא גערן זיכט דש אנדר לוייט צדקה געבן אונ׳
ער וויל ניט צדקה געבן, דער הוט איין עַיִן הָרָע אן ׳זיינם׳ אייגינן גוט, דש ערש ניט
זעהן קאן דש ער איין וירר צְדָקָה גיבט. ער הוט אומדר זורג, אים ווערט מאנקערן
אונ׳ ווער ארם ווערן. אופט וינט מן לוייט דיא אירן קרוֹבִים מֵין גוטש גוינן אז זיך
זעלברט אונ׳ ווען האבן זיא זולן קיין צדקה געבן. אונ׳ זיא געבן אין אֵי דרום דש
זיא ניט זולן ארים ווערן. אונ׳ אופט וינט מן לוייט דיא האבן איר דֵיעות לְהֵיפֶך אונ׳
וויל האבן זיין קרוֹבִים זולן ויל צדקה געבן, אונ׳ ער וויל נישט געבן; דען ער זיכטש
ליבר דש אנדר לוייט ארם ווערדן אונ׳ ׳ער׳ ביהאלט דש זיין. אבר ער ור שטיט
דען פְּשַט ניט רעכט, דרום דש ער איין עין הרע הוט. אבר איינר דער דא גערן
צְדָקָה גיבט אונ׳ זיכט אך גערן דש דיא אנדרן לוייט אך צְדָקָה | געבן, דער איז 71 ע״א
איין חָסִיד. אונ׳ איינר דער דא ניט וויל צְדָקָה געבן אונ׳ זיכט ׳אך׳ ניט גערן דש
אנדר לוייט געבן, דען ער וועלט גערן דש נימנט נישט געבן זולט, דער איז איין
רָשָע. ויר ערלייא מִדוֹת זיין אן דען דיא דא געגן אין דש בֵית הַמֶדְרַש אונ׳ אין דש
בֵית הַכְנֶסֶת. דער דא גֵיט צו דער דְרָשָה אודר אין דיא שול אונ׳ אורט ניט אודר
ער הוירט ניט צו דַרְשַן. אודר ער הוירט צו אונ׳ ור שטֵיט נישט. דער הוט דענוך
שְכַר הְלִיכָה דש ער גנגן איז. גֵיט איינר ניט אין דיא שול אודר אין דש בֵית הַמֶדְרַש

14 אחרי אן אות ן שנייה מחוקה 18 לפני לוייט נמחקה תיבה, אולי זינשט(?)

12 דר נוך דער איזיל שטארק איז.— הפתגם התלמודי מדבר בגמל: ׳לפום גמלא שחנא׳ (כתובות סז ע״א). בארצות אירופה לא שימשו גמלים להובלת משאות, אלא חמורים.
27 משנה יז: ארבע מדות בהולכי בית המדרש.

אונ׳ לערנט דא היים, אודר אורט דא היים, דא הוט ער זיין שְׂכַר דרום דש ער
גיאורט אונ׳ גילערנט הוט. אבר איינר דער דא גיט אין דיא שול אונ׳ אורט אונ׳ גיט
אין דש בית המדרש אונ׳ לערנט, דער הוט ויל שָׂכָר דען ער היישט איין חָסִיד. אונ׳
איינר דער דא ניט אין דיא שול גיט אונ׳ אורט אך ניט דא היימן, אונ׳ גֵיט ניט ׳צום׳
לערנן אונ׳ לערנט אך ניט דא היימן, דער איז איין רָשָׁע. ויר ארלייא מִידות זיין אן
דען תַּלְמִידִים, דיא דא זיצן בור דען חֲכָמִים אונ׳ לערנן. איין טייל זיין אז איין
שוואם. איין טייל זיין ׳אז איין׳ טרעכטר, דש מיינט איין לוֹרָה. איין טייל זיין אז איין
זייא זאק, דש מיינט איין קוֹלִידוֹר. אונ׳ איין טייל זיין אז איין זיב, דש איז איין קריוועל.
איין שוואם דיא ציכט אן זיך אל דינג, לויטר וושר אודר טרויב וושר, דש ציכט זיא
אלז אן זיך. אזו זיין אך תלמידים דיא גוטי הערצר האבן אונ׳ גידענקן אונ׳ לערנן
אלז ווש זיא הוירן, | אבר דוך זיא האבן ניט אזו ויל שֵׂכֶל דש זיא קוינן אויז קלויבן 71 ע״ב
דש גוט אויז דעם בויזן, אודר דען אֱמֶת אויז דעם שֶׁקֶר. איין טרעכטר, דען שטעלט
מאן אויף איין ואש אודר אויף איין ולעש. אונ׳ ווש מאן אובן דריין שויט, דש גֵיט
אונטן ווידר הרויש. אזו זיין אך תַּלְמִידִים ווש אין צו איינם אור איין גֵיט, דש גיט אין
ווידר צו דעם אנדרן אור אויש. ווש זיא לערנן, דש ור געשן זיא אזו באלד אונ׳
ביהאלטן נישט בון אירם לערנן. איין זייא זאק דא דורך זייכט מן דען ווין אונ׳ מן
שויט דריין דען טרויבן ווין מיט דען היבן אונ׳ פונדאץ. אונ׳ דער לויטר ווין
קומט הרויש אונ׳ דיא הֵיבן מיט דעם פונדאץ דיא בלייבן דרינן. אזו זיין אך דיא
דא הויבן לערנן אונ׳ זיא ביהאלטן נישט, נויארט קוואלקה, דְּבָרִים בְּטֵלִים, דיא
דא נישט נויץ זיין אונ׳ נישט יוצא דרויש איז. אז דער זייא זאק ביהאלט נור דען
פונדאצן אונ׳ דש בֵישט לאפט דורך אין, אונ׳ ווש אין נויץ אונ׳ גוט איז דש ור געשן
זיא. אונ׳ איין זיב, דש דרינן בלייבט דש גוט אונ׳ דש בויז דש גֵיט דר דורך. דש
גרוב מעל אונ׳ דיא קלייאן לושט עש דורך זיך לויפן אונ׳ ביהאלט נור דש זעמיל
מעל אונ׳ דיא פיור. אזו זיין אך תַּלְמִידִים דיא ביהאלטן בון אירם לערנן ווש אין
נויץ אונ׳ גוט איז אונ׳ ווש דא אימפורטערט, אונ׳ ווש ניט נויץ איז אונ׳ נישט יוֹצֵא
דרויש איז, לושן זיא גֵין.

אלר לייא ליבשאפט דיא דא הענגט אן איינר לייא, דרום | הוט ער דש זעלביג 72 ע״א
ליב. ווען דש זעלביג בָטֵל ווערט דש ערש גיהאט הוט, אודר ניט קאן האבן דש
זעלביג דרום ערש ליב הוט גיהאט, דא ווערט דיא אַהֲבָה אך בָטֵל. אונ׳ איין אַהֲבָה
דיא דא ניט הענגט אן איינרלייא זאך, נוייארט ער הוט איינרלייא אודר איין ליב
בון נישט וועגן, נור זיין הערץ טראגט זיך צו דעם זעלביגן דינג, אודר ער פילייערט

22 אחרי בויז נמחקה תיבת גיט 31 בתיבת צום מחוקה אות ם

5–6 משנה יח: ארבע מדות ביושבים לפני חכמים.
27 משנה יט: כל אהבה שהיא תלויה בדבר.

אמור צו איינם אומזווישט, דיא זעלביג אהבה ווערט נוימר מֵין בָטֵל. ועלכש היישט
איין אַהֲבָה דיא דא העגגט אן איינרלייא, אז דיא אַהֲבָה דיא דא הט אַמְנוֹן צו זיינר
שטיף ׳שווישטר׳ תָמָר. ער וואר איר זער ליב דרום דש ער העט גערן בייא איר
גישלופן. אונ׳ ער טעט אונ׳ טראכטט אזו ויל, דש ער זיא אויבר קאם אונ׳ לאג בייא
איר. אונ׳ דא ער זיין ווילן מיט איר גיהאט הט, דא וור דיא ליבשאפט אויז אונ׳ ער
הט זיא דר נוך ויינט. וויא ער זיא אויבר קאם אונ׳ צו וועגן ברוכט, איז דיא שְמוּעָה
זער לנג. ווער דא ווערט לייאן אין דעם סֵפֶר מְלָכִים, דא ווערט ערש וינדן. אונ׳
דרום הב איך זיא דא קורץ גישריבן. אונ׳ וועלכיש היישט איין אהבה דיא דא ניט
העגגט אן איינרלייא זאך, אז דיא אַהֲבָה דיא דא האטן צו אנגדר דָוִד הַמֶלֶך אונ׳
יְהוֹנָתָן דער זון בון שָאוּל הַמֶלֶך. דיא האטן אננדר הולט אונ׳ ליב אונ׳ ווערד שענצה
קאויזה. אזו איין אַהֲבָה דיא ווערט נוימר בָטֵל ביז זיא זיך שיידן בון דער וועלט, אז
72 ע״ב זיא ווארן גישיידן. | אלי קריג דיא מאן קריגט לְשֵם שָמַיִם, דער זעלביג קריג דער
בלייבט בישטֵין. דש מיינט הַשֵם יִתְעַלֶה דער גיבט דען קריגר קראפט אונ׳ מאכט
דש זיא אירי קריג קוינן אויז קריגן אונ׳ איר קיינר ווערט ור לורן. אבר אלי קריג
דיא מאן קריגט שֶלא לְשֵם שָמַיִם, דער זעלביג בלייבט ניט בישטֵין. זיא קוינן אירי
קריג ניט אויז בוירן אונ׳ ווערן ור לורן. וועלכיש היישט איין קריג דער דא איז לְשֵם
שָמַיִם, אז דער קריג בון הִילֵל אונ׳ שַמְאַי. דש ווארן צווֵיין תַלְמִידֵי חֲכָמִים דיא ווארן
אומדר מְפַלְפֵל אונ׳ קריגטן מיט אננדר אין דער הֲלָכָה. אונ׳ מיט אירים קריגן
ווארן זיא זער מַרְבִּיץ תוֹרָה אונטר יִשְרָאֵל דש דיא תלמידים זער לערנטן אונ׳
חָרִיף ווארן. אונ׳ איין מול קאם איין בַת קוֹל אונ׳ זגט אוייער ׳ביידר׳ קריג אונ׳
רֵיד, דיא גיבאלן וואל צו בורא הַשֵם יִתְעַלֶה. אבר דוך דיא הֲלָכָה איז אז בֵית הִילֵל.
אונ׳ ניט בון דעש וועגן דש בֵית הִילֵל קוישטליכר ווארן אז בֵית שַמְאַי, נוייארט
׳דרום׳ דש דער הִילֵל אזו גר דעמויטיג וור אונ׳ נוימר מער צוירנט, דרום וור ער

3 לפני שטיף מחוקה תיבת טוכטר ובין השיטין תוקן שווישטר 16 אחרי איין קריג נמחקה תיבת אז

2 אמנון ותמר.– בהביאו את הסיפור על אהבת אמנון ותמר מסתמך המחבר על רש״י: ׳שלא אהב את תמר אלא לשם ניאוף׳. הוא מטעים, כי הסיפור ארוך ביותר (שורה 6), וכי ימצא אותו הקורא ׳אין דעם ספר מלכים׳ (השווה לעיל, הערה לעמ׳ 88, שורה 9). ברם, כאן טעה המחבר בציון המקור. הסיפור המקראי נמצא בס׳ שמואל ב, וכנראה התכוון לאפוס הידוע ביידיש קמאית ׳ספר שמואל׳, שהוא ו׳מלכים בוך׳ מודפסים ביחד כספר אחד. בשער הספר (הוצאת אויגסבורג 1544) כתוב: ׳דער שמואל אישט דש ערשט טייל בון דען ספֿר מלכים...׳ ׳מלכים בוך׳ נדפס שנה קודם־לכן (1543), ולכך רומז המדפיס כשהוא אומר בשער הנ״ל: ׳אונ׳ איצונד האב איך דען שמואל דר צו גידרוקט אלש איין כתבֿ׳.

12 משנה כ: כל מחלוקת שהיא לשם שמים. 17 מחלוקת בית שמאי ובית הלל.

20–21 ׳אלו ואלו דברי אלהים חיים והלכה כבית הלל׳.– עירובין יג ע״ב.

23 דרום דש דער הלל אזו גר דעמויטיג וור.– כלשון התלמוד (שם): ׳מפני שנוחין ועלובין היו׳.

[43] זוֹכֶה דש דיא הֲלָכָה זולט זיין אז ער. {אז איך אובן אך גישריבן הב}. אז מיר וינדן
אין דער גמרא. איין מול ווֶיטאטן צווֵין מיט אנדר, וועלכר דער דען הִילֵל קוינט
צורניג מאכן, דער זולט גיווינן ויר הונדרט שקודי. איינר גינג אן איינם ורייטיג צו
דעם הִילֵל. דא ליש ער זיך גלייך צוואגן לְכְבוֹד שַׁבָּת. דא הוב ער אן: 'וואו איז
73 ע״א הִילֵל, וואו איז הִילֵל?' אז ווען עש איצווש זער | גינויטיג ווער. דא שפרך ער:
'אלהיא בין איך, מיין ליבר זון. וויש ווילשטו?' דא שפרך ער: 'איך וויל דיך איין
קַשְׁיָא ורוגן.' דא ריכטעט ער זיך אויף אזו מיט דעם נאשן קופפא אונ' ליש זיך דש
לאג אין בוזים טריפן אונ' שפרך: 'ורוג מיין ליבר זון.' דא שפרך ער: 'ווארום האבן
דיא 'לוייט' בון בבל אזו ברייטי בויש, מֵין אז אנדרי לוייט?' דא שפרך ער: 'דרום
דש איר לאנד איז גימֵוזיכט. אונ' העטן זיא ניט אזו ברייטי בויש, דא ווערן זיא ור
זינקן.' דא גינג ער בון אים ביז מן איין ווידר אן הוב צו צוואגן. דא קאם ער ווידר
אונ' רויפט, וואו איז הִילֵל. דא שפרך ער: 'אלהיא בין איך מיין זון.' דא שפרך ער:
'איך הב איין קשיא צו ורעגן.' דא ריכטעט ער זיך אבר אויף מיט זיינם נאשן קופפא
אונ' שפרך: 'ליבר זון, ורוג.' דא שפרך ער: 'ווארום האבן דיא לוייט בון אַפְרִיקָה
קויגיליכטי אויגן, מֵין ווען אנדרי לוייט?' דא שפרך ער: 'דרום דש איר לאנד איז
זאנדיג אונ' ווינדיג. זולטן זיא נון אויגן האבן אז מיר, דיא האבן אֵיקן, זא וואורד אין
דער ווינט דען זאנד אין דיא אויגן וועהן, אונ' זיא וואורן אין ניט קוינן הרויש ברענגן
אונ' וואורן בלינד ווערן.' דא גינג ער אבר הינויש ביז מן איין ווידר הוב אן צו צוואגן
אונ' קאם ווידר צו רויפן 'מיט זיין קשיות'. אונ' ער ריכטעט זיך ווידר אויף אונ'
ענוורט אים גר דעמויטיגליך, און צורן אונ' שפרך: 'ליבר זון, ווילשטו מֵין ורעגן,
73 ע״ב זא ורוג. עש | איז שיר שַׁבָּת.' דא שפרך ער: 'בישטו דער הִילֵל, דש דיין גלייכן
נוימר מין מוז גיבורן ווערן אונטר יִשְׂרָאֵל. דען דו הושט מיך מאכן ויר הונדרט
גוילדן ור לירן.' דא שפרך הִלֵל: 'ליבר זון, גֵיא אונ' וועט 'איין' אנדר מול ניט
אויף מיך.' איין זוילכר קריג היישט לְשֵׁם שָׁמַיִם. אונ' קיינר בון זיא וואר ור לורן
נוך אויף דער וועלט, נוך אויף דער אנדרן וועלט. אונ' וועלכש הַיישט איין קריג
דער דא ניט איז לְשֵׁם שָׁמַיִם, אז דער קריג בון קֹרַח אונ' זיינר זאמילונג. דיא קריגטן
מיט מֹשֶׁה רַבֵּינוּ אונ' אַהֲרֹן בון אירר קוישטליכקייט וועגן אונ' דש זיא וואלטן הערשן

17 תיבת אויגן נכפלה ואחת נמחקה 27 לפני אירר נמחקה תיבת זיינר

1 מעשייה מס' 43: ענוותנותו של הלל.– 'מעשה בשני בני אדם שהמרו זה את זה... להקניט את הלל' וכו' (שבת ל ע״ב – לא ע״א; אדר״נ, טו). והשווה: תומפסון, 1553; גאסטר, מס' 84; מעשה בוך, מס' 12; מעשה תורה, מה ע״ב; ראה גם לעיל, עמ' 17, מעשיות 8 ו־9.
26 מחלוקת קרח.

אויבר יִשְׂרָאֵל אונ׳ ניט לְשֵׁם שָׁמַיִם. איך דארף דיא שמועה ניט שרייבן, דען איר
ווישט ווש אין דער תּוֹרָה שטֵיט, אין דער סִדְרָא בון קֹרַח. אונ׳ איר קריג בישטונד
ניט, אונ׳ דרום ווארן ור ברענט דיא צווייא הונדרט אונ׳ בוינפציג מאנן, אונ׳ דיא
אויבריגן דיא ווארן ור לורן בון צווישן כָּל יִשְׂרָאֵל. דיא ערד זיא טעט זיך אויף אונ׳
ור שלאנד זיא אל, מאנן אונ׳ ווייבר אונ׳ אך דיא קלייני קינדר. דרום דש עש
איז גר איין גרושי זוינד בון דען דיא דא קריגן שֶׁלֹּא לְשֵׁם שָׁמַיִם. כל הַמְזַכֶּה אֶת
הָרַבִּים. אל דער דא דיא לוייט ווירדיג אונ׳ ורום מאכט. דש מיינט, דש ער זיא
מאכט מִצְוֹת אונ׳ מַעְשִׂים טוֹבִים טון, דורך דען זעלביגן מענשן קומט נוימר קיין
זוינד. ווען ווארום איטליכר דער דא תַּלְמִידִים הוט אונ׳ לערנט דיא, אונ׳ ווייזט זיא
74 ע״א דען גוטן וועג, דא קוינן | זיא קיין זוינד טון. דען זיא טוינן אז ער זיא גיוויזן הוט אונ׳
ניט אנדרש. אונ׳ ער טוט אך קיין זוינד, זוינשט ווער דער רַ׳ אים גֵיהִנָּם זיין אונ׳ דיא
תַּלְמִידִים אים גַּן עֵדֶן. אונ׳ וועלכר דיא לוייט מאכט זוינדן, דער זעלביג קאן ניט
גינוג תשוּבָה טון, דרום דש ער ניט זול קומן אין דש גַּן עֵדֶן אונ׳ זייני תַּלְמִידִים אונ׳
דיא ער הוט מאכן זוינדן זולטן זיין אין דעם גֵיהִנָּם. מֹשֶׁה רַבֵּינוּ דער וור ורום אונ׳
מאכט דש יִשְׂרָאֵל אויך ורום ווארן. דא הענגט אל דש זְכוּת דש ישראל, הטן אונ׳
ורוימקייט דיא זיא גיטון האטן אן אים. גלייך אז העט ער אל איר ורוימקייט גיטון.
{אז דער פסוק זגט: גירעכטיקייט גוטש ער הוט גיטון אונ׳ זיין גירעכט מיט
יִשְׂרָאֵל}. יָרָבְעָם זון נְבָט דער זוינדט זער אונ׳ מאכט ישראל אך זוינדן. דא הענגן
[אל] דיא זוינד בון ישראל אן אים, גלייך אז העט ער אל איר זוינד גיטון. אז דער
פסוק זגט: אום ווילן זוינד יָרָבְעָם זון נְבָט דיא ער הוט גיזוינט אונ׳ דש ער הוט מאכן
זוינדן יִשְׂרָאֵל.

איין איטליכר מענש דער דא אן אים הוט דיא דרייארלייא מִדוֹת, דא איז [ער]
איינר בון דען תַּלְמִידִים בון אַבְרָהָם אָבִינוּ. אונ׳ דש זיין זיא. דער דא הוט איין גוט
אויג [איין עַיִן טוֹבָה]. דש מיינט, ער בינויגט זיך ווש אים הקב״ה הוט בישערט אונ׳
גילושט ניט אנדר לוייט גוט. וְרוּחַ נְמוּכָה, איין נידר גימויד. דש מיינט דש איינר
דעמויטיג איז אונ׳ לושט זיך ניט באלד דר צוירנן. וְנֶפֶשׁ שְׁפֵלָה, איין נידרן לייב.
74 ע״ב דש ער ניט נוך גֵיט זיינם לושט אונ׳ זיינם | יֵצֶר הָרַע. אונ׳ ער שיידט זיך אב בון אלן

2 לפני וש נמחקה תיבת ווא ש

1–2 המחבר מציין, שאינו רוצה לספר על מחלוקת קרח, שכן אפשר לקרוא על כך בתורה;
ברם, נראה שנעלם ממנו שהאריך בסיפור אגדי באותו העניין (לעיל, עמ׳ 12).
6 משנה כא: כל המזכה את הרבים.
11 מפרש על־פי ברטנורה: ׳כדי שלא יהא הוא בגיהנם ותלמידיו בגן עדן׳.
17–18 גירעכטיקייט... ישראל.– ׳צדקת ה׳ עשה ומשפטיו עם ישראל׳ (דב׳ לג:כא).
20–21 אום ווילן... ישראל.– ׳בגלל חטאות ירבעם אשר חטא ואשר החטיא את ישראל׳
(מל״א יד:טז). 22–23 משנה כב: ...מתלמידיו של אברהם אבינו.

תַאֲוַות הָעוֹלָם, דער איז איין תלמיד בון אַבְרָהָם אָבִינוּ. אונ׳ דער דא הוט איין עַיִן הָרע, איין בויז אויג אונ׳ לושט זיך נוימר בינויגן אונ׳ איז אנדר לוייט מְקַנֵּא אום דש איר אונ׳ הוט איין רוּחַ גבוהַ, איין הוברטיגן זין אונ׳ הוט קיין דעמויטיקייט אין זיך אונ׳ גר לייכטליך צוירנט ער. אונ׳ הוט איין נֶפֶש רְחָבָה, איין וייטן לייב אונ׳ וייטן האלז, דש ער נוך גיט אל זיינש לייבש לושט אונ׳ אל זיין תַּאֲוַות בון דעם יצר הרע גיט ער נוך, דער איז איין תלמיד בון בִּלְעָם הָרָשָׁע. ווש איז הֶפְרֵש אונ׳ דישפאר־ענציין צווישן דען תלמידים בון אברהם אבינו אודר צווישן דען תלמידים בון בלעם הרשע? דיא תלמידים בון אברהם אבינו דיא האבן צו לעבן אונ׳ עשן בון אירם לון אויף דער וועלט אונ׳ ערבן אך דר צו דיא וועלט דיא דא קומט. אז דער פסוק שפריכט: צו מאכן ערבן מיין ורוינד דען עוֹלָם הַבָּא אונ׳ איר ביהעלטניש איך וויל דר בוילן. איין איטליכר צדיק דער הוט דרייא הונדרט אונ׳ ציהן עוֹלָמוֹת דורטן, אי איינר בישר אז דער אנדר. אבר דיא תלמידים בון בלעם הרשע דיא ערבן דש גיהנם אונ׳ נידרן אין אבגרונד, דער העלן, אין דיא אלר אוינטרשט גרוב אז דער פסוק שפריכט: אונ׳ דו גוט דו נידרשט זיא צו דער אלר אוינטר<שט> גרוב, דיא מאנן דיא שולדיגן אונ׳ שלקהאפיטגן אונ׳ ניט זולן זיא איר טעג האלבר אויש לעבן. זיא זולן אל יונג שטערבן, צו בוינף אונ׳ דריישיג יארן. אבר איך, איך

75 ע״א ור זיכר מיך אן דיך, אן גוט דען אלמעכטיגן. | יְהוּדָה זון תֵּימָא דער זגט: איינר זול זיין אזו עַזּוּת אז איין ליבפארט צו ורעגן זיין רבי ווש ער ניט ור שְׁטֵיט, אונ׳ זול זיך ניט שעמן, אודר ער זול מִצְוֹת אונ׳ מַעֲשִׂים טוֹבִים טון. איין ליבפארט איז איין מַמְזֵר, איין באשדארדו בון איינר לֵיבִין אונ׳ בון איינם ווילדן חֲזִיר. דען וועז דיא לֵיבִין גֵיט אין אֲמגר אונ׳ הוט לושט צו דעם ליבן, דא לאפט זיא אים אין דעם וואלד {דען ליבן צו זוכן. אונ׳ וועז זיא אין ניט ויגד אזו באלד, זא איז זיא צורניג} אונ׳ ור בערגט אירן קופפא אין דען הֵיקן אונ׳ היבט אן צו שרייאן דש זיא דער ליב זול הוירן. דא קומט דש ווילד חֲזִיר אונ׳ איז זיא רוֹבֵעַ, אונ׳ דיא יוגגן דיא זיא הוט דיא היישן ליפארטן. אונ׳ דרום דש זיא מַמְזֵרִים זיין, דרום זיין זיא אזו עַזּוּת. דרום הוט דער גיזגט: איינר זול עזות זיין אז איין ליפארט צו טון מצות אונ׳ מעשים טובים. אזו

1 הוי״ו בתיבת תַאֲוַות מנוקדת בפתח	6 אחרי דישפארענציין תיבה מטושטשת בת שלוש אותיות

10–11 צו מאכן... בוילן.– ׳להנחיל אהבי יש ואצרתיהם אמלא׳ (מש׳ ח:כא). המחבר מוסיף מדעתו, כפי שמפרש רש״י, שיש לכל צדיק ש״י עולמות כמניין ׳יש׳.

14 אונ׳ דו גוט וכו׳.– ׳ואתה אלהים תורידם לבאר שחת׳ וגו׳ (תה׳ נה:כד). אגב, לויטה מתרגם את הפסוק כך: ׳דו זולשט נידרן זי צו ברונן [באר] דער גרובן׳ וכו׳.

17 משנה כג: יהודה בן תימא אומר, הוי עז כנמר.

19 איין ליבפארט איז איין ממזר.– המחבר מבאר את ׳נמר׳ על־פי ברטינורה: ׳הנמר הזה נולד מן חזיר היער והלביאה... ולפי שהוא ממזר הוא עז פנים.׳ השווה: תומפסון, A 2528.1.

[44] שרייבט דער ברטנורה אז אלי ממזרים עזות זיין. אז מיר אך וינדן. איין מול דא
זאשן דיא סַנְהֶדְרִין אונ׳ לערנטן. דא ליפן ויל יונגן בור זיא הין אונ׳ טריבן ויל
בִּלְבּוּלִים. אונ׳ איינר וור אונטר דען יונגן דער ליף גר בַּחֲצִיפוּת בור דיא סַנְהֶדְרִין
מער אז דיא אנדרן אונ׳ שעמט זיך נישט בור זיא. דא שפרך איינר בון דען סנהדרין:
׳דער יונג דער אזו חצוף אונ׳ אזו עזות איז, דער איז גיוויש איין מַמְזֵר.׳ דא שפרך
איין אנדרר: ׳ער איז גיוויש איין בֶּן הַנִּדָּה.׳ דא שפרך דער דריט: ׳ער איז גיוויש
איין מַמְזֵר בֶּן הַנִּדָּה.׳ דא שפראכן דיא צֵווין צו אים: ׳ווש הושטו מֵין גיזעהן דש דו אין
75 ע״ב היישט איין מַמְזֵר בֶּן הַנִּדָּה?׳ דא שפרך ⌈ער⌉: ׳איך וויל | אויף דיא ווארהייט קומן.׳
אונ׳ ער גינג צו דעש יונגן מוטר אונ׳ זגט צו איר: ׳זג מיר דיא ווארהייט ווש איך דיך
ורוגן וויל. איך הוף, איך וויל דיך דר מיט ברענגן צו חַיֵּי הָעוֹלָם הַבָּא. זג מיר, וויא
איז דער יונג גיבורן. איז ער איין מַמְזֵר אודר ניט?׳ דא שפרך זיא: ׳איך וויל דירש
גלייך זגן וויא עש גאנגן איז. מיין מאן גינג בון מיר, זא איך איין נִדָּה וואר. דא קאם
איינר בון מיינן שְׁכֵנִים אונ׳ לאג בייא מיר. דא ווארד איך דען קנאבן טראגן.׳ דא
שפרך ער צו איר: ׳נים תְּשׁוּבָה, זא הוף איך דו ווערש האבן חֵלֶק לְעוֹלָם הַבָּא.׳ דא
גינג ער צו זיינן חברים דיא סנהדרין אונ׳ זגט, וויא ער וואר העט גיהאט. דרום זול
איין איטליכש מענש שעמיג זיין זא קוימט עש ניט צו זוינדן. נוייארט איינר זול עזות זיין
⌈זיין⌉ רבי צו ורוגן צווייא דרייא מול ביז ער ור שטֵיט ווש ער גילערנט הוט, אונ׳ זול
עזות זיין צו טון מצות אונ׳ מַעֲשִׂים טוֹבִים וו[..]. אונ׳ איינר זול זיין אזו גירינג אז
איין אדלער צו ציהן וואו מן לערנט אונ׳ צו דר טורנן ווש ער גילערנט הוט. אונ׳
זול לאפן אז איין הירשן צו יאגן נוך דען מצות, אונ׳ זול זיין שטארק אז איין לֵיב צו
ביצווינגן דען יֵצֶר הָרַע, דש ער אין ניט ביצווינגט צו זוינדן. אונ׳ זייא דיך אך
שטערקן אז איין ליב צו טון דען ווילן דיינש ואטרש השם יתעלה, דער דא איז אים
הימל. נוך מֵין וור ער זגן. איין עַזּוּת פָּנִים, דש מיינט איין רָשָׁע, דעם מן אם פָּנִים אן
76 ע״א זיכט דש ער איין רשע איז. | דער טוט עֲבֵירוֹת בְּגָלוּי אונ׳ בְּפַרְהֶסְיָא בור כָּל
הָעוֹלָם אונ׳ שעמט זיך נישט בור דען לוייטן, זא שעמט ער זיך אך ניט בור הַשֵּׁם
יִתְעַלֶּה. דער קומט גיוויש אין דש גֵיהִנָּם. אונ׳ איין ור שעמיג פָּנִים דש זיך שעמט בור
דען לוייטן, זא שעמט ער זיך אך בור הַשֵּׁם יִתְעַלֶּה. אז דער פסוק זגט: אום ווילן עש
זול זיין זיין בורכט אויף אוייערם ענצליט דש איר ניט זולט זוינדן. דער קומט גיוויש
אין דש גַּן עֵדֶן. יְהִי רָצוֹן אז וואל אז אונז הקב״ה הוט געבן דיא מִידָּה בון בּוֹשֶׁת,

1 מעשייה מס׳ 44: הממזור ובן הנידה.– כלה רבתי, ב; גאסטר, מס׳ 83; שווארצבוים, עמ׳ 211. המחבר מביא את המעשייה כאילוסטראציה לאמור לעיל. והשווה גם את האימרה: ׳רוב ממזרין פקחין׳ (ירוש׳ קידושין פ״ד הי״א; מס׳ סופרים, טו, סוף).

27–28 אום ווילן... זוינדן.– ׳ובעבור תהיה יראתו על פניכם לבלתי תחטאו׳ (שמ׳ כ:כ).

29 יהי רצון.– לפני התפילה שבטקסט של המשנה, ׳יהי רצון מלפניך׳ וכו׳, מוסיף המחבר הערה משלו על מידת הבושה שבני ישראל מצטיינים בה (׳שלוש מדות טובות יש ביד

אונ׳ דא מיט ווערן מיר דר קענט דש מיר זיין בון אַבְרָהָם אָבִינוּ, וויא וואל דש שטיט גישריבן, ישראל זיין מער עזות אז אל דיא אֻמות, דוך האבן זיא אך מער דיא מִדָה בון בּוֹשֶת. דרום זגט ער דא דש יְהִי רָצוֹן. עש זול זיין ווילן צו בור ⌜דיר⌝ גוט, גוט אונזר גוט אונ׳ גוט אונזר אֵילטרן, דש דו דיך זולשט אויבר אונז דר ברמן אונ׳ דש עש זול ווערן גיבויאט דש בֵית הַמִקְדָש באלד אין אונזרן טאגן. אונ׳ גיב אונזר טייל אין דיינר תּוֹרָה. נוך מֵין וור ער זגן: ווען איין קינד קומט צו בוינף יארן, זא זול עש אן הֵיבן צו לערנן מִקְרָא. דש מיינט דש חומש מיט דעם גנצן עֶשְׂרִים וְאַרְבַע, דש זיין תּוֹרָה נְבִיאִים כְּתוּבִים. דיא זול עש אויז לערנן ביז דש עש איז ציהן יאר אלט. אונ׳ ⌜ווען⌝ עש זיך ניט בֵישרט מיט זיינם לערנן אין בוינף יארן, זא בֵישרט עש זיך נוימר מֵין. {דש לערנן מיר בון דען לְוִיִים. דיא הובן אן צו לערנן עבודה צו טון צו בוינף אונ׳ צוויינציג יארן, אונ׳ לערנן ביז גֵין דריישיג, דש זיין בוינף יאר. אונ׳ דר נוך הובן
76 ע״ב זיא אירשט אן עבודה צו טון.} | אונ׳ צו ציהן יארן זא זול עש לערנן מִשְנָיוֹת. דש איז מער אז מִקְרָא. אונ׳ צו דרייא ציהן יארן איז ער איין בַר מִצְוָה. דא איז ער אובליגערט אלי מצות צו טון גלייך ⌜אז⌝ איין גרושר מאן. צו בוינפציהן יארן זא זול ער לערנן תַּלְמוּד אונ׳ גְמָרָא, דש ער ור שטין קאן דיא מִשְנָיוֹת דיא ער הוט גילערנט. אונ׳ צו אַכְצֵיהן יארן דא זול ער נעמן איין ווייב אונ׳ זול מקיים זיין פְּרִיָה וְרִבְיָה. צו צוויינציג יארן זול ער יאגן נוך זיינר נארונג צו דֵר נֵירן ווייב אונ׳ קינד. דריישיג יארן דא איז איינר בייא אל זיינר קראפט אונ׳ שטערק דיא איין מענש זול האבן. אונ׳ צו וירציג יארן איז איינר ערשט ור שטענדיג אונ׳ הוט זיין חָכְמָה. זיא ער זול האבן. אונ׳ צו בוינציג יארן, דער מאג אונ׳ קאן דען לוייטן גוטי עצות געבן, דען ער הוט זיין חכמה נון ציהן יאר גיברויכט. אונ׳ צו זעכציג יארן היישט איינר איין זָקֵן, דען ער היבט אן גרא צו ווערדן, אונ׳ צו זיבנציג יארן איז ער נון גאנץ גרייז גרא אונ׳ אל זייני הור זיינן ווייש. דא איז ער אין דעם כְּלַל מִפְּנֵי שֵׂיבָה תָּקוּם. דש מן איין מְכַבֵּד איז בון זיינר אֵילטר וועגן. אונ׳ איינר בון אכציג יארן דער מוז גאר שטארק בְּטֶבַע זיין אונ׳ גייארדו די נטורא אונ׳ דש ער אזו לנג לעבט {מיין [...] גְבוּרָה}. אונ׳ צו נוינציג יארן דא גֵיט איינר גיבוקט נידר גיגן דער ערדן זיין קֶבֶר צו

3 תיבת גוט (= אלוהים) בכפלה ואחת נמחקה ובין השיטין דיר

ישראל... ביישנים, רחמנים...׳; דב״ר ג:ו; וראה יבמות עט ע״א). והשווה פירושו של הרמב״ם שם.

6 משנה כד: בן חמש שנים למקרא.

8–10 אונ׳ ווען עש זיך ניט בישרט... מין.– על־פי הברטינורה: ׳דאמר מר, כל תלמיד שלא ראה סימן יפה במשנתו חמש שנים, שוב אינו רואה׳ (חולין כד ע״א).

10–12 דש לערנן... אן עבודה צו טון.– גם בהוספה זו, הבאה בסוף דף 76 ע״א בכתב־היד, מפרש המחבר את המשנה על־פי ברטינורה, בהתאם למס׳ חולין, שם.

14–15 בן חמש־עשרה לתלמוד.– המחבר מפרש ׳תלמוד׳ על־ידי ההוספה ׳גמרא׳.

23 מפני שיבה תקום.– וי׳ יט:לב.

זְוִיכן. אונ׳ צו הונדרט יארן איז איינר גלייך אז ווער ער שון טוט וְעוֹבֵר וּבָטֵל מִן
77 ע״א הָעוֹלָם, דען ער הוט ׳ניט מין׳ קיין קראפט נוך מאכט אונ׳ קאן נישט מין טון. | דא
בון הוירן מיר, ווען איין מענש אם אלר שטעדיקשטן איז אונ׳ אין זיין בֵישטן טעגן,
זא נעמט עש ווידר אב אונ׳ גיט הינטר זיך ביז ער שטירבט. אונ׳ דרום זול איינר
נישט שפארן אונ׳ זול תורה לערנן אונ׳ מצות אונ׳ מַעֲשִׂים טוֹבִים טון, דיא ווייל ער
נוך יונג אונ׳ שטארק איז, אונ׳ עש וואל ור מאג אונ׳ קאן טון. דער זון בון בַג בַג, אונ׳
דער זון בון הֵא הֵא. אונזר חֲכָמִים דיא זגן זיא ווארן צווֵיין גֵרִים גיוועזן אונ׳ ווארן
תלמידי חֲכָמִים גיווארדן. דער זון בון בַג בַג דער זגט: קער הין אונ׳ קער הער אין
דער תוֹרָה. דו וינדשט אלז גוטש אן איר אונ׳ אל דינג איז אן איר. אונ׳ לערן זיא
אומדר ביז אין דיין אֵילטר, אונ׳ ור טרייב דיין צייט אין דער תוֹרָה, אונ׳ ניט זייא
ור וואגילן בון איר, ווען דו קנשט זיא ניט ור בישרן מיט קיינרלייא זך אויף דער
׳גאנצן׳ וועלט. אונ׳ אוב נון איינר וועלט שפרעכן, איך הב נון כל התורה צווייא
דרייא מול אויז גילערנט, איך וויל נון אך לערנן תוֹרַת הָאֻמוֹת. דש זולשטו ניט
גידענקן אונ׳ ניט טון. דען מן זול ניט תוֹרַת הָאֻמוֹת לערנן, נוייארט ווען מן דיא
תוֹרָה ניט לערנן דארף, אז אין איינם בֵית הַכִּסֵא אודר אין איינם מֶרְחָץ אונ׳ אין
גאשן דיא דא ניט ריין זיין. אן זוילכן אורטר טאר מן ניט תוֹרָה לערנן, אֲפִילוּ
ניט מְהַרְהֵר זיין דִבְרֵי תוֹרָה, דא מג מן וואל חָכְמוֹת הָאֻמוֹת לערנן אונ׳ סְפָרִים
77 ע״ב חִיצוֹנִים לייאן, אונ׳ זוינשט ניט. | אז מן איצונד בַעֲוֹנוֹת הָרַבִּים טוט. דא זיצן זיא
אומדר אויבר סְפָרִים פְסוּלִים, אונ׳ קיינם יודן זיכט מן קיין יודיש ספר נוימר מער
אין דער הנט. מן רייסט ניט ויל סְפָרִים, מאן דארף קיין שטאמפא מֵין. דיא ספרים
ליגן אויף דען בענקן אונ׳ אויף דען שענקן, בפרט דיא וועלשן. הקב״ה דער זול
אונז אל אונזר זוינד מוֹחֵל זיין. ר׳ יְהוֹשֻׁעַ דער הט ויל תַלְמִידִים אונ׳ זיא ורוגטן אין
איין מול, אוב איינר מויכט לערנן לושן זיין זון סִפְרֵי יְוָנִים. דא זגט ער צו אין: יא
׳מן׳ מג זיא לערנן, אבר נוייארט ווען עש ניט טג נוך נאכט איז. דען עש שטיט
גישריבן: וְהָגִיתָ בּוֹ יוֹמָם וָלַיְלָה, דש מיינט מן זול תורה לערנן טג אונ׳ נאכט. אונ׳

6 משנה כה: בן בג בג אומר.– בשורה שלאחר זו מעיר המחבר, ששניהם, היינו, בן בג בג ובן הא הא, היו גרים. בזה הוא מסתמך על מסורות שבתלמוד; השווה חגיגה ט ע״ב, תוספות שם: ׳יש מפרשים שגר היה והיינו בן אברהם ושרה שנתוסף הא בשמם. וכן בן בג בג.׳ והשווה גם: קידושין י ע״ב; ירוש׳ כתובות פ״ה ה״ד.

17 חכמות האומות.– כאן המחבר מתאונן מרה על בני דורו, שמניחים את התורה בקרן זווית ועוסקים בספרים פסולים. אין צורך בספרים ובהדפסתם, משום שאין להם קונה, בפרט בין אנשי איטליה.

23 ׳מהו ללמוד חכמת יונית?׳ – מנחות צט ע״ב. בביאורו מסתמך המחבר על ברטינורה האומר, ששאלו את ר׳ יהושע מהו ללמד אדם את בנו חכמת עובדי כוכבים. אמר להם, למדנו בשעה שאינו לא יום ולא לילה.

25 והגית בו יומם ולילה.– יהו׳ א:ח.

וועז איינר ווייש וועז עש ניט טג נוך נאכט איז, אלאורה, מג ער סִפְרֵי יְוָנִים ⌈לערנן⌉. אונ׳ דש איז נוימר מִין. דער זון בון הֵא הֵא דער זגט: דר נוך דש זיך איינר מִויאט צו לערנן תּוֹרָה אונ׳ צו טון מִצְוֹת, דר נוך גיבט מן איינם לון. לְפוּם צַעֲרָא אַגְרָא, לְפוּם גַּמְלָא שִׁיחְנָא. דר נוך דש קעמלן איז, דר נוך זול מאן עש לאדן ווש עש טראגן קאן אונ׳ זול נישט שפארן. אזו אך איין מענש. ווש ער טון קאן דש זול ער טון אונ׳ זול נישט שפארן אין דער וועלט, זא ווערט אים שכר טוֹב גיגעבן לֶעָתִיד לָבֹא. ⌈ווש⌉ מן לערנט אונ׳ מויאט ⌈דרויבר⌉ זיך, דש ביהאלט ער. גלייך אז איינר דער איין כְּלִי מאכט מיט גרושר מויא, זא הוט ערש ליב אונ׳ ביהלט עש. אבר ווש איינר לייאט פער שפאש דש ביהאלט ער ניט אזו וואל. דרום הוט ער גיזגט: לפום צַעֲרָא אַגְרָא. ווער זיך מויאט דער הוט גוטן לון לְעוֹלָם הַבָּא. |

6 אחרי לעתיד לבא נמחק ר׳ חנניא וכו׳

2 משנה כו: בן הא הא אומר.

3 לפום צערא אגרא.– המחבר מרחיב את האימרה בפתגם הידוע: ׳לפום גמלא שיחנא׳; השווה: כתובות סז ע״א; קד ע״א; סוטה יג ע״ב; בר״ר יט:א; קה״ר א:לט.

10 המחבר מסיים את משנתו במלים אלה: ׳ווער זיך מויאט דער הוט גוטן לון לעולם הבא׳. וכך גורס הרמב״ם בפירושו לאבות: ׳לפי מה שתצטער בתורה יהיה שכרך.׳

‹פרק שישי›

78 ע״א שָׁנוּ חֲכָמִים. דיא פוינף פְּרָקִים דיא מיר גישריבן האבן ביז אל הער, דש זיין אייטל רעכטי מִשְׁנָיוֹת, דיא דא זיין גילערנט ווארדן אין דען גרושן בָּתֵּי מֶדְרָשׁוֹת אונ׳ אויף דען גרושן יְשִׁיבוֹת בון אלן חֲכָמִים. אונ׳ דער דוזיג פרק איז ניט גילערנט ווארדן אין דען גרושן בָּתֵּי מֶדְרָשׁוֹת אונ׳ יְשִׁיבוֹת, נוייארט אוישן וויניג אין דען קליינן יְשִׁיבוֹת. אונ׳ דש זעלביג היישן בָּרַיְיתוֹת {דיא גיהערן ניט צו דען מִשְׁנָיוֹת}. אבר דיא וייל דש זיא אך רֵידן בון גוטן מִדּוֹת, גלייך אז דיא מִשְׁנָיוֹת בון דען אנדרן פְּרָקִים, דא האבן זיא אונזר חֲכָמִים דא בייא דען אנדרן פְּרָקִים גִיזֵיצט אונ׳ האבן אן גיהובן. זיא האבן גילערנט דיא חֲכָמִים בון דעם דוזיגן פֶּרֶק אזו גוטי מִדּוֹת, אז דש לָשׁוֹן דש זיא האבן גילערנט דיא מִשְׁנָיוֹת. גילובט זייא דער, דער דא הוט דר ווֵילט אִן דען חֲכָמִים אונ׳ אן אירם לערנן. אונ׳ ער היבט אן.

רַבִּי מֵאִיר דער זגט: אל דער דא אום גֵיט אין דער תּוֹרָה לְשֵׁם שָׁמַיִם, דער איז זוֹכֶה צו ויל ארלייא ⌐דש ער ווערט איין צַדִּיק אונ׳ חָסִיד⌐ אונ׳ הוט ויל זָכִיוֹת. אונ׳ ניט דש אליין, נוייארט ער איז ווירדיג דש דיא גאנץ וועלט שטיט בון זיינן וועגן. ער ווערט גירופן איין גִיזֵיל צו הקב״ה, אונ׳ אך דיא לוייט גִיזֵילן זיך גערן צו אים. ער הוט ליב הקב״ה אונ׳ זייני מִצְוֹת אונ׳ הוט אך ליב דיא לוייט, אונ׳ דיא לוייט האבן אין אך ליב. ער איז מְשַׂמֵּחַ הקב״ה אונ׳ מאכט אך ורויליך דיא לוייט. אונ׳ דיא תּוֹרָה קליידט אין דש ער ווערט איין דעמויטיגר אונ׳ איין גרושר עָנָיו. אונ׳ ער ווערט איין יְרֵא שָׁמַיִם אונ׳ זיא בירייט אין צו זיין איין צַדִּיק אונ׳ איין
78 ע״ב חָסִיד אונ׳ איין יָשָׁר אונ׳ נֶאֱמָן. | אונ׳ זיא איז אין מַרְחִיק בון זוינדן, אונ׳ איז אין מְקָרֵב צו מִצְוֹת אונ׳ זָכִיוֹת. אונ׳ אידרמן הוט הֲנָאָה בון אים דש ער גיבט דען לוייטן גוטי עֵצוֹת, אונ׳ הילפט זיא מיט. אונ׳ לערנט זיא תּוֹרָה אונ׳ העלפט זיא מיט זיינר בינה אונ׳ מיט זיינר גְבוּרָה. אז דער פסוק שפריכט אין מִשְׁלֵי. דיא תורה שפריכט: בייא מיר איז גוטר רוט, אונ׳ בייא מיר איז דיא שטערק אונ׳ עֵצָה אונ׳

2 משנה א: שנו חכמים.– בפתיחה מבאר המחבר מה בין המשנה ובין הברייתא, ומשום־מה הכניסו את הברייתא בתור פרק ו לתוך פרקי אבות. הוא הולך בעקבות פירושו של ברטינורה האומר, שיש בפרק זה תועלת גדולה ללימוד מידות טובות והנהגות. והרמב״ם בפירושו למסכת אבות מסיים: ׳לפי שעד עכשיו כל הפרקים הם משנה, לפיכך הוצרך עתה להודיע שמכאן ואילך ברייתא היא... כלומר ברייתא היא ובלשון המשנה היא שנויה, אבל אינה משנה... ומתוך שאמרי פרק זה דברי אגדה הם, נהגו לאמרו בבית הכנסת עם שאר הפרקים הללו על מסכת אבות.׳ והשווה: ש׳ שרביט, ׳תולדות הברייתות שנוספחו לאבות׳, שנתון בר־אילן, יג (תשל״ו), עמ׳ 179 ואילך.

24 בייא מיר... שטערק.– ׳לי עצה ותושיה אני בינה לי גבורה׳ (מש׳ ח:יד).

ור שטענדיקייט. אונ׳ זיא גיבט אים דש מַלְכוּת אונ׳ דיא מֶמְשָׁלָה. אונ׳ דש ער קאן בורשן דיא דִינִים בְּשׁוֹרֶש, אונ׳ זיא אנטפלעקט אים דיא היימליכקייט דער תּוֹרָה. דש מיינט דיא סודות דיא דא זיין אין דער תּוֹרָה. אונ׳ ער ווערט גימאכט אז איין קוועל ברונן דער אומדר ושר גינויגן הוט, אונ׳ אז איין באך ושר דער נוימר טרוקן ווערט, אונ׳ שטערקט זיך אי לענגר אי מֵין אונ׳ לויפט אל טג ווייטר. אזו אך, אי מין ער לערנט, אי מֵין ער ווייש אונ׳ אים מאנקערט נוימר צו לערנן. אונ׳ ער ווערט צוויכטיג אונ׳ ער ווערט לאנצם צו דר צוירנן, אונ׳ ער איז מוחל אויף זיין שאנד. ער ור גיבט דען דיא אין ביטרויבן אונ׳ ור שעמן. אונ׳ דיא תּוֹרָה גרוישט אין אונ׳ דר הויבט אין אויבר אלי מַעֲשִׂים אין דער וועלט.

[45] ר׳ יְהוֹשֻׁעַ זון לוי. דער ר׳ יְהוֹשֻׁעַ דער קאם לעבנדיג אין דש גַן עֵדֶן, דען ער וור
אזו גר ורום דש ער אל זיין טג ניא קיין שְׁבוּעָה הט גיטון. אונ׳ הט ניא קיין שקר גיזגט,
79 ע״א נוך אין שימפפן נוך אין ערנשטאן. אונ׳ וויא קאם ער אין דש גַן עֵדֶן? | דא ער
שטערבן זולט, זא שפרך הקב״ה צו דעם מַלְאַךְ הַמָּוֶת, גֵיא אונ׳ ברענג מיר דיא
נְשָׁמָה. אונ׳ אלז ווש ער דיך ביטן ווערט, אי דו אים זיין נשמה נעמשט, דש זולשטו
אלז טון. דא קם ער צו אים אונ׳ שפראך צו אים: ׳הקב״ה הוט מיך גישיקט דו
זולשט מיר דיין נְשָׁמָה געבן.׳ דא שפרך ער: ׳איך וויל דיר זיא ניט געבן דען דו
ווייזט מיר בור גנץ דש גֵיהִנָּם אונ׳ דש גנץ גַן עֵדֶן, אונ׳ מיין אורט וואו איך זול זיצן.׳
דא שפרך ער: ׳יא. קום מיט מיר. איך וויל דירש אלז ווייזן.׳ דא שפרך ער: ׳גיב
מיר דיין שעכט מַעֲשׂר צו מַשְׁכּוֹן. דען איך בוירכט מיך דו וורשט מיך אינטר
וועגן שעכטן.׳ דא גב ער אים דש מעשר אין זיין האנט. אונ׳ ער בוירט אין דורך דש
גֵיהִנָּם אונ׳ וויז אים אל דינג. אונ׳ דא זיא בור דש גַן עֵדֶן קאמן, דא שטונד דער
מַלְאַךְ הַמָּוֶת שטיל, דען ער דארף ניט גֵין אין דש גַן עֵדֶן. אונ׳ וויז אים אזו אל דינג
אונטר דער טוירן. אונ׳ דא ער אים הט זיין אורט גיוויזן, דא שפראנג ר׳ יְהוֹשֻׁעַ אין
דש גַן עֵדֶן מיט דעם שווערט אונ׳ טעט איין שבועה, ער וועלט ניט מֵין הרויש גֵין.
דא רויפט ער ר׳ יְהוֹשֻׁעַ, ער זולט הרויש קומן אונ׳ זולט אים זיין שווערט געבן.

10 משנה ב: אמר ר׳ יהושע בן לוי. מעשייה מס׳ 45: ר׳ יהושע בן לוי ומלאך־המוות.– משהגיע המחבר למשנתו של ריב״ל, הוא משלב בהרצאתו את האגדה על התנא שנכנס חי לגן עדן. אל המעשה כבר רמז בהקדמתו (לעיל, עמ׳ 3). דמותו של ריב״ל אפופה מסתורין. תנא זה הערים על מלאך־המוות והסכים ללוותו בתנאי שהלה יפקיד את חרבו בידו ויראהו תחילה את גן עדן. האגדות על מסעותיו של ריב״ל לגן עדן וגיהינום מאוחרות הן. לפי דעת החוקרים נתחברו בימי הגאונים והן קשורות בסיפור אגדי קדום המובא בכתובות עז ע״ב. נראה, שיש קשר בין האגדה על מסעיו לגן עדן וגיהינום ובין ׳הקומדיה האלוהית׳ של דאנטה. המוטיב של הגיבור המערים על מלאך־המוות הוא מוטיב בינלאומי נפוץ; השווה: תומפסון, D 1856; D 1856.1; F 2; F 11.2; נוי, K 520.1. הגיבור הסיני טשו (Chu) מרמה את מושל השאול יען־לו (Yen-lo); והשווה: Lim-Sian-tek, *More Folktales from China*, New York 1948, pp. 83–86; שוארצבוים, עמ׳ 291.

אבר ר׳ יְהוֹשֻׁעַ וואלט זיך נישט אן אין קערן. דא גינג דער מַלְאַךְ הַמָּוֶת בור הקב״ה
אונ׳ זגט ווש אים ר׳ יְהוֹשֻׁעַ גיטון הט אונ׳ וויא עש אים גנגן וור מיט אים. דא שפרך
הקב״ה צו דעם מלאך: ׳גֵיא אונ׳ זויך אוב ער אל זיין טג ניא קיין שְׁבוּעָה הוט גיטון.
79 ע״ב וינדשטו דש ער הוט | מין שבועות גיטון אונ׳ הוט זיא לושן מתיר זיין, אודר דש ער
איצווש איינם ור היישן הוט אונ׳ הוט עש ניט גיהאלטן אונ׳ הוט זיין ריד גיברוכן. זא
מג מן אים דיא שבועה אויך מתיר זיין אונ׳ ברעכן. אונ׳ ער מוז ווידר אויז דעם גַּן
עֵדֶן, אונ׳ מוז שטערבן אז איין אנדרר מענש.׳ דא גינג דער מַלְאַךְ הַמָּוֶת אום זויכן.
אונ׳ קונט ניט וינדן דש ער אל זיין טג העט איין שְׁבוּעָה גיטון אודר שֶׁקֶר גיזגט. דא
שפרך הקב״ה: ׳איך קאן דיר ניט העלפן. דו מושט אין אזו לעבדיג אין דעם גַּן עֵדֶן
לושן.׳ דא וור דער מלאך הַמָּוֶת זער ביטרויבט אונ׳ גינג ווידר אויף דער טויר בון
דעם גן עדן אונ׳ רויפט ר׳ יהושע אונ׳ שפרך צו אים: ׳גיב מיר לכל הפחות מיין
שווערט אונ׳ שעכט מעשר ווידר.׳ אין דען זעלבן צייטן, דא גינג דער מַלְאַךְ הַמָּוֶת
אופנבערליך אום אונטר דען לוייטן אונ׳ ער וור גר שוייצליך גישטאלט, גרוש בון
דער ערדן ביז אן הימל. אונ׳ בולר אויגן אונ׳ מיט דעם בלושן שעכט מעשר אין
דער האנט. אונ׳ איינר דער דא קראנק וואר ל״ע אונ׳ זך דען מלאך המות אזו גר
שוייצליך, דער דר שראק דש ער נישט מין רידן קונט, אונ׳ קיין צַוָּואָה נוך וִידוּי
זאגן קונט. דא שפרך ר׳ יְהוֹשֻׁעַ צו אים: ׳זא שוועט מיר איין שְׁבוּעָה דש דו בון הוייט
אן ניט מֵין ווילשט גֵין אונטר דען לוייטן דש מן דיך זעהן זול, נוייארט ור בורגן.
דרום דש איינר דער דא קראנק איז, קאן וִידוּי זאגן אונ׳ צַוָּואָה טון.׳ דא שוואור
80 ע״א ער אים איין שבועה אונ׳ ער גב אים זיין שעכט מעשר ווידר. | אונ׳ בון דעם זעלביגן
מול ׳אן׳ זיכט מן אין ניט מֵין. איין מול קאם דער מלאך המות צו רַבָּן גַּמְלִיאֵל
הַנָּשִׂיא אונ׳ זאגט אים: ׳אזו הוט מיר גיטון דיין חָבֵר ר׳ יהושע זון לוי.׳ דא שיקט ער
אים איין בריב מיט דעם מַלְאַךְ הַמָּוֶת, ער זולט אין לושן ווישן וויא עש שטיט אין
דעם גֵיהִנֹּם אונ׳ אין דעם גַּן עֵדֶן. דא לִיש ער אין אלז ווישן. אונ׳ ליש אין אך ווישן
זיין אורט וואו ער זאש אונ׳ וואו ער זיצן ווערד. אונ׳ זונשט ויל אנדרי שמועות. נון
דא ער נון אים גַּן עֵדֶן וואר, דא זאך ער זיצן בִּתְיָא דיא טוכטר בון פַּרְעֹה מֶלֶךְ
מִצְרַיִם. דיא וור אך לֶעבדיג אין דש גן עדן קומן, דרום דש זיא הט דר ציהן מֹשֶׁה
רַבֵּינוּ אונ׳ הט אין מַצִּיל גיוועזן בון דעם ווייאר. דא שפרך ער צו איר: ׳זיצטו דא
אונ׳ דיין ואטר שטֵיט אונטר דער טוירן אונ׳ ווער גערן בייא דיר.׳ דא שטונד זיא
אויף אונ׳ וואלט צו אירם ואטר גֵין, ווען זיא מיינט, ער ווער אונטר דער טויר בום
גַּן עֵדֶן. אבר זיא ואנד אין ניט. דא גינג זיא ווידר אן איר אורט. דא הט זיך ר׳ יְהוֹשֻׁעַ

15 אחרי האנט נמחקו שתי תיבות אונ׳ ווען שהיו בין השיטין 26 אחרי זיצן כתוב כנראה בַּתְיָא אלא שלוש אותיות ראשונות מחוקות 31 אחרי ווידר נמחקו שתי תיבות אונ׳ אא

12–17 השווה: ע״ז כ ע״ב; תומפסון, Z 111. 21 השווה: ביהמ״ד, ב, עמ׳ 48–51.
26 בתיה בת פרעה.– השווה: ש׳ ליברמן, שקיעין, ירושלים תרצ״ט, עמ׳ 41.

אן איר אורט גיזַיצט. דא שפרך זיא: ׳זגט מן אך לויגן איין דעם גַן עֵדֶן?׳ דא שפרך
ׄער׳ׅ: ׳איך הון קיין לויגן גיזגט. איך הון איין גיזעהן שטֵין אונטר דער טוירן בון דעם
גיהנם אונ׳ ׄער׳ׅ ווער גערן בייא דיר.׳ דיא שמועה איז צו לנג, איז צו ויל ווש איך
גישריבן הב. ווער זיא וויל גאנץ ווישן, דער נים איין בֶּן סִירָא אונ׳ זוּך דרינן, דא
80 ע״ב ווערט ער וינדן ווש ער זוכט. | דרום זול זיך איין מענש הויטן בור שְׁבוּעוֹת אונ׳
שְׁקָרִים. דער זעלביג ר׳ יְהוֹשֻׁעַ דער זגט: אלי טעגליכי טג, דא גיט אויש איין בַּת
קוֹל אוּיף בערג סִינַי, דורט ווא דיא תּוֹרָה איז ווארדן גיגעבן צו יִשְׂרָאֵל. אונ׳ דש
זעלביג בת קול שרייאט אונ׳ שפריכט אזו: וֵויא צו דען זעלביגן לוייטן דיא דא ור
שעמן דיא תורה אונ׳ לערנן זיא ניט. ווען איין איטליכר דער דא ניט וויל לערנן
דיא תּוֹרָה, דער איז גירופן איין ור שמעכטר. אז דער פסוק זגט: אז איין גוילדן
נאז באנד אוּיף נאז בון איינם חֲזִיר. דש ווערט דוך ביזוילפרט אונ׳ ור און רייניקט,
דען עש ליגט זיך דוך דר מיט אין קוט. אונ׳ אז איין הויפש וייב אונ׳ שטינקט איר
דער אוטים דש נימנט בייא איר בלייבן קאן. אזו איז אך איין תַּלְמִיד חָכָם דער דא
ניט לערנט. דער ווערט מְיאוּס אונ׳ ור שמעכט בון דען לוייטן. אונ׳ ׄאבר׳ׅ דיא
תורה דיא בלייבט דוך ריין אז זיא בור גיוועזן איז, אז דש גולד ווען עש שון אים
קוט ליגט, זא איז עש דוך גולד. אונ׳ נוך מֵין זגט דער פסוק אין מִשְׁלֵי: אונ׳ דיא
לֻוחוֹת ווארן מַעֲשֵׂה אֱלֹהִים, אונ׳ דש גישריפט וור הנט גישריפט בון גוט יִתְבָּרַךְ.
חָרוּת עַל הַלֻּוחוֹת, דש וור גיגראבן אוּיף דיא לֻוחוֹת. אזו איז טויטש חָרוּת. אבר מן
זול עש לייאן חֵירוּת, דש איז טויטש ורייא. דש מיינט קיין מענש איז ורייא בון
דען מַלְכֻיוֹת אודר בון דעם דִּין שֶׁל גֵיהִנָּם, נוייארט דער דא שטעטיגליכן אין דער
81 ע״א תּוֹרָה לערנט. אונ׳ נוך מֵין, איין איטליכר דער | דא תּוֹרָה לערנט, דער ווערט דר
הויבט אונ׳ גילובט. אז דער פסוק זגט: וּמִמַּתָּנָה נַחֲלִיאֵל. דש מיינט בון דעם מול

3 כדרכו מטעים המחבר, כי הסיפור ארוך מדי, וכי אין כאן המקום להאריך; מי שמעוניין בסיפור, הוא אומר, יעיין בספר בן סירא, ושם ימצא את הסיפור כולו. המקור לדבריו הוא בלי ספק ספר אלפא ביתא דבן סירא כט:א. והשווה: ע״ז כ ע״ב; ברכות נא ע״א; כתובות עז ע״ב; ילק״ש, בראשית, רמז יד; נסים, עמ׳ קו; גאסטר, מס׳ 138; אוצר מדרשים, עמ׳ 212; גינצברג, ה, עמ׳ 32, הערה 97; מעשה דר׳ יהושע בן לוי, 48—49; עין יעקב, עירובין פ״ב, בפירושו, ד״ה הכותב. השווה גם: מעשה תורה, לז ע״ב. והשווה: צונץ, עמ׳ 66 והערה 99. מוטיבים דומים מצויים גם בפולקלור האיסלאמי; ראה: ממקור ישראל וישמעאל, עמ׳ 283 ואילך; השווה: אארנה ותומפסון, 330, 331.

10—11 אז איין גוילדן... איינם חזיר.— ׳נזם זהב באף חזיר׳ (מש׳ יא:כב).

12—13 אונ׳ אז איין הויפש וייב... אוטים.— ׳אשה יפה וסרת טעם׳ (שם, שם).

16 משלי.— המחבר טעה; הפסוק המובא אינו במשלי אלא בשמות (לב:טז).

16—17 אונ׳ דיא לוחות ווארן מעשה אלהים.— ׳והלחת מעשה אלהים המה׳ (שמ׳ לב:טז).

19 חירות דש איז טויטש ורייא.— השווה: ׳אל תקרי חרות אלא חירות׳ (עירובין נד ע״א). המחבר מוסיף הסבר ומנמק: שום אדם אינו חופשי מעול מלכות ומדינה של גיהינום.

22 וממתנה לנחליאל.— במ׳ כא:יט.

אן דש יִשְׂרָאֵל דיא תּוֹרָה האטן אנטפפנגן דא ווארן זיא דר הויבט. ווען דיא תורה איז גיגעבן בון דעם הוהן הימל. אונ׳ ווען זיא איינר לערנט זא ציכט זיא איין מיט אים אין דען הימל.

איינר דער דא לערנט בון זיינם חָבֵר איין פֶּרֶק אודר איין הֲלָכָה אודר איין פָּסוּק אודר אֲפִילוּ איין אות, זא איז ער שולדיג דש ער זול נוֹהֵג כָּבוֹד אן אים זיין אונ׳ זול אים היישן רַבִּי. ווען אזו וינדן מיר בייא דָּוִד הַמֶּלֶךְ. דער הט נור גילערנט בון אֲחִיתוֹפֶל צווייארלייא. איינש. אֲחִיתוֹפֶל ואנד דָּוִד הַמֶּלֶךְ זיצן אונ׳ ער לערנט אליין. דא שפרך ער צו אים: דו טושט ניט רעכט, דען עש שטיט גישריבן: איין שווערט גיהוירט אויבר דיא דא אליין לערנן, דען זיא ווערן לְסוֹף טוריכט, דען זיא קוינן ניט אויף דען אמת קומן, ווען איינר ניט זיין סְפֵיקוֹת רֵיט מיט איינם חָבֵר. אז דער פסוק זגט: מיר וועלן לערנן מיט אנגדר דיא וְויסן סוֹדוֹת בון דער תּוֹרָה, אֲשֶׁר יַחְדָּיו נַמְתִּיק סוֹד. דש אנדר. איין מול זך ער אין לאנצום גין אין דש בֵּית הַמִּדְרָשׁ. דא זגט ער: אין גוטש הויז וועלן מיר גֵין מיט שטוירמונג. דש מיינט מיט איילן. מן זול באלד גֵין צו טון מִצְוֹת. וְיֵשׁ אוֹמְרִים, ער זך אין אליין גֵין אין דיא שול. זא זגט ער, 81 ע״ב מן זול גֵין מיט זאמילונג. | אז דער פסוק זגט: בֵּית אֱלֹהֵינוּ נְהַלֵּךְ בְּרָגֶשׁ. אונ׳ דש בְּרָגֶשׁ הוט צווייא טויטש. נוך דעם איינן: שטוירמונג. אונ׳ נוך דעם אנדרן: זאמלונג. אונ׳ דרום דש ער אין הט גילערנט דיא צווייארלייא, דא וור ער אין רויפן רַבִּי אַלּוּפִי וּמְיוּדָעִי, מיין ליב האבר אונ׳ מיין ליבר ורוינד. אז דער פסוק זגט: וְאַתָּה אֱנוֹשׁ כְּעֶרְכִּי אַלּוּפִי וּמְיֻדָּעִי. נון זעהן מיר, אפילו דוד המלך דער הט נור צווייארלייא גילערנט בון דעם אֲחִיתוֹפֶל, נוך וור ער נוֹהֵג כָּבוֹד אן אים אונ׳ היש אין אלופי אונ׳ מיודעי, מִכָּל שֶׁכֵּן איינר דער דא לערנט בון זיינם חָבֵר איין גנצן פֶּרֶק אודר איין הֲלָכָה אודר איין פסוק אודר איין אות, מכל ׳שכן׳ זול ער אין הלטן אין כָּבוֹד. אונ׳ עש איז קיינר שולדיג דען אנדרן מְכַבֵּד צו זיין דען ער הב אין אֵיצווש תּוֹרָה גילערנט, דען דיא תּוֹרָה איז דער כָּבוֹד. אז דער פסוק גֵיט: כָּבוֹד חֲכָמִים

4 משנה ג: הלומד מחברו פרק אחד.

7 אחיתופל ואנד דוד... אליין לערנן.– המחבר מסתמך כאן על פירושו של רש״י: ׳שפעם אחת מצאו אחיתופל שהיה לבדו ושונה. אמר לו, מה אתה עושה? הרי כתיב ״חרב אל הבדים ונואלו״ [יר׳ נ:לו].׳ השווה גם תענית ז ע״א: ׳דברי תורה אין מתקיימין ביחידי, חרב על הבדים... שעוסקין בד בבד בתורה׳; והשווה: ברכות סג ע״ב; מכות י ע״א.

12–11 אשר יחדיו נמתיק סוד.– תה׳ נה:טו.

15–13 אין גוטש הויז... בית אלהינו נהלך ברגש.– שם, שם; לשון הכתוב: ׳בבית אלהים.׳ הפסוק אינו בטקסט של המשנה, והמחבר מביאו על־פי פירושו של רש״י. לויטה מתרגם ׳ברגש׳: מיט שטורם. והשווה: כלה רבתי, ח.

19–18 ואתה אנוש... ומיודעי.– תה׳ נה:יד. בתלמוד מובא, שאחיתופל השתמש ברוח הקודש וניכר בתורה היה; השווה: ירוש׳ סנהדרין פ״י ה״ב.

24 כבוד חכמים ינחלו.– מש׳ ג:לה.

יִנְחָלוּ. דש מיינט, דיא חֲכָמִים האבן דיא כָבוֹד בור איין יְרוּשָׁה בון דער תּוֹרָה וועגן,
אונ׳ דיא תְמִימִים דיא ערבן גוטש. אונ׳ עש איז ניטש אנדרש דש דא היישט גוטש,
נוייארט דיא תוֹרָה. אז דער פסוק שפריכט: ווען מיין לערנונג גוט איך הב געבן צו
אוייך מיין תוֹרָה ניט איר זולט ור לושן.

אזו איז דער סֵדֶר בון דער תוֹרָה. ווער זיא לערנן וויל, ווען איינר שון אז ארים
82 ע״א ווער דש ער הוט | נוייארט זאלץ אונ׳ ברוט צו עשן אונ׳ נישט מער, דענוך זול ער
לערנן. אונ׳ העט איינר נישט אנדרש צו טרינקן אז לוייטר וושר אונ׳ הוט נישט
דש ער דרויף שלופט, נוייארט אויף דער הערטן ערד אונ׳ ער ליידט גרוש ארמוט
אונ׳ גרושן דוֹחַק, דענוך זול ער תורה לערנן. מִכָּל שֶׁכֵּן איינר דער דא רייך איז
אונ׳ הוט וואל צו עשן אונ׳ צו טרינקן אונ׳ וואל צו שלופן, דש ער זול תורה לערנן.
{אודר דער פשט ׳איז׳ אזו. ווער דא וויל תורה לערנן, דער מוז ניט תענוגים נוך
גין, ווען ער שון רייך איז. ער זול טרוקן ברויט עשן אונ׳ ווּשר טרינקן אונ׳ אויף דער
ערד ליגן אונ׳ אויף דען הערטן בענקן שלופן, דא ווערט ער איצווש לערנן}. אונ׳
ווען איינר אזו טוט, זא הוט ער דיא וועלט אונ׳ איז אך זוֹכֶה צו דער אנדרן וועלט.
אבר איין ארמור טרופפא דער דא הוט קיין גוטש אויף דער וועלט אונ׳ לערנט
דוך תוֹרָה, דער הוט עש אז דר בישר אויף דער אנדרן וועלט. אונ׳ דש דער פסוק
שפריכט: וואל דיר אויף דער וועלט אונ׳ גוט צו דיר אויף יענער וועלט. דש מיינט
נור דיא רייכן עשירים דיא דא תוֹרָה לערנן, דיא זיין זוֹכֶה לִשְׁתֵּי שֻׁלְחָנוֹת.

איינר זול ניט ביגערן גְדוֹלָה בון דער תוֹרָה וועגן. אונ׳ ניט דו זולשט גילושטן מֵין
כבוד אז דו ווערט בישט אונ׳ לערנן קאנשט. אונ׳ קיינר זול גילושטן צו אירן טיש
בון דען מְלָכִים, ווען דיא טיש בון דען תַלְמִידֵי חֲכָמִים זיין גרושר אונ׳ קוישטליכר
אז דיא טיש בון דען מְלָכִים. אונ׳ דיא קרון בון דען תַלְמִידֵי חֲכָמִים דיא איז גרוישר
82 ע״ב אז איר קרון בון דען מְלָכִים. אונ׳ ער איז | ווארהפטיג מיינשטר דיינר ווארקונג
דעם דו ערבשט צו ביצאלן דיר איין שָׂכָר טוב אויף אל דיין ווערק. זיא איז גרוישר
אונ׳ גיאכפערט דיא תוֹרָה מֵין וֵוידר דיא כְהֻוּנָה. אונ׳ אך מֵין ווידר דש מַלְכוּת. ווען
דש מַלְכוּת הוט דריישיג מַעֲלוֹת דש איין מלך הוט אויבר איין אנדרן מענשן. אונ׳
דיא כְהֻוּנָה הוט ויר אונ׳ צוויינציג מַעֲלוֹת דיא דיא כֹּהֲנִים האבן אויבר איין אנדרן

6 תיבת נוייארט נוספה בסוף דף 81 ע״ב במעבר לדף 82 22 לפני קרון נכפלה תיבת דיא ואחת נמחקה

3–4 ווען מיין לערנונג... לושן.– ׳כי לקח טוב נתתי לכם תורתי אל תעזבו׳ (מש׳ ד:ב).
5 משנה ד: כך היא דרכה של תורה.
17 וואל דיר... אונ׳ גוט צו דיר.– ׳אשריך וטוב לך׳ (תה׳ קכח:ב). המחבר מפרש את הכתוב כלשון המשנה: אשריך בעולם הזה וטוב לך לעולם הבא.
18 זוכה לשתי שלחנות.– השווה: ברכות ה ע״ב; ביהמ״ד, א, עמ׳ 157; דרך ארץ זוטא, ד.
19 משנה ה: אל תבקש גדולה לעצמך.
24 משנה ו: גדולה תורה יותר מן הכהונה.

מענשן. אונ׳ דיא תורה הוט עכט אונ׳ וירציג מַעְלוֹת, דיא איין תַּלְמִיד חָכָם מוז אן זיך האבן. אונ׳ דש זיין דיא דריישיג מַעְלוֹת דיא אן איינם מלך זולן זיין. דש אֵירשט ער איז נימנט דָּן. ער גיבט קיין פּסַק אונ׳ מן איז איין אך ניט דָּן. קיין בֵּית דין קאן אויבר אין גיביטן. דש אנדר, ער זגט קיין עֵדוּת אויבר נימנט, אונ׳ נימנט איז בגלאבט עֵדוּת צו זגן אויבר אין. דש דריט, ער גיבט ניט חֲלִיצָה; ווען זיין ברודר ווער גישטורבן און קינדר זא דרף ער ניט חליצה געבן. אונ׳ מן גיבט זיינם ווייב אך ניט חליצה, ווען ער ווער גישטורבן און קינדר. ער איז ניט זיינש ברודש ווייב מְיַבֵּם אונ׳ זיין ברודר איז אך ניט מְיַיבֵּם זיין ווייב אונ׳ מן נימט ניט זיין אַלְמָנָה. ער דארף ניט גֵּין אויז זיינם פאליש נוך איינר מִטָּה נוך איינם מת, ווען עש שון זיין קינד אודר נעשטר קרוב ווער. אונ׳ ווען מן איין מְנַחֵם איז, זא זיצן דיא לוייט בור אים אויף דער ערדן אונ׳ ער זיצט אויף איינם שטול. אונ׳ ער מג זיך מאכן איין וועג דורך
83 ע״א דיא הויזר, דורך דיא גערטן | אודר אויבר דיא מויאר, אודר דורך דיא מויאר, וואו ער וויל ווען שון בור קיין וועג דא גיוועזן איז. אונ׳ נימנט טאר אימש ווערן. אונ׳ אל דש מָמוֹן דש מן ראבט, אונ׳ גַּזלט אונ׳ גיווינט אין דען מִלְחָמוֹת ווען זיא שטרייטן מיט אירן ויינדן, זא מויזן זיא אל דען שָׁלָל אונ׳ מָמוֹן בור אין ברענגן. אונ׳ ער נימ(נ)ט דר בון ווש ער וויל, אונ׳ דש אויבריג דש טיילן דיא שולדאדי. אונ׳ ער טאר ניט מֵין אז אכציהן אֵי ווייבר נעמן. דש מיינט בְּחוּפָּה וְקִידוּשִׁין. אונ׳ ער זול ניט ויל פפערדר האלטן, נוייארט אז ויל אז ער בידארף צו זיינר קרוצה אונ׳ העך וואגן אונ׳ צו זיינר קורט. אונ׳ ער דארף ניט ויל זילבר אונ׳ גולד האלטן, דש ער וועלט אוֹצְרוֹת מאכן, נוייארט אז ויל אז ער בידראף אל יאר אויז צו געבן אין זיינם הויז אונ׳ קורט. אונ׳ ער מוז זיך לושן שרייבן איין סֵפֶר תּוֹרָה אין זיינם נאמן אונ׳ ער זול זיא אומדר בייא זיך האבן. אויבר אל וואו ער גֵיט אודר שטיט אים הויז אודר אין מִלְחָמָה, אונ׳ וואו ער הין ציכט זא זול ער אומדר דארינן לייאן. ˹דא ווערט אים זיין מלכות אייביג ווערן˺. אונ׳ נימנט טאר זיצן אויף זיינם שטול. אונ׳ נימנט דארף רייטן אויף זיינם פפערד. אונ׳ נימנט דארף ברויכן זיין גוילדני רוט, דיא ער הוט אין זיינר האנט. אונ׳ ˹נימנט˺ טאר אין נאקידיג אן זעהן. נימ‹נ›ט טאר מיט אים אין דש מַרְחֵץ גֵּין אונ׳ נימנט טאר אין אן זעהן ווען ער זיך מאכט שערן. {ווער זיא צילן קאן, דער טו עש. אונ׳ ווש אים אב גיט דז שרייב ער}. אונ׳ דש זיך
83 ע״ב דער כהֵן מוז הייליג האלטן מיט ויר אונ׳ צווינציג ארלייא, דיא זיין | מיר צו לאנג צו שרייבן. נעמט דש חֻמָּשׁ בור אויך, דא ווערט איר זיא וינדן וויא ער זיך בִּקְדֻשָּׁה

2 דיא דריישיג מעלות וכו׳.– מפרש על־פי רש״י, המדבר על מעלותיו של המלך, כגון שלא דן ולא דנין אותו, ואילו במשנה גופה לא מדובר בהן. השווה: משנה סנהדרין ב:ב; סנהדרין יט ע״א; דב״ר ה:ז.

28 ווער זיא צילן קאן.– דהיינו, את מעלות הכהונה. זו הלצה דקה: מי שיוכל, ימנה נא את המעלות בעצמו, ומה שיחסר, ירשום.

ובְטָהֳרָה זול האלטן. אונ׳ וויא ער קיין מום אן זיינם לייב זול האבן. אונ׳ אל ויר אונ׳ צוויינציג מַעְלוֹת ווערט איר בישיידלעך וינדן. אונ׳ דיא עכט אונ׳ וירציג מַעְלוֹת דיא דא הוט דיא תוֹרָה, דש זיין זיא. מיט תלמוד. מן מוז גְמָרָא לערנן. בִשְׁמִיעַת הָאוֹזֶן. מאן מוז רידן מיט דעם מויל דש עש דיא אורן הוירן. מיט אן ריכטונג דער לעפצן. ער זול רֵידן ווש ער גידענקט אים הערצן מיט פרויבונג דש הערצן. ער זול ור שטין ווש ער רֵיט. מיט חָכְמָה דש הערצן. ער זול רֵידן ווש ער רֵיט מיט ווייזהייט מיט בורכט, מיט גרויזן דש ער ניט זול הופרטיג זיין דרום דש ער לערנט. דען ווען איינר הופרטיג איז דא קומט ער אך צו קלות ראש. אונ׳ דש זול ניט זיין. אז מיר ווארן אויף בערג חוֹרֵב, דא שטיט גישריבן: וַיֶחֱרַד כל הָעָם. מיט דעמוּ־טיקייט. מיט שִׂמְחָה. ער זול ורויליך לערנן. בְשִׁמּוּשׁ חֲכָמִים. ער מוז שערבירן דען חֲכָמִים, דא לערנט ער אירי גוטי מִדות. מיט פִּלְפּוּל דער תַּלְמִידִים. מיט יְשִׁיבָה. ער מוז אויף דיא יְשִׁיבָה גֵין אונ׳ דרויש מְפַלְפֵל זיין וואו אים אֵיצווש קָשָׁה איז. ⌜דא⌝ קומט ער אויף דען אֱמֶת. מיט מִקְרָא, ער מוז אך עֶשְׂרִים וְאַרְבַע לערנן. בְּמִשְׁנָה, ער מוז אך מִשְׁנָיוֹת לערנן אונ׳ זול זיך צו זיין חברים האלטן. ויא ער זול אך דקדוק לערנן. ער מוז מְיוּשָב בְּדֵיעָה זיין. דען ווער ⌜דש⌝ ער זיך דיא ואשטי⟨נ⟩דיינש לושט צו הערצן גֵין, זא קאן ער ניט לערנן. אונ׳ ער מוז וויניג סְחוֹרָה טרייבן. אונ׳ ער מוז

84 ע״א זיך וויניג תענוגים | אן טון. אונ׳ מיט וויניג רֵידן מיט זיינם וייב. ער מוז זיך ניט ביהענד לושן דר צוירנן, דען דער צורן איז אין מְבַטֵל בום לערנן. ער מוז איין גוט הערץ הַאבן. ער זול גלאבן ווש דיא חכמים זאגן, ווען עש אין שון חִדוּש נעמט. ער זול אנטפפנגן מיט גוטם ווילן ווען אים הַשֵׁם יִתְעַלֶה יְסוּרִים שיקט. מיט וויניג שלופן, מיט וויניג לאכן. אונ׳ דש ער זיך דר קענט דש ער זיך ניט בישר האלט אז ער איז. אודר ער זול ווישן זיין אורט וואו ער זיצן זול אים בֵית הַמְדְרַש. ער זול זיך מְשַׂמֵחַ זיין בְחֶלְקוֹ ווש אים הקב״ה בישערט. ער זול מאכן איין סְיָיג צו זיין רֵידן דש ער זיך וואל בידענקט בור אֵי ער איין הוֹרָאָה טוט. ⌜אונ׳ זול ווייזן גישריבן ווש ער גיזגט הוט⌝. אונ׳ ער זול זיך נישט אז דר קוישטליכר האלטן אוב ער שון וואל לערנט. ער זול זיין גיליבט צו דען לוויטן. ער זול ליב האבן הקב״ה אונ׳ זול אך ליב האבן דיא לוייט, אונ׳ זול ליב האבן דיא רעכט ווערטיגקייט. ער זול דר ורייאן דען בוֹרֵא מיט מַעֲשִׂים טוֹבִים. ער זול אך דר ורייאן דיא לוייט דש ער זיא זול מַדְרִיך זיין צו מַעֲשִׂים טוֹבִים. ער זול ליב האבן דש מן צדקות גיבט. ער זול ליב האבן דיא שטרוּ־פונג. ער זול זיך מְרַחֵק זיין בון דער כָבוֹד אונ׳ זול ניט יאגן נוך דער כָבוֹד דש מן

9 ויחרד כל העם.– שמ׳ יט:טז. הפסוק אינו מובא במשנה. 14–15 אונ׳ זול זיך... דקדוק לערנן.– מוזר, שמחברנו מפרש כך ׳בדקדוק חברים׳ שבמשנתנו.

17 מיט זיינם וייב.– זו תוספת המחבר, ואינה במשנה; והשווה לעיל, עמ׳ 11, שורות 28–32.

21 אונ׳ דש ער זיך דר קענט.– המכיר את מקומו. המחבר מעיר, שהכוונה כי ידע את מקומו בבית־המדרש: ׳וואו ער זיצן זול אים בית המדרש׳ (שורה 22).

אין זול מְכַבֵּד זיין. אונ׳ האלט זיך ניט הופרטיג ווען מן צו אים קומט איין הוראה ורעגן, דען ער בוירכט זיך אומדר צו ועלן. ער ליידט גערן מיט זיין חֲבֵרִים צו צאלן מַסִים אונ׳ עֻולִים. אונ׳ ער זול איין איטליכן דַן זיין לְכַף זְכוּת. אונ׳ ער זול

84 ע״ב שטֵין נוך דעם שָׁלוֹם, אונ׳ זול שטין נוך דעם אֱמֶת. | ווען אין איינר אֵיצווש ורוגט, זא זול ער אימש מוֹכִיחַ זיין דש ער דען אֱמֶת ווייש. ער זול זיין הערץ מְיַישֵׁב זיין צו לערנן. ער זול ורוגן רעכטי קֻשְׁיוֹת אונ׳ זול אך גלייך ענטוורטן ווען מן אין קֻשְׁיוֹת ורוגט. אונ׳ ער זול זיינם רבי צו הוירן לערנן וויא ער זגט, אונ׳ זול מוסיף זיין בון זיך זעלברט, אבר ניט צו קריגן ווידר דען רַבִּי. אונ׳ ער זול לערנן דרום דש ער וויל אנדר לוייט אך לערנן. אונ׳ ער זול לערנן דרום דש ער וויל מִצְוֹת אונ׳ מַעְשִׂים טוֹבִים טון. ער זול זיין רבי וויז מאכן, דש מיינט ער זול אין קַשְׁיוֹת ורעגן, זא מוז דער רבי דרויף לערנן אונ׳ מערט חָכְמָה אויף זיין חָכְמָה. אונ׳ ער זול וואל ור שטין ווש אים זיין רַבִּי זגט. אונ׳ ווען ער איין פְּשַׁט הוירט אודר ווש עש איז, זא זול ער זגן איך הב דש בון דעם פְּלוֹנִי גיהוירט, ווען ערש איינם דר צֵילט אודר זגט. אונ׳ זול ניט זגן איך הבש דר טראכט, ווען ווארום ווען איינר איין שְׁמוּעָה זגט, אונ׳ זגט זיא בון דעש ווענן דא בון ער זיא גיהוירט הוט. אז ⸢רְאוּבֵן⸣ זגט דש הב איך גיהוירט בון שמעון, זא ברענגט ער איין גְאֻולָּה אויף דיא וועלט. אז מיר וינדן בייא אֶסְתֶר הַמַלְכָּה. דא בִּגְתָן אונ׳ תֶרֶש וואלטן דעם מֶלֶך סַם הַמָּוֶת געבן אונ׳ מָרְדְכַי ווארד עש גיוור, אונ׳ אַווִיזֶערט אֶסְתֶר הַמַלְכָּה זיא זולט עש דעם מֶלֶך זגן. אונ׳ זיא גינג צו דעם מֶלֶך אונ׳ זגט וויא זיא מָרְדְכַי העט אַווִיזֶערט. דר דורך קאם דיא גְאוּלָּה דש יִשְׂרָאֵל דר לויזט ווארן בון הנט הָמָן. אונ׳ ער וואר גיהאנגן מיט צֵיהן זיינר זוין, אזו מויז גישעהן אל דיא אונז ביגערן לייד צו טון. אמן סלה. |

85 ע״א זיא איז גרוש דיא תּוֹרָה דש זיא קאן געבן לעבן צו דען דיא זיא לערנן אויף דער וועלט אונ׳ דר צו אך אין יענר וועלט. אז דער פסוק זגט אין מִשְׁלֵי: ווען איין לעבן איז זיא דיא תורה צו דען דיא זיא וינדן אונ׳ צו אל זיינם לייש איז זיא איין רפואה, דש קיין חוֹלָה ניט אויף אין קומט. אונ׳ נוך מין זגט איין אנדרר פסוק: איין היילונג איז זיא צו זיינם נאביל אונ׳ איין מארק צו זיינןביינן. אונ׳ נוך מֵין זגט איין אנדרר

15 ראובן בין השיטין במקום תיבת ער שנמחקה

3–2 ער ליידט... עולים.– כך מפרש המחבר את לשון המשנה: ׳נושא בעול עם חברו׳.
15–14 וווען איינר... גיהוירט הוט.– ׳האומר דבר בשם אומרו׳. השווה: מגילה טו ע״א; חולין קד ע״ב; נידה יט ע״ב.
18 המחבר אינו מצטט את הפסוק ׳ותאמר אסתר למלך בשם מרדכי׳ (אס׳ ב:כב), אלא מבאר את המאמר על־פי אגדת התלמוד (מגילה טו ע״א).
22 משנה ז: גדולה תורה שהיא נותנת חיים.
24–23 ווען איין לעבן... זיא וינדן.– ׳כי חיים הם למצאיהם׳ (מש׳ ד:כב).
26–25 איין היילונג... ביינן.– ׳רפאות תהי לשרך ושקוי לעצמותיך׳ (שם, ג:ח).

פסוק: איין ביהעפטונג בון לוויטזעליקייט איז דיא תורה צו דיינם הייבט אונ׳ איין האלז באנד צו דיינר קעל. אונ׳ איין אנדרר פסוק זגט: דיא תּוֹרָה גיבט צו דיינם קופפא איין העפטונג בון חֵן אונ׳ איין קרון בון שונהייט. זיא טוט אר֗מע֗רן דיך. אונ׳ נוך מֵין זגט איין פסוק: דיא תּוֹרָה איז איין בוים דֵיש לעבן צו אלן דען, דיא דא שטערקן אונ׳ ביגרייפן אן איר. אונ׳ אלי דיא דא העלפן צו לערנן דיא תּוֹרָה דיא ווערן ג(י)שטערקט. אונ׳ איין פסוק זגט: איר וועגן זיין זויס אונ׳ זעפטיג צו גֵין אונ׳ אירי שטייג זיין בְּשָׁלוֹם. דש מיינט אזו. איין וועג דען אידרמן גֵיט דער ווערט באלד כַּלְיָיה, דרום דש ויל לוויט דרויף גֵינן אונ׳ דרום איז לסוף בויז גֵין אויף דעם זעלבן וועג ׳אבר מן גֵיט שיגוירי מענט׳. אונ׳ איין שטייג, דש איז איין קליינר וועג דען ניט אידרמן גֵיט אז מן זגט איין טרווערשו איין שענטיר, דער בלייבט ׳לנג׳ גוט. אבר עש איז בסכָּנָה צו גֵין בון גַזְלָנִים וועגן, דען עש גינן דורטן ניט ויל לוויט. אבר אונזר תורה איז לְהֶיפֶך. גֵיא מן וואו מן וויל אונ׳ לערן וואו מן וויל, איז אויבר אל גוט אונ׳ צימליך אונ׳ שָׁלוֹם. אונ׳ איין אנדרר פסוק זגט: דיא תורה גיבט אוֹרֶךְ יָמִים | 85 ע״ב אן אירר רעכטן זייטן. דש מיינט דיא זיא לערנן לְשֵׁם שָׁמַיִם. אונ׳ זיא גיבט עוֹשֶׁר ׳אונ׳ כָּבוֹד׳ אן אירר לינקאן זייטן. דש מיינט, אפילו צו דען דיא דא לערנן שלא לְשֵׁם שָׁמַיִם. דיא האבן דוך כָּבוֹד בון דער תּוֹרָה וועגן. אונ׳ נוך מֵין זגט איין אנדרר פסוק: אוֹרֶךְ יָמִים אונ׳ שְׁנוֹת חַיִים אונ׳ שָׁלוֹם, זיא ווערן זיך מערן צו דיר. בון וועגן תורה לערנן זא מערן זיך דיא טעג אונ׳ דיא יאר.

ר׳ שִׁמְעוֹן זון מְנַסְיָא דער זגט בון וועגן ר׳ שִׁמְעוֹן זון יוֹחְאִי: דיא שונהייט אונ׳ דער כֹּחַ אונ׳ דער עוֹשֶׁר אונ׳ דיא חָכְמָה אונ׳ דיא זִקְנָה אונ׳ דיא קינדר אונ׳ דער כָּבוֹד איז צימליך צו דען צַדִיקִים, אונ׳ איז אך גוט אונ׳ צימליך צו דער גאנצן וועלט, וועט דיא צַדִיקִים זיין דש אלז. אז דער פָּסוּק שפריכט: קרון דער שונהייט אונ׳ אֵילטר, איין וועג דער צְדָקָה זיא ווערט גיבונדן. אונ׳ איין אנדרר ׳פסוק׳ זגט: שונהייט דער בחורים איז איר קראפט אונ׳ איר כֹּחַ, אונ׳ שונהייט דער אלטן איז

2–1 איין ביהעפטונג... דיינר קעל.– ׳לוית חן הם לראשך וענקים לגרגרתיך׳ (שם, א:ט).

3–2 דיא תורה... דיך.– ׳תתן לראשך לוית חן עטרת תפארת תמגנך׳ (שם, ד:ט).

5–4 דיא תורה... ביגרייפן אן איר.– ׳עץ חיים היא למחזיקים בה׳ (שם, ג:יח).

6 איר וועגן... בשלום.– דרכיה דרכי נעם וכל נתיבתיה שלום׳ (שם, ג:יז).

14–13 דיא תורה... זייטן.– ׳ארך ימים בימינה׳ (שם, ג:טז).

17 אורך ימים... צו דיר.– ׳כי ארך ימים ושנות חיים ושלום יוסיפו לך׳ (שם, ג:ב).

19 משנה ח: רבי שמעון בן מנסיא.– טעות; צ״ל: רבי שמעון בן יהודה. כך במשנתנו; והשווה גם: אלבק, מבוא, עמ׳ 233.

23–22 קרון דער שונהייט... גיבונדן.– ׳עטרת תפארת שיבה בדרך צדקה תמצא׳ (שם, טז:לא).

24 שונהייט... דיא זקנה.– ׳תפארת בחורים כחם והדר זקנים שיבה׳ (שם, כ:כט).

איר ווײשי הור, דש איז דיא זִקְנָה. אונ׳ נוך איין אנדרר פסוק זגט: קרון דער זְקֵנִים דש זיין דיא קינדר אונ׳ אירי עניקליך, אונ׳ שונהייט דער קינדר זיין איר אֵילטרן, דש ווען אירי אָבוֹת ורום זיין דש איז דען קינדר איין גרושר כָּבוֹד. אונ׳ נוך מֵין זגט איין אנדרר פָּסוּק: זיא ווערן ור שעמט דיא דא דינן דער לְבָנָה. אונ׳ זיא ווערן ור שעמט דיא דא דינן דער חַמָּה, ווען ער ווערט קיניגן גוט דער הער אונ׳ גיהערשט אויף בערג צִיּוֹן אונ׳ אין יְרוּשָׁלַיִם. אונ׳ גֵיגן זיין זְקֵנִים איז כָּבוֹד. |

86 ע״א ר׳ שִׁמְעוֹן זון מְנַסְיָא דער זגט: דיא זיבן גוטן מִדּוֹת דיא דא האבן גיצֵילט דיא חֲכָמִים, דיא דא וואל צוימן דען צַדִּיקִים. דש זיין זיא. נוי כֹּחַ עוֹשֶׁר חָכְמָה זִקְנָה בָּנִים כָּבוֹד – זיא ווארן אל בישטעטיגט אונ׳ ווארן גיבונדן אן ר׳ יְהוּדָה הַנָּשִׂיא אונ׳ אן זיין קינדן. זיא ווארן אל גרושי ⌈חֲכָמִים אונ׳⌉ ורומי צַדִּיקִים. אונ׳ זיא ווארן אל רייך אונ׳ שוין אונ׳ שטארק אונ׳ ורום אונ׳ ווייז אונ׳ אלט, אונ׳ האטן אל קינדר אונ׳ אֵיניקליך אין אירן טאגן.

חֲמִשָּׁה, בוינף ארלייא בישעפניש הוט הקב״ה בישאפן אין זיינר וועלט, דיא אים ליבר זיין מער אז אלי בישעפניש. זיא היישן אל קִנְיָנִים. אז איינר דער איין ארלייא טווייאר קאפט, דער הוט עש זער ליב. אונ׳ דש זיין זיא. דיא תּוֹרָה היישט איין קִנְיָן. שָׁמַיִם וָאָרֶץ היישט איין קִנְיָן. אַבְרָהָם היישט איין קִנְיָן. יִשְׂרָאֵל היישט איין קִנְיָן. דש בֵית הַמִּקְדָּשׁ היישט איין קִנְיָן. דש זיין דיא בוינף ארלייא בישעפניש דיא דא היישן קִנְיָן. נון ווערן מיר שרייבן וואו מיר וינדן דש זיא קִנְיָן היישן. דיא תּוֹרָה היישט קִנְיָן. וואו וינדן מירש? אז דער פסוק גִיט: הַ׳ קָנָנִי רֵאשִׁית דַּרְכּוֹ. דש איז טויטש, גוט הוט בישאפן מיך ערשטן זיינש וועג. אֵי אלי זיינש ווערק, אֵי ווען זיא זיין גיוועזן, דא בין איך גיוועזן בישאפן. אזו זגט דיא תּוֹרָה. {דיא תורה וור בישאפן צווייא טויזנט יאר בֹּור בְּרִיאַת עוֹלָם. אונ׳ דש קָנָנִי איז לשון קִנְיָן}. שָׁמַיִם וָאָרֶץ. וואו וינדן מיר דש זיא קִנְיָן היישן? אז דער פסוק זגט: אזו זגט גוט, דיא הימל זיין מיין שטול אונ׳ דיא ערד איז שעמיל מיינר בויש. וועלכש איז דש הויז דש איר וועלט בויאן צו מיר אונ׳

5 אחרי חמה מחוקה אות ב 6 נכפלה תיבת גֵיגְן ואחת נמחקה 18 אחרי וואו נמחקת תיבת מן
23 לפני הימל נכפלה תיבת דיא ואחת נמחקה

2–1 קרון דער זקנים... אילטרן.– ׳עטרת זקנים בני בנים ותפארת בנים אבותם׳ (שם, יז:ו).
4 זיא ווערן ור שעמט... כבוד.– וחפרה הלבנה ובושה החמה׳ וגו׳ (יש׳ כד:כג).
7 משנה ט: רבי שמעון בן מנסיא.
8 השווה לעיל, עמ׳ 114, שורות 19–20.
13 שלא כמו הטקסט שבמשנה ממשיך המחבר כאן במשנה י: ׳חמשה קנינים קנה הקדוש ברוך הוא...׳, ודולג על המשנה: ׳אמר רבי יוסי בן קסמא׳, שמביאה אחריה; והשווה: פסחים פז ע״ב.
19 ה׳ קנני ראשית דרכו.– מש׳ ח:כב.
23 אזו זגט... רוואונג.– ׳כה אמר ה׳ השמים כסאי׳ וגו׳ (יש׳ סו:א).

וועלכש איז דיא שטט מיינר רואונג. אונ׳ איין פסוק זגט: וויא גר וויל ׳אונ׳ גרוש׳
זיינ⟨ן⟩ דייני ווערק גוט. זיא אל צו מול מיט ווייזהייט דו הושט בישאפן זיא. דר נוך
שטיט: מָלְאָה הָאָרֶץ קִנְיָנֶךָ. דש איז טויטש: זיא איז בול דיא ערד דיין בישעפניש,
86 ע״ב אונ׳ קאפונג. דען קיינינך איז לשון קִנְיַן אונ׳ גֵיט אויף שמים אונ׳ אָרֶץ. | אַבְרָהָם
אָבִינוּ. וואו וינדן מיר דש ער קִנְיַן הייסט? אז דער פסוק זגט: אונ׳ ער בענשט אין
אונ׳ ער זגט: גיבענשט זייא אברם צו גוט דעם אויברשטן, דער דא הוט בישאפן הימל
אונ׳ ערד. דער זעלביג פסוק לושט אויז: קוֹנֵה שָׁמַיִם וארץ. יִשְׂרָאֵל וואו וינדן
מיר דש זיא קִנְיַן הייסן? אז דער פסוק זגט: עַד יַעֲבוֹר עַמְּךָ הַ׳ עַד יַעֲבוֹר עַם זוּ קָנִיתָ.
דש איז אין טויי⟨ט⟩שן, ביז דש דא אויבר וארט דיין בולק גוט, ביז דש דא ווערט
אויבר וארן איין בולק דש דו הושט ליב אונ׳ הושט זיא בישאפן. אונ׳ איין אנדרר
פסוק זגט: בון וועגן דער הייליגן דיא דא זיין אויף דער ערדן {זיא בון וועגן דער
הייליגן אָבוֹת דיא דא זיין ביגראבן אין דער ערדן. וק״ל} אונ׳ בון וועגן דער
שטארקן צַדִּיקִים דיא דא זיין אויף ׳דער׳ ערדן, דש בון אירן וועגן שטיט דיא
וועלט. אל מיין ביגער איז אן זיא. דש בֵּית הַמִּקְדָּשׁ הייסט אך קִנְיַן. וואו וינדן מירש?
אז דער פָּסוּק שפריכט: הַר זֶה קָנְתָה יְמִינוֹ. בון אירשטן זגט ער: איין בירייטונג צו
דיינם גיזעש דו הושט גיווירקט גוט. דש בֵּית הַמִּקְדָּשׁ זיא האבן בירייט דייני הענד.
אונ׳ דר נוך שטיט: אונ׳ ער הוט גיברוכט זיא צו גימערק זיינר הייליקייט, דען בערג
דען דוזיגן. דש מיינט דש בֵּית הַמִּקְדָּשׁ, דש הייסט בערג, הַר צִיּוֹן. דען הוט ער
בישאפן מיט זיינר רעכטן הנט.

ר׳ יוסי זון קִיסְמָא דער זגט: איין מול גינג איך אויף דעם וועג אויבר וועלד. דא
ביגיגט מיר איין מאן אונ׳ ער גאב מיר שָׁלוֹם, אונ׳ איך ענטוורט אים ווידר עֲלֵיכֶם
שָׁלוֹם. דא שפרך ער צו מיר: בון ׳וועלכר׳ שטט זייט איר, מיין ליבר רַבִּי? דא
87 ע״א שפרך איך צו אים: איך בין בון איינר שטט דיא איז זער | גרוש אונ׳ קוישטליך בון
אייטל תַּלְמִידֵי חֲכָמִים אונ׳ סוֹפְרִים דיא תורה לערנן אונ׳ שרייבן. דא זגט ער צו
מיר: ליבר רבי, וועלט איר קומן מיט מיר אונ׳ ווערט וואנן בייא אונז אין אונזרר

2–1 וויא גר ויל... בישאפן זיא.– ׳מה רבו מעשיך ה׳ כלם בחכמה עשית׳ (תה׳ קד:כד).
3 זיא איז... בישעפניש.– ׳מלאה הארץ קניניך׳ (שם, שם). ׳בישעפניש׳ במובן קניין.
7–6 גיבענשט זייא אברם... ערד.– ׳ברוך אברם לאל עליון קנה שמים וארץ׳ (בר׳ יד:יט).
7 קונה שמים וארץ.– שם, שם.
8 עד יעבור... קנית.– שמ׳ טו:טז.
11 בון וועגן דער הייליגן... ערדן.– ׳לקדושים אשר בארץ המה׳ (תה׳ טז:ג).
15 הר זה קנתה ימינו.– שם, עח:נד. פסוק זה שייך לסוף המשנה, שם אומר בעל המשנה: ׳ויביאם אל גבול קדשו׳ וגו׳ (תה׳, שם).
16–15 איין בירייטונג... הענד.– ׳מכון לשבתך פעלת׳ וגו׳ (שמ׳ טו:יז).
17 אונ׳ ער הוט גיברוכט... הייליקייט.– ׳ויביאם אל גבול קדשו׳ (תה׳, שם).
20 משנה י: רבי יוסי בן קיסמא.– במשנתנו: משנה ט.

שטט, זא וועלט איך אוייך אכטן צו געבן הונדרט מול ציהן טויזנט שקודי אן גולד. דא שפרך איך ווידר צו אים: ווען דו מיר שון וועלשט געבן אל דש זילבר אונ׳ גולד אונ׳ אֲבָנִים טוֹבוֹת אונ׳ פערליך דיא אויף דער גנצן וועלט זיין, דא וועלט איך ניט אנדרש וואנן נוייארט אין איינר שטט וואו מן תורה לערנט. ווען אזו וינדן מיר גישריבן אין סֵפֶר תְּהִלִּים. איין פסוק דער זגט, וויא דוד המלך דער שפרך צו הקב״ה: עש איז בֵּישר צו מיר לערנונג דיינר תּוֹרָה דיא דא איז ווארדן גיגעבן אויז דיינם מונד, מֵין ווען אלי טויזנט גולד אונ׳ זילבר. אונ׳ אך דרום ווען אין דער צייט דש זיך איין מענש שיידט בון דער וועלט, זא נעמט עש ניט מיט זיך נוך זילבר נוך גולד, דש אים לְוִיָה טוט, נוך אֲבָנִים טוֹבִים נוך מַרְגָּלִיּוֹת, נוייארט דיא תורה דיא ער גילערנט הוט, אונ׳ דיא מַעֲשִׂים טוֹבִים דיא ער גיטון הוט ⌈אויף דער וועלט⌉. דיא זיין אין מְלַוֶּה ביז אויף יענר וועלט. אז דער פסוק שפריכט – אין דיינם גֵּין אויף דער וועלט זיא טוט בוירן דיך דיא תּוֹרָה. אונ׳ אין דיינם ליגן אים קֶבֶר זיא ווערט הויטן דיך. אונ׳ ווען דו לְעוֹלָם הַבָּא ווערשט ווידר אנטוואכן צו תְּחִיַּת הַמֵּתִים אונ׳
87 ע״ב ווערשט שטין לְדִין | זא ווערט זיא רֵידן בור דיך אונ׳ ווערט דיין מליץ זיין בור
הקב״ה. אונ׳ נוך מֵין זגט דער פסוק: השם יתעלה שפריכט: צו מיר איז דש זילבר אונ׳ דש גולד, אזו זגט גוט דער גיהערשט.

אלז ווש דא הוט בישאפן הקב״ה אויף דער וועלט, דש הוט ער ניט אנדרש בישאפן נוייארט בון זיינר אֵיר, וועגן דש מן אין אֵירן זול. אז דער פסוק זגט: אלז דש דא איז גירויפן אין מיינם נאמן אום ווילן מיינר אֵיר, איך הון עש בישאפן אונ׳ איך הון עש גימאכט אונ׳ בירייט, ער זגט גוט יִתְבָּרַךְ. אונ׳ איין פסוק דער זגט: הָ׳ יִמְלוֹךְ לְעוֹלָם וָעֶד. דש איז טויטש: גוט דער קוניגט צו אוימר אונ׳ איביג. דש מיינט, זיין קוניגרייך בישטיט צו אוימר אונ׳ אֵיביגליכן.

ר׳ חֲנַנְיָא זון עֲקַשְׁיָא דער זגט: הקב״ה הוט גיוועלט דש יִשְׂרָאֵל זולן זוֹכֶה זיין צו דעם גַּן עֵדֶן אונ׳ דרום הוט ער צו אין גימערט צו געבן ויל מִצְוֹת אז דער פסוק זגט: גוט דער ביגערט אום ווילן זיינר גירעכטיקייט הוט ער גיגרוישט דיא תּוֹרָה אונ׳ הוט זיא גישטערקט מיט מִצְוֹת.

24 תיבת הוט נכפלה ואחת נמחקה

7–6 עש איז בישר... זילבר.– ׳טוב לי תורת פיך׳ וגו׳ (תה׳ קיט:עב).
11–7 השווה: תומפסון, H 1558.3.
9 אבנים טובים.– צ״ל: טובות.
12–11 אין דיינם גין... דיא תורה.– ׳בהתהלכך תנחה אותך׳ (מש׳ ו:כב).
16–15 צו מיר איז דש זילבר... גיהערשט.– ׳לי הכסף ולי הזהב׳ וגו׳ (חגי ב:ח).
33 משנה יא: כל מה שברא הקב״ה.
17 אלז דש... יתברך.– ׳כל הנקרא בשמי׳ וגו׳ (יש׳ מג:ז).
21–20 ה׳ ימלוך לעולם ועד.– שמ׳ טו:יח.
26–24 גוט דער ביגערט... גישטערקט.– ׳ה׳ חפץ למען צדקו׳ (יש׳ מב:כא).

און׳ מן זגט קליין קדיש, דש היישט קדיש יתום. און׳ ווארום היישט עש קדיש יתום, דש וינדשטו בסוף בדף קל״ו איין מעשה. (הפוך לטובה) |

1 הביאור ל׳פרקים׳ מסתיים במלים אלה: ׳און׳ מן זגט קליין קדיש׳ וכו׳. ואמנם נהגו לומר קדיש בסיום אמירת פרקי אבות. נראה, כי כאן מסתמך המחבר על פירושו של הרמב״ם: ׳רבי חנניא בן עקשיא אינו מן הברייתא, אלא סיום נאה הוא. ונהגו העם לאמרו בסיום הפרקים, לפי שאין אומרים קדיש על המשנה אלא על האגדה, שאמר מר ויהא שמיה רבא דאגדתא.׳ ברם, מחברנו אינו מבדיל בין קדיש דרבנן לקדיש יתום; הוא מוסיף: ׳און׳ ווארום היישט עש קדיש יתום, דש וינדשטו בסוף דף קל״ו איין מעשה.׳ הנה תלה המחבר את המנהג לומר קדיש יתום במעשייה על ר׳ עקיבא והמת הנודד שהצילו מדינו של גיהינום על־ידי שלימד את בנו לומר קדיש אבלים. והשווה הערתנו למעשייה מס׳ 70, עמ׳ 164. וראה: גנזי שכטר, עמ׳ 235—245; שוארצבוים, עמ׳ 63—64, מס׳ IX.

8 ע״ב ...] אונ׳ מדרשים דיא דא אין דער גמרא שטינן. וויא וואל זיא אך אין דען פרקים שטינן איין טייל.

[46] זיא האבן גילערנט דיא חכמים. איין מעשה גישאך אן איינם חסיד דער גינג אויבר ועלד אונ׳ שטֵילט זיך צו אורן שמנה עשרה אויף דעם וועג. דא קאם איין הגמון אונ׳ גרווישט אין, אונ׳ ער ענטוורט אים ניט. דא שטונד דער הגמון אונ׳ וורטיט ביז ער הט אויז גיאורט אונ׳ שפרך צו ˹אים˺: ׳דו וֹר פאַנט. עש שטיט יא גישריבן אין אוייערר תורה: איר זולט אוייערן לייב הויטן אונ׳ זולט אוייך ניט אין סַכָּנָה טון. אונ׳ מן מג וואל איין עֲבֵירָה טון צו צייטן דש מן דש חַיות שאלווערט. אונ׳ ווארום הושטו מיר ניט גיענטוורט, דא איך דיר הב שלום געבן? ווען איך דיר נון מאכט דען קופפא אב שלאגן, ווער ווָאור מיר דרום טון?׳ דא שפרך ער: ׳גיב מיר רְשות, זא וויל איך מיך שקוזערן גיגן דיר.׳ אונ׳ שפרך: ׳ווען דו וורשט גישטאנדן אונ׳ העשט גירֵיט מיט איינם מלך אונ׳ קיסר. אונ׳ עש ווער איינר קומן אונ׳ העט דיר גיגרווישט, העשטו אים גיענטוורט?׳ דא שפרך ער: ׳ניין׳. ׳אונ׳ ווען דו אים העשטו גיענטוורט ווש העט דיר דער קיסר דרום גיטון?׳ דא שפרך ער: ׳ער העט מיר מאכן דען קופפא אב שלאגן.׳ דא שפרך ער: ׳נון הב איך איין קל וָחוֹמֶר צו לערנן. מה דוך ווען איינר שטיט בור איינם מלך אודר קיסר דער דא איז ולייש אונ׳ בלוט, דש הוייט איז ער היא אונ׳ מורגן איז ער טוט. דוך בורכט מן זיך בור אים אזו זער. איך בין גישטנדן בור דעם קוניג דער דא איז איין קוניג אויבר אלי קוניג, הקב״ה, אונ׳ הב בור אים גירֵיט. מכל שכן הב איך מיך בור אים גיבורכט. זולט איך דיר שלום האבן געבן, זא העט ער מיר מאכן דען קופפא אב שלאגן אונ׳ העט מיין תפילה ניט מקבל גיוועזן.׳ דא דער הגמון הט זיין ענטוורט גיהוירט, דא ליש ער אין גֵין צו זיינם הויז לחיים ולשלום. דש שטיט אין ברכות פרק אין עומדין. |

2 דף 88 ע״א חלק; בדף 88 ע״ב השורה הראשונה מקוטעת למחצה

2 אונ׳ מדרשים דיא דא אין דער גמרא שטינן.– המחבר מעיר, שהוא מביא את המדרשים שבגמרא, אף־על־פי שקצתם כבר נמצאים ב׳פרקים׳ ושם כבר עמד על טיבם.

4 מעשייה מס׳ 46: החסיד וההגמון.– השווה: ברכות לב ע״ב – לג ע״א. לגלגולו של מוטיב זה לתוך הפולקלור היהודי במזרח־אירופה השווה מאמרי: די גאלדענע קייט, לו (1960), עמ׳ 171 ואילך. השווה גם מעשה בוך, מס׳ 164: ׳יועץ ההגמון מעליב את ר׳ שמואל החסיד בשעת תפילת יום־כיפור׳; שם, מס׳ 130; גאסטר, מס׳ 45. ראה גם: בולטה, א, מס׳ 617; שוארצבוים, עמ׳ 39, 446; תומפסון, J 1269.7.

8 איר זולט... הויטן.– ׳ונשמרתם מאד לנפשותיכם׳ (דב׳ ד:טו).

89 ע״א …] אין דעם אנדרן פֶּרֶק שטיט דיא שמועה בון ר׳ אליעזר. דאר נוך ליגטן אין דיא
[47] חֲכָמִים אין חֵרֶם אונ׳ ור ברענטן אלז ווש ער הט כָּשֵׁר אונ׳ טָהוֹר גימאכט. דא זגטן
זיא: ׳ווער וויל צו אים אונ׳ ווילש אים זגן?׳ ווען זיא בורכטן זיך בור אים. דא שפרך
ר׳ עֲקִיבָא: ׳איך וויל גֵּין.׳ זולט איינר גֵּין דער ניט ראוי דר צו ווער, זא מויכט ער
דען גאנצן עולם מַחְרִיב זיין. ווש טעט דער ר׳ עקיבא? ער קליידט זיך אין שווארצי
קליידר אונ׳ אומוואנד זיך מיט איינם שווארצן טַלִּית אונ׳ גינג צו אים, אונ׳ זֵיצט זיך
ויר אֵילן ווייט בון אים. דא שפרך ר׳ אליעזר צו אים: ׳ווש איז הויט דר מער, מער
אז איין אנדרן טגן?׳ דא שפרך ער: ׳מיך דויכט דיין חברים הבן זיך מַבְדִּיל בון דיר
גיוועזן.׳ דא מערקט ער דש זיא אין אין חרם הטן גיליגט. דא גינג ער אונ׳ צו ריש
זיין קליידר אונ׳ צוך אויז זיין שויך אונ׳ זיצט זיך אויף דיא ערד. אונ׳ ער הוב אן צו
וויינען דש אים דיא טרעהרן בון דען אויגן ראנן. דא וואורן דש זעלביג יאר כַּלְיָה
איין שְׁלִישׁ בון דער תבואה אונ׳ איין שליש בון דען אוֹלִיוָוה אונ׳ איין שְׁלִישׁ בון אלר
לייא אופש, אונ׳ איטליכי זגן, אך ווען איין ורויא איין טייג אין הענדן הט,
דער זעלביג דער וואור איר כַּלְיָה אונטר דען הענדן. איין גרוש ווערן וור ייען טג.
וואו ר׳ אליעזר זייני אויגן גב דש ער נור אן זך, דש ור ברענט. אזו גר איין קוישט־
89 ע״ב ליכי בריה וור ער. אונ׳ אך ר׳ גַּמְלִיאֵל | דער בור יען טג אין איינם שיף אויף דעם
יַם, דא קאם איין גרושי פורטונה אונ׳ האט שיר דש שיף מאכן אונטר גֵּין. דא שפרך
ר׳ גמליאל: ׳איך האלט דש דש ניט אנדרש איז, נוייארט בון ר׳ אליעזר זון הורקנוס
וועגן.׳ דער ר׳ גמליאל וור גיוועזן דער נָשִׂיא אונ׳ ראש יְשִׁיבָה דש זעלביג מול דא
מן אין הט אין חרם גיליגט, אונ׳ וור דר צו זיין שוואגר. ר׳ אליעזר דער הוט ר׳
גמליאלש שווישטר בור איין ווייב. אונ׳ אין דער גרושן פורטונה שטונד אויף ר׳
גמליאל אונ׳ שפרך: ׳הער אל דער וועלט. עש איז יא אנטפלעקט צו בור דיר דש
איך דש ניט הב גיטון בון מיינר כבוד וועגן אונ׳ אך ניט בון מיינש ואטרש כבוד
וועגן, נוייארט בון וועגן דש עש ניט זולן זיין אזו קריג אונטר דען חכמים בון ישראל.׳
אזו באלד שטילט זיך דער ווינט אונ׳ דיא פורטונה. {וויא אין זיין ואטר וואלט אין
חרם לֵיגן, וינדשטו דף קל״ו}.

1 בראש דף 89 ע״א שורה קטועה

1 מעשייה מס׳ 47: מחלוקת ר׳ אליעזר בן הורקנוס והחכמים.– השווה: ב״מ נט ע״ב; ירוש׳ מ״ק פ״ג ה״א; גאסטר, מס׳ 125; מעשה בוך, מס׳ 135. המחבר מפנה אל הסיפור על מחלוקת ר׳ אליעזר והחכמים שנמסר לעיל בפרק ב (מעשייה מס׳ 21, עמ׳ 36). המחבר מדלג על פתיחת הסיפור בתלמוד: ׳תנן התם, חתכו חוליות ונתן חול בין חוליא לחוליא, רבי אליעזר מטהר וחכמים מטמאים...׳, ומתחיל: ׳דאר נוך ליגטן אין דיא חכמים אין חרם...׳; השווה לעיל, עמ׳ 36. ראה גם: ברכות יט ע״א; כלים ה:י; עדויות ז:ז.

26 בשוליים מעיר המחבר, שהסיפור על נידויו של ר׳ אליעזר על־ידי אביו נמצא בדף קלו. השווה להלן, מעשייה מס׳ 71, עמ׳ 166: תחילתו של ר׳ אליעזר בן הורקנוס.

[48] אִימָּא שָׁלוֹם וור דש ווייב בון ר׳ אליעזר אונ׳ וור דיא שווישטר בון ר׳ גמליאל. בון
דעם זעלביגן מול אן, דא וואלט זיא אירן מן ניט לושן תְּחִינָּה זגן בִּנְפִילַת אַפַּיִם,
דען זיא בורכט זיך זולט ער תְּחִינָּה זגן, דא ווער ער ביטן דש איר ברודר ר׳
גמליאל זולט שטערבן. איין מול הט זיא גיבעלט אונ׳ מיינט עש ווער ראש חדש
צווין טג אונ׳ גב ניט אכטונג דרויף, ווען זיא מיינט מן זגט קיין תְּחִינוּת. אודר איין
טייל זגן, עש וור קומן איין עני בור דיא טויר אונ׳ זיא גינג אים ברענגן איין ברוט
אום גוטש ווילן. דיא ווייל זגט ער תחינות. דא זיא אין זך אזו תחינה זגן, דא שפרך
⟨זיא⟩: ׳זיך או⟨נ׳⟩ שטיא אויף, דו הושט מיר מיין ברודר גיטויט.׳ אזו באלד קאם
דיא שמועה וויא רבי גמליאל טוט ווער. דא זגט ער: ׳וויא הושטו עש גיווישט?׳
9 ע״א דא שפרך זיא: ׳איך | הב דש אזו מקבל גיוועזן בון מיינן אֶילטרן.׳ דר בייא קאן
מן מערקן וויא גר איין קוישטליכר תלמיד חכם ער וור גיוועזן.

[49] אין דעם וירדן פרק וינדשטו גישריבן אוישן וויניג דיא שמועה בון ר׳ אליעזר וויא
ער וואר איין בַּרְיְזֶעל. דא שיקט צו אים איין מול ר׳ יְהוֹשֻׁעַ זון קָרְחָה: ׳חוֹמֶץ בֶּן
יַיִן. דש מיינט: טרישטו פֶּעל דאון אומו דבֵּין. וויא לנג ווילשטו דש בולק ישראל,
דיא היישן עַם אֱלֹהֵינוּ, מוֹסֵר זיין לַהֲרֵיגָה?׳ דא שיקט ער אים ווידר זגן: ׳איך נעם
דיא דוירנר אויז דעם ווייַן גארטן.׳ דש מיינט, ער נעם נור דיא חַיָּיב מִיתָה ווארן,
אונ׳ דיא צדיקים ליש ער שטין. אונ׳ ער ועלט נוימר ניט, אז אים גישאך מיט דעם
וועשר. דא שיקט ער אים ווידר זגן: ׳לוש קומן דען פטרון בון דעם וויין גארטן
אונ׳ לוש אין דיא דוירנן מְכַלֶּה זיין. דו טושט ניט רעכט.׳ דש מיינט, דיא וועלט איז
דער וויין גארטן בון השם יתעלה. ׳אז דער פסוק זגט: ווען וויין גארטן גוט איז בית
ישראל׳. אונ׳ ער איז דער פטרון. לוש אין דיא רשעים בון דער וועלט נעמן. אונ׳
זא אים דש מעשה וור גישעהן בון דעם וועשר. אונ׳ ער הט דיא פְּרוּכָּה גיטון אונ׳

1 מעשייה מס׳ 48: נפילת אפיים של ר׳ אליעזר.– השווה ב״מ נט ע״ב.
2 תחנה זגן בנפילת אפים.– מדובר בתפילת תחנון הנאמרת בשחרית ובמנחה אחרי תפילת שמונה־עשרה; בימי התלמוד נהגו לאמרה בנפילת אפיים על הארץ. השווה: מגילה כב ע״ב.
12 מעשייה מס׳ 49: ייסוריו של ר׳ אליעזר.– השווה: ב״מ פג ע״ב – פד ע״ב; גאסטר, מס׳ 95; מעשה בוך, מס׳ 233. לפעמים נקרא ר׳ אליעזר גם אלעזר בר׳ שמעון. ההערה שבראש הסיפור, ׳אין דעם וירדן פרק וינדשטו גישריבן אוישן וויניג דיא שמועה בון ר׳ אליעזר וויא ער וואר איין בריזעל׳, מפנה אל מעשייה מס׳ 35 על ר׳ אליעזר בר׳ שמעון תופס גנבים שנמסרה לעיל בפרק רביעי (עמ׳ 71). אלא שבטעות שינה שם המחבר את שמו לר׳ שמעון ב״ר אלעזר. כפי שמעיר המחבר עצמו, העלה את הסיפור על הכתב מן הזכרון. כאן מובא הסיפור באריכות יתר.
20 ווען וויין גארטן גוט איז בית ישראל.– ׳כי כרם ה׳ צבאות בית ישראל׳ (יש׳ ה:ז).
22 ער הט דיא פרוכה גיטון.– בתלמוד (ב״מ, שם); ׳וקרעו לכריסיה... הוו מפקי מיניה דיקולי דיקולי דתרבא׳; רש״י, שם: סלים מלאין שומן. השווה: גאסטר, החלק העברי, עמ׳ 64, שורה א: ׳וצרוי לכרסיה ומפקי מניה כרוכי׳ כרוכי׳ דתרבא׳; וגאסטר מפרש: חתיכות, חתיכות חֵלֶב.

הט זיך מאכן חלב אויז זיינם לייב שניידן אונ׳ אין דיא זון ליגן אין תמוז אונ׳ אב
אונ׳ עש וואר ניט שטונקן. דש וור יא איין סימן דש ער ניא גיבעלט הט. דוך הט ער
חֲרָטָא אונ׳ בורכט זיך, ער העט אירגץ גיוועלט אונ׳ | ער באט השם יתעלה ער 90 ע״ב
זולט אים יסורים שיקן אויף דער וועלט דש ער זולט זיין זוינד בוישן אויף דער
וועלט, אוב ער איין מול גיבעלט העט. דא שיקט אים השם יתעלה יסורים דש ער
וואר בולר גרינד אז איוב. אונ׳ ווען מן אים צו נאכט אונטר לֵיגט זיבציג בעט, צו
מורגישווארן זיא אל נאש. אונ׳ קאמן בון אים זעכציג בֵיקן בול בלוט אונ׳ אייטר.
אלי טג מאכט אים זיין וייב זעכציג ארלייא עשן. שפייז אויז טייטלן צו אן ביישן
אונ׳ צו דיזנערן. אונ׳ זיא וואלט איין ניט לושן גֵין אויף דיא יְשִׁיבָה דרום דש מן איין
ניט שטושן זולט. ווען עש קאם גֵיגן דער נאכט, דא רויפט ער דיא יסורים אונ׳
שפרך: ׳קומט מיין ליבי ברוידר אונ׳ גיזֵילן.׳ אונ׳ צו מורגיש שפרך ער צו דען
יסורים: ׳גיט הין וועק דש איך קען לערנן.׳ דען ער לערנט דען גאנצן טג אין זיינם
הויז. איין מול הוירט עש זיין וייב. דא שפרך זיא צו אים: ׳איך הב גימיינט דו
העשט ניט גערן דיא יסורים. נון זיך איך דו מאכשט דש זיא אויף דיך קומן. דו
הושט נון אל דיינש ואטרש גוט ור טון אונ׳ ור צֵירט [אזו ויל ביט ור בוילט אונ׳ אין
עשן אונ׳ טרינקן]. איך וויל ניט מֵין בייא דיר בלייבן.׳ אונ׳ זיא ליף בון אים אונ׳
ליש איין זיצן מיט זיינן יסורים. דא קאמן זעכציג שיף לוייט בלע״ז בארקירולי אונ׳
ברוכטן אים איין פריזינט. עש ווארן זעכציג קנעכט גילאדן מיט זילבר אונ׳
גולד. דיא קנעכט דיא מאכטן אים זיין בעט אונ׳ זיין עשן אונ׳ טרינקן. אונ׳ ווארום
ברוכטן דיא ברקירולי אים דען דורון? זיא ווארן גיוועזן אין גרושר פורטונה אונ׳
האטן גיבעטן גוט ית׳ ער זולט איין העלפן, | אום ווילן דש זכות בון ר׳ שמעון זון 91 ע״א
אלעזר. דען זיא וואושטן וואל דש ער איין קוישטליכר תלמיד חכם וואר. אונ׳ גוט
האלף אין, אונ׳ דא זיא צו לנד קאמן דא ברוכטן זיא אים דען דורון. איין טג זגט
זיין וייב צו אירר טוכטר: ׳גֵיא אונ׳ זיך ווש דיין ואטר טוט.׳ דא זיא צו אים קאם,
דא שפרך ער: ׳גֵיא אונ׳ זג צו דיינר מוטר איך בין רייכר וֵוידר זִיא אונ׳ איר ואטר.׳
אונ׳ וויז איר דש ממון דש אים דיא בארקירולי גישענקט האטן, אונ׳ שפרך: ׳דיא
תורה איז אז איין מרקידאנט דער זיין שיף הוט אויף דעם יַם גֵין אין וייטי ורעמדי
לאנד. דא ברענגן זיא אים דש ער צו עשן הוט. אזו איז מיר אך גישעהן.׳ דיא וייל
זיין וייב בון אים וור דא ליש ער זיך וואל טענדערן אונ׳ אַש אונ׳ טראנק אונ׳ וואור
שטארק אונ׳ גינג אין דש בֵית הַמִּדְרַש אויף דיא יְשִׁיבָה. דא קאמן דען זעלבן טג
זעכציג ורויאן דש איטליכי הט איין ספק אוב זיא כָשֵׁר ווער. אונ׳ ער מאכט זיא
אל כָּשֵׁר. אונ׳ שפרך צו אין: ׳איר מויכט וואל בייא אוייערן מאנן שלופן און טְבִילָה

31 אחרי זעכציג נמחקו תיבות אלרלייא דם

צו גֵין.׳ דא שפוטטן אל דיא רבנן זיין, אונ׳ שפראכן: ׳וויא איז דש מויגליך דש ניט
איין סָפֵק אונטר אין אלן איז, אונ׳ דו הושט זיא אל גלייך מְטַהֵר גיוועזן אונ׳ כָשֵׁר
גימאכט.׳ דא שפרך ער: ׳הב איך וואר דש זיא אל כשר זיין, זא זולן דיא ורויאן
אל טראגן ווערן אונ׳ זולן אייטל זְכָרִים מאכן. הב איך דען ניט וואר זא זול נור איין
נְקֵבָה אונטר ׳איין׳ ווערן גיבורן.׳ דא מאכטן זיא אל, איין איטליכי איין הויפשן זון
אונ׳ זיא הישן זיא אל ר׳ אלעזור נוך אים. | דא זגט רבי: ׳זיך וויביל פִּרְיָה וְרִבְיָה 91 ע״ב
הוט דער זעלביג מֶלֶךְ מְבַטֵל גיוועזן דיא וויל ער בריזעל איז גיוועזן, דא הוט ער
ניט קוינן קומן אויף דיא יְשִׁיבָה. [אודר איין טייל זגן, עש מיינט זיין וייבב, דש זיא
אין ניט ליש גין אויף דיא ישיבה]. אונ׳ עש איז קיין קוישטליכר תלמיד חכם גיוועזן
דער זיך הוט בֵּישר דרויף ור שטאנדן אז ער אונ׳ מן הוט ויל טריפה גימאכט דיא
דא זיין כָשֵׁר גיוועזן; אונ׳ עש ווערן אפשר ויל מין קינדר גיבורן ווארדן.׳
דר נוך קאם זיין וויבב ווידר צו אים. דא ער נון זולט שטערבן, דא שפרך ער: ׳איך
ווייש וואל דש דיא רַבָּנָן צורניק אויבר מיך, דרום ׳דש׳ איך הב מאכן וואגן אונ׳ הענגן
דיא עֲנָבִים דיא דא זיין גיוועזן אירי קרוֹבִים, אונ׳ ווערן מיר ניט כבוד אן טון אונ׳
ווערן ניט רעכט מיט מיר אום גֵין. ליג מיך אזו טוט אויף דען בודים אונ׳ בורכט
דיך נישט בור מיר. אונ׳ גיא אויף דען בודן ווען דו ווילשט.׳ אונ׳ אזו הילט זיא אין
אויף דעם בודים וואל צווין אונ׳ צוויינציג יאר. אונ׳ ווען זיא גינג אויף דען בודים,
זא זאך זיא אל מול אוב ער בויל ווער. אונ׳ ווען זיא אים איין הור אויז צוך, דא
קאם וריש בלוט, אז ווען ער ערשט גישטורבן ווער. איין טג גינג זיא אויף דען בודים
אונ׳ זאך אים איין וואורים אויז דעם אור קריכֿן. דא דר שראק זיא גר זער אונ׳
מיינט ער ווָאור בול אונ׳ שטינקן ווערן. דא קאם ער דיא זעלביג נאכט צו איר אין
איינם חלום אונ׳ שפרך: ׳דר שריק ניט, עש איז נישט. וויישטו, איין מול הב איך
גיהוירט איין תלמיד חכם מְזַלְזֵל זיין אונ׳ הב דעם | ניט גיוועירט אז איך זולט ביליק 92 ע״א
געטון האבן.׳ ווען צווין האטן מיט אנגדר צו קריגן דא קאמן זיא אין זיין הויז אונ׳ איין
איטליכר זגט זיין טענה. דא קאם איין שטים דש קול בון דעם בודים: ראובן דו
בישט שולדיג אונ׳ הושט און רעכט. שמעון דו הושט רעכט. איין מול קריגט
אונ׳ שריא זיין וויבב מיט אירר שְׁכֵינָה, אונ׳ איר שכינה זגט צו איר דש: ׳דו מושט
אך זיין אז דיין מאן דער איז ניט זוכה צו קומן צו קֶבֶר יִשְׂרָאֵל.׳ דא דש רַבָּנָן הורטן,
דא זגטן זיא: ׳ער איז גינויגן אויף דעם בודים גילעגן. מיר ווען אין צו קְבוּרָה טון.׳
דען זיא מיינטן עש ווישט עש ניט אידרמן. אונ׳ איין טייל זגן: ר׳ שמעון זון יוֹחָאֵי
דער וור קומן אים חלום צו דען חֲכָמִים אונ׳ הט גיזגט: ׳איך הב איין חבר בייא
אוייך אונ׳ איר וועלט מיר אין ניט צו מיר ברענגן.׳ אונ׳ דרום וואלטן זיא אין צו

8–9 אודר... ישיבה.– השווה: ב״מ פד ע״ב, רש״י, ד״ה רשעה זו.
26–30 השווה: כתובות קג ע״א; מעשה בוך, מס׳ 125, 202.

קבורה טון. דא גינגן דיא חכמים אונ׳ וואלטן אין צו קבורה טון. דא וואלטן זיא
דיא לוייט בון דער שטט עַכְבוֹרְיָיא ניט לושן. דען אל דיא צייט דש ער וור גילעגן
אויף דעם בודים אזו טוט, דא וור ניא קיין חַיָה רָעָה אין איר שטט קומן. איין מול
אן איינם ערב יום כפורים דא האטן זיא ויל צו שיקן מיט דער סעודה המפסקת,
92 ע״ב דא שיקטן דיא חכמים בון בִּירִי אונ׳ טרוגן אין היוועק אונ׳ ברוכטן אין | צו דער
מְעָרָה דא זיין ואטר וור ביגראבן. דא וואנדן זיא איין גרושי שלאנג דיא הט זיך
גישלושן אין דיא טויר אז איין רינג ˹דש נימנט קונט היניין גין˺. אונ׳ דא שפראכן דיא
חכמים: ׳שלאנג, שלאנג טו אויף דיין מויאל אונ׳ לוש גין דען זון צו זיינם ואטר.׳ אז
באלד טעט זיך דיא שלאנג אויף אונ׳ זיא טעטן אין צו קבורה בְּכָבוֹד גָדוֹל.

[50] אונ׳ אזו וואר אך גישעהן ר׳ ישמעאל דש ער אך מושט זיין באריזעל. {ווען דער
ר׳ אלעזר אונ׳ ר׳ ישמעאל בייא אנדר שטונדן, דא קונט איין פאר אוקשן צווישן
זיא גֵין, וֹוא זיא אנדר אן רוירטן מיט אירן פאנצה, אז גר וויישט אונ׳ גְרַש ווארן זיא}.
דא קאם אליהו הנביא צו אים אונ׳ שפרך: ׳וויא לנג ווילשטו טויטן אונ׳ מאכן דר
שלאגן דש בולק בון אונזרם גוט?׳ דא שפרך ער: ׳ווש זול איך טון, דער מלך ווילש
אזו האבן.׳ דא שפרך ער: ׳דיין ואטר איז גיבלוהן אין איין שטט דיא היישט אַסְיָא.
וליך דו אין איין שטט דיא היישט לוֹדְקְיָא.׳ אונ׳ אזו ולוך ער אונ׳ שקאפערט.

[51] ר׳ יוחנן דער וור דער אלר הויפשט מאן דער אויף דער ˹ערד˺ וור. אונ׳ ער זגט:
׳איך בין אליין אויבר בליבן בון דען הויפשן לוייטן בון יְרוּשָׁלַיִם.׳ ווער דא וויל
זעהן וויא הויפש ער וואר גיוועזן, דער נעם איין זילברן בעכר דער דא קומט
ערשט בון דעם גולד שמיד אונ׳ זול אין בוילן מיט מילגראם קערן דיא דא רוט
זיין אונ׳ זול הרום מאכן איין קראנץ מיט רוטן רוזן אובן אויף דעם בורטן אונ׳
זול אין זֵיצן צווישן דער זון אונ׳ שאטן, זא גיבט ער איין הויפשן ווידר שיין. דער
93 ע״א זעלביג ווידר שיין | איז גלייך אז דיא הויפשקייט בון ר׳ יוֹחָנָן.
דער ר׳ יוחנן דער זֵיצט זיך אויף דיא טויר וואו דיא ווייבר טְבִילָה גינגן, אונ׳ זגט:
׳ווען דיא ווייבר טְבִילָה גֵינגן זא זולן זיא זיך אן מיר ור זעהן אונ׳ זולן אזו הויפשי
קינדר גיווינן אז איך בין, אונ׳ זולן אזו וואל לערנן אז איך.׳ דא ורוגטן אין דיא
חֲכָמִים: ׳בוירכשטו דיך ניט בור עַיִן הָרַע, דש דיך איין מול איין ורויא מעכט

1 אחרי וואלטן זיא נמחקו תיבות ניט לושן 8 לפני מויאל נמחק מויל או מול 17 לפני וור אונ׳ נמחקה תיבת וועך

10 מעשייה מס׳ 50: ר׳ ישמעאל ואליהו.– השווה: ב״מ פג ע״ב – פד ע״א.
15–16 דיין ואטר... לודקיא.– אביך ערק לאסיא, את עריק ללודקיא (ב״מ פד ע״א).
17 מעשייה מס׳ 51: ר׳ יוחנן וריש לקיש.– השווה: ב״מ פד ע״א; ברכות כ ע״א; השווה גם: גאסטר, מס׳ 224; מעשה בוך, מס׳ 66.
24 דער ר׳ יוחנן וכו׳.– השווה גם ברכות כ ע״א: ׳ר׳ יוחנן... אשערי דטבילה׳.

בישרייאן?׳ דא שפרך ער: ׳איך קום בון יוסף הַצַּדִיק, דען זעלבינן <קאן> קיין עַיִן הָרַע שאדן. דען זיא זיין גיגליכן צו דען וישן אים ווער דען קאן מאן ניט שאדן טון מיט עַיִן הָרַע, דען מאן קאן זיא ˹ניט˺ רעכט אן זעהן. אזו זיין אך אל דיא דא קומן בון יוסֵף הַצַּדִיק קאן מאן קיין שאדן טון.׳ איין מול באדיט זיך דער ר׳ יוֹחָנָן אין דעם יַרְדֵן. דא זך אין איינר דער היש רֵיש לָקִיש, דער וואר איין קאפיטני בון שושיני אונ׳ בון אלי ור פאנטי צו דעם זעלבן מול. דר נוך וואר ער איין גרושר קוּישטליכר תַּלְמִיד חָכָם, אז מיר דא שרייבן ווערן. אונ׳ דא ער ר׳ יוחנן זך אין דעם וושר, דא מיינט ער עש ווער איין ורויא. אונ׳ שפראנג צו אים אין דש וושר גר איין גרושן שפרונג. דא שפרך ר׳ יוֹחָנָן: ׳דיין קראפט ווער גוט צוליידן דש יוך בון דער תּוֹרָה.׳ דא ענטוורט ריש לָקִיש: ׳דיין הויפשקייט זולטן האבן דיא ווייבר.׳ דא שפרך ר׳ יוחנן: ׳ווילשטו תשובה טון אונ׳ ווילשט תורה לערנן, זא וויל
93 ע״ב איך דיר מיין שווישטר געבן, דיא איז ויל הויפשר אז איך.׳ דא שפרך | ער: ׳יא, איך בין קונטענט.׳ דא וואלט ער ווידר אויש דעם יַרְדֵן שפרינגן, זיין קליידר הולן אונ׳ זיך אן טון, דא קונט ער ניט מֵין אזו שפרינגן. דען דיא תּוֹרָה שוועכט דיא לוויט אונ׳ נעמט אין דיא קראפט. אונ׳ דא ˹זיא˺ זיך גיבאט האטן, דא בוירט ר׳ יוחנן דען ריש לָקִיש מיט אים היים אונ׳ לערנט מיט אים, אונ׳ מאכט <אין> איין גר, איין קוּישטליכן לערנר. אונ׳ ער גב אים זיין שווישטר צו איינם ווייב. איין מול האטן זיא איין פִּלְפּוּל אויף דער ישיבה אויבר איינם שווערט אונ׳ שפיש, ווען זיא קוינן טָמֵא ווערדן. דער ר׳ יוחנן דר צוירנט זיך גר זער אונ׳ שפרך צו אים: ׳דו הושט דיא שווערטר אונ׳ שפיש גיברויכט דא דו איין רשע בישט גיוועזן, דרום ווילשטו עש בישר וישן אז איך.׳ [איין טייל זגן. דער ריש לקיש הט בור אך גילערנט גיהאט אונ׳ וור גיוועזן איין רב. אבר ער הט עש אלז ור געשן גיהאט, דרום שפרך ער, מאן הוט מיך בור אך ר׳ גיהיישן גיהאט אונ׳ דרום הושטו מיך נישט גיהולפן. דש איז דער בישט פְּשַט]. דא ענטוורט רֵיש לָקִיש: ׳ווש הילפט מיך דש דו מיך הושט תּוֹרָה גילערנט. דא איך בין איין רשע גיוועזן דא בין איך איין קאפי אונטר זיא גיוועזן, אונ׳ ווען מן מיך שון דא אך היישט איין קאפי.׳ דא וואור ר׳ יוֹחָנָן נוך מען צורניג: ׳אונ׳ דו שפריכשט ווש איך דיך גיהולפן הב. העט איך דיך ניט גילערנט זא ווערשטו קומן אין דש גיהנם. אזו הב איך דיך גיברוכט אונטר דיא ולויגיל בון הקב״ה דש דו ווערשט קומן אין דש גַן עֵדֶן.׳ דא דר שראק ריש לקיש אונ׳ וור אים

3 ריש לָקִיש.– השווה: גיטין מז ע״א; מעשה בוך, מס׳ 65.

14 דען דיא תורה שוועכט דיא לוויט.– התורה מתשת כחו של אדם (סנהדרין כו ע״ב). על־פי־רוב מסתמך המחבר בסיפורו על פירושו של רש״י.

19 על המחלוקת אם הסייף או הרומח מקבלים טומאה משעת גמר מלאכתם (ב״מ, שם) אומר המחבר: ׳די הושט דיא שווערטר אונ׳ שפיש גיברויכט׳; והשווה: כלים יג:א.

29 דא דר שראק ריש לקיש וכו׳.– ההערה שריש לקיש נבהל משום שהעליב את ר׳

אזו זער לייד דש ער ר׳ יוחנן דר צוירנט הט. אונ׳ גינג היים אונ׳ ליגט זיך צו בעט
אונ׳ וואור זער קראנק. דא קאם זיין שווישטר צו לאפן צו ר׳ יוחנן אונ׳ שפרך: ׳או,
94 ע״א ליבר ברודר זייא מיינם מאן מוחל אודר ער ווערט שטערבן.׳ | דא שפרך ער:
׳לוש אין שטערבן איך וויל אים ניט מוֹחֵל זיין.׳ דא שפרך זיא: ׳טו עש בון מיינר
קינדר וועגן דש זיא ניט יְתוֹמִים ווערן.׳ דא שפרך ער: ׳לוש מיר דיין יְתוֹמִים.׳ דא
שפרך זיא: ׳טו עש בון מיינן וועגן דש איך ניט איין אלמנה ווער.׳ דא שפרך ער:
׳קום ווידר אין מיין הויז, איך וויל דיר דיא שְׁפִּיזא טון אונ׳ וויל דיך מְפַרְנֵס זיין.׳
אונ׳ ער וואלט אים ניט מוחל זיין. אזו שטארב דער גוט רֵיש לָקִיש. דר נוך וור זיך
דער ר׳ יוחנן גר זער מְצַעֵר אום אין, דען ער וור אים זער הולט גיוועזן. דען ער
הט גר וואל גילערנט אונ׳ וואל גוטי קֻשְׁיוֹת גיברוגט. דא שפרכן דיא חֲכָמִים: ׳ווער
זול זיצן אן דיא שטט בון רֵיש לָקִיש דער דא מפלפל איז מיט ר׳ יוֹחָנָן?׳ אונ׳ זגטן
עש זול גֵּין איינר דער היש ר׳ אֶלְעָזָר זון פְּדָת. ער גינג אונ׳ זיצט זיך אן זיין שטט.
ווען ר׳ יוחנן איין הלכה אודר איין פשט זגט, דא ענטוורט ער: ׳ר׳, דו הושט רעכט
גיזגט. אונ׳ אזו וינשטו אך אן איינם אנדרן אורט גלייך אז דו גיזגט הושט.׳ דא שפרך
ר׳ יוחנן: ׳בישטו אז ריש לקיש? מיינשטו איך ווייש ניט אך דש איך רעכט הב גיזגט?
ווען איך הב איצווש גיזגט דא הוט ער מיך וויר אונ׳ צוויינציג קשיות גיברוגט. דא
הב איך זיא אים אל מויזן מתרץ זיין. דא האבן מיר מויזן זער לערנן אונ׳ לנג מויזן
דרויבר מפלפל זיין. אונ׳ דו זגשט איך הב רעכט גיזגט.׳ דא גינג ר׳ יוחנן אונ׳ צו
ריש זייני קליידר אונ׳ וויינט אונ׳ שריא: ׳או, וואו בישטו ריש לקיש, או, וואו בישטו
94 ע״ב ריש לקיש?׳ | אונ׳ גינג אזו לנג נוך שרייא דש ער מְשֻׁגַּע וואור. דא טעטן דיא חכמים
תְּפִילָּה אונ׳ ואשטן בון זיינן וועגן דש ער זולט ווידר זֵינדיג ווערן. אונ׳ ער שטארב.
אונ׳ דרום זול מן זעהן דש מן זיך ניט גיווינט אין דיא מדה בון דעם צורן.

[52] עש וור איינר דער היש מַר עוּקְבָא אונ׳ עש וור איין גרושר עני אין זיינר שטט. אל
טג גינג ער בור דען עָנִיש הויז אונ׳ ליגט אים אל מול ויר שילינג אין דש לוך בון
דעם ריגל הינטר דער טירן, דש דער עָנִיש נישט דר בון וואושט. ווען ער נון זיין
טיר וואלט צו טון צו נאכט, דא וואנד ער דש געלט. איין מול גידוכט זיך דער עני:
איך וויל זעהן ווער מיר דש געלט דא הער לֵיגט. אונ׳ ור בארג זיך אן איין אורט.
אונ׳ גלייך דען זעלבן טג דא וור מר עוקבאזער לנג אויף דער ישיבה גיוועזן אונ׳

יוחנן ומשום כך חלה היא תוספת של המחבר.

5 לוש מיר דיין יתומים.– על־פי יר׳ מט:יא: ׳עזבה יתומיך אני אחיה.׳

7 קום ווידר... מפרנס זיין.– המחבר משתמש בסוף הפסוק הנ״ל, ׳ואלמנותיך עלי תבטחו׳, בתור תשובה של ר׳ יוחנן; וכך הוא בפירושו של רש״י.

23 מעשייה מס׳ 52: מר עוקבא והעני.– השווה: כתובות סז ע״ב; גאסטר, מס׳ 228; מעשה בוך, מס׳ 92. מוטיב: מתן בסתר; תומפסון, H 659.7.3; Q 44. כמו בסיפוריו הקודמים שוב משתמש המחבר בפירושו של רש״י, אך מאריך בפרטים תוך הבאת שיחה נאה ופשטנית בין הבעל לאשתו.

זיין ווייב וור גנגן זעהן ווש דא דר מער וור. אונ׳ זיא גינגן מיט אנגדר היים. אונ׳ דא
זיא בור דער טויר בור גיגנן אונ׳ האטן דיא ויר שילינג קאם נידר גיליגט, דא קאם
דער עני צו לאפן אונ׳ וואלט זיא אים פנים רעכט אן זעהן. דא ליף מר עוקבא
אונ׳ זיין ווייב בור אן אונ׳ ור בארגן זיך אין איין אובן דער וור הייש. דא ברענדן
זיך דיא בויש בון מר עוקבא בון דער היץ. דא שפרך זיין ווייב צו אים: ׳שטעל
דיין בויש אויף מיין בויש דען איך אנטפינד קיין היץ ניט.׳ דא דר שראק מַר עוֹקְבָא
אונ׳ שפרך צו איר: ׳וויא געט דש צו, דש איך מיין בויש ברען אונ׳ דו ניט?׳ דא
95 ע״א שפרך זיא: | ׳איך וויל דירש זגן. דרום דש איך דען גאנצן טג דאהיים בין, אונ׳ ווען
איין עני קומט דא גיב איך אים ברוט אונ׳ וויין, ולייש אונ׳ ברוט. דא דארף זיך
דער עני נישט מַטְרִיחַ זיין אונ׳ מג עש אזו באלד עשן. ׳אונ׳ דש איז גר איין גרושי
הנאה דעם עני אזו באל⟨ד⟩׳. אבר דו גיבשט אין געלט, דא מוז זיך דער עני
מטריח זיין אונ׳ מוז גֵין ערשט קאפן, דא איז זיין הנאָה ניט אזו באלד. דרום הב
איך מֵין זְכוּת אז דו.׳ אונ׳ דרום זול מן זעהן וש מן דען ארמן גיבט, זא זול מן אינש
געבן בְּעַיִן יָפָה אונ׳ זול אינש לושן ביקומן אונ׳ זול אינש בְסוֹד געבן, זא הוט מן גר
גרושי זָכִיוֹת דר בון.

[53] אונזר חכמים דיא זגן, וויא דש דער נָחוּם אִיש גַם זוּ. ער היש דרום אזו, דרום אלז
ווש אים גישאך דא זגט ער גַם זוּ לְטוֹבָה. ער וור בלינד אןביידי אגן, שטרופייערט
אן ביידי הענד, הינקדיג אן ביידי בויש אונ׳ אל זיין לייב וור בולר גרינד, השם
ישמרנו. אונ׳ ער זש אין איינם ׳אלטן׳ בויזן הויז דש וואלט איין ואלן. אונ׳ זיין
לִיטִירָה דיא שטונד אין ויר בֵיקן מיט וושר, דרום דש קיין ולוך נוך וואנץ נוך
פורמיגה זולט אויף דש בֵיט קומן. איין מול וואלטן זיין תַלְמִידִים אין מיט זיינם
בעט אין איין אנדר הויז טראגן, אונ׳ וואלטן דש גירעט דר נוך הולן. דא שפרך
⟨ער⟩: ׳איר מיין ליבי קינדר, טראגט בור אל דש גירעט היוועק אונ׳ דר נוך קומט
95 ע״ב מיך הולן. דען אזו לנג אז איך אין דעם | הויז בין, דא ואלט דש הויז ניט איין. אזו
טעטן זיא. אונ׳ אז באלד אז זיא אין האטן הרויז גיטראגן, דא ויל דש הויז איין. דא
זגטן זיין תלמידים צו אים: ׳ליבר ר׳, דיא ווייל דו אזו גר איין גרושר צַדִיק בישט,
ווארום איז דיר אזו גישעהן דש דו אזו לאם אונ׳ קרום אונ׳ בלינד בישט?׳ דא זגט
ער: ׳ליבי קינדר, איך הב מירש זעלברט גוֹרֵם גיוועזן. איין מול בין איך גיצוהן
צו מיינם שוועהר איבר ועלד. אונ׳ עש איך הט מיט מיר דרייא איזיל גילאדן.
איינר מיט עשן, דער אנדר מיט טרינקן, דער דריט מיט אלר לאיין זְוִיש אוֹפש. דא

19 אלטן בין השיטין במקום תיבת אלן שנמחקה

13–8 השווה תענית כג ע״ב: ׳דאיתתא שכיחא בביתא ויהבא ריפתא לעניי׳ וכו׳.
16 מעשייה מס׳ 53: נחום איש גם־זו.– השווה: תענית כא ע״א; סנהדרין קח ע״ב – קט ע״א; נסים, עמ׳ יב; גאסטר, מס׳ 25 ו־102; מעשה בוך, מס׳ 94.

ביגיגט מיר איין עני. דער שטילט זיך מיטן אין דען וועג אונ׳ זגט צו מיר: ׳רבי, גיב מיר צו עשן.׳ דא שפרך איך צו אים: ׳ווארט ביז איך מיין איזיל אב לאד.׳ איך האט ניט מיין איזיל אב גילאדן, דיא וואל וור ער גישטורבן. דא גינג איך אונ׳ ויל אים אויף זיין פנים אונ׳ זגט: ׳מייני אייני דיא האבן זיך ניט דר בארמט אויבר דייני אויגן, זיא זולן ור בלינדן. מיין הענד דיא האבן זיך ⟨ניט⟩ דר בארמט אויבר דיין הענד, זיא זולן ווערן שטרופייערט. מיין בויז דיא זיך ניט האבן דר בארמט אויבר דיין בויש, זיא זולן ווערדן אב גיהאקט.׳ נוך וואר איך ניט קונטענט ביז דש איך זגט: ׳מיין לייב דער זיך ניט הוט דר בארמט אויבר דיין לייב, דער זול ווערן
96 ע״א בולר גרינד. אזו איז מיר גישעהן, אלז ווש איך גיבעטן הב.׳ דא שפרכן | זיין תלמידים צו אים: ׳וויא צו אונז דש מיר דיך אזו זולן זעהן.׳ דא שפרך ער: ׳וויא צו מיר, זולט איר מיך ניט אזו זעהן, דען דיא יסורים דיא ווערן מיין כַּפָּרָה זיין. זוינשט ווער איך ניט האבן חלק לעולם הבא.׳

איין מול וואלטן דיא יהודים דעם קֵיסַר איין דורון שיקן. דש וור אֵי ער שטרו־פייערט וואר. דא זגטן זיא: ׳ווער זול גֵין? עש זול גין דער נָחוּם אִישׁ גַּם זוּ, דען ער איז גיוואנט דש אים נִיסִים גישעהן.׳ אונ׳ זיא שיקטן דעם קיסר איין קישט מיט אֲבָנִים טוֹבוֹת אונ׳ פערליך. ער צוך אונ׳ ליזערט איין נאכט אין איינר אושטריאה. דא קאמן דיא גַנָבִים אונ׳ לערטן אויז דיא קישט, אונ׳ נאמן זיא אונ׳ בוילטן דיא קישט מיט ערד. צו מורגיש דא ער אויף שטונד אונ׳ ואנד זיין קישט אזו בול מיט ערד אונ׳ זיין אֲבָנִים טוֹבִים אונ׳ פערליך ווארן ניט דא. דא זגט ער: ׳גַם זוּ לְטוֹבָה׳. אונ׳ צוך אזו מיט דער קישט צום קֵיסַר אונ׳ שפרך: ׳אזו האבן דיר דיא יְהוּדִים דען דורון גישיקט.׳ דא דער קיסר דיא קישט אויף טעט אונ׳ מיינט זיא ווער בול מיט אבנים טובות אונ׳ פערליך, אונ׳ ואנד דש זיא ואר בול מיט ערד. דא וור ער צורניג אונ׳ שפרך: ׳זיך, דיא יודן שפאטן מיין. איך ווילש אין ניט שענקן. איך וויל
96 ע״ב זיא אל מאכן טויטן.׳ דא קאם אֵלִיָּהוּ הַנָּבִיא, גלייך אז איין מאן אונ׳ | שפרך צו דעם קֵיסַר: ׳ניט דר צוירנן דיך אזו. דיא ערד איז אפשר בון דער ערד בון אַבְרָהָם אירם אלטן ואטר, דש ווען ער ווארף זיין ערד אויבר איין חַיִל ׳אודר שטט׳, דא

4 אייני אינו מסתבר, ואולי צ״ל אויגן

13–20 בתור פתיחה לסיפור על הנס שקרה לנחום כשנשלח עם דורון לקיסר משולב הסיפור הידוע על סיבת ייסוריו שנתייסר בהם בגלל רשלנותו להגיש אוכל לעני הגווע (תענית כא ע״א). השווה גם מוטיב בינלאומי דומה: תומפסון, Q 286; Q 522; V 420; V 433. מכאן עובר המבחר לספר על נסיונו של נחום עם הגנבים, שמשום כך הוא נקרא ׳גם זו׳. הצדקת דרך אלוהים מוטיב נפוץ הוא בסיפורת המזרח; השווה: תומפסון, N 177; בולטה, ב, עמ׳ 368, מס׳ 479. ברכות ס ע״ב: ׳כל מה דעביד רחמנא לטב׳. והשווה: שוארצבוים, עמ׳ 38, 512 (ערך *charity*).

19 אבנים טובים: צ״ל: טובות.

וואר זיא אייטל שווערטר. אונ׳ ווען ער ווארף שטרוא אויבר איין חייל אודר שטט,
דא וואר עש אייטל פפייל אונ׳ בוגן.׳ דא שפרך דער קֵיסַר: ׳איך וויל דיא ערד
ור זוכן אן איינר שטט׳ דיא הט ווידר שפעניגט אונ׳ הט זיך ריבעלערט, אונ׳ ער
קונט זיא ניט ביצווינגן, אזו גר שטארק וור זיא. ער צוך ווידר דר בויר מיט דער
ערד אונ׳ ווארף זיא אויבר זיא, דא וואורד זיא אייטל שווערטר. אונ׳ דאמיט
ביצוואנג ער דיא שטט ווידר. דא ער דש זך, דא וואר ער זער ורא, אונ׳ שפרך:
׳גיט אונ׳ נעמט דיא קישט בון דעם יְודן אונ׳ בְּוילט זיא מיט אבנים טובות אונ׳
פערליך, אונ׳ שיקט אין ווידר היים מיט גרושר ווירדיקייט.׳ אונ׳ דא ער ווידר קאם
אין דיא זעלביג אושטריאה, דא ווארן גלייך דא דיא גנבים דיא אים זיין גירעט דר
בערט האטן. אונ׳ זיא ורוגטן אין: ׳ווש הושטו דעם קיסר גישענקט אונ׳ גיברוכט,
דש מן דיר אזו הוט גרוש כָּבוֹד אן גיטון?׳ דא זגט ער: ׳איך הב דעם קֵיסַר גישענקט
ווש איך בון הינן הב הין וועק גיבוירט.׳ דא גינגן זיא הין אונ׳ ווארפן איר הויז נידר
אונ׳ גרובן אויף דיא זעלביג ערד אונ׳ לאדיטן פפערדר אונ׳ איזל אונ׳ וועגן אונ׳
קאר, אונ׳ ברוכטן זיא צו דעם קֵיסַר אונ׳ זגטן: ׳דיא ערד דיא דיר דיא יהודים
97 ע״א גישיקט האבן בור איין דורון, | דיא איז בֿון אונזרר ערד דיא מיר דא ברענגן.׳ אונ׳
זיא מיינטן רייך אונ׳ זעליג צו ווערן. דא שפרך דער קֵיסַר: ׳איך וויל דיא ערד אך
ור זויכן.׳ אונ׳ זיא וור ערד אז אנדרי ערד. אונ׳ וור קיין שווערט נוך שפאזי. דא
וואור דער קיסר צורניג אויבר זיא אונ׳ שפרך: ׳איר שפוט מיין.׳ אונ׳ ליש זיא אל
הענגן אן דען ליכטן גאלגן. אזו זול אל דען גישעהן דיא אונז ביגערן לייד צו טון.
דוך זול מן נעמן אך בייא שפיל בייא דעם נָחוּם אִיש גַּם זוּ, וויא גר איין גרושי מִצְוָה
איז אום צדקה געבן. אונ׳ ווש מן געבן וויל דש זול מן געבן ווען מן קאן. אונ׳ זול
ניט ווארטן הויט אודר מורגן איז נוך צייט גינוג. דא שיקט איינם הקב״ה ביהענד
מזל אונ׳ ברכה. אונ׳ ווארט ניט אויף איין אנדר מול. סליק. |
97 ע״ב תָּנוּ רַבָּנָן. לְיוֹם הַדִּין ווערן קומן עֲנִיִּים אונ׳ עֲשִׁירִים אונ׳ רְשָׁעִים. צו דעם עָנִי
[54] שפריכט מן: ׳ווארום הושטו ניט תּוֹרָה גילערנט?׳ ווערט ער זיך וועלן שקווערן
אונ׳ שפרעכן: ׳איך בין ארים גיוועזן אונ׳ הב מיך מויזן זעהן צו דר נערן.׳ זא

23 חצי דף 97 ע״א נשאר חלק

1 ווען ער ווארף שטרוא וכו׳.– עפר שנעשה לחרבות, וקש לקשתות (חצים). השווה גם: ׳אברהם היה משליך עליהם עפר והוא נעשה חרבות׳ (ילק״ש, בראשית, רמז עג). האגדה מסתמכת על הפסוק ׳יתן כעפר חרבו, כקש נדף קשתו׳ (יש׳ מא:ב). פסוק זה שמטו המחבר. מוטיב האובייקט המאגי שכובש את האויב נפוץ בפולקלור בינלאומי; השווה: תומפסון, D 1400; D 1400.1; D 2091; D 2091.15. והשווה גם: גינטר, עמ׳ 105 ואילך.
24 מעשייה מס׳ 54: הלל מחייב את העניים, ר׳ אלעזר בן חרסום מחייב את העשירים.– השווה: יומא לה ע״ב; מעשה תורה, מד ע״א; גאסטר, מס׳ 91. נסים, עמ׳ לט; מעשה בוך, מס׳ 64. השווה גם: אדר״נ, ו: ׳עתיד רבי עקיבא לחייב את כל העניים בדין.׳ והשווה לעיל.

ווערט מן שפרעכן: ׳דו בישט גיוויש ניט ארמר גיוועזן אז הִילֵל.׳ ווש טעט דער הילל? אונזר חֲכָמִים זגן, דער אלט הִלֵל דער וור זער ארים אונ׳ וואלט בון נימנט נישט נעמן נוייארט ווש ער ור דינט מיט זיינר ערביט. אל טג ור דינט ער איין שילינג. האלבר גב ער דעם שומר בון דעם בֵית הַמֶדְרַש אונ׳ מיט דעם אנדרן האלב טייל מאכט ער זיך זיין שְפֵיזָה אונ׳ זיינם הויז גיזינד. איין טג דא וואנד ער נישט צו גיווינן, דא וואלט אין דער שוֹמֵר בון דעם בֵית הַמֶדְרַש ניט לושן אינטרערן. דא שפרך ער: ׳איך וויל ניט אוֹן גילערנט זיין.׳ אונ׳ גינג אויף דש טאך אונ׳ זיצט זיך בור איין וענשטר דש ער וואלט הערן לערן דיא תורה בון שְמַעְיָה אונ׳ אַבְטַלְיוֹן. מן זגט דער זעלביג טג וואר עֶרֶב שַבַת אונ׳ וואר גלייך תְקוּפַת טֵבֵת אונ׳ עש ויל גלייך איין גרושר שְנֵיא אויף אין אונ׳ דעקט אין גר צו. דא עש טג וור דא שפרך שְמַעְיָה צו אַבְטַלְיוֹן: ׳ליבר ברודר, ווש איז דש? אלי טג קומט ליכט בון דעם וענשטר אונ׳ הוייט איז עש וינשטר. עש איז אֶפְשַר גיוואולְקִיכט.׳ זיא הובן אויף אירי אויגן אונ׳ זהן בוֹר דעם וענשטר. דא גינגן זיא אויף דש טאך אונ׳ ואנדן דען הִילֵל אונטר דעם שְנֵיא. דער שניא וור דרייא | אֵילְן הוך אויף אים, אונ׳ ער וור שיר גאנץ דר וְרוֹרַן.
98 ע״א
זיא נאמן אין אויש דעם שְנֵיא אונ׳ באדיטן אין אונ׳ שמירטן אין אונ׳ מאכטן אים איין גוט בוייאר אן אונ׳ ווערמטן אין. אונ׳ זיא זגטן: ער איז וואל רָאוּי דש מן מויכט מחלל שבת ׳זיין׳ בון זיינן וועגן.

צו דעם עשיר שפריכט מן: ׳ווארום הושטו ניט תורה גילערנט?׳ ווערט ער זיך וועלן שקוזערן אונ׳ ווערט שפרעכן: ׳איך הב אזו גר גרוש ממון גיהאט דש איך ניט די וייל הב גיהאט צו לערנן. זא ווערט מן שפרעכן: ׳דו בישט ניט רייכר גיוועזן אז ר׳ אֶלְעָזָר זון חַרְסוּם.׳ אונזר הכמים זגן אויף דען ר׳ אלעזר זון הרסום, דש אים זיין ואטר הט גילושן טויזנט שטֵיט אויף דעם לנד, אונ׳ טויזנט שיף אויף דעם יַם. נוך גלייך וואל נאם ער אל טג איין משא אויף זיך אונ׳ גינג בון איינר שטט צו דער אנדרן, אונ׳ בון איינם לנד צו דעם אנדרן תורה צו לערנן. איין מול ביגיגט ער זיינן קנעכטן אבר זיא קענטן אין ניט. זיא מיינטן עש ווער איין אנדרר אונ׳ זיא וואלטן אין ניט גין לושן, זיא וואלטן ער זולט אין העלפן ערבטן. דא שפרך ער: ׳לושט מיך גֵין. איך וויל גֵין תוֹרָה לערנן.׳ דא וואלטן זיא ניט, אז לנג ביז ער אין מושט ויל געלט

8 אחרי תורה נמחקה תיבה בת ארבע אותיות

עמ׳ 63, מעשייה מס׳ 32: עני ועשיר לפני בית־דין של מעלה. המחבר מתחיל בלשון הגמרא: ׳תנו רבנן. ליום הדין ווערן קומן עניים אונ׳ עשירים אונ׳ רשעים.׳ הוא מסיים את המעשה בנימה חסידית (להלן, עמ׳ 131, שורה 20): ׳אונזר הער גוט ית׳ דער זול אונז אל אונזר זוינד ור געבן, דש מיר זולן זוכה זיין לְחַיֵי הָעוֹלָם הַבָּא.׳ בנוסח דומה מסתיים גם המעשה בוך (מס׳ 64): ׳על האדם מישראל להקפיד על קיום המצוות, ואז לא ירד לגיהינום.׳

געבן. אונ׳ אל זיין טג הט ער זיא ניא גיזעהן, נוייארט ער זש אומדר אונ׳ לערנט טג
אונ׳ נאכט.

צו דעם רשע שפריכט מן: ׳ווארום הושטו ניט תּוֹרָה גילערנט?׳ ווערט ער זיך וועלן
98 ע״ב שקוזערן אונ׳ שפרעכן: | ׳איך בין איין הויפשר מן גיוועזן אונ׳ דער יֵצֶר הָרַע הוט
מיך אומנדר אן גירייצט דש איך ניט הב לערנן קוינן.׳ זא ווערט מן שפרעכן: ׳דו
בישט ניט הויפשר גיוועזן אז יוֹסֵף הַצַּדִּיק, אונ׳ הושט ניט מין יֵצֶר הָרַע גיהאט אז
ער.׳ זיא זגן אונזר חֲכָמִים וויא דש וויב בון זיינם פטרון פּוֹטִיפַר טריב אים אומדר
חֲנִיפוֹת מיט גוטן ווארטן אונ׳ מאכט לַאמור מיט אים. אונ׳ אל טג טעט זיא אנדר
קליידר אן אונ׳ זגט צו אים: ׳די גרצייה, קום אונ׳ שלוף בייא מיר.׳ דוך זגט ער:
׳ניין׳. דא שפרך זיא: ׳איך וויל ⟨דיר⟩ מאכן איין תְּפִיסָה לֵיגן.׳ דא שפרך ער: ׳הַ׳ מַתִּיר
אֲסוּרִים.׳ זיא שפרך: ׳איך וויל דיר מאכן דש זייל געבן, אונ׳ וויל דיך מאכן
שטרופייערן, דש דו ווער⟨ש⟩ט מויזן בוקידיג גֵיין.׳ דא שפרך ער: ׳הַ׳ זוֹקֵף כְּפוּפִים.׳
דא שפרך זיא: ׳איך וויל דיר מאכן דיא אויגן אויז שטעכן ⸢דש דו ווערשט בלינד
ווערן⸣.׳ דא שפרך ער: ׳הַ׳ פּוֹקֵחַ עִוְרִים.׳ דא שפרך זיא: ׳איך וויל דיר שענקן
ציהן מול הונדרט טויזנט שקויד.׳ דוך וואלט ער ניט אונ׳ וור זיין יֵצֶר הָרַע כּוֹפֶה,
אונ׳ וואל⟨ט⟩ ניט זוינדן מיט איר, נוך אויף דער וועלט, נוך אויף יענר וועלט. דרום
זול איין איטליכר זיך זַיצן איין צייט אל טג צו לערנן, עש זייא וויניג אודר ויל. איטליכר
דר נוך אז ער קאן אונ׳ ור מג. דען עש העלפט קיין שקויזא ניט. דרום זגן אונזר
חכמים: הִלֵּל מְחַיֵּיב אֶת הָעֲנִיִּים, ר׳ אֶלְעָזָר בֶּן חַרְסוּם מְחַיֵּיב את הָעֲשִׁירִים, יוֹסֵף
הַצַּדִּיק מְחַיֵּיב את הָרְשָׁעִים. אונזר הער גוט ית׳ דער זול אונז אל אונזר זוינד ור
געבן, דש מיר אל זולן זוֹכֶה זיין לְחַיֵּי הָעוֹלָם הַבָּא. |

99 ע״א תנו רַבָּנָן. איין מול גינגן כָּל יִשְׂרָאֵל צום רֶגֶל אונ׳ זיא האטן קיין ⟨וושר⟩ צו טרינקן.
[55] דא גינג איינר דער היש נַקְדִּימוֹן זון גוֹרְיוֹן ⸢צו איינם⸣ הֶגְמוֹן, דער וור דורט דער הט
ויל ברוינן, אונ׳ שפרך צו אים: ׳לַאיי מיר צוועלף ברוינן מיט וושר דש דיא עוֹלֵי
רְגָלִים קוינן טרינקן. אונ׳ איך וויל דיר זיא אֵי דיא זון אונטר גֵיט ווידר ביצאלן.׳
דען ער שפרך: עש ווערט נוך רעגנן אונ׳ זיא ווערן ווידר בֿול ווערדן. ׳אונ׳ ווען

23 צו איינם בין השיטין במקום תיבת דעם שנמחקה 24 אחרי זיא שתי מלים, אולי איצונט נוך, מחוקות; הקריאה אינה ברורה 26 אחרי ווערט נמחקה תיבת רעגיט

6 יוסף הצדיק.– ראה: בר״ר פז:יא; תנחומא, וישב, ח; והשווה גם: ׳צוואת יוסף׳, הספרים החיצונים, מהדורת א׳ כהנא, א, תל־אביב תרצ״ז, עמ׳ רג–רי. כאן יש לנו רומאנסה על יוסף ואשת פוטיפר, מתובלת בחומר סיפורי אפוקריפי. השווה גם מוטיב בינלאומי: תומפסון, K 2111; שוארצבוים, עמ׳ 46.

22 מעשייה מס׳ 55: נקדימון ומי הבורות.– השווה: תענית יט ע״ב – כ ע״א; אדר״נ, ו; נסים, עמ׳ מו; גאסטר, מס׳ 85. מעשה בוך, מס׳ 96. ושוב מתחיל המחבר את סיפורו בלשון התלמוד: ׳תָּנוּ רַבָּנָן...׳. במקור התלמודי מדובר על אדון אחד. כאן ובמעשה בוך נקרא אותו אדון: הגמון, כלומר, בעל־שררה; והשווה: שוארצבוים, עמ׳ 131; תומפסון, D 2143.1.3

עש ניט רעגיט נוך אֵי דיא זון אונטר גֵיט, זא וויל איך דיר געבן ציהן צֶינְטְנאַרִי זילבר.׳
אונ׳ מאכט איין זמן מיט אִים אונ׳ זגן אויף דען טג אונ׳ אויף (קען) ⟨דען⟩ טג. דא
נון דער טג קאם אונ׳ עש רעגיט ניט צו מורגיש, דא שיקט דער הֶגְמוֹן צו אים אונ׳
שפרך צו ⟨אים⟩: ׳שיק מיר ווַשר אודר דש געלט.׳ דא שיקט ער אים ווידר זגן:
׳עש איז נוך ניט נאכט.׳ אונ׳ אזו אך צו מיטג, אונ׳ אזו אך צו מִנְחָה, שיקט ער צו אים
צו זגן: ׳שיק מיר ווַשר אודר דש געלט.׳ דא שיקט ער אים ווידר זגן: ׳עש איז נוך
ניט נאכט.׳ דא הוב דער הגמון אן זיינר צו שפוטן אונ׳ שפרך: ׳עש הוט דש גאנץ
יאר ניט גירעגינט אונ׳ ווערט עש נון איצונד רעגנין?׳ אונ׳ וור זער ורויליך אונ׳ גינג
אין דש באד, דען ער מיינט גיוויש דש געלט איין צו נעמן. אונ׳ דיא ווייל דער הגמון
אים באד וואר, דא גינג דער נַקְדִימוֹן אין דש בֵית הַמִקְדָש אונ׳ וַיִצט זיין טַלִית אויף
אונ׳ הוב אן תְפִילָה טון אונ׳ באט הַשֵם יִתְעַלֶה אונ׳ שפרך: ׳ליבר הער אל דער
99 ע״ב וועלט, דו ווייששט וואל דש | איך עש ניט גיטון הב בון מיינר כָבוֹד וועגן, נוך בון
מיינש ואטרש כָבוֹד וועגן, נוייארט בון דיינר כבוד וועגן, דרום דש מן זול ווַשר
גינויגן האבן צו דען עוֹלֵי רְגָלִים.׳ אזו באלד קאמן וינשטרי וואלקן אונ׳ עש הוב אן
צו רעגנן, דש אלי ברוינן בול מיט ווַשר ווארן, אונ׳ גינגן אויבר. דא גינג דער הגמון
גלייך אויז דעם באד אונ׳ נַקְדִימוֹן זון גוריון קאם אויז דעם בֵית הַמִקְדָש, אונ׳ דא
זיא אנדר בִיגֵיגנטן, דא שפרך דער נַקְדִימוֹן צו דעם הֶגְמוֹן: ׳גיב מיר געלט בור דש
אויבריג ווַשר דש דיר אין דיין ברוינן אונ׳ הוב גירעגיט הוט.׳ דא ענטוורט דער
הֶגְמוֹן אונ׳ שפרך צו אים: ׳איך ווייש וואל דש אוייער גוט הוט מאכן רעגינן בון
דיינן וועגן, אבר דוך עש העלפט דיך נישט דען עש איז נון דיא זון אונטר גאנגן אונ׳
איז פאשערט מיין טערמין. איך וויל דו זולשט מיר דש געלט געבן דש דו מיר ור
היישן הושט.׳ דא דר שראק דער נקדימון אונ׳ גינג ווידר אין דש בית המקדש אונ׳
טעט ווידר תפילה, אונ׳ שפרך: ׳ליבר הער אל דער וועלט, לוש ווישן דש דו הושט
ליבהאבר אויף דער וועלט. אונ׳ אז וואל אז דו מיר הושט איין נֵס גיטון צום
אֵירשטן, אזו טו מיר איין נס צום הינטרשטן אונ׳ מאך ווידר דיא זון שיינן.׳ אז באלד
קאם איין ווינט אונ׳ זיא ור שפרייטטן זיך דיא וינשטרן וואלקן אונ׳ עש הוב ווידר
אן דיא זון צו שיינן. דא דער הגמון דש זך, דא שוויג ער שטיל, אונ׳ גינג היים אונ׳
שפרך: ׳איך זיך וואל דש דער גוט בון יִשְׂרָאֵל איז דער רעכט גוט, דער אלדינג
וואל ור מג.׳ בָרוּך מְשַׁנֶה עִתִים. |

1 אחרי נוך נמחקה תיבה בת שלוש אותיות, מהן רק ת בראש המלה ברורה

28 בסגנונו הפשטני־החסידי מסיים המחבר את סיפורו: כשראה ההגמון את הנס שלא נקדרה החמה בשביל נקדימון, הוא מעיר, שאלוהי ישראל הוא האלוהים (׳דער רעכט גוט׳), שהוא כול־יכול. ובנימה עממית מוסיף המחבר: ׳בָרוּך מְשַׁנֶה עִתִים׳, שאין לא במקור התלמודי ולא במעשה בוך.

100 ע״א רבי ברוקא בון חוזא דער שטונד איין מול אויף דעם פלאץ בון לְעפּט. דא קם צו
[56] אים אֵלִיָּהוּ הַנָּבִיא. דא זגט דער ר׳ בְּרוֹקָא צו אֵלִיָּהוּ הַנָּבִיא: ׳איז קיינר אויף דעם
פלאץ ׳דער דא הוט חלק לעולם הבא?׳.׳ דא שפרך ער: ׳ניין׳. דיא וויל דיא אזו
מיט אננדר רֵידטן, דא קאם איינר צו גֵּין, דער הט אן שווארצי שויך אז איין יוד.
{אין דען זעלבן צייטן טרוגן דיא יודן שווארצי שויך}, אונ׳ הט קיין צִיצִית
אן זיין קליידר. דא זגט אֵלִיָּהוּ הַנָּבִיא: ׳דער דוזיג הוט חֵלֶק לְעוֹלָם הַבָּא.׳ דא
רויפט אין רבי ברוֹקָא אבר ער וואלט ניט קומן. דא גינג ער אים נוך אונ׳ ער זגט
אים: ׳ווש זיין דיין ווערק?׳ דא זגט ער צו אים: ׳גיא איצונד בון מיר אונ׳ קום מורגן
ווידר, זא וויל איך דירש זגן.׳ צו מורגיש גינג ער ווידר צו אים אונ׳ זגט ווידר: ׳ווש
זיין דיין ווערק?׳ דש מיינט ווש מישטיר הושטו. דא שפרך ער: ׳איך בין דער הויטר
בון דען גיבאנגנן. דש מיינט דער קאווליר דער הויט אל דיא דא זיין אין פריזון.
אונ׳ איך טוא דיא מאנן ביזונדר אונ׳ דיא ורויאן אך ביזונדר. אונ׳ בייא נאכט שטֵיל
איך מיין בעט צווישן דיא מאנן אונ׳ ורויאן דש זיא ניט צו אננדר קומן. אונ׳ ווען צו
וויילן איין יְודין אין תְּפִיסָה איז אונ׳ דיא גוֹיִם זעהן זיא זער אן אונ׳ ווֹעלטן זיא גערן ור
שעמן, זא זיך איך דש איך זיא מַצִּיל בין. איין מול וור איין כַּלָּה אונ׳ דיא גוֹיִם וואלטן
זיא שפורצערן. דא גינג איך באלד אונ׳ נאם פֵּעצִי בון רוטן וויין דיא זיין גלייך אז דם
נדות אונ׳ ווארף אירש אויף איר העמד אונ׳ זגט: ״ווש וועלט איר טון? זעכט איר
100 ע״ב ניט דש זיא | איין נִדָּה איז?״ דא מיט האלף איך איר.׳ דא שפרך ער צו אים: ׳ווארום
הושטו דען שווארצי שויך אן אז דיא יודן?׳ דא זגט ער: ׳דרום דש איך בין מִתְאַבֵּל

15–14 אחרי ור שעמן נמחק במקצת ונ״ל אולם יש להשאירו בטקסט

1 מעשייה מס׳ 56: בר עלמא דאתי.– השווה: תענית כב ע״א; נסים, עמ׳ א–ב; גאסטר, מס׳ 405, 406; גינצבורג, ד, עמ׳ 226; מעשה בוך, מס׳ 43; שווארצבוים, עמ׳ 42–43, 88, 158.

4 רבי ברוקא ראה אדם נועל נעליים שחורות כיהודי. בשוליים מעיר המחבר, שכך היה מנהגם של היהודים באותו הזמן לנעול נעליים שחורות. אבל בזה טעה, וכבר העיר רש״י (תענית, שם): ׳מנעלים שחורים שלא כמנהג היהודים׳. וכן גם במעשה בוך, בהמשך הוא חוזר ומטעים את הנוהג המוזר. מהערת־ביניים זו, שנפלטה מקולמוסו של המחבר בתארו את שומר בית־הסוהר הנועל נעליים שחורות, אפשר להסיק, שלא כך היה מנהגם של היהודים בימיו. נעליים שחורות לרגלי שומר בית־הסוהר סימן הן שהוא מתאבל על חורבן ירושלים. ברם, בימי רבנו נסים אמנם נהגו היהודים לנעול נעליים שחורות וללבוש בגדים שחורים, שכן במדינות האיסלאם היו אלה אחד מסימני ההיכר שהם יהודים.

19 על שאלת ר׳ ברוקא לסיבת נעליו השחורות עונה אותו אדם: ׳דרום דש איך בין מתאבל אויף ירושלים.׳ גירסה זו איננה לא במקור התלמודי וגם לא במעשה בוך. נסים (עמ׳ ב): ׳רואה אני אותך נועל נעלים שחורות. אמר לו: כדי שלא יוודע שאני יהודי.׳ וכן בלשון התלמוד. אשר לפולקלור הבינלאומי השווה: תומפסון, V 220; V 290. גילוי אליהו הוא מוטיב נפוץ. בסיפור שלנו מצביע אליהו על אותו אדם הנועל נעליים שחורות (שלא כמנהג היהודים) ואומר, שהוא בן עולם הבא משום שהוא משתדל אצל השלטון הרומאי למען

אויף ירושָלַיִם.׳ ׳ווארום הושטו קיין צִיצִית אָן?׳ דא שפרך ער: ׳דרום דש איך גֵיא אונטר דען גוֹים, דרום דש זיא ניט זולן ווישן דש איך איין יוד בין. אונ׳ ווען זיא איין עֵצָה מאכן אונ׳ בויזי גְזֵירוֹת מאכן, זא קומן זיא מירש זגן. אונ׳ איך גֵיא באלד צו דען חֲכָמִים אונ׳ אַווִיזְער זיא. אונ׳ זיא טוינן תְפִילָה אונ׳ זיין דיא גְזֵירוֹת מְבַטֵל.׳ דא זגט ער צו אים: ׳דא איך דיך גירופן הב ווארום בישטו ניט צו מיר קומן, אונ׳ זא איך צו דיר בין קומן אונ׳ הב דיך גיברעגט וויש זיין דיין ווערק ⌈ווארום⌉, זא הושטו צו מיר גיזגט, גיא איצונד אונ׳ קום מורגן ווידר?׳ דא זגט ער: ׳אלאורה האבן זיא וועלן איין בויזי גזירה מאכן אונ׳ איך בין ביהענד גאנגן צו הוירן וויש עש איז. אונ׳ הב וועלן אַווִיזְערן דיא חֲכָמִים דש זיא זולן תְפִילָה טון אונ׳ זולן דיא גְזֵירוֹת מְבַטֵל זיין.׳ דיא ווייל זיא אזו מיט אנודר רֵידטן, דא פאשערטן צווֵין אנדרי. דא זגט אליהו הנביא: ׳דיא דוזיגן האבן אך חֵלֶק לְעוֹלָם הַבָּא.׳ דא גינג ר׳ ברוקא צו זיא אונ׳ שפרך צו אין: ׳וויש זיין אוייער ווערק?׳ דא שפראכן זיא: ׳מיר זיין ורוויליך אונ׳ מאכן אנדרי לוייט אך ורוויליך. ווען מיר זעהן איין דער זא טרויאריג איז אונ׳ דְמַאלַוְויָא, זא געגן מיר צו אים אונ׳ מאכן אין ורוויליך. אונ׳ ווען מיר זעהן

101 ע״א צווֵיין (זעהן) דש זיא מיט אנודר קריגן אונ׳ צאנקן אונ׳ ווערן גרושי ויינד | זא מויאן מיר זיך אונ׳ מאכן אזו ויל דש דיא שלום מיט אנודר מאכן, אונ׳ ווערן גוטי ורוינד.׳ אונ׳ ווער דא ליב הוט דען שלום אונ׳ מאכט מאכן שלום, דש איז גר איין גרושי מִצְוָה דש ער עשט דען רֵיוַח אויף דער וועלט אונ׳ דש קרן בלייבט אים אויף דער אנדרן וועלט.

[57–58] אַבָּא חֶלְקִיָה דער וור איין ענקלן בון חוֹנִי מְעַגֵל. דער חוֹנִי מְעַגֵל דער זך איין מול איין דער פייאנטערט איין קערן בון איינם קרובילה באום. דא שפרך ער צו אים: ׳דו וויישט יא וואל דש איין קארובילה באום ניט טראגט ביז גֵין זיבנציג יאר. אונ׳ ווארום פייאנטערטשטו דען? מיינשטו דר בון צו עשן?׳ דא שפרך ער: ׳איך הב קארובילי אויף דער וועלט גיבונדן, אונ׳ אז וואל אז מיין אֵילטרן האבן זיא בור מיך פייאנטערט, אזו פייאנטערט איך זיא אך בור מיין קינדר דיא נוך מיר ווערן

הנרדפים ומבטל גזירות רעות הנגזרות על היהודים. מוטיב נוסף: כוחה של בדיחה – שכרם של שני אנשים אחרים שמצביע עליהם אליהו, הלוא הם ׳אינשי בדיחי׳, ליצנים המבדחים את דעתם של העצובים והנדכאים.

17 המחבר מסיים על־פי פירושו של רש״י על גודל מצוות עשיית השלום בין אדם לחברו, שאדם אוכל פירותיה בעולם הזה והקרן קיימת לו לעולם הבא (קידושין פב ע״א; פאה א:א).

20 מעשייה מס׳ 57: אבא חלקיה והגשם.– השווה: תענית כג ע״א–ע״ב; גאסטר, מס׳ 421. מעשה בוך, מס׳ 90. כשהוא מזכיר את אבא חלקיה, שהיה בן־בנו של חוני המעגל, ואת תפילתו, הוא משלב בדבריו את הסיפור על חוני ושנתו שישן שבעים שנה (שוארצבוים, עמ׳ 45).

מעשייה מס׳ 58: שינה של שבעים שנה.– השווה: תענית כג ע״א; גאסטר, מס׳ 422; מעשה

קומן.׳ זא זִיצט ער זיך מרענדערן אונ׳ ער אנטשליף אויבר דעם עשן. אונ׳ שליף זיבנציג יאר. אונ׳ הַשֵׁם ית׳ דער מאכט וואקשן אום אין איין בערג, אונ׳ עש זך אין קיין מענש אין זיבנציג יארן. אונ׳ דא דיא זיבנציג יאר אויז ווארן, דא וואכט ער אויף אונ׳ זך ער איין עשן בון דעם זעלביגן קארובילי באוים. דא זגט ער צו אים: ׳ווישטו ווער דען באום פיאנטערט הוט?׳ דא זגט ער: ׳דער ואטר בון מיינם

1 ע״ב ואטר.׳ | דא שפרך ער:׳ דונקה, זא הב איך זיבנציג יאר גישלופן.׳

ער הט בייא זיך גיהאט זיין אֵיזלין דיא הט גיהאט גיטראגן, אונ׳ דיא הט גיהאט גימאכט איין הויפשן איזל. אונ׳ דא ער אויף וואכט, דא וואנד ער וואל הונדרט איזל אונ׳ איזילינש אום זיך. ער שטונד אויף אונ׳ גינג היים אונ׳ נימנט קענט אין, דען ער הט זיך גאנץ ור ענדרט אונ׳ עש וור אים גיוואקשן איין לנגר בארט. אונ׳ ער ורוגט: ׳וואו איז דער (זין) ⟨זון⟩ בון חוני מַעְגֵל?׳ זא זגטן זיא:׳ זיין זין דער איז לנג גישטורבן אונ׳ איז ניט מֵין דא. אבר עש איז דא זיין ענִיקלן.׳ דא זגט ער: ׳איך בין חוני מְעַגֵל.׳ דא וואלט עש נימנט גלאבן, דען עש וור זיבנציג יאר דש אין נימנט גיזעהן הט. זא גינג ער אין דש בֵית הַמִדְרַש אונ׳ ורוגט גר גוטי קשיות אונ׳ וור זיא גר וואל מְתַרֵץ, דש עש אוידרמן חדוש נאם. דא הורט ער דש דיא חכמים זגטן: ׳דער זגט גלייך אזו וואל אונ׳ אזו זויש אונ׳ גוטי הֲלָכות אז וועגן עש ווער אין צייטן בון חוני מְעַגֵל.׳ דען ער וואר אך אלי קשיות גר וואל מְתָרֵץ. דא שפרך ער: ׳איך בין ער, אונ׳ הב זיבנציג יאר גישלופן.׳ דוך וואלט אימש נימנט גלאבן אונ׳ הילטן אין ניט אזו בְכָבוֹד אז מן אין האלטן זולטן. דש טעט אים זער וֵויא אונ׳ ער וואור דרום מְשֻׁוגע. דא טעטן דיא חֲכָמִים תְפִילָה דש ער שטערבן זולט. דא שטארב ער, בָרוך דַיַין אֱמֶת.

דער חוני מְעַגֵל וור גיוועזן גר איין ורומר יוד אונ׳ צַדיק אונ׳ חָסִיד, דש אלז ווש ער ביגערט בון הַשֵם ית׳, דש וור אלז גיטון. וועך עש ניט רעגינט, דא קאמן דיא חֲכָמִים צו אים, ער זולט תפילה טון. אז באלד קאם רעגן, אז ויל אז מן בידורפט. אזו זולן זיין אל אונזרי קינדר. |

1 ע״א אונ׳ דער אבא חלקיה וור איין זון בון זיינם זון. דער וואר אך גר איין קוישטליכר

בוך, מס׳ 53; ירוש׳ תענית פ״ג ה״י. מוטיב בינלאומי נפוץ; השווה: תומפסון, D 1960.1; D 2011; ארנה ותומפסון, 766. האגדה הנוצרית ׳שבעת הישנים של אפיסוס׳ מספרת על שבעה צעירים בני העיר אפיסוס שישנו תקופה ארוכה בחיקו של סלע. לפי נוסח קדום: מאתיים שנה, מימי דקיוס קיסר ואילך. השווה גם: ליונגמאן, עמ׳ 215–216; עמ׳ 368, הערה 763. ב׳מעשיות עם לבני קדם׳ (יוסף בר״נ מיוחס, תל־אביב תרצ״ח, עמ׳ 165), אנו מוצאים סיפור מתימן על ׳חוני־המעגל השני׳.

10 על חוני המעגל שהקיץ משנתו אומר המחבר, שהלה נשתנה, ומוסיף בנימה עממית: ׳עש וור אים גיוואקשן איין לנגר בארט.׳

26 משסיים את סיפורו על חוני, הוא חוזר לסיפורו הראשון (מס׳ 57) על אבא חלקיה ותפילתו על הגשם. מוטיבים: הצדיק נענה בתפילתו; השווה: תומפסון, D 1841.4.4;

צַדִיק אונ׳ חָסִיד, דש ווען מאן בידורפט רעגן, דא קאם מן צו אים ער זולט תפילה טון אום רעגן. איין מול הט עש איין לנגן ניט גירעגיט. דא שיקטן דיא חֲכָמִים איין פאר קוישטליכי רַבָּנִים צו אים דש ער זולט תְּפִלָּה טון. דא זיא אין זיין שטט קאמן, דא וור ער ניט דא היים. דא ורוגטן זיא זיין ווייב וואו ער ווער. דא זגט זיא, ער איז אויף דעם וועלד. דא גינגן זיא צו אים אויף דש וועלד. דא וואנדן זיא אין דש ער צאפערט אים וועלד. אונ׳ זיא גרוישטן אין אונ׳ ער ענטוורט אין ניט. דא שטונדן זיא אונ׳ זאהן אים צו צאפערן. דא עש שיר נאכט וואר דש ער וואלט היים גין, דא נאם ער איין פאשין הולץ היים צו טראגן. אונ׳ דש הולץ נאם ער אויף איין אקשיל אונ׳ זיין מאנטיל אויף דיא אנדר אקשיל. אויף דעם וועג טעט ער קיין שויך אן. אונ׳ ווען ער זולט פאשערן דורך איין ווסר, דא טעט ער זיין שויך אן, אונ׳ ווען ער פאשערט דורך דיא דוירנר, דא הוב ער זיין קליידר אויף. אונ׳ ווען ער פאשערט וואר, זא ליש ער זיא ווידר נידר גֵין. דא ער קאם שיר צו דער שטט, דא קאם אים זיין ווייב אנגֵיגן גר הויפש אן גיטון. אונ׳ דא ער צו זיינם הויז קאם, דא גינג זיין ווייב בון אֵירשטן היניין אונ׳ דר נוך ער. אונ׳ דא ער נון דא היים וואר, דא ריכטט ער זיך זיין טיש אונ׳ זיצט זיך צו עשן, אונ׳ זגט ניט צו דען רַבָּנָן, וועלט איר מיט מיר
102 ע״ב עשן. זא אש ער מיט זיין | ווייב אונ׳ קינד. דעם גרושן קינד גאב ער איין שטויק אונ׳ דעם קליינן צווייא שטויק. דא ער געשן האט, דא רויפט ער זיין ווייב אין דיא קאמר אונ׳ שפרך צו איר: ׳איך ווייש וואל ווארום דיא חכמים קומן זיין, דש מיר זולן תפילה טון אום רעגן. געגן מיר אויף דען בודן תפילה צו טון, אֶפְשַר הקב״ה דער ווערט זיך דר ברמן אונ׳ ווערט לושן רעגנן.׳ דא שטונד ער אין איינר אֵיק אונ׳ זיין ווייב אין דער אנדר אֵיק אונ׳ טעטן תפילה. דא גינג אויף טרויבי וואלקן אויף דער אֵיק דא זיין ⟨ווייב⟩ תפילה טעט צום אֵירשטן. דא ער נון זך דש זיך דער הימיל הט גיריכט צו רעגינן, דא קאם ער היראב צו גין אונ׳ זגט צו דען חכמים: ׳איך ווייש וואל ווארום איר קומן זייט דש איך זול תפילה טון אום רעגן. גיט ווידר היים. זעכט איר ניט דש עש וויל רעגינן. ברוך השם דש איר ניט הט גידוירפט מיינר.׳ ער וואר אזו גר ורום אונ׳ וואלט ניט דש מן זולט ווישן דש ער העט תפילה גיטון, אודר דש עש רעגינט בון זיינן וועגן.

דא זגטן זיא: ׳ מיר ווישן וואל דש דער רעגן קומט בון דיינר תְּפִלָּה וועגן. דוך ביטן מיר דיך אך, זג אונז דיא מיראקולוזי קושי דיא דו גיטון הושט. בון אֵירשטן, דא מיר דיך גיגרוישט האבן, ווארום הושטו אונז ניט גיענטוורט?׳ דא זגט ער: ׳איך

D 2143.1.3. כוחה של תפילה; השווה: יבמות סד ע״א; סוכה יד ע״א; תומפסון, V52; V316; D 1766.1; D 2105.1. והשווה גם: שוארצבוים, עמ׳ 281–285. עיין גם: ממקור ישראל וישמעאל, עמ׳ 261, על מוטיב זה במסורת המוסלמית.

בין יען טג ור דינג גיוועזן צו צאפערן אונ׳ דרום דש איך מיך ניט האב וועלן מבטל
זיין איין אגן בליק, דרום הב איך אוייך ניט גיענטוורט.׳ ׳אונ׳ ווארום הושט דש
103 ע״א הולץ גיטראגן אויף איינר אקשיל אונ׳ דיין מנטיל אויף | דער אנדרן אקשיל. אונ׳
הושט ניט דען מנטיל גיליגט אונטר דש הוֹלץ. עש העט דיר יא ניט אזו וֶויא גיטון?׳
דא זגט ער: ׳דער מנטיל איז ניט מיין גיוועזן. איך הב אין אנטלֵיהט גיהאט נור אן
צו טון אונ׳ ניט דרויף צו טראגן.׳ ׳ווארום הושטו אויף דעם וועג קיין שויך אן גיטון,
אונ׳ ווען דו דורך דש וושר בישט גאנגן, זא הושטו זיא אן גיטון?׳ דא זגט ער: ׳אויף
דעם וועג דא גיזיכט מן וואו מן דיא בויש שטילט, אונ׳ אים וושר דא גיזיכט מן ניט.
דא מויכט איך טרעטן אין איין דורן. דרום הב איך דיא שויך אן גיטון אים וושר.׳
׳ווארום ווען דו בישט גגנן דורך דיא דוירנר הושטו דיא קליידר אויף גיהובן?׳ דא
זגט ער: ׳איך הב מיך גיבורכט זיא צו רייסן. אונ׳ ווען זיא צו ריסן זיין דא היילן
זיא ניט ווידר דש זיא גאנץ ווערן. אבר דש ולייש ווען עש זיך שון צו קראצט, זא
היילט עש הויפש ווידר.׳ ׳אונ׳ ווארום איז דיר דיין ווייב אזו הויפש אן גיטון אנגֵיגן
קומן ביז בור דיא שטט?׳ דא זגט ער: ׳דרום דש איך זול קיין אנדרי ורויא אן
זעהן.׳ ׳ווארום איז זיא בון אֵירשטן אין דש הויז גגנן אונ׳ דר נוך דו אונ׳ דר נוך
מיר?׳ דא זגט ער: ׳איך הב זיא ניט וועלן אליין בייא אוייך לושן, דען איך קען
אוייך ניט.׳ ׳דא דו הושט געשן, ווארום הושטו ניט גיזגט צו אונז, וועלט איר מיט
מיר עשן?׳ דא שפרך ער: ׳איך הב ניט ויל גיהאט צו עשן, קאם בור אונז אונ׳ איך
הב ניט וועלן גונֵב דַעַת זיין.׳ ׳ווארום הושטו דעם גרושן קינד איין שטויק געבן אונ׳
103 ע״ב דעם קליינן | צווייא?׳ זא זגט ער: ׳דער גרוש דער איז דא היים אים הויז אונ׳ קאן
ברוט נעמן ווען ער וויל. אונ׳ דער קליין דער זיצט דען גנצן טג אים חֵדֶר.׳ ׳ווארום
זיין דיא וואלקן בון אֵירשטן אויף גאנגן אויף דער זייטן וואו דיין ווייב הוט תְּפִילָה
גיטון?׳ דא זגט ער: ׳איר זְכוּת איז מֵין אז מיין זכות, דרום דש זיא דען גנצן טג דא
היים איז אונ׳ ווען איין עָנִי קומט זא קאן זיא אין שויביט שפידירן אונ׳ הֲנָאוֹת טון
מער אז איך. אודר בון דֵיש ווענן עש זיין גרושי רְשָׁעִים אונזרי שְׁכֵנִים, אונ׳ איך טו
תְּפִילָה דש דיא רְשָׁעִים זולן שטערבן אונ׳ זיא טוט תפילה דש זיא זולן תְּשׁוּבָה טון
אונ׳ זולן ורום ווערן. דרום איז איר תפילה בישר אז דיא מיין. אונ׳ דרום זיין דיא
וואלקן בון אֵירשטן אויף אירר זייטן אויף גגנן.׳

דרום זול איין איטליכר יוד ורום זיין אז דער אבא חלקִיָה אונ׳ זיין ווייב, זא ווערט
מָשִׁיחַ גיוויש באלד קומן. א״ס.

[59] ר׳ יְהוֹשֻׁעַ זון חֲנַנְיָא דער הט גרושי מציצייו מיט דעם קֵיסַר. איין מול שפרך דער

9–6 מוטיב זה ידוע בפולקלור הבינלאומי; השווה: תומפסון, H 591.1.
30–29 כדרכו המחבר שוב מסיים את המעשה על אבא חלקיה במוסר־השכל נאה.
31 מעשייה מס׳ 59: ר׳ יהושע בן חנניא והקיסר.— השווה: חולין נט ע״ב; גאסטר, מס׳ 7;
מעשה בוך, מס׳ 56; תומפסון, V 350; V 360.

קֵיסַר צו אים: ׳אוייער גוט איז גיגליכן צו איינם לֵיבן. ער זייא אזו שטארק אז איין
לֵיב. ווש חדוש איז דש? איין שטארקר קוואליר דער טויט איין לֵיבן.׳ זא ענטוורט
ער אים: ׳עש איז ניט איין ליב דען מאן וינד אין דען לאנדן. ער איז גגליכן צו איינם
ליבן דיא מן וינד אין דעם וואלד דער היישט עִילָאֵי.׳ דא שפרך דער קֵיסַר: ׳איך
104 ע״א וויל דו זולשט מיר אין ווייזן.׳ דא שפרך ער: ׳דו קנשט אין ניט זעהן.׳ | דא שפרך
ער: ׳ור וואר, איך וויל דו זולשט מיר אין ווייזן.׳ דא טעט ר׳ יְהוֹשֻׁעַ תְּפִילָה, דש
ער זיך ור רויקט בון זיינר שטט צו קומן. דא ער קאם לונטאן בוינף הונדרט מייל,
דא טעט ער איין גישרייא, דא וילן אלי ברויקן אונ׳ מויארן בון רום. אונ׳ איין טייל
זגן, אלי טראגידיגי ורויאן ווארן מַפִּיל, אונ׳ גינגן אין דיא קינדר אב, אונ׳ דא ער
ווער דרייא הונדרט מייל לונטן, דא טעט ער אבר איין גישרייא, זא וילן אלי מאנן
דיא צֵין אויז. אונ׳ אך דער קיסר ויל בון זיינם שטול, אזו גר איין גרויזם
גישרייא הט ער. דא שפרך דער קיסר צו ר׳ יהושע: ׳דגרציין, טו תפילה דש ער
ווידר אום קער אן זיין שטט.׳ דא טעט ער תפילה, דש ער ווידר אום קערט, אונ׳
שפרך: ׳הב איך דירש ניט בור גיזגט, דו קאנשט אין ניט זעהן.׳

[60] נוך איין מול שפרך דער קיסר צו דעם ר׳ יְהוֹשֻׁעַ: ׳איך וויל דו זולשט מיר ווייזן
אוייערן גוט.׳ דא שפרך ער: ׳דו קנשט אין ניט זעהן.׳ דא שפרך ער: ׳ור וואר,
איך וויל דו זולשט מיר אין ווייזן אונ׳ איך וויל אין זעהן.׳ זא נאם ער דען קיסַר
אונ׳ שטֵילט אין גֵיגן דער זונן אין תְקוּפַת תַמּוּז, אונ׳ זגט: ׳הֵיב אויף דיין אויגן אונ׳
זיך אין דיא זון, זא ווערשטו אין זעהן.׳ דא זגט ער: ׳איך קאן ניט אין דיא זון זעהן.׳
דא זגט ר׳ יְהוֹשֻׁעַ: ׳דיא זון דיא [איז] נור איין דינר בון הק״בה, דוך קאנשטו אין
ניט אן זעהן, ווי ווילשטו דען אין זעלברט אן זעהן?׳ |

104 ע״ב נוך איין מול שפרך דער קיסר צו ר׳ יְהוֹשֻׁעַ: ׳איך וויל אוייערם גוט איין סְעוּדָה
[61] מאכן.׳ זא שפרך ער: ׳דו קאנשט ניט.׳ דא שפרך ער: ׳ווארום׳. דא זגט ער: ׳ער
הוט צו איין גרוש חַיִל מיט אים. עש ווער דיך אל דיין מַלְכוּת ניט קלֵיקאן.׳ דא
שפרך ⟨ער⟩: ׳איך הב געלט גינוג.׳ דא שפרך ⟨ער⟩: ׳ווילשטו אים יא איין סעודה
מאכן, זא בררייט צו אויף דער ווזן בייא דעם ווּשר, דא איז עש גר ווייט, דא קאן
ויל חיל דרויף שטֵין.׳ ער הוב אן צו בררייטן זֵיקש חדשים, דען גנצן ווינטר. דאר

18 לפני זגט נמחקה תיבת הבי ובמקומה הֵיב

2 ווש חדוש... ליבן.– בתלמוד (חולין, שם): ׳מאי רבותיה? פרשא קטיל אריא׳; רש״י, שם: ׳אדם גבור הורג את הארי׳. מעשה בוך, שם: ׳איין שטערקר מאן׳.

15 מעשייה מס׳ 60: הקיסר רוצה לראות את הקב״ה.– השווה: חולין נט ע״ב – ס ע״א; גאסטר, מס׳ 9; מעשה בוך, מס׳ 57; תומפסון, V 350.

22 מעשייה מס׳ 61: הסעודה לפני אלוהים.– השווה: חולין ס ע״א; גאסטר, מס׳ 8; מעשה בוך, מס׳ 58.

נוך קאם איין ווינט אונ׳ ווארף אלז ווש ער בירייט הט אין דש וושר. דר נוך בירייטט ער דען זומר ווידר זֵיקש חֳדָשִים. דר נוך קאם איין רעגן, דער בוירט אלז הין וועק. דא שפרך דער קיסר: ׳ווש איז דש?׳ דא שפרך ער: ׳דער ווינט זיין דיא אים זיין הויזר אויז קערן, אונ׳ דש וושר זיין דיא דא שפרעגנן דש דיא קאמרן ניט אזו ויל פולבר מאכן.׳ דא זגט דער קיסר: ׳הוט ער אזו ויל חיל, זא קאן איך אים קיין סעודה מאכן.׳

[62] איין מול זגט דש קיסרש טוכטר צו רבי יהושע: ׳אווייער גוט איז איין צימרמאן, דש מיינט איין מארינגון ⸢אודר מויארר⸣. אז דער פסוק זגט: דער דא בויאט אים הימל זיין שטאפפילור. ליבר, זאג צו אים דש ער מיר איין קלעפרילן מאכט.׳ דא טעט ר׳ יהושע תפילה דש זיא מצוֹרָע וואורד. דא זיצט מן זיא צו דען אנדרן מְצוֹרָעִים
105 ע״א אונ׳ גב איר איין קלעפרלן אין דיא האנט. דען עש וור אזו דער | סדר. אל דיא דא מצורע ווארן, דיא ליש מן אין קיין הויז גֵין. אונ׳ זיא האבן הויזר בור דער שטט. אזו איז נוך דער סֵדֶר אין אשכנז. אונ׳ ווען זיא אום געגן בעטלן, זא האבן זיא איין קלעפרלן אין דער הנט אונ׳ קלעפראן, דא הוירט מן זיא. {אונ׳ ווען אימנט בור איר הויז גיט, דא היבן זיא אן צו קלעפרן. אונ׳ האבן איין שוישלן פייאנטערט אויף איין פאלי, אונ׳ אידרמן גיבט אין גערן}, אונ׳ אין רומי וור דער סדר דש מן דיא מצורעים זֵיצט אויף דען פלאץ אונ׳ זיא קלעפערן דש עש דיא לוייט זולן הוירן אונ׳ זולן תפילה אויבר זיא טון.

7 מעשייה מס׳ 62: אלהיכם נגר הוא.– השווה: חולין, שם; גאסטר, מס׳ 10 (עמ׳ 187); מעשה בוך, מס׳ 59. צימרמאן.– המחבר מתרגם את התיבה לאיטלקית, ׳מארינגון׳ (marengòn), ומוסיף בין השיטין: ׳אודר מויארר׳.

8–9 דער דא בויאט אים הימל זיין שטאפפילור.– ׳המקרה במים עליותיו׳ (תה׳ קד:ג).

9 דש ער מיר איין קלעפרילן מאכט.– חולין, שם: ׳דעביד לי חדא מסתוריתא׳ (מסתורית = סליל, bobbin, reel, ובאשכנזית: klöppel); גאסטר, החלק העברי, עמ׳ 10, מס׳ 10: ׳ליעבד לי חדא מסתוריתא׳ (וגאסטר מפרש: אוהל). בתלמוד סופר, שבת־הקיסר לקתה בצרעת: ׳אותבה בשוקא דרומי ויהבי לה מסתוריתא...׳

10–11 דא זיצט... אין דיא האנט.–בימי־קדם הושיבו את המצורעים מחוץ לעיר, במחנה של מצורעים, ובידם פעמון (׳איין קלעפרלן׳), כדי שבני־אדם העוברים והשבים ישמעו אותם ויתרחקו מהם, ויבקשו רחמים עליהם. המחבר מדגיש, שכן הוא עדיין הנוהג באשכנז. בימי־הביניים החזיקו את החולים גם במנזרים על־שם לאזארוס הקדוש, פטרון של המצורעים, מקום שהיו נבדלים מן הסביבה. מכאן השם lazarettes בשביל בתי־חולים. כאשר החולים יצאו החוצה, היו לבושים בגד מיוחד ובידם פעמון של מצורעים, כדי שיכירו בהם האנשים ויתרחקו מהם. את גלגולו של הציור אנו שוב מוצאים אצל ש״י עגנון (שירה, עמ׳ 438). המצורע עומד בשער העיר ומקיש בפעמון להזהיר את הבריות שיתרחקו. המחבר סוטה כאן מן הטקסט התלמודי. ברם, הסיפור במעשה בוך (שם) הולך בעקבות הסיפור שבתלמוד, ומספר, שבת־הקיסר יושבת בביתה על־יד החלון וטווה פשתן כדי שיראו אותה העוברים והשבים ויבקשו עליה רחמים.

איין מול פאשערט ר׳ יְהוֹשֻׁעַ אויף דעם פלאץ אונ׳ זך זיא דורט זיצן. דא שפרך ער צו איר: ׳איז ניט הויפש דש קלעפרלן דש דיר הוט געבן אונזר גוט?׳ דא זגט זיא צו אים: ׳זג אוייערם גוט דש ער ווידר נעם ווש ער מיר געבן הוט.׳ דא זגט ער צו איר: ׳אונזר גוט דער גיבט וואל, אבר ער נימט נישט ווידר.׳ אונ׳ ⌈דרום⌉ זול מן זעהן דש מן זול נישט שפוטן גיגן השם יתעלה. ער קאן אונ׳ ור מאג אל דינג. אונ׳ ווען שון שטיט אופט גישריבן אין אונזרר תורה, ער זייא גלייך אז דש אונ׳ דש. דש הוט דיא תורה נור אן גישריבן דען לוייטן צו ור שטין געבן. אבר ניט דש ער אזו איז. דען זיין קראפט איז ניט צו דר צֵילן אונ׳ זיין גלייכן איז ניט צו וינדן. גילובט זייא זיין הייליגר נאמן. |

105 ע״ב עש ווארן ויר דַיָינִים אין סְדוֹם. דיא הישן אזו: שַׁקְרָאִי, שַׁקְרוּרָא, זַיְיפִי, מַצְלִי. דיא
[63] הישן דרום אזוי דש זיא ווארן שַׁקְרָנִים, זַיְיפָנִים אונ׳ מַטֵה דִינִים. קיינם טעטן זיא רעכט מִשְׁפָּט. עש ווארן אזו סְדָרִים אין סְדוֹם. ווען איינר שלוג זיינש חֲבֵרש ווייב דש איר דש קינד אב גינג, דא פַסְקתן דיא דיינים, ער זולט זיינם חבר זיין ווייב געבן, ביז דש ער זיא ווידר טראגן מאכט, בִּרְשׁוּת. אונ׳ ווען איינר זיינש חֲבֵרש איזיל איין אור אב שניד, זא פסַקתן זיא: ׳גיב אים דען איזיל דש ער אים דיא שפיזא טוט ביז אים דש אור ווידר וואקשט.׳ ווען איינר זיין חָבֵר וואונדיט, דא זגטן דיא דיינים: ׳גיב אים געלט צו לון, דען ער הוט דיר צו אודר גילושן.׳

עש וור איין וושר אין סדום צו פאשערן ⌈אונ׳ וואר דרויבר איין ברויק⌉. ווער דא אויבר דיא ברוק גינג, דער מושט ביצאלן ויר שילינג, אונ׳ ווער דורך דש וושר גינג מושט ביצאלן עכט שילינג. איין מול קאם איינר אין סדום אונ׳ מן וואושט ניט וויא ער פאשערט וואר. דא שפראכן זיא צו אים: ׳גיב ויר שילינג.׳ דא שפרך ער: ׳איך

5–4 כדרכו המחבר מסיים את המעשייה בנימה חסידית: ׳אונ׳ דרום זול מן זעהן׳ וכו׳. אסור לאדם ללגלג על מידותיו של הקב״ה שהוא כול־יכול.

9–6 את משמעותו של מחזור המעשיות על ר׳ יהושע בן חנניה, הקיסר ובתו הוא מסכם באמרו, שלמרות מה שמדובר בתורה על מעשיו וגבורותיו של הקב״ה, הכול נאמר רק כדי לשבר את האוזן (׳דען לוייטן צו ור שטין געבן׳), אבל את כוחו כביכול ונוראותיו, הוא אומר, אין ביכולתנו לתאר.

10 מעשייה מס׳ 63: דייני סדום.– השווה: סנהדרין קט ע״ב; מעשה בוך, מס׳ 115; ספר הישר, מהדורת ל׳ גולדשמידט, ברלין 1923, עמ׳ 63. סאטירה קדומה על עיוות הדין וחוקים מוזרים בסדום; מעשי עוול ומשפטים אבסורדיים של דייני סדום המעוותים משפט ודין. השווה גם: תומפסון, J 1173; J 2233.1; ארנה ותומפסון, A 1534; *B 1534; גינצברג, א, עמ׳ 245 ואילך. שרשרת של סיפורים מחוכמים על נוכלים: תומפסון, J 1170; ארנה ותומפסון, 1534. בסיפורת הרוסית, כפי שמזכיר שווארצבוים (עמ׳ 253), משמש השופט שֶׁמיאַקה סמל של עיוות הדין. בסיפור על אליעזר עבד אברהם אנו מוצאים גם את המוטיב הנפוץ אצל היוונים: מיטת פרוקרוסטס (גזלן יווני.– תומפסון, G 313). לעניין הריבה שנתנה פרוסת לחם לעני השווה: בר״ר מט:י; ילק״ש, בראשית, רמז פג.

13 פסקתן.– צורת־פועל מעניינת. ביידיש מדוברת: פסקענען; גם: געפסקנט.

בין ניט אויבר דיא ברויק גאנגן. איך בין דורך דש ושר גגנן.׳ דא שפרכן זיא: ׳זא
גיב עכט שילינג.׳ אונ׳ ער וואלט אין נישט געבן. דא וילן זיא אויבר אין אונ׳ שלוגן
אין אונ׳ וְואונדטן אין. דא ליף ער צו דען דַיָינִים אונ׳ דר צֵילט אין דיא שמועה. דא
106 ע״א זגטן זיא: | ׳גיב עכט שילינג אונ׳ ביצאל זיא דש זיא דיר בלוט האבן גינומן. דו
דארפשט ניט ביצאלן דען אודר לושר.׳ איין מול קאם דר אֱלִיעֶזֶר עֶבֶד אַבְרָהָם,
זא וילן זיא אויבר אין אונ׳ וואונדטן אין. דא ליף ער צו דען דַיָינִים. דא זגטן זיא:
׳גיב איין געלט צו, דען ⌜זיא⌝ האבן דיר גישפארט דש געלט בון דעם אודר לושר.׳
דא צוך ער אויז זיין שווערט אונ׳ וואונדט איין דַיָין. דא שפרך דער דַיָין: ׳ווש איז
דש?׳ דא שפרך ער: ׳דש געלט דש דו מיר שולדיג בישט דרום דש איך דיר בלוט
הב גינומן, גיב עש דעם דער מיך גיוואונט הוט. זא ווערט ער גיצאלט זיין בון
מיר.׳
נוך הטן זיא גימאכט איין סֵדֶר. ווען איינר פרייאט איין פוקישטיר צו איינר ברוילפט
זא זולט מן דעם זעלביגן דער אין געפרייט הט זיין פרירול נעמן. איין מול קאם
אבר דער אֱלִיעֶזֶר, דער קנעכט בון אברהם אָבִינוּ אין סדום, אונ׳ עש וור גלייך
איין ברוילפט. ער גינג אך אן דען פאשט אונ׳ זֵיצט זיך גלייך אונטן אן טיש. ווען מן
אין ורעגט, ווער הוט דיך גיפרייט, דא זגט ער צו דעם דער דא בייא אים זש ⌜אין
איין אור⌝: ׳דו הושט מיך גיפרייט.׳ דא בורכט זיך דער זעלביג, מן העט עש
גיהוירט וויא דש ער אין העט גיפרייט אונ׳ מן וְואורד אים זיין פרירול נעמן. אונ׳
שטונד אויף ⌜בום טיש⌝ אונ׳ נאם זיין פרירול אונ׳ ליף הין וועק. אזו טעט ער
106 ע״ב איטליכם דיא בייא אים זאשן. אונ׳ זיא ליפן אל אוועק | בום טיש, אונ׳ ער בליב
אליין זיצן אם טיש אונ׳ אש זיך זאט אונ׳ בול נוך זיינם וואל גיבאלן, אוּן זורג. נוך
מין וואר איין סֵדֶר. זיא האטן איין לֵיטִירָה דש מן דריין ליגט דיא פורשטורי. וואר
איינר צו לנג, מער אז דיא לֵיטִירָה, זא שניט מן אים דיא בויש אב. וור דען איינר
צו קורץ, דא צוהן זיא אין אונ׳ שטרֵיקטן אין אז ויל דש ער גירעכט וור אויף דש
בעט. איין מול קאם דער אליעזר דר, אונ׳ וואשט וואל דיא אוּזאנצה בון דער
לֵיטִירָה. דא זיא אין וואלטן לֵיגן, זא שפרך ער: ׳איך הב איין נדר גיטון זינט דש
מיין פטרוני שָׂרָה גישטורבן איז, דש איך אויף קיינם בֵּיט שלוף. ווען דא קאם איין
עָנִי, דא גאב אים איין איטליכר איין וירר, אונ׳ וור דרויף גישריבן זיין נאמן. אונ׳
קיינר גאב אים קיין בישן ברוט, נוך אום גוטש ווילן נוך אום געלט, דען זיא האטן
אזו איין סדר אונטר אין גימאכט. ווש זולט נון דער עני טון ווען ער שון ויל וירר
בייא אנדר הוט אונ׳ קיין ברוט צו עשן? זא מושט ער הונגר שטערבן. אונ׳ ווער ער

29 אום גוטש ווילן.– לפעמים משתמש המחבר בניב עממי זה. השווה גם אצל בר יקר בסידורו, שבו מופיע הצירוף במובן: למען השם.

גישטורבן וואר, דא קאם איין איטליכר אונ׳ נאם זיין וירר ווידר. איין מול קאם
איין עָנִי דר ⟨הער⟩. אונ׳ עש וור איין ורומי פוילציל דיא האט רַחֲמָנוּת אויבר אין. אונ׳
נאם איין שטויק ברוט אונ׳ טעט עש אין איין קרוג אונ׳ גינג גלייך אז וועז זיא וועלטן
107 ע״א וושר הולן, אונ׳ גב דעם עני דש ברוט. | אונ׳ מן וואורד עש גיוואר. אונ׳ זיא נאמן
דיא זעלביג פוילציל אונ׳ צוכן זיא נאקיט אויז אונ׳ שמירטן זיא מיט הוניג, אונ׳
שטֵילטן זיא אין דיא זון אויף איין מויאר. דא קאמן אזו ויל וליגן אונ׳ וועשפן אונ׳
פורמיגי אן זיא, דש זיא זיא טויטטן. השם ישמרנו בון בויזן לויטן אונ׳ בון בויזן
סדרים.

דר נוך דש זיא גיטון האטן, דר נוך גינג עש אין אויז, דש זיא השם ית׳ ור קערט אונ׳
ור ברענט. איך הב דש גישריבן דרום דש מן זיך זול וערן בון בויזן מעשים אונ׳
זול זיך גיוֵוינן אין מעשים טובים. |

107 ע״ב דער פסוק גֵיט: וּלְאֹם מִלְאֹם יֶאֱמָץ. שְׁנֵי גוֹיִם בְּבִטְנֵךְ. דא דרשן אונזר חֲכָמִים דש
[64] ווארן אנטונינוס קֵיסַר אונ׳ רבי. דש אויף אירן טיש דא מאנקערט ניא רעטיך אונ׳
שלאטן, נוך אים זומר נוך אים ווינטר. דער אנטונינוס קיסר דער וואר צו רום, אונ׳
רבי דער וואר אין דער שטט טְבִירְיָא. דער קיסר וור ורום אונ׳ לערנט תורָה בון
רבי. דער קיסר הט איין זון ⌐דער היש אַסְוִירוֹס⌐ אונ׳ העט אין גערן קיסר גימאכט,
אונ׳ וואושט ניט וויא ער אים טון זולט. איין מול גינג דער קֵיסַר אונ׳ שפרך צו אים:
׳איך וועלט גערן מיין זון אַסְוִירוֹס קיסר מאכן, אונ׳ דיא שטט טְבַרְיָא ורייא בון
דיינן וועגן דש זיא זולט נוימר קיין מַס ניט צאלן. אונ׳ וועז איך עש זולט זגן אין דער
עֵצָה בון רום, זא וערן זיא מיר נור איינרלייא גיווערן אונ׳ ניט אלי צווייא.׳ דא
נאם רבי איין מאן ⌐אונ׳ זֵיצט אין⌐ אויף איין אקשיל בון איינם אנדרן אונ׳ גב אים
איין טויב אין דיא האנט. אונ׳ ער זגט צו דעם אונטרשטן: ׳זג צו דעם אויברשטן
דש ער דיא טויב לוש וליהן.׳ דא מערקט דער קֵיסַר דש ער מיינט, ער זולט אין
אן היישן דש זיא זיין זון אסוירוס זולטן קיסר מאכן, אונ׳ דר נוך זולט ער זיינם זון
גיביטן דש ער זולט טְבַרְיָא ורייא מאכן. (   ) |

11 מחצית דף 107 ע״א נשארה חלקה 25 שלוש השורות התחתונות בדף 107 ע״ב אונ׳ ווארום זגט ערש אים ניט וכו׳ נמחקו ונמחקה בקולמוס גם תיבת בישיידליך; נמחקה גם תיבת טגט ובמקומה בין השיטין טעט; המשך הסיפור בדף 108 ע״א, שורה ראשונה

7 בנימה חסידית מוסיף המחבר: ׳השם ישמרנו בון בויזן לוייטן אונ׳ בון בויזן סדרים.׳ ובדברי הסיום של הסיפור על דייני סדום, ׳איך הב דש גישריבן׳ וכו׳, הוא מסביר את מגמתו: מזה ילמד האדם להתרחק ממעשים רעים ויהיה רגיל אצל מעשים טובים.

12 מעשייה מס׳ 64: אנטונינוס ורבי.

13–14 השווה ברכות נז ע״ב: ׳אלו אנטונינוס ורבי שלא פסק משולחנם לא צנון ולא חזרת׳; רש״י, בר׳ כה:כג. מקור הסיפור: ע״ז י ע״א–ע״ב ופירושו של רש״י שם. השווה: בר״ר סז:ו; נסים, עמ׳ סד–סו; גאסטר, מס׳ 149, 150; מעשה בוך, מס׳ 33. מוטיב של פעולה סמלית,

108 ע״א איין מול גינג ער אין איין גארטן. אל טג צוך ער אויז איין רעטיך. זא מערקט דער קיסר דש ער עש אזו מיינט, ווען ער זיך בורכט צו קריגן מיט זיא אל. זא זולט ער איין אונ׳ איין טויטן, זא העט ער ניט צו קריגן מיט אין אלן אויף איין מול. ווארום זגט ערש אים ניט בישיידליך? ער בורכט זיך דיא רומיים ווָאורן עש גוואר ווערן אונ׳ ווָאורן אים גרוש צָרות ׳אן׳ טון. ווארום זגט ערש אים ניט אים איינם סוד? דרום דש דער פסוק גֵיט: דיא בויגיל דיא הוירן עש אונ׳ ברענגן דש קול אויז. דער קיסר הט איין טוכטר דיא היש גִירָא, דיא וור מְזַנֶה, אונ׳ וואושט ניט ווש ער מיט איר טון זולט. דא שיקט ער צו רִבִי איין אורטיגא דיא היישט גַרְגִירָא. דא מערקט רבי דש ער מיינט וויא זיין טוכטר מְזַנָה ווער [איין טייל זגן, דער תרגום ירושלמי בון מְנַאֶפֶת איז גִירִיתָא]. דען גרגירא איז טויטש ציכט זיך דער פפייל. דש מיינט לאמור טִירַא לַא פְּרִיצִי ׳אל קור׳ אין דש הערץ. דא שיקט ער אים ווידר קלייאן, דיא היישן כוּסבְרַתָא. דש איז טויטש: שעכט דיא טוכטר. דא שיקט ער אים ווידר איין קרויט דש הייש⟨ט⟩ אין טויטשן קרעסן אונ׳ אין וועלשן ערבִי שטעָלי, דש היישט כַּרְתִי, דא מיינט ער, זול מן זיא טויטן אונ׳ זול ור שניטן ווערן בון דער וועלט. דען כַּרְתִי איז טויטש ור שניידן. דא שיקט ער אים ווידר איין לַאטְוִיגַה, דיא היישט חַסָא, אונ׳ איז טויטש דר בארמונג. דש מיינט דר בארים דיך אויבר זיא. [אונ׳ טייל זגן, ח״ו דש ער זולט היישן דען קיסר זיין טוכטר טוטן, בפרט דש זיא ניט חייב מיתה וואר, וויא וואל זיא מְזַנָה האט גיוועזן. נוייארט ער מיינט, בידעקשט דש עש אים סוד בלייבט. דש מיינט כוסברתא. כוס איז בידעקן. אונ׳ דער קיסר ור שטונד עש ניט אונ׳ מיינט ער העט גימיינט, שעכט דיין טוכטר. אונ׳ דרום שיקט ער ווידר צו אים כַּרְתִי. דא מערקט ר׳ דש ער אין ניט ור שטאנדן הט. אונ׳ שיקט אים באלד איין לאטויגה דיא היישט חַסָא. דש מיינט, איך הב גימיינט דו זולשט דיך

108 ע״ב אויבר זיא דר ברמן אונ׳ בידעקן דש מן עש ניט גיוור ווער]. | דער קיסר שיקט דעם רבי אלי טאג איין ואליז מיט גימאלן גולד אונ׳ אובן דרויף טעט ער וויניג קורן דש מן עש ניט מערקן זולט דש עש גולד וור. אונ׳ זגט צו דען פאקיני: ׳נעם דיא ואליז אונ׳ ברענג רַ׳ דש קורן.׳ איין מול שפרך רבי צו דעם קֵסַר: ׳שיק מיר נישט

9 אחרי מזנה נמחקו תיבות דא שיקט
24 אחר טעט ער שלוש תיבות לא ברורות; שתי האחרונות אולי מול מכין(?) ובסופה אות ל

המובנת, בדרך רמז, על־ידי הזולת; השווה: תומפסון, H 599.5; H 600; Z 100; נוי, H 591. יש כאן דוגמה של סיפור נובילה על ידידות גדולה בין שני אנשים בעלי שיעור קומה. השווה גם לעיל, עמ׳ 25, מעשייה מס׳ 15; שוארצבוים, עמ׳ 117, 232; ארנה ותומפסון, 875, 920, 921.

6 דיא בויגיל... אויז.– ׳כי עוף השמים יוליך את הקול׳ (קה׳ י:כ).
10–11 לאמור... אל קור.– באיטלקית: האהבה יורה חצים אל הלב.

מֵין, איך הב נון גינויג. איך בין נון רייך גינוג.׳ דא שפרך דער קֵיסַר: ׳דיין קינדר
נוך דיר ווערן עש וואל דערפן דש זיא עש ווערן אויז געבן צו דען מְלָכִים.׳
דער קֵיסַר גינג אל טג צו רַבִּי לערנן אים סוֹד. ער הט איין הויל אונטר דער ערדן
בון זיינם קשטיל ביז אין ריביש חֶדֶר. אונ׳ דורך דיא זעלביג הויל גינג ער אל טג
אונ׳ נאם אל מול צווין קנעכט מיט זיך. איין טויטט ער אויף דער טויר בון רבי
אונ׳ איין טויטט ער אויף זיינר טויר, דש זיא עש ניט זולטן זגן וויא ער לערנן
גינג. אונ׳ ⸢ער⸣ זגט ⸢צו⸣ רבי: ׳דִי גְרַצְיָא, ווען איך קום זא לוש נימנט אים חדר. מאך
דיין תלמידים אל היוועק גֵין אֵי איך קום.׳ איין טג קאם ער אונ׳ ואנד בייא רַבִּי,
רבי חֲנִינָא בַּר חָמָא דער זש בור אים. דא שפרך דער קֵיסַר: ׳הב איך דיר ניט
גיזגט דו זולשט קיין מענש בייא דיר לושן ווען איך קום?׳ דא שפרך רבי: ׳דער
איז קיין מענש.׳ דא זגט ער: ׳ליבר, זג צו אים דש ער הנויש גיא אונ׳ מאך דען דער
109 ע״א בור דער טויר איז זול איין קומן.׳ דא גינג ר׳ חֲנִינָא אונ׳ ואנד וויא ער | טוט וור. דא
דר שראק ער אונ׳ גידוכט זיך: ווש זול איך טון. זול איך אין זגן ער זייא טוט, מאן
זגט ניט גערן בויזי שמועות. זול איך אוועק גין אונ׳ זול אים קיין ענטוורט זגן, דא
ווער איך מְזַלְזֵל זיין בכבוד הַמֶּלֶךְ. ער טעט תְּפִילָּה אונ׳ מאכט אין לעבעדיג
אונ׳ שיקט אין היניין. דא זגט דער קיסר: ׳איך וויש נון וואל דש דער אלר שָׁפָלְשט
אונ׳ קלענשט תַּלְמִיד אונטר אייך קאן מְחַיֶּיה מֵתִים זיין. נוך גלייך ⸢וואל⸣ ביט איך
דיך לוש נימנט בייא דיר בלייבן ווען איך קומן זול.׳
אונ׳ ער וואר אזו גר הולט דעם רַבִּי אונ׳ דער תוֹרָה צו בור, דש ער דעם רבי
שערבירט אז ווען ער ווער איין שטייאב אונ׳ חָבֵר. אונ׳ ווען דער רבי וואלט אויף
זיין בעט שטייגן ⸢דא מושט מן אים איין שעמיל אונטר שטילן דען ער קונט ניט
אנדרש אויף דש בֵּיט שטייגן⸣, דא בוקט ער זיך אונ׳ שפרך: ׳שטייג אויף מיך בור
איין שעמיל.׳ דא וואלט רבי ניט אונ׳ שפרך: ׳דו בישט יא איין קֵיסַר אונ׳ מלך,
אונ׳ מן איז ניט אזו זער מְזַלְזֵל אן דען מְלָכִים ווען זיא שון תַּלְמִידִים זיין.׳ דא שפרך
דער קיסר: ׳ווער וועלט דש איך זולט אזו דיין שעמיל זיין אונטר דיין בויש אויף
יענר וועלט.׳ דא שפרך רבי צו אים: ׳ווארום ניט׳. דא שפרך ער: ׳דרום דש איך
בין קומן בון עֵשָׂו אונ׳ עש שטיט גישריבן: עש ווערט נימנט אויבר בלייבן בון עֵשָׂו.׳
109 ע״ב דא שפרך רבי: ׳וועלכי טוינן אז עֵשָׂו דיא קומן אל אין דש גֵיהִנָּם, אבר דו | דו טושט
ניט אז עֵשָׂו.׳ דא שפרך ער: ׳עש שטיט יא גישריבן: עש זיין דורט אים גֵיהִנָּם אל
איר מְלָכִים אונ׳ אל איר שָׂרִים ⸢נְשִׂיאִים⸣.׳ דא שפרך ער: ׳אל דיא מְלָכִים – אוֹן

27 אחרי קומן בון עשו נמחקו תיבות דא שפראך

27 עש ווערט... בון עשו.– ׳לא יהיה שריד לבית עשו׳ (עו׳ יח).
29–30 עש זיין... שרים.– ׳שמה אדום מלכיה וכל נשיאיה׳ (יח׳ לב:כט). את המלה

דער קיסר אונ׳ מלך אַנְטוֹנִינוֹס. אל איר שָׂרִים ⁽נשיאים⁾ אויז גינומן דער שַׂר ⁽נשיא⁾ קְטִיעָא בַר שָׁלוֹם.׳ דער טעט ניט אז איר הערן. ער וואר זיך מְגַיֵּיר.

דא דער ר׳ וור גיבורן ווארדן, דא הט איין קיסר גירוטן מן זולט קיין קינד יְוטשן. אונ׳ זיין ואטר אונ׳ מוטר דיא מאכטן אין יְודשן אונ׳ דער קיסר וור עש גיוואר אונ׳ שיקט נוך אין. דא זאש גלייך דער ואטר בון דעם קיסר אנטונינוס ניט ווייט בון ר׳ אונ׳ ער הט גרושי מְצִיצִייוֹ מיט אים. אונ׳ ער ליף צו אים אונ׳ ורוגט אין וויש ער טון זולט. דא שפרך ער: ׳נים מיין זון דער איז גלייך גיבורן ווארדן דא דיינר איז גיבורן ווארן.׳ אזו וועקשילט זיא ⟨דיא מוטר⟩ מיט אים אונ׳ גינג אזו צום קיסר. דא שפרך דער קיסר: ׳ווארום הט איר אוייערן זון מאכן יְוטשן?׳ אונ׳ זיא נאמן דש קינד אונ׳ פעטשטן עש אויף אונ׳ ואנדן דש עש ניט גיוטשט וואר. דא הוב איינר אן: ׳איך הב גיזעהן וויא מן דש קינד גְיוטשט הוט. אבר איך זיך נון דש אוייך אויער גוט גרושי וואונדר אונ׳ מיראקולי טוט.׳ אונ׳ אלאורה וור דער קֵיסַר דיא גְזֵירָה מְבַטֵל. דר נוך גינג זיא ווידר היים אונ׳ נאם ווידר איר קינד. אונ׳ אזו האטן זיא אומדר איין אַהֲבָה איינר צו דעם אנדרן. קושי טוטי. אמן סלה. |

110 ע״א דיא מַלְכָּה קְלֶאפְּטְרָא דיא וראגט ר׳ מֵאִיר איין מול אונ׳ זגט: ׳איך ווייש וואל דש
[65] דיא טוטן ווערן ווידר לעבדיג ווערן. אבר איך ורוג דיך, ווערן זיא ווידר אויף שטֵין מיט אירן קליידר, אודר נאקיט?׳ דא שפרך ער: ׳לערן איין קַל וָחוֹמֶר בון איינם גראן קורן דש דא פורמענט. דש זעט מן נויד אונ׳ ווען עש וואקשט דא איז עש ווישטירט מיט דען שטרוא. מכל שכן דיא צדיקין דיא לֵיגט מאן אונטר דיא ערד מיט אירן קליידרן, דש זיא ווערן ווידר אויף שטין מיט אירן קליידר.׳

[66] איין מול שפרך דער קיסר צו ר׳ גמליאל: ׳איר זגט דיא טוטן ווערן ווידר לעבדיג ווערן, זיא ⟨זיין⟩ דוך ערד, אונ׳ דיא ערד ווערט יא ניט לעבדיג [...׳] |

22 מחצית דף 110 ע״א נשארה חלקה (הסיפור נפסק באמצע); חלקים גם דפים 110 ע״ב — 111 ע״א

׳שמה׳ המחבר מפרש על־פי פשוטו של רש״י (יח׳, שם): ׳שמה, בגיהנם משתעי קרא׳. במעשה בוך תורגם הפסוק כפשוטו (שם, עמ׳ 57).

3 בסוף הסיפור חוזר המחבר לאגדת הלידה של רבי וגזירת המלך על הנימולים. השווה לעיל, עמ׳ 25, מעשייה מס׳ 15: לידתו של רבי. כאן מדובר על אחד מגדולי רומא, אביו של מי שעתיד להיות קיסר רומא, ושם מסופר על תינוק של סתם גויה שנתחלף ברבי.

14 בסגנון הנובילה האיטלקית מסיים המחבר שלנו את סיפורו: ׳קושי טוטי. אמן סלה׳.

15 מעשייה מס׳ 65: קליאופטרה המלכה ור׳ מאיר.– השווה: סנהדרין צ ע״ב; כתובות קיא ע״ב; גאסטר, מס׳ 18; תומפסון, E 178; V 311. כיוון שנידונה שאלת תחיית המתים, עובר המחבר למעשייה אחרת הדנה בתחיית המתים.

18 נויד.– מלה איטלקית (nüd) שפירושה: עירום.

21 מעשייה מס׳ 66: ר׳ גמליאל והקיסר.– השווה סנהדרין, שם. לשון התלמוד: ׳אמר ליה כופר לרבן גמליאל׳; במקום הכופר מכניס המחבר את שמו של אחד הקיסרים. השווה לעיל, עמ׳ 22, מעשייה מס׳ 13; מעשה בוך, מס׳ 51. הסיפור נפסק באמצע, והנייר נשאר חלק.

111 ע״ב עש וור איין מֶלֶך דער הט גיבויאט גר איין שוינן פאליש אונ׳ הט גידינגט צווין מולר
[67] דיא זולטן דען פאליש מולן אויף דש אלר הויפשט דש דיא קונטן. ער וועלט אין גר וואל לונן.

אונ׳ דיא מולר זגטן: ׳מיר וועלן אל אונזר ולייש דרויף לֵיגן אונ׳ וועלן אין מולן דש אלר בֵישט דש מיר קוינן. אונ׳ וועלן אין אויז מאכן אין איינם יאר. אונ׳ וועןמיר אין ניט אויז מולן אין איינם יאר, זא זולשטו אונז דיא קויפפא אב שלאגן, אונ׳ ⟨און⟩ אורטייל אונ׳ רעכט.׳

נון דיא מולר האטן זיך גיאיינט מיט אנודר. איינר זול נעמן צוואו זייטן בייא אנדר ׳צו מולן׳, אונ׳ דער אנדר דיא צוואו זייטן דר גֵיגן אויבר. נון דער איין מולר וור גר שוליציט אין זיין ווערקן אונ׳ הוב שְׁויביט אן צו מולן, אונ׳ גינג נוך אונ׳ מולט דש בֵישט דש ער וואושט אונ׳ קונט. אלרלייא שורט אנימאלי, חיות אונ׳ עופות, אונ׳ אלרלייא שורט דש מן דר דענקן קאן אונ׳ מג אויף דש אלר הויפשט אונ׳ ליבֿרערט, זייני צוואו ווענט בור זיינר צייט דיא אים גיזֵיצט וור. דער אנדר מולר דער נאם זיך בוֹן טעמפו אונ׳ גינג שולאצן אונ׳ וור טרעג אין זיינן ווערקן. אונ׳ גידוכט זיך דש יאר איז לאנג. איך הב נוך וואל צייט דש ווייניג צו מולן. אונ׳ אזו גינג ער נוך ביז דש ער ניט מין צייט האט אז נוין אודר צֵיהן טג. דא דר שראק ער אונ׳ בורכט זיך, דער מלך ווער אויבר איין צוירנן אונ׳ וואור אים מאכן דען קופפא אב שלאגן. אונ׳ הוב

1 מעשייה מס׳ 67: מעשה בשני אמנים.– הנושא: מלך הזמין שני אמנים לצייר את היכלו. האחד עשה את מלאכתו באמונה וחברו התעצל בעבודתו. כשנותרו לו לצייר השני רק ימים ספורים לסיום עבודתו, הטיח את הכתלים במשחת סממנין שהיתה מאירה כאספק־לריה. והנה, כל הציורים הנפלאים של הצייר הראשון השתקפו בכתליו. והיה הדבר טוב בעיני המלך, והוא נתן לכל אחד ואחד את שכרו. מוטיב: הזריז והעצל. מוסר־ההשכל של מחברנו הוא, שהאמן השני, העצל, דינו כדין בעל תשובה, שטוב לו בעולם הזה ומובטח לו שכרו בעולם הבא. ברוח זו הוא מסיים (עמ׳ 148, שורה 7): ׳דש ברוֹוְערַן זיא בון דעם מעשה. ור שטיט נון איר דען פשט. איך בין מויד צו שרייבן.׳ המחבר מודיע לנו, כי התעייף מן הכתיבה ואינו רוצה להרחיב את הדיבור. מקור הסיפור בסיפורת יידיש אינו ידוע. בספרות העברית ידועות כמה נוסחאות. השווה: מאזני צדק, לייפציג תקצ״ט, סי׳ ז, עמ׳ 52–53; עירין קדישין, וארשה תרס״ט, עמ׳ 24; ועיבוד פיוטי, ב׳משל הקדמוני׳ לאבן סהולה, עמ׳ 36–37; ממקור ישראל, סי׳ תשסח, ושם רמז ל׳חובות הלבבות׳, סי׳ ב, עמ׳ 34–35; מ״י ברדיצבסקי, אוצר האגדה, ב, ברלין תרע״ד, עמ׳ 128–130; השווה גם: שוארצבורים, עמ׳ 314; תומפסון, J 1492. מוטיבים דומים על פועלים חרוצים יש גם במקורות אלה: ירוש׳ ברכות, פ״ב ה״ח; דב״ר ו:ב; תנחומא, תצא, ב: ׳...למלך שהכניס פועלים לשדהו ולא גילה להם שכר נטיעתן...׳ ידוע גם נוסח אחר ובו סיום שונה לסיפור שלנו. החרוץ מקבל את שכר־עבודתו, ואילו העצל יוצא בידיים ריקות. המלך מערים על הצייר העצל ותולה ארנק מלא דינרי זהב בחלקו של האמן החרוץ. ברק הזהב והאבנים הטובות שבארנק משתקף בכותל של העצל, והמלך קורא לו: לך וקח שכרך בגבולך (אוצר האגדה, שם). מוטיב: הערמה מצד המלך החכם כלפי הפועל העצל.

9 צו מולן.– לצייר.

14 שולאצן.– מלה איטלקית עם סיומת גרמנית; השווה להלן, מפתח המלים והביטויים מן האיטלקית, עמ׳ 219.

אן צו וויינן אונ׳ שלוג זיך אונ׳ שרייא<ט>: ׳אוֹיֵ אוֹ וַיָא, וויא זול מיר גישעהן.׳ וועןעם
ער זאך זיין חָבֵר | דער מולר וור גר ורויליך אונ׳ אידרמן לובט אין, אונ׳ אידרמן 112 ע״א
רידט בון אים, וויא ער ווער בייא שאנדן בלייבן. אונ׳ אזו וור ער זיך גר זער מְצַעֵר.
אונ׳ אין זיינם גרושן וויינן אונ׳ שרייאן גידוכט ער זיך איין ווארב צו מאכן אונ׳ צו
גלַיִטן דיא שטיין אן דען מויארן דש זיא וואורן אזו גלאט אונ׳ לויטר אז איין שפיגיל
גלאז. אונ׳ אזו גינג ער ביהעגד אין דען פאליש צו גלַיִטן דיא מויארן דיא ער צו מולן
האט. אונ׳ מאכט זיך ציהן איין בורהאנג דר בור דש מן ניט זעהן זולט ווש ער מולט.
אונ׳ שמירט דיא מויארן מיט זיינר ווארב אונ׳ דר נוך גלַיִטט ער זיא אונ׳ שמירט זיא
מיט אויל דש זיא אזו לויטר ווארן אז איין הויפשר שפיגיל דש מן זיך דרינן שפיגילן
קונט, אונ׳ זעהן אלז ווש מן דר בור טרוג, גלייך אז אין איינם שפיגיל. דא נון דש
יאר אויז וור, דא קאם דער מלך צו גֵין מיט אל זיינן שָׂרִים צו זעהן דען פאליש
ווש דיא צוויין מולר גימאכט האטן. דא זיא נון זאהן דיא צוואו ווענט גימולט מיט
אלרלייא מיינשטר שאפט אויף דש אלר הויפשט דש מן דר דענקן קאן אונ׳ מג, דא
וור דער מֶלֶך זער ורויליך. אונ׳ שויביט גיבוט ער מאן זולט דעם מולר זיין לון
גאנץ אונ׳ גר געבן אונ׳ זולט אים ניט איין וירר בור האלטן. דר נוך ורוגט דער מלך
דען אנדרן מולר: ׳ווש הושטו גימאכט? ׳דא שפרך ער: ׳אדוני המלך, קום אונטר
דען בורהאנג, דא ווערשטו | זעהן ווש איך גימולט הב.׳ אונ׳ אזו בוירט ער אין 112 ע״ב
אונטר דען בורהאנג. דא זך ער נישט, נוייארט דיא מוייארן ווארן גלאט אונ׳
גליצרטן אונ׳ מן זך קיין גימעלטש ניט. דא הוב דער מלך אן צו צוירנן אונ׳ שפרך:
׳ווש הושטו גיטון? דו הושט נישט גימולט.׳ דא נון דער מולר זך דש דער קוניג
צוירניג וור, דא גינג ער ביהענד אונ׳ צוך הראב דען בורהאנג. דא זאך מן אין דער
זעלבן מויאר אל דש גימעלט אונ׳ פיגורי דש זיין חבר גימולט האט אין איינם גנצן
יאר. דיא ווארן אל גיזעהן אין איינם אויגן פליק אן דען מויארן דיא ער אזו גלאט
גימאכט האט. ויל הויפשר אונ׳ ויל בֵישר, מער אז דש גימעלטש זעלברט, דש מן
עש ניט אלז דר צֵילן קאן דש גרוש וואונדר דש דער מולר גימאכט האט אין איינר
קורצן צייט. ניט אליין דש מן זאך אל דש גימעלטש בון דער אנדרן מויאר, מן זאך
אך אלז ווש אין דעם פאליש וואר, אונ׳ אלז ווש מן דריין ברוכט אונ׳ ברענגן
ווערט, דש זאך מן אלז אזו באלד אז וווען עש גימולט ווער אן דעם מויאר. דא
דער מלך דש זך, דא וור ער נוך מער ורויליכר אז בור. אונ׳ אל דיא שרים דיא
מיט אים ווארן אויף דש גרוש וואונדר בון דער מויארן. אונ׳ ער הט ליב דען אנדרן
מולר אונ׳ גאב אים זיין לון אונ׳ שענקט אים מער דר צו. ויל מין אז דעם ערשטן
מולר. בון דרייאלרייא וועגן. איינש. אל דש גימעלט בון דען אנדרן מויארן זך ויל
הויפשר אונ׳ בישר אין דען אנדרן מויארן אז דער סדר בון איינם שפיגיל איז. | דש 113 ע״א
אנדר. דש מן דרינן זאך אל דש מאן ברוכט אין דען פאליש. דש דריט. דרום

דש מאן דרינן זעהן קונט אונ׳ מוכט וש מן דר נוך אך ברענגן ווערט. דש וואור מן
אך דרינן קוינן זעהן. אונ׳ דרום וור דער אנדר מולר מער גיליבט אונ׳ גילובט אונ׳
גיערט אז דער אֶירשט.

דש מעשׂה הב איך גישריבן דרום דש אונזר חֲכָמִים שרייבן, עש איז בֵּישר איין בַּעל
5 תְּשׁוּבָה ווֶעדֶר אֵיינֶר דֶער אֶל זיין טג אֵיין צדיק גיווֶעזן איז. צוֹעה, עֶר הֶב בֵּישׁרן
שׂכר לעולם הבא.

דש ברוֹוֶערֶ﬩ זיא בון דעם מעשׂה. ור שטיט נון איר דען פשט. איך בין מויד צו
שרייבֶ﬩. |

113 ע״ב עש וור אֵיין מלך אין אֵיינֶם לנד דר וור גר אֵיין גרושר חכם אונ׳ ורום. אונ׳ עֶר
10 [68] מאכט אֵיין סדר אין זַיְינֶם לנד דש יְמָן׳ זוֹלט קֵיינֶם קֵיין שָׂרָרָה נוך גְּדוֹלָה געבן
נוֹויאֶרט עֶר מאַריטעֶרט עש. אונ׳ ווֶען שׁון זַיְינֶי אֵילטרן ווערן קוֹישׁטֶליך גיווֶעזן,
נוך דֶענוך ווֶען דיא קינדֶר ניט ראוי דֶר צו ווערן, זוֹלטן זיא דיא גדולה נוך שָׂרָרָה
ניט יַרשֶׁן. אונ׳ אזו אך דש מלכות זוֹלט מן קֵיינֶם געבן עֶר ווֶער דֶען ראוי מיט חָכְמָה
אונ׳ מַעֲשִׂים צו אֵיינֶם מֶלֶך. דֶר נוך אֵיבֶר לנג ווֹאַרֶן גיבוֹרן דֶעם מֶלֶך דרֵייַיא זוֹין.
15 דיא האטֶן קֵיין גיברעכֶן אונ׳ ווֹארֶן גר שׁוֹין אונ׳ הוֹיפשׁ אן צו זֶעהן. אונ׳ דֶער מלך
הט זִיא זֶער ליב אונ׳ צירקֶערט זיא צו גדולה אונ׳ כבוד צו ברעַנגֶן אז דֶער סדר
איז בון מלכים. אֵיין טג שׁיקֶט עֶר זיא רוֹיפֶן אונ׳ שפריכֶט צו אֵיין: ׳לִיבֶי קינדֶר,
מֵיין ווילן אונ׳ מֵיין הערֶץ ביגֶערֶט אוֹייך גוטֶש צו טון אונ׳ אִיך ווֹעלֶט אוֹייך גֶערֶ﬩

8 מחצית דף 113 ע״א נשׂארה חלקה

6—4 השווה: ברכות לד ע״ב; סנהדרין צט ע״א.
9 מעשׂייה מס׳ 68: שלושה בני המלך.— מלך אחד במדינת כוש שולח את שלושת בניו
מביתו כדי שילמדו חכמה ותרבות. בדרכם הם מגיעים לאי רחוק ובו גן נהדר, ובגן אילני־
פירות משובחים, מעיינות מתוקים, וכסף וזהב עם אבני־חן ומרגליות לרוב. שני האחים
הגדולים מתענגים על הדר הגן, אוכלים ושותים לרווחה ואוצרים בכליהם ממון רב.
השלישי, הצעיר שביניהם, נותן דעתו להסתכל ולהתבונן בטיב הגן הנאה, לראות מה שיש
בו ולהבין את סידורו הנפלא. הגדולים נכשלים בתאוות־לבם. רק הקטן עומד בנסיונו.
הוא חוזר אל אביו המלך, מספר לו על הפלאות שראה בגן, ואז המלך מסביר לו פנים
ונותן לו שׂכרו. בסוף הוא גם יורש את כיסאו. סיפור דידאקטי זה, שיש בו משל עם נמשל
דתי (וייתכן שהוא מושפע ממקור זר שנתייהד בסיפורת המוסרית העברית), נמצא בספר
עקידת יצחק, עמ׳ קלב־קלג; נזכר: אורח חיים, דף יח ע״ב, השווה גם: מנה־מ, סי׳
רעח; עושׂה פלא, ג, עמ׳ 44—46; מוראים גדולים, עמ׳ 56—61; ממקור ישׂראל, סי׳ תשסז.
השוואה בין סיפורנו לבין הסיפור בספר עקידת יצחק מלמדת, ששם מדובר על מלך
כושי ומדינת כוש, ואילו המחבר פותח סתם בארץ אלמונית. אבל כשהוא מגיע לסיפורו
אצל עבד המלך ובידו צו המלך לבניו לחזור אליו, הוא קורא לו: מלך הַכּוּשִׁי. גם במוסר־
השכל סוטה המחבר מן הנוסח של בעל עקידת יצחק: נוסח האחרון ארוך ושׁנון יותר,
ואילו נוסח מחברנו פשטני ועממי יותר. מוטיב מוסרי: תכונותיו האמיתיות של האדם
ומעשׂיו הטובים בעולם הזה מתן שׂכרם בצדם. סוג של סיפור זה נפוץ, השווה גם: אארנה
ותומפסון, 402; 577; תומפסון, H 962; H 1210.1; H 1242.

קוישטליך אונ׳ הערן מאכן אויבר לנד אונ׳ לוייט. דען איך בין אוייך הולט אונ׳
איר הט גיבונדן לוייטזעליקייט אין מיין אויגן. אבר איר ווישט וואל אונ׳ אזו אך אל
דש בולק דש מן קיינם קיין גדולה נוך כבוד נוך שררה זול געבן, נוייארט ער ור
דין עש מיט זיינן גוטן מעשים אונ׳ קושטֻומי. אונ׳ דרום ליבי קינדר, ציכט אויז
אויבר דש מער דורך ורעמדי לאנד אונ׳ גיניט אוייך אונ׳ לערנט, דען איך ווייש
ידש׳ אוייך ניט ווערט מאנקערן. אונ׳ ציכט אזו ווייט ביז איר איין לנד ווערט וינדן דש
אוייך ווערט וואל גיבאלן אונ׳ בלייבט דורט אז לנג ביז איך נוך אוייך שיק. אונ׳ ווש איר
גילערנט הט דש גידענקט אונ׳ ברענגט עש מיט אוייך. איך וויל אוייך אויייער מויא
אונ׳ ערבט וואל צאלן.׳ דא דיא קינדר | דש הו‹י›רטן דא דר שראקן זיא אונ׳ 114 ע״א
ווארן גר זער טרויאריג. דוך מושטן זיא טון ווש דער מלך אויף זיא גיבוטן הט.
אונ׳ הובן זיך אויף אונ׳ נאמן ליצענציין בון אירם ואטר אונ׳ צוהן דר בון אויבר
דש שווארץ מער אונ׳ אויבר דיא בעך בון כוש, ביז דש זיא קאמן אויף איין איזולה
דיא וואר גרוש. אונ׳ בון וווייטן דא זעהן זיא גר איין הויפשן זארדין, דער וור גר
לושטיג אונ׳ ויין. אונ׳ זיא ביגערטן דריין. אונ׳ גינגן אזו לנג ביז דש זיא קאמן צו דער
טויר. אונ׳ דיא טויר וואר אופן, אבר זיא ואנדן דרייא מאנן אונטר דער טויר זיצן.
דער איין וור איין אלטר, דער גינג מיט איינם שטעקן בור גרושר אֵילטר. דער
אנדר דער וואר איין חולה פוט, גרינדיג אונ׳ לויזיג בון קופפא ביז אן דיא בויש.
דער דריט דער וואר איין הויפשר מאן אונ׳ האט גר איין כְמוֹרָא פנים. דער אירשט
דער זגט: ׳ליבי קינדר, איר מויכט וואל אין דען גארטן גין, אבר ווישט דש איר
ווידר הרויש מושט גין פער פורצה.׳ דער אנדר זגט: ׳ליבי קינדר, גיט אין דען
גארטן אונ׳ עשט אז ויל אז איר וועלט אונ׳ אז ויל אז אוייך גילישט, אבר זעכט
אונ׳ נעמט נישט מיט אוייך הרויש צו טראגן.׳ דער דריט שפריכט: ׳ליבי קינדר,
זעכט אונ׳ זייט גיווארט אין אויייערם עשן. ניט זעכט אן ווש דא הויפש איז נוייארט
צירנירט אוייך ווש דא גוט אישט.׳

נון דיא דרייא קינדר גינגן אין דען הויפשן זרדין אונ׳ זאהן זיך אום. אונ׳ זאהן ויל
ארלייא הויפשי קרוייטר אונ׳ ויל הויפשי בלומן אונ׳ ויל הויפשי בעם דיא טרוגן
הויפשי אופש אונ׳ זונש ויל ארלייא אופש דש צו ליבן איז. אונ׳ ויל ארלייא | וְואורץ 114 ע״ב
בון אלרלייא שורט, אי איינש בֵישר אז דש אנדר. אונ׳ ויל ארלייא בויגיל דיא
זאנגן אין דעם גארטן אונ׳ ויל ווייאר אונ׳ פונטאני בון גוטי וואשר אונ׳ זוישי אונ׳
זויארי ברוינן. אונ׳ ויל גולד אונ׳ ויל אידל גישטיין בון קרישטאל אונ׳ אוניקיל.

19 אחרי ליבי קינדר נמחקה תיבת ליבי שנכפלה

18 כמורא פנים.– במקור העברי של הסיפור בספר עקידת יצחק: ׳וזיו טוהר הפנים׳.

און׳ וויל ארלייא ערץ גרובן בון גולד און׳ זילבר און׳ אלרלייא גוטש און׳ וואל לושט דש מן דר דענקן קאן. דש וור אלז אין דעם גארטן. און׳ זיא אשן בון דען גוטן אופש און׳ זיא טראנקן בון דען גוטי ושר, און׳ זיצטן זיך אונטר דיא בעם אין דיא אומבריאה. און׳ גוטר אייאר וור אך אין דעם גארטן. אזו נאמן זיא זיך בון טעמפו מיט עשן און׳ טרינקן און׳ שולאצטן וירציהן אודר בוינפציהן טעג.

דר נוך הובן זיא זיך אויף און׳ איינר וואלט ניט מֵין בייא דעם אנדרן בלייבן. אזו פרטיריטן זיא זיך בון אנדר. איינר דער גינג נוך זיינם בון טעמפו אין דעם זרדין מיט עשן און׳ טרינקן, דש גוט אופש און׳ גוט ושר און׳ ליש זיך גר וואל זיין, און׳ הט קיין אנדר פענשיר. דער אנדר דער גינג ניט נוך דעם גוטן לעבן און׳ ער גידוכט זיך איין צו זאמלן גולד און׳ זילבר און׳ אידלי שטיין דיא ער ואנד אין דעם גארטן. און׳ שטיש אין דיא הוזן דיא גְיוֹפָּא בול און׳ דען בוזן בול. נוך דויכט אין ער העט צו וויניג, און׳ גינג און׳ צו שניד זיין מנטיל און׳ מאכט איין זאק דרויש און׳ בוילט אין מיט זילבר און׳ גולד און׳ אֲבָנִים טובות, און׳ מיינט עש אלז מיט זיך הרויש צו טראגן. און׳ שטענטערט אזו צו טראגן בייא זיך דש גירעט און׳ זורגט אזו זער בון

115 ע״א דעש ממון וועגן | דש ער ניא קיין בישן אש מיט רוא. און׳ וועז ער שון אש און׳ טראנק זא ביקאם עש אים ניט בור גרושן זורגן. מא, דער דריט דעם גִיבילן ניט וואל איר ביידר סֵדֶר, נוייארט ער גינג אום אין דעם זארדין און׳ זאך אל דינג אן. און׳ וואלט אל דינג ווישן ווארום דש אזו ווער און׳ דש אזו, און׳ צו ווש איטליכש גוט וואר. און׳ וואו צו גוט וור איטליכש אופש און׳ וואלט ווישן ווש הֶפְרֵש ווער צווישן איינם צו דעם אנדרן. און׳ זך אזו ויל שורט חַיוֹת און׳ עוֹפוֹת און׳ וור זיך ור וואונדרן. און׳ זך אך דיא ושר ברוינן און׳ ווייאר און׳ פונטאני וויא זיא אזו הויפש אורדינערט ווארן, איטליכר אן זיינם אורט צו טרענקן דען גארטן, איטליכש אין זיינר צייט. און׳ דיא חַיוֹת און׳ עוֹפוֹת טראנקן און׳ אשן איטליכש אין זיינר צייט, גלייך אז וועז איינר ווער אין דעם (גרטאן) <גארטן> דער אל דינג אורדינערט אל טג און׳ אל צייט. און׳ ער זך זיך אום אין אלן אֵיקן אוב ער אין זעהן קוינט, אבר ער זך נימנט. און׳ גידוכט זיך: דש איז ניט מויגליך דש עש אזו בון זיך זעלברט קומט. עש מוז איינר זיין דער איין גרושר חָכָם איז, דער דען זארדין אזו אורדינערט הוט. און׳ ער גידוכט, ער מוז אין דעם זארדין זיין אודר אוישן ווייניג אין איינם אורט. און׳ ער הט קיין אנדר פענשיר נוייארט צו ווישן ווער ער ווער און׳ וואו ער ווער, דער אזו איין גרושר הער ווער מיט חכמה. און׳ אזו גינג ער אל טג אום דען גארטן צו זעהן אוב ער דען פטרון קוינט וינדן אודר אימנט ביגיגנן דש ער קוינט

22 תיבת ושט נמחקה ובמקומה תוקן לושט (וואל לושט בגרמנית: תענוג, הנאה) / תיבת אשן נכפלה ואחת נמחקה

115 ע״ב ורוגן וועך דער פטרון | וועך. אונ׳ דוך דיא ווייל ער אין דעם (גרטאן) ⟨גארטן⟩ איז, זא אישט ער בון דעם גוטן אופש אונ׳ טרינקט בון דען גוטן וושר אז ויל ער בידארף, אונ׳ עשט זיך זאט. אונ׳ נימט אֵיטליכי אֲבָנִים טוֹבוֹת, דיא דא גוט זיין אונ׳ איינם קראפט אונ׳ מאכט געבן, אונ׳ טוט זיא אין זיין בוזים.

דא זיא נון לנג אין דעם זארדין ווארן אונ׳ איין איטליכר גינג זיינר גישעפט דש אין דויכט גוט זיין. אורבליצלינגן, דא קומט איין קנעכט בון דעם מֶלֶך הַכּוּשִׁי אונ׳ הוט איין בריב אין זיינר האנט, גֵיחַתְמַת מיט דעם חוֹתָם בון דעם מֶלֶך. אונ׳ שטונד אזו גישריבן: אז באלד אז איר דען בריב גילייאט האט, זא איילט אונ׳ קומט אזו באלד צו מיר אונ׳ בלייבט ניט אוישן. אונ׳ אז באלד אז זיא דען בריב גילייאט האטן, דא איילטן זיא זיך אונ׳ גינגן ⌈הגויש⌉ צו דעם טור, דא זיא ווארן היניין קומן. נון דער ערשט דער נישט אנדרש הט גיטון וִוידר עשן אונ׳ טרינקן, אונ׳ הט זיך לושן וואל זיין, אונ׳ האט קיין פענשיר נוייארט צו טון ווש זיינם לייב נוצן אונ׳ גוט וור. דא ער נון הרויש קאם אונ׳ אש דיא אנדריא שפייז אונ׳ איין אנדרר אייאר, דא הוב אים אן זיין בויך צו גישוועלן, דרום דש ער ניט גיוואונן קונט דען אייאר. אונ׳ וור קראנק אונ׳ שטארב. דר נוך ⌈קאם⌉ דער אנדר קאריגערט אז איין איזיל מיט זילבר אונ׳ גולד אונ׳ אבנים טובות. אונ׳ זאך שיר קיינם מענשן מער גלייך, אזו הט ער גיזורגט אום דש גרוש ממון וויא ערש הרויש וועלט ברענגן. דא ער נון קאם אן דש טור, דא קאמן דיא דרייא הויטר אונ׳ דר שרעקטן אין. אונ׳ נאמן אים אל דש מָמוֹן דש ער בייא זיך האט, אונ׳ לישן אין גֵין. אונ׳ דא ער בור דש טור קאם, דא קאמן
116 ע״א אויבר אין גזלנים אונ׳ נאמן אים אלז ווש דא אים אויבר גיבליבן וור, | אונ׳ שלוגן אין אונ׳ וואונדטן אין דר צו. דא גינג ער הין נאקיט אונ׳ בלוש אונ׳ גיוואונט דר צו. אונ׳ הט נישט מְיַיתֵר גיוועזן בון אל זיין זורג אונ׳ פאדיגה דיא ער גיטון הט ביז אל הער. אונ׳ וור ביטרויבט אונ׳ אילענד דש ער קיינם מענשן גלייך זך. אבר דער דריט דער וור ורוליך דא ער הורט דען בריב לייאן אונ׳ שפרך: ׳דש איז דער טג דרויף איך לנג גיהופט הב אונ׳ גיזוכט הב דש איך איין מול זול זעהן דען מלך אונ׳ פטרון בון דעם גארטן.׳ אונ׳ גידוכט דש אים דער הויטר אם טור הט גיזגט, דא ער היניין וור גאנגן. ער זולט גידענקן דש ער נישט וועך קוינן הרויש טראגן נוייארט ווש ער געשן אונ׳ גיטרונקן העט. דא גינג ער ביהענד אונ׳ נאם איטליכי אֲבָנִים טוֹבוֹת, דיא בישטן דיא ער וואושט, אונ׳ שלאנד זיא איין. אונ׳ גידוכט: מן ווערט מיר יא ניט אין דעם בויך זוכן. אונ׳ גינג הרויש ורווליך אונ׳ וואל גימוט. אונ׳ דא ער צו דעם טור קאם אזו מיט ורווליכם פָּנִים אונ׳ דיא הויטר זאהן אין, דא אנטפפינגן זיא אין אך מיט ורײדן אונ׳ לישן אין גֵין מיט שלום אונ׳ ורידן. דא ער

3 אחרי אבנים טובות נמחקה תיבת אונ׳

נון בור דש טור קאם, דא וואנד ער זיין אנדרן ברודר דער גינג ביטרויבט אונ׳
אילענד. אונ׳ גינגן אזו בֵיד מיט אנגדר ביז דש זיא קאמן אויף דען וועג דא זיא ווארן
קומן אונ׳ גינגן אזו ביז דש זיא שיר קאמן צו דעם פליש בון דעם מֶלֶך. דער ארים
טרופפא דער וואר מויד אונ׳ שטראק דש ער ניט מיט גין קונט אויף זיין בוישן;
אונ׳ קרוך אזו אויף אלי ביר הענד אונ׳ בויש, ביז ער קאם אן דש טור בון זיינם
ואטר דעם מלך. דא נון איין זאהן דיא הויטר אזו דיזגרציערט אונ׳ נבזה אונ׳ הט
ניט גישטאלט בון איינם מענשן, שפראכן זיא: ווש זול אזו איינר טון בייא אונז? אונ׳
116 ע״ב שטישן אין הין וועק אונ׳ וואלטן אין ניט איין לושן. | אונ׳ ער הוב אן צו שרייאן: ׳איך בין
איינר בון דש מלך קינדר. {אונ׳ ער הוט אונז הין וועק (הין וועק) גישיקט גיהאט אין
ווייטי לאנד. אונ׳ איצונד הוט ער אונז שיקן רופן אונ׳ איך הב מויזן קומן אויבר
מיין דאנק אונ׳ ווילן}.׳ אבר נימנט וואלט זיך אן זיין גישרייא קערן אונ׳ זגטן צו
אים: ׳ווער בישטו, דו בעטלר, צו קומן בור איין זוילכן מעכטיגן קויניג? גיא אין
שפידאל צו דען אנדרן ארמי אונ׳ לֵיג דיך אויף דען מישט אז פֶער טֶא צו גי־
הוירשט.׳ אונ׳ אזו מושט ער ארם אונ׳ אילענד דר בון גין אונ׳ קונט ניט קומן צו בור
דען מלך צו זעהן זיין אן גיזיכט. אונ׳ אז זיא אזו מיט דעם דוזיגן רֵידטן, דא קאם צו
גין דער אנדר. דער האט איין פנים אז איין מלך, ורויליך אונ׳ ורוא אונ׳ וואל
גישטאלט, שטארק אז איין ליב. דא זיא אין זאהן דא {ור וואונדרטן זיא זיך אונ׳}
זגטן: ׳ווער איז דער, דער דא קומט צו גיגן אונז אזו וואל גישטאלט אז איין
מלך?׳ אונ׳ זיא ורייאטן זיך מיט אים אונ׳ זיא האלזטן אין אונ׳ זיא קישטן אין אונ׳
שפראכן צו אים: ׳ווש איז דיין ביגער?׳ דא שפרך ער: ׳איך הב לנג קונשידרעט
וויא איך זול בור דען מלך קומן.׳ אז באלד נאמן זיא אין אונ׳ בוירטן אין בור דען
מלך. אז ער בור דען מלך קאם, דא בוקט ער זיך אונ׳ נויגט זיך גיגן אים אז איין
חָכָם וְנָבוֹן. אונ׳ ער גיביל דעם מלך גר וואל, אז דער פסוק זגט: הכרת פנים ענתה
בו, דש מיינט, מאן זיכט איינם אין זיינם פנים אן ווש ער איז. אונ׳ דער מלך ורוגט
אין וואו ער גיוועזן ווער אונ׳ וויא עש אים גאנגן ווער. אונ׳ ער דר צֵילט אים אלז
ווש אים גישעהן וור. ׳אונ׳ ליבר הער דער קויניג, דש לנד דא דו אונז הושט הין
גישיקט גיהאט, דש איז גר איין גוט לנד אונ׳ מאנקערט נישט דרינן.׳ אונ׳ דר צילט
אים בון דעם הויפשן זארדין, וויא אזו ויין ער פיאנטערט וואר מיט אלרלייא בעם
אונ׳ הויפשי פונטאני אונ׳ ברוני אונ׳ אלרלייא גוט אופש אונ׳ בויגיל אונ׳ חיות, |
117 ע״א דיא דרינן וואר. אונ׳ דא צוך ער אויז זיינם מויל דיא אבנים טובות אונ׳ פערליך,
דיא ער איין גישלונדן האט. אונ׳ שפרך: ׳זיך דש וינט מן אך אין דעם גארטן.׳

2 לפני ווארן נמחקה תיבת גאר   8 תיבות הין וועק נכפלו   18 אחרי זגטן תיבת דער מחוקה

23–24 הכרת פנים ענתה בו.– יש׳ ג:ט.

אונ׳ אים העט נישט גיברוכן, נוייארט דש ער העט גערן גיזעהן דען הערן אונ׳ פטרון בון דעם זרדין, דער אין אזו הויפש מיט אל דינג אורדינערט העט. דא נם דער מלך דיא אבנים טובות אונ׳ פערליך אונ׳ גיבוט, מאן זולט זיא אין זיין אוצר אויף הֵיבן, אונ׳ זגט: ׳דו הושט רעכט גיטון, אונ׳ הושט איין גוטי פאנטזיאה גיהאט. נון קום, איך וויל דיר ווייזן דען פטרון בון דעם זארדין, דען דו לנג גיזוכט הושט.׳ אונ׳ ער שטונד אויף בון זיינם שטול אונ׳ נאם אין בייא דער האנט אונ׳ צויכט אין בון איינר קאמר צו דער אנדרן, אונ׳ ער ענטוורט אים אויף אל דינג דש ער זיך ור וואונדרט אונ׳ ורוגט. אונ׳ ער זגט אים אלז ווש דא מויגליך וור צו ווישן.

דא ער נון אלז גיהוירט האט אונ׳ ור שטאנדן, דא וור ער קונטענט. אונ׳ הט נון גיבונדן ווש ער לנג גיזוכט אונ׳ קונשידרערט האט. אונ׳ דער מלך נאם אין אונ׳ זיצט אין בייא אנדרי שרים אונ׳ סיניורי דיא בייא אים ווארן.

נון דער מלך איז מלך מלכי המלכים הקב״ה, דש דיא גאנץ וועלט איז זיין. אונ׳ גיבט נימנט נישט, נוייארט (נון) ⟨נוך⟩ זיינם מעשים טובים דיא ער טוט. אונ׳ דיא דרייא קינדר זיין דיא לוייט. מן וינט לוייט דיא אל איר טג נישט אנדר טוינן נוך גידענקן, נוייארט אויף אירן לייב, אונ׳ עשן אונ׳ טרינקן אונ׳ לושן זיך וואל זיין. אונ׳ נעמן זיך בון טעמפו אונ׳ טוינן קיין מִצְוָה נוך מַעֲשִׂים טוֹבִים ניט. דיא זעלבן קומן גיוויש ניט בור דען מלך מַיִן. | 117 ע״ב אך וינט מאן לוייט דיא זיך אל איר טג קיין גוטש טון אונ׳ זורגן אונ׳ שטענטערן. ווען זיא שון ויל גוט אונ׳ געלט האבן, דוך זורגן זיא [....] אעלטר ⟨?⟩ [...]. אונ׳ בור גרושן זורגן טוינן זיא קיין גוטש ניט. דיא זעלבן מויזן אך שטערבן אונ׳ לושן אל איר געלט אונ׳ גוט דא הינטן. אך וינט מאן לוייט אויף ⟨דער⟩ וועלט, דיא זיך לושן אן דעם אירן בינויגן אונ׳ לעבן אונ׳ לושן זיך וואל ⟨גין⟩, אבר דר בייא זיין זיא גוטש בורכטיג אונ׳ גידענקן הינטר זיך אונ׳ בור זיך, ווש דא הר נוך קומן מג. אונ׳ טוינן ווש זיא קוינן אויף דער וועלט דש זיא אירן שכר טוב וינדן אויף יענר וועלט.

אונ׳ דער הויפש זארדין דש איז דער עוֹלָם הַזֶה. ער איז ברייט מיט אלרלייא. אידרמן וינט ווש ער וויל. אידרמן איז אין זיינר גיוואלט צו טון ווש ער וויל. טוט ער גוטש, זא וינט ער גוטש. אונ׳ דרום זול זיך איין איטליכר יוד צירנירן אויף דער וועלט ⌈צו טון⌉ מצות אונ׳ מעשים טובים, זא ווער ער קומן בור דען מלך מיט ורריידן אונ׳ ווערט זיצן בייא אנדרן צדיקים, דיא דא נֶהֱנָה זיין בון לויטרקייט דער שְׁכִינָה לעולם הַבָּא.

19 לפני אונ׳ בור גרושן שלוש תיבות בלתי־ברורות ומהן שתיים מחוקות 24 לפני יענר נמחקה תיבת דער 28 אחרי וועלט נמחקה תיבה ובמקומה בין השיטין צו טון / נו״ן סופית בתיבת ווער (= ווערן) נמחקה 30 מחצית דף 117 ע״ב נשארה חלקה

118 ע״א ...] טרינקן גינויגן. אונ׳ דא זיא נון וואל האטן געשן אונ׳ גיטרונקן, דא הוב דער רב
[69] אן אונ׳ זגט: ׳ליבן רַבוֹתַי, איך וויל אוייך זגן ווארום מיר אוייך איצונד גיפרייאט האבן. מיר וועלטן גערן אונזר טוכטר אויז געבן.׳ אונ׳ זגט אין דיא שְמוּעָה בון דער אַלֶף ביז אן דיא תָיו. וויא ער עש מיט זיינר רביצין גיהאט העט, אונ׳ זיא קוינטן זיך ניט איינן וועלכן מאן מן איר געבן זולט. זיינר שווישטר זון אודר אירש ברודרש זון. ׳דרום ליבי ורוינד, האבן מיר אוייך גירופן אונ׳ וועלן עש אן אוייך לושן וויא איר מאכט דש מיר זיא זולן געבן, דעם וועלן מיר זיא געבן, אונ׳ נימנט זול אוייך שטרופן אין דער זאכן.׳ אזו הישן זיא דען רב אונ׳ דיא רביצין אויז טרעטן אונ׳ זיא ווארן זיך מיט אנדר בירוטן איין לנגי וויל. אונ׳ זיא קונטן זיך אך ניט מיט אנדר איינן. איין טייל שפראכן, זיינר שווישטר זון. איין טייל שפראכן, אירש ברודרש זון. לסוף ווארן זיא זיך איין גוטי עֵצָה וינדן, דער זיא אל גוט דוינקט זיין.

1 במעשייה מס׳ 69 חסר דף (הסיפור מתחיל באמצע)

1 מעשייה מס׳ 69: מי זכה לכלת היופי? – בגלל החסר בכתב־היד (117 ע״א – 118 ע״א) מתחיל הסיפור באמצע. מקור הסיפור, שהוא מנכסי הסיפורת ביידיש, אינו ברור. כ״י אוקספורד, מהדורת ישראל לוי: Israël Lévi, 'Un recueil de contes juifs inédits', *REJ*, XXXIII(1896), pp.47–63,233–254; XXXV(1897),pp.65–83; XLVII(1903),pp.205–213 גאסטר, מס׳ 330; אוצר המדרשים, ב, עמ׳ 348 ואילך; מעשה בוך, מס׳ 224, הטקסט במלואו. סיפור ארוך שנשתלבו בו כמה מוטיבים ידועים ונפוצים בספרות הבינלאומית. מעשה בשני בחורי־חמד, אחד בן עשיר ואחד בן עני, הנשלחים למדינה רחוקה, ומי מהם שיחזור הביתה ועמו הסחורה הטובה ביותר הוא יישא את בתו היחידה של הרב, שהיתה יפת־תואר ונאה בהליכותיה. אחרי טלטולים רבים ומצוקות לאין־ספור חוזר הבחור העני בהצלחה רבה ובעושר גדול כשר העיר. בסופו של דבר הוא נושא את בת הרב היפהפייה, אהובת נפשו, ביום הנועד לכלולותיה עם בן העשיר. מוטיב א: מחזר אחרי אשה; העני (ועל־פי רוב הצעיר) זוכה בכלת היופי; B.E. Perry, *Aesopica*, Urbana 1952, No. 544; idem, *Babrius and Phaedrus*, London–Cambridge (Mass.)1965,pp.394ff.; שוארצבוים, עמ׳472, מס׳ 226. אצל פידרוס האלה וֶנוס מרחמת על המחזר העני והוא מצליח בדרכו, ובסופו של דבר זוכה לשאת את אהובתו ביום כלולותיה לעשיר; השווה: אארנה ותומפסון, 885; תומפסון, K 1371.1; N 721. מוטיב ב: הצלחת הגיבור בסחורה המשובחת ביותר; השווה: *REJ*, XXXV, pp. 67–76, No. 10; תומפסון, H 310; H 310.2; H 336. מוטיב ג נפוץ מאוד: העשבים או התפוח הנפלא שמרפאים את המצורעים; השווה: תומפסון, F 813.1; H 1333.3.1; D 1500.1.4.1. מוטיב דומה אנו מוצאים גם בסיפור מס׳ 204 במעשה בוך; השווה: מעשה־בוך (1969), עמ׳ 274, הערה. למוטיב הפרי המבריא את החולים השווה גם: וי״ר כב:ב; במ״ר, יח:יח; קה״ר ה:י. אארנה ותומפסון, 610; C* 613. בסיפורנו הבחור העני, התועה בדרך נדודיו ביער אפל, מוצא תפוח נפלא, ובו הוא מרפא את המלך הנואש מצרעתו. מכאן ואילך מאירה לו ההצלחה. המלך המאושר נותן לו את שכרו ביד נדיבה, בגדים, חמודות וכסף וזהב לרוב. אף הוא ממנה את הבחור לשר העיר שבמלכותו, שבה גרים הוריו העניים ואהובת לבו. וכך הוא חוזר לביתו ברוב פאר והדר ונושא את כלת־היופי לאשה. ומשום שהיה גדול בתורה זכה לגדולה זו, והמחבר מוסיף משלו: ועל זה אמר שלמה המלך: ׳כי טוב סחרה מסחר כסף׳ (מש׳ ג:יד). והוא מסיים את סיפורו במוסר־השכל מפורט ונאה; השווה: *Fabula*, VII (1965), p. 156, No. 653*C

2 גיפרייאט.– להזמין; השווה מפתח המלים בניב הגרמני העילי־הביניי, עמ׳ 207.

אונ׳ רויפטן דען רַב אונ׳ דיא רביצין צו אין, אונ׳ שפראכן: ׳מיר האבן זיך ניט אנדרש קוינן איינן אונ׳ ור גלייכן, דען אוייער ברודרש זון אונ׳ שווישטר זון, זיא זיין אלי בייד וואל ווירדיג דר צו. אוב איינר שון רייך איז אונ׳ דער אנדר ארים, עש ווער דרום נישט הֶפְרֵש. אבר ליבר רִבִּי אונ׳ וַר רביצין, אזו דונקט אונז אלן גוט זיין. איר זולט איטליכם צווייא הונדרט גוילדן געבן אונ׳ זולט זיא אלי בייד אויז שיקן נוך סְחוֹרָה. אונ׳ וועלכר עש אם בֵישטן ווערט שאפן אונ׳ דש זיין מַזָל בֵישר ווערט זיין, דעם זעלביגן זולט איר אוייער טוכטר געבן. אונ׳ איר זולט דען זמן בון דער ברוילפט אויבר איין יאר מאכן. אונ׳ ווער עש אין דעם יאר באַז ווערט שאפן אונ׳ דש זיין מַזָל גרוישר ווערט זיין, דער זול דיא ברויט היים בוירן.׳ דער רוט גיביל דעם רַב אונ׳ אך דער רביצין גר וואל. אבר אירר טוכטר גיביל ער ניט וואל, דרום דש מן איר דש ציל אזו ווייט האט גילֵיגט. איין גאנץ יאר ׳נוך׳

118 ע״ב צו ווארטן. | איך וויל אוייך דיא שמועה קירצן. דער רב שיקט נוך דען צווֵין בַחוּרִים אונ׳ מאכט מיט אין דיא תְּנָאִים, אונ׳ גב איטליכם צווייא הונדרט גוילדן אין בוייטיל, אונ׳ זיא זולטן אויז ציהן נוך סְחוֹרָה. אונ׳ וועלכר עש ווערט אם בֵישטן שאפן, דער זולט זיין טוכטר האבן. אזו ווארן דיא צווין בַחוּרִים זער ורוא אונ׳ נאמן דש געלט מיט ורײדן. אונ׳ איטליכר גידוכט אונ׳ מיינט, ער וואלט דש שוין מענש גיווינן. אזו צוהן זיא מיט אננדר אויבר יָם אונ׳ קאמן אין איין שויני שטט זיא מוכט ווינדיג גלייך זיין. דא הט מאן גר שוין זינג וייל. דעש רב שווישטר זון, דער קאפט אום זיין געלט ויל סעמיט אונ׳ זייד אונ׳ גוטי װאר, דש מיינט סחורה. אונ׳ דער רביצין ברודר זון דער קאפט אום זיין געלט אייטל אבנים טוֹבוֹת אונ׳ פערליך אונ׳ איידל גישטיין, דש אין דוכט זיא ווערן זער וואלבל אונ׳ דש ער גרוש גוט וועלט דרויש לויזן. לסוף, דא זיא איר געלט האטן אויז געבן, דא צוהן זיא ווידר מיט אננדר היים. אונ׳ אז זיא שיר אויף האלבן וועג קאמן, דא לאגן זיא אין איינר הערבריג. דא ווארן ויל שעלק אונ׳ גנבים אינן. זיא מערקטן דש דיא צווין בחורים האטן ויל ממון בייא זיך, אונ׳ מערקטן וואו זיא לאגן. אונ׳ אום דיא מיטר נאכט שטיגן זיא אין איר קאמר אונ׳ קאמן דען אָרמן בחורים אויבר אירי בוייטיל. אונ׳ נאמן אין אירי טעשן מיט דען אבנים טובות אונ׳ מיט אל דינג. צו מורגיש שטונדן זיא אויף אונ׳ דער ארים טרופפא וואלט זיין טעש אן טון, דא וור זיא ניט דא. דר נוך זוכט דער אנדר אך זיין טעש, דא וואר זיא אך ניט דא. ווער טריב גרוישרן יומר אז דער ארים טרופפא מיט דען אבנים טובות? אים טעט דער ור לושט ניט אזו וֵויא

4 אבר ליבר רבי אונ׳ ור רביצין = ורויא רביצין.

17–18 בספרו ששני הבחורים נסעו בים ונכנסו לעיר פלונית, עיר יפה, מוסיף המחבר: ׳זיא מוכט ווינדיג גלייך זיין.׳ מכאן, שהכיר את ויניציה, ואפשר שגם גר בה.

אז דש ער דש שוין מענש ניט זולט האבן, אונ׳ דיא חֶרְפָּה אונ׳ גרוש שאנד. אזו וואלט
דער ארים טרופפא בור שאנדן ניט היים ציהן. אונ׳ דער אנדר צוך אליין היים,
119 ע״א אונ׳ ברוכט זיין גוטי סחורה מיט זיך. דא ורוגטן זיא אין, וואו דער | אנדר ווער
גיבליבן. דא שפרך ער, ער ווער נוך דורטן גיבליבן אונ׳ העט ניט גיווישט וויש ער
קאפן זולט. אזו זגט מן אים דיא שוין פוילציל צו, זיא זולט זיין ווייב זיין. אבר דוך
מן זולט דיא ברוילפט ניט מאכן ביז צום יאר, אז דיא תנאים לויטטן. ויל לייכט
מעכט דער אנדר אך קומן. אבר דיא רביצין העט ליבר אירש ארמן ברודר זון
גיהאט, אונ׳ טורשט דוך ניט דש גלייכן טון. אונ׳ איר ארמר ברודר וור זיך נעביך
זער מצער אום זיין ליבן זון. ער מיינט, ער ווער נעביך אירגץ אום קומן.

נון לושן מיר דען חתן דא בלייבן בייא זיינר כַּלָּה אונ׳ וועלן איין ווייל זגן וויא עש
יענים ארמן טרופפן גינג. דא נון זיין גיזֵיל וור אוועק, דא שעמט ער זיך אזו היים צו
ציהן, אז איך בור גישריבן הב. נון בידוכט ער זיך ווש ער זולט טון. לסוף, בידוכט ער
זיך, ער וועלט אויז ⟨ציהן⟩ לערנן. אונ׳ הוב זיך אויף אונ׳ צוך צו דעם נָשִׂיא בון בָּבֶל
אונ׳ לערנט בייא אים. אונ׳ מן הילט גר נישט בון אים, דען ער הט דיא צורה ניט
דר נוך, אונ׳ גינג גר שלעכט צו רישן אונ׳ צו האדרט אז דיא ארמן טרופפן. איין
מול האטן זיא איין חִלּוּק אויף דער יְשִׁיבָה אונ׳ קיין בחור דער קונט עש ניט. אונ׳
דא עש צו דער נאכט קאם אונ׳ אידרמן וור שלופן גגן, דא שטונד מיין גוטר ארמר
בחור אויף אונ׳ שריב דען חלוק אן אן דיא וואנט. צו מורגיש שטונד דער רב ⸢נשיא⸣
אויף אונ׳ זך דש אן. אונ׳ נאם זיך גרוש וואונדר אונ׳ גידוכט: נון הב איך גימיינט,
מיינר בחורים קיינר זולט עש ור שטֵין. נון זיך איך וואל דש איך גרושי בחורים
חשובים האב אונטר מיינן בחורים. אונ׳ דא ער קאם אויף דיא ישיבה, דא ורוגט
ער ווער דען חלוק העט אן גישריבן. דא ענטוורט קיינר נישט, דען זיא וואושטן
נישט דר בון. דא זגט ער אבר איין גרושן חלוק אונ׳ ורוגט איין גרושי קַשְׁיָא, דא
וואושטן עש אבר דיא בחורים ניט. מיין גוטר ארמר בחור שטונד אבר אויף
119 ע״ב לאנצום בייא דער נאכט אויף אונ׳ שריב אין | אבר אן. צו מורגיש שטונד דער רב
אויף אונ׳ זך דען חילוק אבר אן גישריבן. דש נאם ער זיך אבר וואונדר. אונ׳ דא
ער אבר אויף דיא ישיבה קאם, דא ורוגט ער אבר ווער דש העט אן גישריבן. דא
זגטן אבר דיא בחורים זיא וואושטן נישט דר בון. אזו שוויג דער רב שטיל. אונ׳ זגט
אבר איין שטארקן חלוק אונ׳ ורוגט איין שטארקי קַשְׁיָא אונ׳ זיא וואושטן עש אבר
ניט. לסוף, דא עש נאכט וואר, דא גינג דער רב אונ׳ נאם איין נעגבר, דש מיינט
איין טריוועלין אונ׳ בורט איין לוך דורך דיא וואנט אין דיא שטוב היניין. אונ׳

30 נעגבר.– פירושו מקדח; לידו ניתן תרגום לאיטלקית: טריוועלין.

גידוכט: איך וויל דוך זעהן ווער דער איז, דער דש אן שרייבט. דא עש נון וואר דרייא שעות אין דער נאכט, דש דען ארמן בחור דויכטעט, אידרמן ווער נון גאנגן שלופן, דא שטונד ער אויף הינטר דעם אובן אונ׳ שריב דען חילוק אבר אן אן דיא וואנט. דש הט דער רב גיזעהן אונ׳ נם זיך גרוש וואונדר אונ׳ ווארטט קאם ביז עש טאגיט. אונ׳ אז באלד עש טג וואר אונ׳ ⟨ער⟩ אויף שטונד אונ׳ אויף דיא ישיבה גינג, דא נאם ער דען ארמן בחור אונ׳ זיצט איין אובן אן אויף דער ישיבה, אונ׳ נימנט וואושט ווש דש ביטוייטט. דא זגטן זיא חלוקים אונ׳ ווארן זער מְפַלְפֵל אז דער סדר איז. אונ׳ דער ארם בחור שוויג נעביך שטיל. דא הוב דער רב אן צו דעם ארמן בחור, ער זולט אך איצווש זגן. דא שפרך ער, ער וואושט נישט צו זגן, דען ער ור שטוינד נישט. דא וור דער רב גוֹזֵר אויף איין דש ער מושט זגן. אונ׳ ער הוב אן אונ׳ זגט, דש זיא אל דרום דיא מוילר אופן ור גאשן, אונ׳ דש זיא אל ניט ור שטונדן אונ׳ ניט וואושטן ווש ער זגט, אונ׳ נאמן זיך גרוש וואונדר. דא שפרכן דיא בחורים צו דעם רב, וויא ערש גיוואר העט גיווארן, דש ער אזו איין קוישטליך מענש ווער. דא זגט ער אין וויא ער ווער דער דיא חלוקים העט אן גישריבן, אונ׳
120 ע״א וויא ערש גיזעהן העט דורך איין נעגבר לוך. | אזו הילטן זיא אין גר קוישטליך. אונ׳ דער נָשִׂיא מאכט אים קוישטליכי קליידר, אונ׳ אידרמן וור אין זער מְכַבֵּד. אזו לערנט ער טג אונ׳ נאכט, אונ׳ דש ער וור אויבר דיא גאנץ ישיבה. איך וויל אוייך דיא שמועה קוירצן. דער נשיא דער האט גר איין הויפשי טוכטר דיא ליש ער אים רֵידן. דא הוב ער אן, ער ווער אירר ניט ווערט. אונ׳ ער וועלט זיא בון הערצן גערן נעמן ווען עש מוגליך ווער. ׳אבר איך קאן עש דענוך ניט טון, דען איך גֵיא מיט איינר אים קִנְיָין וואל ניין חֲדָשִׁים.׳ אבר ער זגט נישט וויא עש אים גאנגן ווער מיט דען אֲבָנִים טוֹבוֹת.

איין מול לאג דער בחור בייא איינר נאכט אונ׳ גידוכט אן זיין ליבן ואטר אונ׳ ליבי מוטר אונ׳ דש שיר דיא צייט גירייכט ווער בון דער ברוילפט, אונ׳ דש זיא ניט וואושטן וואו ער ווער אין דער וועלט. אונ׳ ערשט ווען יענר וְוארד ברוילפט טון דא וְוארדן זיא ערשט אן אין גידענקן אונ׳ ווארן גאנץ בון זינן קומן. אונ׳ בידוכט זיך גליך, ער וועלט היים ציהן אונ׳ וועלט אך אויף דער ברוילפט זיין. לייכט מויכט איך אך איין ביינלן ברעכן אודר נאגן. דא ער נון צו מורגיש אויף שטונד אונ׳ נוך דער יְשִׁיבָה, דא באט ער דען נשיא אונ׳ אל דיא בחורים זיא זולטן אים רשות געבן היים צו ציהן. דא וואלטן זיא אין לאנג ניט לושן ציהן, דען זיא האטן אין גר ליב. אזו באט ער זיא אזו לנג ביז דש זיא אים רשות גאבן. אזו ריכטט ער

10 אחרי רב נמחקה תיבת אן

זיך צו מיט ורביידן אונ׳ צוך זיין שטרוש. אונ׳ דער נשיא אונ׳ דיא גאנץ יְשִׁיבָה דיא
טעטן אים נוך לְוַיָה איין ווייטן וועג. דא ער נון רשות בון אין נאם, דא העט איר
גערן מויגן הוירן אונ׳ זעהן וויא זיא אין האלזיטן אונ׳ קושיטן. אונ׳ דער נשיא
בענשט אין. אזו גינג ער זיין שטרוש. אונ׳ ער וואושט ניט נוך וועג נוך שטעג אונ׳ גינג
וואל דרייא טג דש ער צו קיינם הויז ניט קאם. אונ׳ אם וירדן טג דא קאם ער אין
120 ע״ב איין גרושן וואלד. | אונ׳ ער גינג אין דעם וואלד אך וואל דרייא טג אונ׳ קונט ניט
אויז דעם וואלד קומן. אונ׳ אש נישט אנדרש נוייארט אייכלן, דש מיינט וואַנדי.
לסוף קאם ער צו איינם שוינן אפפיל באוים אונ׳ עש שטונדן שוינֵי אויפפיל דרויף.
דא ורייאט ער זיך גר זער, דען ער האט לאנג נישט געשן. אונ׳ ער שטיג ביהענד
אויף דעם באום אונ׳ בראך זיך ויל דער אויפפיל אב אונ׳ שטיג ווידר הירב. אונ׳
זֵיצט זיך נידר אונ׳ אש דיא אויפפיל. אונ׳ אז באלד ער ⌈זיא⌉ האט געשן, דא וואר
ער מצורע אויבר אל זיין לייב. דא מויכט איר וואל גידענקן וויא ער דען גרוישן
יומר טריב, אונ׳ אז וְוִיא דעם טרופפן וואר אין זיינם הערצן. עש הוט מויגן גוט ית׳
אים הימל דר בארמן. איך גלאב, ווען ער ניט אזו וואל העט קוינן לערנן, זא העט
הער זיך זעלברט גיטויט אין דעם וואלד. אזו גינג ער נעביך אין דען גרושן צָרוֹת
ווייטר, וואל דרייא טג און געשן. דא קאם ער אן איין אנדרן בוים. דא וואַרן אך
אויפפיל דרויף, נוך שוינר אז דיא בֿוריגן. נון וור ער זער הונגריג אונ׳ גידוכט זיך:
ליבר הער גוט בון הימל, ווש זול איך טון? ווען איך שון צו לוייטן קעם זא טוירשט
איך דוך ניט אונטר זיא גֵין. אונ׳ ווען איך שון צו ואטר אונ׳ מוטר קעם, זא וְוָורן
זיא זיך זער מְצַעֵר זיין אונ׳ וואורן זיך מיינר שעמן. ויל בישר ווער עש מיר, איך
בליב אין דעם וואלד. אונ׳ גידוכט, ייענֵי אויפפיל דיא איך געשן הב, בין אין דר
בון מְצוֹרָע גיוואַרדן. ווער איך בון דען אויפפל אך עשן, זא ווער איך ויל לייכט
גר שטערבן. אונ׳ גידוכט אך, ווען ער שון שטערב, זא ווער אים דוך בֵישר זיין
שטערבן וֵוידר זיין לעבן. אונ׳ דער הונגר דער טעט אים אך וֵויא, אונ׳ מיט דען
גידאנקן שטיג ער אויף דען בוים אונ׳ בראך זיך אבר אויפפל אב אונ׳ שטיג ווידר
היראב. אונ׳ זֵיצט זיך נידר אונ׳ נאם איין אפפיל אין זיין האנט אונ׳ זך אין אן אונ׳
121 ע״א גידוכט: זול איך דיך עשן אודר ניט. אונ׳ קערט אין הין אונ׳ הער. מיט דעם | שטיש
ער דען אפפיל אין דש מויל אונ׳ אָש אין. אונ׳ אז באלד ער דען אפפיל הט געשן,
דא וור ער ווידר הייל אונ׳ ויל שוינר אז ער בֿור וור גיוועזן. זא וור ער גר זער ורוֹא
אונ׳ גידוכט זיך, דש ווערט גוט זיין בור מיך. אונ׳ ליף ווידר הינטר זיך צו דעם

17 שעה שהבחור טעה ביער ולא היה לו מה לאכול, ׳אונ׳ אש נישט אנדרש נוייארט אייכלן׳. ׳אייכלן׳ הם אצטרובלים. ליד מלה זו בא תרגום לאיטלקית: וואנדי. נוסח זה אינו במעשה בוך.

באם דא ער בון ערשטן האט געשן, אונ׳ וואר דר בון מצורע גיווארדן. אונ׳ שטיג הינויף אונ׳ בראך אב וואל זֵיקש אויפפל אונ׳ הוב זיא וואל אויף. דר נוך גינג ער ווידר בור זיך ווידר צו דעם באוים דא ער ווידר ˹דר בון˺ גיהיילט וור. אונ׳ שטיג הינויף אונ׳ ריש זיך אב אך זיקש אויפפל אב. אונ׳ הוב זיא אך וואל אויף ביזונדר, אונ׳ מאכט זיך סימנים דראן. אונ׳ שטיג הראב אונ׳ הוב זיך אויף אונ׳ גינג זיין שטרוש.

דא גינג ער אבר דרייא אודר ויר טג אי ער אויז דעם וואלד קאם. אונ׳ דא ער נון אויז דעם וואלד קאם, דא זך ער בון וויטן גר איין גרושי ˹שוני˺ שטט בור אים ליגן. דער גוט בחור וואר ורוא אונ׳ הוב אויף זיין בְּריש אונ׳ גינג, אונ׳ קאם אין דיא שטט. דא הורט ער נימנץ אין דער שטט. אונ׳ ווען ער אימץ זך גֵין, דא גינגן זיא נוייארט בוקדיג, אונ׳ אייטל טרויאריגי לוייט זך ער. לסוף, ער קאם אויף איין פלאץ דא זך ער נימץ גֵין נוך שטֵין, נוייארט איין אלטן מן. דען ורוגט ער וואו איין ווירטש הויז ווער. דא וויז ער אים איין שוני אושטריאה. דא גינג ער הינַיין. דא ווארן זיא אך אל טרויאריג דרינן. דא גידוכט ער, טרויאריג הין אודר הער, איך מוש עשן. איך הב וואל אין עכט טאגן נישט געשן. אונ׳ מאכט זיך דען ווירט ברענגן עשן אונ׳ טרינקן. אונ׳ דא ער נון געשן אונ׳ גיטרונקן האט, דא ורוגט ער דען ווירט ווש דש ביטוייט דש מן אין דער שטט אזו טרויאריג ווער. דא שפרך דער ווירט: ׳ליבר ורוינד, זולן מיר ניט טרויאריג זיין? מיר האבן איין ורומן אֵידלן קוניג היא, דער
121 ע״ב איז מצורע גיווארדן, אזו הוט ער גישיקט נוך אלי רופאים | אונ׳ דוטורי, דיא ער אין אל זיינם לאנד הוט אונ׳ קיינר הוט אים קוינן העלפן.׳ דא גידוכט אים דער ארים בחור, דש ווערט גוט זיין בור מיך. אונ׳ שפרך: ׳ליבר הער ווירט, זייט גיבעטן אונ׳ מאכט מיך צו זיינר קויניגליכן גינודן קומן. ויל לייכט מויכט איך אים מיט דער הוילף גוטש איין גוטן רוט געבן דש ער מויכט גיהיילט ווערן.׳ דא זגט דער ווירט: ׳גוט דער איז מעכטיג, אבר עש ווער קאם מויגליך דש מן אים העלפן מויכט. דען עש העטן אזו ויל קוישטליכי רופאים אונ׳ דוטורי ור זוכט, אונ׳ העטן אים ניט קוינן העלפן. אבר דוך, ליבר ורוינד, דעניכטר ויל גערן וויל איך מיט אוייך צום קויניג גֵין, אבר גוט זול באז טרוישטן, דען איך אוייך טרוישט.׳ אזו בוירט אין דער ווירט אויף דש שלוש צו דעם אויברשטן הייבט מאן אונ׳ ˹דר˺ צילט אים דיא שְׁמוּעָה, אבר זיא טריבן איר גישפאט אל דרויש. דענוך נאם אין דער הייבט מן אונ׳ בוירט אין צום קויניג. דא ער נון בור דען קויניג קאם, דא ויל ער אויף זיין קניא אונ׳ זגט: ׳גינעדיגר הוך גיבורנר קויניג! מיר איז ווארן גיזגט וויא אוייער קויניגליכי גינודן גְרושי בישוערניש הוט איינר קרנקהייט האלבן. דא הב איך גיזגט, מיט הוילף דעש אלמעכטיגן גוט, וועלט איך אוייער קויניגליכן גינודן רוטן אונ׳ העלפן.׳ דא זאך אין דער מֶלֶךְ אן דיא ווייל ער אזו קלויגליך רֵידט, אונ׳ הוב אן

און׳ זגט: ׳ליבר זון, וועז דש גוט וועלט דש דו מיר קוינשט העלפן, זא וועלט איך דיר גערן האלב מיין קוניגרייך געבן. אבר איך בורכט מיך דו קאנשט ניט טון אז אל מייני דוטורי דיא איך אין מיינם לאנד הב.׳ דא שפרך ער: ׳גינעדיגר קוניג, איך וויל ור זוכן וש איך קאן. ווער ווייש, ויל לייכט ווערט מיר גוט דער אלמעכטיג דש גלויק געבן, דש איך אוייך העלפן ווער.׳ אזו שפרך דער ארים בחור: ׳איך וויל גֵין אין דיא שטט און׳ וויל דיא רְפואות צו ריכטן און׳ וויל אין איינר שטונד ווידר קומן.׳ אז⟨ו⟩ נאם ער רשות בון דעם מלך און׳ גינג בון אים. דא גינג ער אין זיינש ווירטש הויז און׳ נאם צווין אויפפיל, איין בויזן און׳ איין גוטן און׳ גינג אין איין
122 ע״א שפיציייעריאה און׳ נאם דען | אפפיל דא מן בון מצורע ווערט און׳ צו שניד אין אין צווייא טייל, און׳ ליש אין ויין אויבר ציהן מיט צוקר. דר נוך נאם ער אך דען אנדרן אפפיל דא מן בון הייל ווערט און׳ שניד אין אך צו וירטיל און׳ ליש אין אך וואל און׳ שוין אויבר ציהן מיט צוקר. און׳ נאם דיא אויפפיל און׳ גינג ווידר אויף דש שלוש צום קוניג. דא שפרך ער צו דעם קוניג: ׳גינעדיגר הער, זול איך מיין קונשט ור זוכן, זא מוז אוייער גינוד איין וייל ליידן האבן. אבר עש ווערט מיט דער הוילף גוטש באלד בֵישר ווערדן.׳ אזו גאב ער דעם קוניג איין האלבן אפפיל דא מן בון מצורע ווערט. און׳ אז באלד ער אין האט געשן, דא ווארד ער נוך מער מצורע אז ער בור וואר גיוועזן, און׳ טעט אים נוך ערגר אז בור. דא שפרך דער מלך מיט צורן: ׳איך הב מירש וואל בור גידוכט דש דו נישט קאנשט. דו הושט מיר מער וֵויא טג גימאכט אז איך בור גיהאט הב.׳ דא הוב דער בחור אן און׳ שפרך: ׳ליבר גינעדיגר קוניג, הב איך אוייכש דוך בור גיזגט, איר מוישט אוייך איין ווייל ליידן, דען איך מוז אוייך דש צורעת אויז דעם לייב טרייבן. דר נוך וויל איך אוייך מיט דער הוילף גוטש וייטר רוטן און׳ מיין קונשט ברויכן.׳ אזו מושט דער מלך שווייגן און׳ ליידן ביז צו מורגיש ורְויא. אן דעם אנדרן טג דא גב ער דעם מלך איין וירטיל בון דעם אפפיל דא מן בון היילט. און׳ אז באלד ער דש האט געשן, דא דויכט דען מלך עש ווער שון בישר און׳ לייכטר מיט אים גיווארדן. אזו גאב ער אים אל מורגיש ורויא איין וירטיל בון דעם אפפיל, און׳ אז באלד ער אין האט אויף געשן דא וור דער מלך גאנץ גיהיילט, און׳ וור ויל ריינר און׳ שוינר אז ער בור וור גיוועזן. דא וואר איין זוילכי ורייד אויף דעם שלוש און׳ אין דער שטט דש ניט צו זגן און׳ ניט צו שרייבן איז. איך קוינט עש ניט שרייבן אויף צֵיהן בֵויגן, דיא ורייד און׳ דיא כָבוֹד דש מן דעם בחור אן טעט. דא נאם אין דער מלך בייא

22 המחבר סימן שתי מלים מלמעלה באותיות א, ב; הקריאה הנכונה: גוטש הוילף

9 שפיציייעריאה.– מלה איטלקית. במעשה בוך: ׳אפטייק׳.

זיינר האנט אונ׳ שפרך צו אים: ׳ליבר זון, הייש אונ׳ ביגער ווש דו ווילשט. דש זול
122 ע״ב דיר אלז גיהאלטן אונ׳ גיגעבן ווערדן.׳ | אזו הוב ער אן אונ׳ שפרך: ׳גינעדיגר
קויניג, איך ביגער נישט בון אוייערר קויניגליכן גינודן, דען נוייארט לובט גוט דען
אלמעכטיגן דער אוייך גיהולפן הוט. אונ׳ איך ביגער אך אן אוייער קויניגליכי
גינודן נישט אנדרש נוייארט דש איר מיר אוייער הוילף דר צו טוט, גוט צו בור.
איך בין אויז דער שטט אפריקה אונ׳ איך וויש ניט וואו זיא אין דער וועלט איז,
אונ׳ איך בין איין יוֺד. אונ׳ עש איז אין דער זעלבן שטט איין קוישטליכר רב אונ׳
חכם דער הוט גר איין שויני טוכטר. אונ׳ אונזרר צווֵין האבן אום זיא גיווארבן, אונ׳
זיא זול ברוילפט האבן אויבר ויר וואכן מיט מיינם גיזֵילן. אונ׳ איך העט זיא אך
גערן גיהאט, דען זיא איז מיין ורוינדין. אונ׳ איך וויש דש זיא מיך אך ליבר העט
דען מיין אנדרן גיזֵילן.׳ אונ׳ דר צֵילט אים דיא גאנץ שמועה וויא עש אים גאנגן
ווער. אזו הוב דער מלך אן אונ׳ שפרך: ׳ליבר זון, שוויג אונ׳ הב איין גוטן מוט
אונ׳ זייא ורויליך. זיא מוז דיר ווערדן, דען דיא זעלביג שטט אפריקה דיא איז מיין,
אין מיינם מַלְכוּת. אונ׳ דיא יודן דיא דרינן זיין דיא זיין אך מיין. איך וויל דיר דיא
שטט שענקן אונ׳ אלז ווש דר צו גיהוירט. אונ׳ ווען דו מיין טוכטר ביגערשט, איך
וועלט דיר זיא ניט ור זאגן.׳ אזו שיקט דער מלך שְׁלוּחִים אין דיא זעלביג שטט,
מן זולט דש שלוש אויז רוימן אונ׳ דיא שטט שֹוֹן צו ריכטן, דען דער מלך העט דיא
שטט אונ׳ אלז ווש דר צו גיהוירט ור קאפט. דש טעטן דיא הערן בון דער שטט
אונ׳ ריכטטן דיא שטט גר שוין צו אונ׳ אך דש שלוש.

נון ריכטעט זיך דער בחור אך צו וואל מיט דרייא אודר ויר הונדרט פפערט, וואל
גיקליידט אונ׳ ארמערט, דען דער מלך הט אים גרוש מָמוֹן געבן, אז ער וואל אן
אים ור דינט האט. אונ׳ הט אים דיא שטט גישענקט דא זיין ליבי כלה אינן וור אונ׳
אלז ווש דר צו גיהערט, בון שלוישר אונ׳ דוירפר, אונ׳ טייכן אונ׳ ווייאר, דש וור
וואל איין האלב מלכות ווערט. אונ׳ דא עש קאם נוהנט צו דער ברוילפט וואוך,
דען ער וואושט דיא צייט וואל ווען דש יאר אויז וואר, ווען ער צילט אומנדר דש
123 ע״א עוֹמֶר. דא | נאם ער רשות בון דעם מלך אונ׳ צוך אין דיא שטט דיא אים דער מלך
הט גישענקט. דא קאמן אים אנ⟨ט⟩גיגן אל דיא שטט הערן אונ׳ אנטפפינגן אין אונ׳
ווארן אין זער מְכַבֵּד אונ׳ שענקטן אים איין שוינן דוֹרוֹן אונ׳ ריטן מיט אים ביז אויף
דש שלוש. דא ווארן דיא יודן נעביך אך הינויש גילופן אונ׳ האטן אין זעהן איין
רייטן. דא שפראכן זיא: ער ווער איין ויינר מאן אונ׳ שיינט איין ורום מענש זיין. דא
גינגן דיא יודן בון דער גאנצן קהילה צו אנגדר אונ׳ מאכטן איין מַסְקָנָה, זיא וועלטן
דען שַׂר אך מְכַבֵּד זיין, אונ׳ וועלטן הוירן אוב ער ורום אויף יהודים ווער. אזו נאמן
זיא איין ויינן שוינן בעכר אונ׳ לֵיגטן צוויינציג גילדן אן גולד אין דען בעכר אונ׳
גינגן הינויף אויף דש שלוש. אונ׳ דער רב דער וור דער אֵילטשט אונטר זיא אונ׳ ער

וור דער מֵלִיץ, אונ׳ הוב אן גר קוישטליך צו רֵידן. אונ׳ שפרך: ׳גינעדיגר הער, דא
אנטפפנגן דיך דיין ארמי יודליך, דיא דיין גינוד היא אין דער שטט הוט. אונ׳ ביטן
דיין גינוד דו וועלשט נוך גוט אויבר זיא דיין האנט האלטן אונ׳ בישויצן אונ׳
בישירמן, אונ׳ זיא וועלן דיין גיטרוייאי אונטר טעניגי דינר זיין. אונ׳ ביטן דיין
גינודן, דו וועלשט דיא שענקונג ור גוט אן נעמן אונ׳ ור גוט האבן, אז בון ארמי יודן
דיא אים גערן וועלטן דינן בייא טג אונ׳ בייא נאכט מיט אלז ווש ער אויף זיא
גיבֵויט, וועלטן זיא גערן גיהורזם זיין.׳ אזו זך זיך דער שר אום, אוב ער זיין ארמן
ואטר זעך. דא זך ער אין נעביך דורט שטֵין גאנץ צו רישן. דא הוב ער אן אונ׳
שפרך: ׳ליבי יודן, ווש איר מיך גיבעטן האט אונ׳ ביגערט האט, דש זול אויך
גיהאלטן ווערן. עש זול אויך קיין לייד גישעהן, נייארט הלטט אוייערן גלאבן
בור אוייך וויא איר אין בון אֵילטר הער הט גיהאלטן. איך ביגער אוייך אין ניט צו
שוועכן נוך צו ברעכן. אונ׳ דיא שענקונג דיא איר מיר וועלט שענקן, דיא געבט
123 ע״ב בון מיינן וועגן ייענים ארמן יודן,׳ אונ׳ וויז אויף זיין ואטר, | ׳דען איך זיך ער אישט
איין ארמר אלטר מאן.׳ דא שפרכן זיא: ׳מיר וועלן עש גערן טון.׳ אזו נייגטן זיא
זיך אל בור אים אונ׳ דאנקטן אים גר זער, אונ׳ וואלטן רשות נעמן. דא הוב דער
שַר אן אונ׳ שפרך: ׳ליבי יודן. ווען איר ווערט איין בישניידונג האבן, דש מיינט
איין בְרִית מִילָה, אודר איין ברוילפט אונטר אוייך, זא לושט מיכש אך ווישן. זא
וויל איך אך דר צו קומן.׳ דא הוב דער רַב אן אונ׳ שפרך: ׳ליבר הער, איך ווער
דיא וואוך מיינר טוכטר ברוילפט מאכן. ווילש אוייער גינודן צו ווישן טון ווען מיר
זיא ווערן צו אנגדר געבן.׳ דא שפרך דער שר: ׳ליבר יוד אונ׳ רבי, דיגרצייה,
רויף מיך דר צו אונ׳ ור גיש עש ניט, אונ׳ געב דיר גוט וויל גלויק דר צו.׳ דער רב
שפרך: ׳יא׳. אונ׳ זיא נייגטן זיך אל בור אים אונ׳ נאמן רשות בון אים אונ׳ גינגן
ווידר היים. אונ׳ לובטן גוט דש ער אין אזו איין ורומי שְרָרָה הט בישערט. אזו
ריכטט זיך דער רב גר קוישטליך צו אויף דיא ברוילפט אונ׳ דער חתן אך, דען
ער מיינט דיא ברויט היים צו בוירן. דא גידוכט נעביך יענר ארים ואטר אן זיין
ליבן זון אונ׳ שפרך צו זיינם ווייב: ׳נון האבן מיר גימיינט אונזר ליבר זון זולט האבן
גינומן מיינר שווישטר טוכטר. נון איז עש בעונות הרבים ניט בישערט גיוועזן. אונ׳
ער איז בעונות, האלט איך, דר דורך אום זיין לעבן קומן, דש מיר אין איינם גאנצן
יאר נישט בון אים האבן גיהורט.׳ אזו ווארן זיא זיך נעביך זער מְצַעֵר.
אונ׳ דא עש קאם אם ורייטג דש מן זולט דיא כַלָה אונטר דיא חופה בוירן, דא גינג
דער רב ׳זעלברט׳ וואל זעלב וירד אויף דש שלוש נוך דעם שַר, ער זולט צו דער
חופה אונ׳ קידושין קומן. אזו שפרך ער: ׳גיט הין בור אוייך. איך וויל אזו באלד
קומן אונ׳ ווארטט אויף מיך מיט דען קידושין.׳ אזו גינגן זיא הין. אונ׳ אזו ריכטט
זיך דער שַר, דער גוט בחור, צו אין אייטל סעמיטי קליידר אונ׳ טעט גוילדני |

124 ע״א קעטן אן האלדז אונ׳ איין גרוש גיבונט מיט וינגרליך דראן, אונ׳ גינג אך צו דער
חופה מיט איינם גרושן בולק נוך. דא הט מן שון דען אנדרן חתן אונטר דיא חופה
גיבְוירט. דר נוך גינג מן נוך דער שוינן כלה אונ׳ ברוכט זיא אך צו בוירן מיט גרושר
שִׂמְחָה. דיא וואר זער שוין אונ׳ צימליך אז איין יודישי מַלְכָּה. דא נון דיא כלה דא
וור, דא נאם דער רַב איין בעכר מיט ווין אונ׳ וואלט דיא ברכה מאכן אונ׳ וואלט
דיא קידושין געבן. דא הוב דער שר אן אונ׳ שפרך: ׳רבי, שווייג שטיל איין ווינציג
אונ׳ לוש מיך בור איין ווארט אודר צווייא רֵידן.׳ דא שפרך דער רַב מיט בורכט:
׳ליבר הער, ווש איר גיביט דש זול זיין.׳ דא הוב דער שר אן אונ׳ שפרך: ׳דיא דוזיג
ברויט איז מיין, אונ׳ דש וויל איך ווייזליך אונ׳ וואר מאכן.׳ אונ׳ הוב אן אונ׳ זגט
אלי ווארט צייכן, וויא דש ער ווער דער ארים בחור, אונ׳ ווער דער רביצין
ברודר זון. אונ׳ צוך הרויש זייני תנאים אונ׳ מאכט זיא לייאן, אונ׳ אז זיא לויטטן
אזו וועלט ער זיך האלטן. מן זולט יודיקערן וועלכר דער עש באז העט גישאפט
׳עש זייא מיט געלט אודר עש זייא מיט לערנן וואו מיט ער וועלט׳, מיט דען צווייא
הונדרט גוילדן, דער זולט דיא ברויט היים בוירן. אונ׳ דרום הופט ער, ער וועלט
דער חתן זיין אונ׳ דיא כלה אנטשפוזן כדת משה וישראל.

אזו גינגן דער רב אונ׳ רביצין אונ׳ אל אירש קרובים אונ׳ גוטי ורוינד צו אנדר, אונ׳ זיא וואושטן נישט אנדרש אויז צו שפרעכן, דען מן זולט אים דיא כלה געבן, אונ׳ מיט אים דיא ברוילפט מאכן, דען ער העט עש אם בישטן גישאפט מיט דען צווייא הונדרט גוילדן. דען דיא תורה איז בישר אז אלי מרקאדנציאה. אז שלמה המלך הוט אך גיזגט: כי טוב סחרה מסחר כסף. אזו מושט דעש רב שווישטר זון בְחֶרְפָּה אוועק גֵין אונ׳ דיא כלה לושן שטֵין. אונ׳ מן גב זיא דעם שַׂר מיט גרושן ורײדן אונ׳ גרושר אֵיר. ווער וור ורויליכר אז זיין ארמר ואטר אונ׳ מוטר? אונ׳ רב אונ׳ רביצין אונ׳ דש גאנץ קהל דש וור ורויליך. אונ׳ יענר חתן דער וור טרויאריג. |
124 ע״ב דיא חרפה טעט אים ניט אזו וֵויא אז אים טעט וֵויא דש ער אזו איין שוין מענש ור
לירן זולט. אונ׳ דוך דורשט ער ניקש רֵידן.

אזו בוירטן זיא דיא כלה אויף דש שלוש אונ׳ מאכטן דיא ברוילפט מיט גרושן ורײדן. איך האלט, זינט שלמה המלך צייטן, קיין גרושרי ורייד אונטר יודן ניט איז גיוועשט אז דא. אזו זול אונז גוט דער אלמעכטיג ׳לושן׳ גרושר שמחה אונ׳ ששון דר לעבן. אונ׳ זול אונז קינדר געבן, דיא דא זולן זיין חֲכָמִים וּנְבוֹנִים, לְהָבִין וּלְהַשְׂכִּיל בְּכָל הָעִנְיָנִים. אונ׳ זולן זיין גיצירט מיט תּוֹרָה אונ׳ מַעֲשִׂים טוֹבִים אונ׳ אך מיט כְּסָפִים וּזְהָבִים. אונ׳ זול אונז משיח באלד זענדן אונ׳ דר לויזן אויז דעם גלות ביהענדן. אונ׳ זול אונז דש בית המקדש ווידר בויאן. וכן יהי רצון אמן טרויאן. דש זול גישעהן איין אונזרן טאגן. דרויף זולט איר אל אמן זגן. סליק. א״ס–א״ס–א״ס.|

20 כי טוב סחרה מסחר כסף.– מש׳ ג:יד.

130 ע״ב איין מַעֲשֶׂה. דש זגט וויא ר׳ עֲקִיבָא דער גינג איין מול אויבר וועלד אונ׳ ער קאם
[70] אויף איין בית הַקְבָרוֹת. דא ביגיגט אים איין מענש, דער וואר נאקיט אונ׳ בלוש אונ׳ שווארץ אז איין קוֹל. אונ׳ ער טרוג אויף זיינר אקשיל איין גרושן לאשט הולץ, אונ׳ ליף דר מיט אז איין פפערד. אז ער איין זך אזו לאפן, זא רויפט ער איין אונ׳ ער ליף בור זיך. דא שפרך ר׳ עקיבא צו אים: ׳איך בין גוֹזֵר אויף דיך דש דו שטיל שטֵישט. איך הב מיט דיר צו רֵידן.׳ דא שטונד ער שטיל. דא שפרך ר׳ עקיבא צו אים: ׳ווארום טושטו אזו איין שווערי מְלָאכָה! בישטו איין קנעכט אונ׳ דיין פטרון מאכט דיך אזו פַּאדִיגָה טון? קום מיט מיר, זא ווערשטו ניט אזו עֲבוֹדַת פֶּרֶךְ טון.׳ דא שפרך ער צו אים: ׳ליבר, איך ביט דיך, האלט מיך ניט אויף אונ׳ לוש מיך גֵין דש מיין ממוּנִים ניט אויבר מיך צוירנן.׳ דא שפרך ער: ׳ווער זיין דיין ממוּנִים, אודר ווש הושטו גיטון?׳ דא שפרך ער: ׳איך בין איין מֵת, אונ׳ אל טג דא שיקט מן מיך אזו איין לאשט הולץ צו הויאן אונ׳ צו ברעגנן אונ׳ צו ור ברענן.׳ דא שפרך ר׳ עֲקִיבָא: ׳מיין ליבר זון, ווש בישטו גיוועזן אויף דער וועלט?׳ דא זגט ער:

1 חצי דף 124 ע״ב ודף 125 ע״א חלקים; מדף 125 ע״ב עד דף 130 ע״א כתובה הפואימה ׳יודישר שטאם׳ (עקידת יצחק), שאנשל לוי הכניס לתוך אוסף־הסיפורים שלו; בדף 130 ע״ב הוא חוזר לסיפוריו

1 מעשייה מס׳ 70: ר׳ עקיבא והמת.– השווה: כלה רבתי, ב. חיבור מעשיות, מס׳ 15; מדרש עשרת הדברות, ז; ביהמ״ד, א, עמ׳ 80–81; אור זרוע, הלכות שבת, ב, פ״ג; תנא דבי אליהו זוטא, יז; זוהר חדש, לך לך; נסים, עמ׳ קד (ועיין בהערתו של הירשברג, שם); גאסטר, מס׳ 134, עמ׳ 212. כ״י אוקספורד, Or. 135; גם בכי״א (יידי) Can. Or. 12; מעשה בוך, מס׳ 146. טיפוס בינלאומי השווה: אארנה ותומפסון, *760; 840. בטקסט העברי באה הנמקה לעונשו של המת: בעילת נערה מאורסה ביום־הכיפורים. והשווה: אוצר מדרשים, עמ׳ 457–458; וראה גם: צונץ, עמ׳ 304–305, הערה 61. ר׳ עקיבא עושה תיקון לנשמת המת החוטא על־ידי שהוא מלמד את בנו־יתומו תפילת ברכו וקדיש, וכך ניצל המת מדינו של גיהינום. ייתכן, שיש כאן סיפור אטיולוגי חיצוני על מנהג מאוחר של קדיש יתום, ועל כך רומז המחבר בחיבורו (לעיל, עמ׳ 118). לדעת ב׳ הלר (השווה: הלר, ד, עמ׳ 328) המעשה טבוע במטבע נוצרי. נוסחאות שונות לסיפור זה: (א) המת נענש על שבעל נערה מאורסה ביום־הכיפורים; (ב) בחייו היה גבאי־צדקה, נושא פנים לעשירים ומקפח את העניים; כך גם גירסתו של בעל אור זרוע. בניגוד לנוסחה א, יש בגירסת המחבר מוטיב סוציאלי מובהק: נשיאת־פנים לעשירים, עשיית עוול לעניים. מוטיב נוסף: שיכחת הלומד. ר׳ עקיבא מלמד את הנער קריאה ותפילה, אבל הלה שוכח את תלמודו. ר׳ עקיבא מתענה ארבעים יום עד שלמד, דוגמת ארבעים יום שעשה משה במרומים. השווה שמ״ר מא:ו: ׳כל מ׳ יום שעשה משה למעלה היה למד תורה ושוכח... משהשלים מ׳ יום נתן לו הקב״ה את התורה במתנה.׳ ראה גם מוטיבים בינלאומיים: תומפסון D1365.11; D2000; D2004.1.

סטיות בגירסות

	שם המת	אשתו	שם המקום
הנוסח שלפנינו	עקיבא	שוינלן	לודקיא
כ״י אוקספורד	עקביא	שושנה	לודקיא
חיבור מעשיות	עוקבא	שושיבא	לנוקעה
גאסטר, ס׳ המעשיות	עקיבה	שישנא	לדקיה

׳איך בין גיוועזן איין גרושר עָשִׁיר אונ׳ איך בין איין דַיָּין גיוועזן. אונ׳ איך בין גיוועזן ראש הַקָהָל אונ׳ פַּרְנָס, אונ׳ איך הב נוֹשֵׂא פָּנִים גיוועזן דען עֲשִׁירִים אונ׳ הב אין אל מול רעכט געבן וועז זיא זיין קומן בור מיר לְדִין. אונ׳ הב אל מול דען עֲנִיִּים אונרעכט געבן וועז זיא שון האבן רעכט גיהאט. אונ׳ דרום מוז איך אזוליידן.׳ דא שפרך ר׳ עֲקִיבָא צו אים: ׳הושטו ניט גיהוירט בון דיין מְמוּנִים, אוב דו העשט איין תַּקָנָה, דש מן דיך קוינט דר לויזן.׳ דא שפרך ער: ׳דיגרציא, לוש מיך גֵיין אונ׳ האלט מיך ניט מֵיין אויף. דען דיא תַּקָנָה אונ׳ רֵימֵידְיין | [131 ע״א] דיא איך גיהוירט הב, איז ניט מויגליך דש איך זיא האבן קאן.׳ דא שפרך ער צו אים: ׳זג מיר, ליבר זון, ווש דא איז דיין תַּקָנָה, אפשר איך ווער דיר זעהן צו העלפן.׳ דא שפרך ער: ׳זיא האבן גיזגט, ווען איך העט איין זון דער דא אין דער שול קוינט זגן קַדִּישׁ אונ׳ בָּרְכוּ, אונ׳ דש קהל זגט דרויף אָמֵן, אזו באלד ווער איך דר לויזט בון דעם פורענות. אונ׳ איך בין גישטורבן אונ׳ הב קיין זון גילושן, נוייארט איך הב מיין ווייב טראגנדיג גילושן. אונ׳ איך ווייש ניט אוב זיא איין זון אודר איין טוכטר הוט גיהאט. אונ׳ וועז זיא שון איין זון העט גיהאט, דא הוט אין גיוויש נימנט נישט גילערנט. דען איך הב קיין ורוינד אויף דער וועלט גיהאט, אונ׳ אידרמן הוט מיך ויינט גיהאט.׳ דא וור ר׳ עקביא מְקַבֵּל אויף (אויף) זיך, ער וועלט גֵיין אונ׳ זויכן אוב זיין ווייב העט איין זון גיהאט. דא וועלט ער אין לערנן דש ער קוינט קדיש אונ׳ ברכו זגן.

דא שפרך ער: ׳וויא היישטו(טו)?׳ דא שפרך ער: ׳איך הייש עְקִיבָא.׳ ׳אונ׳ וויא היישט דיין ווייב?׳ דא שפרך ער: ׳זיא היישט שוינְלְן.׳ ׳אונ׳ וויא היישט דיא שטט, דא דו דא היים בישט?׳ דא שפרך ער: ׳לוֹדְקִיָא׳. דא וור זיך ר׳ עקיבא זער מצער אונ׳ הט רחמנות אויבר אין. אונ׳ גינג אזו לנג ביז ער קאם אין דיא זעלביג שטט, אונ׳ ער ורוגט דיא לוייט וואו איז דער פלוני הין קומן. דא זגטן זיא אל: ׳שֵׁם רְשָׁעִים יִרְקָב, ער איז לנג גישטורבן.׳ אונ׳ זגטן אים וויא ער דיא עניים אזו זער מְצַעֵר העט גיוועזן אונ׳ העט זיא קיין רעכטן פְּסַק געבן. דא ורוגט ער: ׳וואו איז זיין ווייב הין קומן?׳ דא זגטן זיא: ׳זיא זיצט דורט אין אירם הויז אונ׳ נימנט גֵיט צו איר בון אירש מאנש וועגן.׳ | [131 ע״ב] דא גינג ער צו איר אונ׳ ורוגט זיא וויא עש איר גינג אונ׳ ווש זיא בור קינדר העט. דא שפרך זיא, זיא העט נור איין זון, דער ווער גיבורן ווארן דר נוך דש איר מאן טוט ווער. אונ׳ ער ווער נוך ניט גיודישט. ׳דען מיין מאן איז אזו גר אויבל גיוועלט גיוועזן, אונ׳ אידרמן הוט אין ויינט גיהאט, דש נימנט הוט וועלן צו מיר קומן אונ׳ נימנט הוט וועלן דען בְּרִית מאכן.׳

דא גינג ר׳ עְקִיבָא אונ׳ נאם דש קינד אונ׳ יודישט עש אונ׳ לערנט מיט אים לנג צייט. אונ׳ קונט נישט אין עש ברענגן. עש קונט ניט איין אלף זגן. דא וואר זיך ר׳ עקיבא

32 אחרי דא במחקה מלה משובשת ייא

23–22 שם רשעים ירקב.– מש׳ י׳:ז.

נוך מער מְצַעֵר אונ׳ ואשטט וירציג טג נוך אנדר, דרום דש דש קינד זולט איצווש לערנן, דש עש קוינט קַדִיש אונ׳ בָּרְכוּ זאגן. דא קאם איין בַּת קוֹל אונ׳ זגט צו ר׳ עקיבא: ׳בון דיש קינדש וועגן בישטו דיך אזו זער מְצַעֵר.׳ דא שפרך ער: ׳הער אל ⟨דער⟩ וועלט, איך ואשט פֶּער אַמוֹר וָאשְׁטַר.׳ דא הט הקב״ה רחמנות אויבר אין אונ׳ טעט דעם קינד דש הארץ אויף אונ׳ ער הוב אן צו לערנן אַלֶף בֵּית אונ׳ דר נוך קְרִיאַת שְׁמַע אונ׳ בענשן, אזו ויל דש ערש בוירש אין דיא שול אונ׳ מאכט עש קדיש אונ׳ ברכו זגן, אונ׳ דש קהל ענטוורט אמן אונ׳ ברוך ה׳ המבורך. אזו באלד וורד דש מת דר לויזט בון דעם פורענות אונ׳ עש קאם צו ר׳ עקיבא אים חלום אונ׳ זגט צו אים: ׳עקיבא, עקיבא, הקב״ה זול דיינר נְדָמָה אך אזו הֲנָאָה טון, אז דו הושט מאכן רואן מיין לייב אונ׳ מיין נְשָׁמָה.׳ אונ׳ זגט דען פסוק: ה׳ שמך לעולם, ה׳ זכרך לדור ודור.

אונ׳ דא בון איז אויף קומן דש מן דש קליין קדיש לושט זגן דיא אבלים. אונ׳ דיא דא קיין ועטר נוך מוטר האבן, דיא הייסן יְתוֹמִים. אונ׳ מן הייסט אך דש קדיש, קַדִישׁ יָתוֹם.

השם ינחמנו וישלח משיחנו ויוליכנו קוממיות לארצינו.

א״ס. א״ס. א״ס. |

132 ע״א ר׳ אליעזר זיין ואטר הורקנוס דער וור זער רייך, אונ׳ הט ויל קנעכט אונ׳ מייד.

[71] איין מול שיקט ער זיין קנעכט צו אקרן דיא ועלדר דיא גוטן אים פלין אונ׳ פייאנוירי. אונ׳ זיין זון אליעזר מאכט ער אקרן אין דען בערגן אונ׳ אין דען שטיינן. דא זאש ער אונ׳ וויינט גר זער. דא קאם זיין ואטר אונ׳ שפרך: ׳ווארום וויינשטו, דרום דש דו אַקרש אין דען שטיינן? שווייג, איך וויל דו זולשט אקרן אך אין דער פייאנורה.׳ אז ער נון קאם אין דיא פייאנורה, דא (דש) ⟨זש⟩ ער ווידר אונ׳ וויינט. דא קם זיין ואטר אונ׳ שפרך: ׳ווארום וויינשטו נון? ביז⟨ט⟩ דו דיך מצער דרום דש דו אַקרש⟨ט⟩ אין דער פייאנורה?׳ דא שפרך ער: ׳ניין׳. ׳ווארום וויינשטו דען?׳ דא שפרך ער: ׳איך ויין, דרום איך וועלט גערן תּוֹרָה לערנן.׳ זא שפרך ער צו אים: ׳דו בישט נון צו אלט דר צו, דען דו בישט עכט אונ׳ צווינציג יאר אלט אונ׳ ווילשט אן הֵיבן תורה צו לערנן? גיא הין אונ׳ נעם איין וייב אונ׳ ווערשטו קינדר האבן אונ׳ מאך זיא לערנן.׳

דא גינג ער אונ׳ ואשטט צוואו וואוכן ביז דא קאם צו אים אליהו הנביא אונ׳ זגט:

10–11 ה׳ שמך לעולם, ה׳ זכרך לדור ודור.– תה׳ קלה:יג.
12–14 בהערת־ביניים על הנוהג של קדיש יתום מסיים המחבר את סיפורו בסגנון האופייני לו.
17 מעשייה מס׳ 71: תחילתו של ר׳ אליעזר בן הורקנוס.– השווה: סנהדרין סח ע״א; פדר״א, א, ב; אדר״נ, נ״א, ו; נ״ב, יג; בר״ר מב:א; ילק״ש, בראשית, רמז עב; גאסטר, מס׳ 170; תנחומא, מהדורת בובר, לך לך, י.

׳זון הורקנוס, ווארום וויינשטו?׳ דא זגט ער: ׳איך ווע‍לט גערן תּוֹרָה לערנן.׳ דא זגט ער צו אים: ׳הושטו לושט צו לערנן, זא גֵיא גֵין ירושלים צו ר׳ יוחנן זון זכאי. דער ווערט דיך תורה לערנן אז ויל אז דו ווערשט וועלן.׳ אזו הוב ער זיך אויף אונ׳ צוך דר בון אוֹן רשות בון זיינם ואטר אונ׳ קם גין ירושלים צו ר׳ יוחנן אונ׳ וויינט. דא זגט ער צו אים: ׳איך וועלט גערן תּוֹרָה לערנן אונ׳ דרום בין איך קומן.׳ דא זגט ער: ׳וֵויש זון בישטו?׳ דא וואלט ער אימש ניט זגן. דא זגט ער צו אים: ׳הושטו ניא גילערנט זגן קריית שמע ⌈אונ׳ שמנה עשרה⌉ אונ׳ בענשן?׳ דא זגט ער: ׳ניין׳. דא זגט ער: ׳שטֵיא אויף, איך וויל דיך זיא אל דרייא לערנן.׳ דא זש ער אבר אונ׳ וויינט. דא שפרך ער: ׳איך וועלט גערן תורה לערנן.׳ דא זגט ער אים צוואו הִלְכוֹת דיא גא‹נ›צי וואוך אונ׳ הט צו שיקן מיט אים דש ער זיא קונט. דא ואשטט ער אבר עכט טג ביז אים איין בויזר גישמאק גינג אויז זיינם מויל, דש איין ר׳ יוחנן מאכט ווייט בון אים זיצן. דא וויינט ער אבר אונ׳ שפרך: ׳דו הושט מיך ווייט בון דיר גיזיצט, אז ווען איך ווער איין מצורע אונ׳ איין גרינדיגר.׳ דא שפרך ער: ׳אז וואל אז דער גישמאק בון דיינם מונד איז קומן בור מיר, אז‹ו› זול אך דער גישמאק בון דיינם לערנן אויף גֵין צו בור הקב״ה.׳ אונ׳ זגט צו אים: ׳ליבר זון, זג מיר ווער בישטו?׳ דא זגט ער: ׳איך בין זון בון הורקנוס.׳ דא זגט ער: בישטו אזו | בון קושטליכן לוייטן אונ׳ גדולי עולם, ווארום הושטו מירש ניט גיזגט? איך וויל 132 ע״ב
דו זולשט הוייט מיט מיר עשן.׳ דא זגט ער: ׳איך הב געשן אין מיינר הערבריג.׳ [72]
דא זגט ער: ׳וואו איז דיין הערבריג, וואו דו הושט געשן?׳ דא זגט ער: ׳איך הב מיין הערבריג בייא ר׳ יְהוֹשֻׁעַ זון חֲנַנְיָה אונ׳ ר׳ יוֹסִי דער כֹּהֵן.׳ דא שיקט ער ורוגן ר׳ יהושע אונ׳ ר׳ יוסי: ׳הוט ר׳ אליעזר (הוט) בייא אוייך געשן?׳ דא זגטן זיא: ׳ניין. עש איז אך עכט טג דש ער נישט געשן הוט בייא אונז.׳

אונ׳ דר נוך אז ער וור גיצוהן גֵין יְרוּשָׁלַיִם, דא זגטן זייני ברוידר צו אירם ואטר: ׳גֵיא גֵין יְרוּשָׁלַיִם אונ׳ אנט ירש דיין זון אליעזר דש ער נישט זול יַרְשְׁן בון דיינם גוט, דרום דש ער אזו איז אוועק גיצוהן אונ׳ הוט נימנט נישט גיזגט.׳ דא הוב זיך אויף דער הורקנוֹס אונ׳ צוך גֵין ירושלים אונ׳ וואלט מְנַדֵּה זיין זיין זון אליעזר, דש ער זולט נוימר קיין הנאה האבן בון זיינם מָמוֹן. דא קאם ער גלייך אז ר׳ יוחנן הט איין גרושי סְעוּדָה גימאכט, אונ׳ זאשן אל דיא קוישטליכן בון לנד בור אים. נַקְדִּימוֹן זון גוּרְיוֹן, בֶּן כַּלְבָּא שְׂבוּעַ, בֶּן צִיצַת הַכְּסַת. דש ווארן דיא דרייא רייכשטן דיא דא ווארן אין גאנץ אֶרֶץ יִשְׂרָאֵל. אז זיא אם טיש זשן, דא קאם דיא שְׁמוּעָה, עש איז קומן דער ואטר בון ר׳ אליעזר. דא זגט ער: ׳מאכט אים איין אורט.׳ אזו מאכט ער אין בייא זיך זיצן. דא זאך ער אומדר אן זיין זון ר׳ אליעזר אונ׳ ליש

7 קריית שמע צ״ל קריאת שמע 29 בן ציצת צ״ל בן ציצית

קיין אג בון אים. דא זגט ר׳ יוחנן צו ר׳ אליעזר: ׳טו דיין מויל אויף אונ׳ זג אונז איצווש אויז דִבְרֵי תוֹרָה.׳ דא זגט ער: ׳ווש זול איך זגן? דען איך בין גלייך אז איין ברונן דא מן דש ווַשר דריין טראגט. איך קאן ניט מֵין זגן, דען ווש איך בון אויך הון גילערנט.׳ דא שפרך ער: ׳דו בישט (בישט) גלייך אז איין קוועל ברונן. אי מֵין ווַשר ווש מן דרויש ציכט דענוך איז ער אומדר בֿול. אזו קנשטו אך וואל ויל מער זגן אז דו בון מיר גילערנט הושט. שעמשטו דיך דען בון מיר, זא וויל איך אוועק גֵין.׳ אונ׳ אזו שטונד ער אויף אונ׳ גינג איין ווייל הנויש. דא הוב ר׳ אליעזר אן צו דַרְשַן, אונ׳ לוייכטעט אים זיין פנים אז לויטר אונ׳ קלור אז דיא זון, אז דש פנים בון משה רבינו, אונ׳ מן וואושט ניט אוב עש טג אודר נאכט וור. דא קאם ר׳ יוחנן הינטר ווערליך צו אים אונ׳ קוישט אין אויף זיין קופפא אונ׳ זגט: ׳וואל אוייך ישראל דש דער דוזיג בון אוייך איז ווארדן גיבורן.׳ דא זגט זיין ואטר: ׳צו וועם הוט ער אזו גיזגט?׳ דא זגטן זיא צו אים: ׳ער הוט עש גיזגט אויף דיינן זון.׳ דא ר׳ אליעזר אזו דרשת, דא שטונד זיין ואטר אויף זיין בוישן דא ער דש זאך ⌜דא דר שראק ער⌝ אונ׳ שפרך צו אים: ׳ליבר ואטר, זֵיץ דיך, דען דיא ווייל דו שטישט, זא קאן איך נישט בון דברי תוֹרָה רֵידן.׳ דא שפרך ער צו אים: ׳ליבר זון, איך בין קומן אונ׳ הב דיך ווַעלן מְנַדֶה זיין, דש דו נישט זולשט ירשן בון מיינם ממון נוך מיינם טוט ⌜אונ׳ עש אלש ווַעלן לושן דיינן ברוידרן⌝. נון ווייל איך זיך, דש דו בישט

133 ע״א אזו איין אדם גדול, אונ׳ איך | זיך דיך אזו אין גרושר כבוד דיא מן דיר אן טוט. נון בין איך מנדה אל דיין ברוידר אונ׳ איך לוש דיר אל מיין ממון במתנה גמורה.׳ דא שפרך ער צו זיינם ואטר: ׳איך בין ניט אזו גוט אז איינר בון זיא. העט איך ביגערט בון הקב״ה נחלות אונ׳ קרקעות, ער העט מירש קוינן געבן. אך העט איך ביגערט כסף וזהב, ער העט מירש אך קוינן געבן. דען דיא גאנץ וועלט אונ׳ ווש אויף איר איז, דש איז אלז אין זיינר האנט אונ׳ גיוואלט. איך הב נישט אנדרש ביגערט דען תורה, דיא הוט ער מיר געבן. דא מיט בין איך מיך זער דר ורייאן, אונ׳ דש איז מיין עושר וכבוד, בישר אז אל דש געלט אונ׳ כסף וזהב דש אויף דער וועלט איז.׳ אזו צוך זיין ואטר ווידר היים לחיים ולשלום.

14 אחרי שפרך נמחקה תיבת ער

22 דען דיא גאנץ וועלט וכו׳.– ׳לה׳ הארץ ומלואה׳ (תה׳ כד:א).

[72] איין מֶלֶך דער וור שטולץ אונ׳ דר בייא קלוג,
אז איר הוירן ווערט זיין גינוג.
יונג וור ער אונ׳ וואל גימוט, זיין שטים דוינקט אין בון הערצן גוט.
אויף זינגן הט ער ערבייט, דוך ווש ער אויף זינגן בירייט,
אונ׳ ער וועגט, עש זענג נימנט באש,
אויף דש זינגן ער גיבלשן ווש.
ווש ער אל דינג טעט וואל, נוך גיביל זיין זינגן נימנט וואל.
דרויבר ער ויל דין זאנג, דש אין זיין נטווייאר ביצוואנג.
נון קאן בון גישיכט אזו, דש ער זאנג איין ליד אזו.
דא בייא ווש איין אֵידלי ורויאן,
דיא הט איין אֵיזילין ור לורן.
איר וויינן ווש גרוש, און צאל אונ׳ און מוש,
אונ׳ אך איר קלאג, ור וואר איך דש זג.
דא דער מלך זיא וויינן זאך,
גוּיטיג ליבן ער צו איר שפרך:
׳זגט ורויא, ווש מיינט דש,
דש איר אזו אן אווייערן אויגן זייט נאש?׳
ער מיינט, איר וועך אזו וואל גיבאלן זיין.
דער ורויאן, דיא גוט שטים זיין.

1 מעשייה מס׳ 72: שירת המלך.– מעשה במלך שהיה מאוהב בקול נגינתו... אולם שירתו מזכירה למטרונה את קול חמורה שטרפו זאב. נראה, שמחברנו אינו בעל השיר. הבדיחה כשלעצמה נפוצה היתה בספרות האירופית של ימי־הביניים. ייתכן, שנוסחה הראשון נמצא בספרו של יעקב מוויטרי, מס׳ 56 (עמ׳ 157). אפשר שמחברנו העתיק את הסיפור המבדח הזה ממקור אחר והכניסו לתוך אוסף מעשיותיו כדי לשעשע את קוראיו. בתור בדיחה עממית היה הסיפור עדיין רווח בזמננו ביהדות מזרח־אירופה. יש כאן אנקדוטה קלה מסוג הפאבליו, ששאב מַסַּפר יהודי ממקור חיצוני וניסה לתת לו לבוש יהודי. הנוסח הקדום נמצא ב׳אקסמפלה׳ של המטיף הנוצרי יעקב מוויטרי, מס׳ 56; ובאוסף של יוחנן פאולי; ראה: בולטה, מס׳ 576; (164) 'Scala celi 25a, 'Cantus vanus. בתור סוג דומה השווה גם: תומפסון, X 436; ארנה ותומפסון, 1834. השינויים בין הטקסט שלנו ללועזי הם קלים. שם מדובר על כומר בכנסייה, וכאן נתגלגל הכומר במלך. כדי לייהד את הסיפור החיצוני חוסיף המחבר בסופו מוסר־השכל נאה ותפילה לביאת הגואל. נוסח דומה אנו מוצאים ב׳קו־בוך׳ היידי (מס׳ 6, וירונה 1594), שיצא לאור שנית בפראנקפורט ע״נ מיין (1697) בידי משה בן אליעזר וולף. נוסח אחר בספרות הגרמנית: 'Der Prediger und der Bock' (המטיף והתיש). כאן מתייפח הרועה בשמעו את דרשת המטיף, משום שזקנו מזכיר לו את זקן התיש שנאבד לו. ראה גם: אולסוואנגר, ראזינקעס מיט מאנדלען, באזל 1931, מס׳ 256. השווה: B. Heller, *Handwörterbuch des deutschen Märchens*, I, p. 93; ומאמרי: ׳מעשיות קודמות מ״מעשה בוך״ ומחוצה לו׳, ידע עם, כרך יא (1965), מס׳ 30, עמ׳ 59. ועיין גם: שוארצבוים, עמ׳ 257, מס׳ 306.

ער שפרך: ׳זול איך זינגן מֵיא?׳
זיא שפרך: ׳הער, מיר אישט זער וֵויא!׳
זיא זגט: ׳איך מוז אוייך קלאגן,
ווארום זיא זיין נאש מיין אויגן.
ווארום איך גיוויינט הון,
איין איזיל איז מיר קומן בון דאן.
דען האבן מיר דיא וועלף גיברעשן,
דען קאן איך ניט ור געשן.
וועןן איר זינגט אזו הערליך,
אן מיין אֵיזיל דר מאנט איר מיך.
אויף דער שטט שרייא איך: או דו אֵיזיל מיין,
מיך ור וואונדרט זער וויא דש מויכט גיזיין,
דש אוייער שטים איז אזו גלייך,
מיינם אֵיזיל, הער, אזו רייך!׳
דער מלך ווארד גישענט,
אז איין אֵיזיל שטים ווארד ער דר קענט.
דוך גיביל ער אים זעלברט וואל,
אז ביליג איין איזיל זול.
אז דש שפריך ווארט זגט: אן טאנצן אונ׳ אן אורן.
דא דר קענט מן דיא טורן.
דרום איז שוויגן איין קונשט,
רֵידן ברענגט און גונשט.
דא מיט וויל איך דש מאכן איין ענדן,
גוט זול אונז משיח באלד זענדן.
דא וועלן מיר אין לובן מיט זוישר שטימן,
דש עש אין דען וואלקן ווערט דר קלינגן.
דש ווערט הורן אל דיא וועלט
אונ׳ ווערן זגן דש גיזאנג אונז ווערליך וואל גיבעלט.
דש זול זיין באלד אין אונזרן טגן,
דרויף זול אידרמן אמן זגן. |

133 ע״ב מעשה. איין מול קאם אשמדאי צו שלמה המלך דר ווייל ער וור אין זיינר גרושן [73] ווירדיקייט, אונ׳ זגט צו אים: ׳זול איך דיר ווייזן איין זאך דש דו ניא מֶין גיזעהן הושט דיין לעבן טג ?׳ דא זגט שלמה המלך צו אים: ׳נון ווייז מיר דש גרוש חדוש צו האנט.׳ אזו באלד שטֵיקט אשמדאי זיין האנט טיף אין דיא ערד היניין, אז ווייט ער רייכן קונט אונ׳ צוך הרויש איין מאן מיט צווין קויפפא אונ׳ מיט ויר אויגן, אונ׳ מיט ויר הענד אונ׳ ויר בויש. אז באלד אין שלמה המלך דר זאך, דא דר שראק ער בור אים אונ׳ זגט צו אשמדאי: ׳בישליס מיר אין (אין) 〈איין〉 קאמר.׳ אונ׳ דא ליש דער מלך רויפן בְנָיָהו בן יהוֹיָדָע, דער וור זיין אויברשטר הייבט מן אונ׳ ראש בון דען סַנְהֶדְרִין. אונ׳ דא ער צו אים קאם, דא שפרך דער קוניג צו אים: ׳אישט עש וואר דש דא אונטר דער ערדן אך לוייט זיין?׳ דא שוואור ער דעם קוניג, ער וואושט עש ניט. אך העט ער ניא קיין גיזעהן. ׳אבר איך הון גיהוירט בון אחיתופל מיינשטר דיינש ואטר דעם קוניג, דש דא זיין אונטר דער ערדן אך לוייט אז וואל אז אויף דער ערדן.׳ דא זגט דער קוניג צו אים: ׳איך וויל דיר איין בון אין ווייזן. ווילשטו אין זונדרש זעהן?׳ דא זגט צו אים בנייהו: ׳או מיין הער דער קוניג, וויא קוינט איר מיר איין ווייזן? איז דוך דיא ערד אזו דיק דש איר ניט קוינט גֵין דר אין בוינף הונדרט יאר. איך וועלט ווערליך גערן זעהן איין בון דען זעלביגן לוייטן.׳ צו האנט ליש דער

1 מעשייה מס׳ 73: בעל שני ראשים.– השווה: מנחות לז ע״א, תוספות; חיבור מעשיות, סי׳ יא; ביהמ״ד, ד, עמ׳ 151—152; אוצר מדרשים, ב, עמ׳ 533—534; גאסטר, מס׳ 113; ממקור ישראל, סי׳ עג; גינצברג, ו, עמ׳ 286, הערה 29. סיפור זה הוא אחד מסיפורי החכמה של שלמה המלך, והוא משתייך למחזור־סיפורים נפוץ על שלמה ואשמדאי. מוטיבים: (א) שלמה מגלה את האמת: תומפסון, J 1140.1; J 1140; (ב) השופט החכם: שם, J 1179; (ג) מיתוס קדמון על בריאת העולם. בעל שני ראשים חי בארץ תבל והוא מבני בניו של קין. תומפסון, סיפור עם, עמ׳ 236, מזכיר סיפורים נפוצים על בני אדם תת־קרקעיים; מוטיב F 251.4. יש סטייה בין הסיפור העברי ובין זה של מחברנו. בסיפור העברי בעל שני הראשים שהביא אשמדאי לשלמה הוא מבני בניו של קין, ואילו בגירסת המחבר הוא מבני בניו של הבל. ואולי יש כאן מעין התאמה בצליל בין הבל לתבל (שם המקום, האיזור). הנוסח הקצר של המעשה מובא בתוס׳ מנחות, שם, בדיון בשאלה: ׳מי שיש לו שני ראשים באיזה מהן מניח תפילין?׳ ובעל התוספות מוסיף בלשונו הקצרה: ׳אבל יש במדרש: אשמדאי הוציא מתחת קרקע אדם א׳ שיש לו שני ראשים לפני שלמה המלך, ונשא אשה והוליד בנים... כשבאו לחלוק בנכסי אביהם, מי שיש לו שני ראשים שאל שני חלקים ובאו לדין לפני שלמה.׳ בחכמתו הגדולה הוציא שלמה את משפטו לאמיתו. יושבי ארץ תבל מתפללים בכל יום ׳מה רבו מעשיך ה׳ (תה׳ קד:כד). על חכמתו של שלמה מעיד הכתוב: ׳כי ה׳ יתן חכמה, מפיו דעת ותבונה׳ (מש׳ ב:ו). המוטיב של בעל שני ראשים נמצא גם באינדקס המוטיבים של תומפסון: T 551.2, F 511.0.2.1; F 526.5. ראה מאמרי: ‘Some Extant Folktales in Yiddish Mss.’, *Fabula*, XII (1971), pp. 214ff. על בעל שני ראשים מרמז גם ש״י עגנון; ראה: הכנסת כלה, ב, עמ׳ קמ.

11 יהוידע בן בניה משיב לשלמה: ׳אבר איך הון גיהוירט בון אחיתופל מיינשטר...׳. מונח זה מורה על האגדה העתיקה המספרת, כי אחיתופל היה אב בחכמה ובעל כוחות מאגיים. ובנוסח העברי: ׳שמעתי מאחיתופל אלוף אביך...׳ (ביהמ״ד, ד, עמ׳ 151).

קוניג דיא קאמר אויף טון אונ׳ וויז דעם בְּנָיָהו דען זעלביגן מאן. אונ׳ דא ער אין דר זאך, וויא וואל דש ער וור דער אלר שטערקשט מאן אונ׳ ביהערצט מאן דער דא בייא שלמה המלך וור, דוך דר שראק ער בור דעם מאן, אזו גרוש אונ׳ אזו שוייצליך וור ער דש ער ויל אויף זיין ענצליט אונ׳ מאכט שֶׁהֶחֱיָנוּ אונ׳ בָּרוּךְ מְשַׁנֶּה הַבְּרִיּוֹת. דוך מאכט ער זיך איין גוט הערץ אונ׳ שטונד ווידר אויף, אונ׳ דא זגט ער צו דעם זעלביגן מאן: ׳ליבר זון, זג מיר וֵויש זון בישטו?׳ דא זגט ער: ׳איך בין בון אָדָם הָרִאשׁוֹן קינדר.׳ דא זגט ער ווידר צו אים: ׳בון וועלכן קינדר, בון קַיִן אודר בון הֶבֶל?׳ דא זגט ער: ׳איך בין ⟨בון⟩ קינדר הֶבֶל.׳ דא זגט ער צו אים: ׳וואו אישט אוייער גיזעש, ווש אישט אוייער לאנד?׳ דא זגט ער: ׳מיר זיצן אין איינם לאנד דש היישט תֵּבֵל.׳ דא זגט ער צו אים: ׳ערביט איר אך אוייער לאנד?׳ זא זגט ער: ׳מיר אקרן אונ׳ זעהן אונ׳ שניידן אונ׳ ווידן, אז וואל אז איר אלהיא.׳ דא זגט ער: ׳הט איר אך זון אונ׳ שטרן, אונ׳ טג אונ׳ נאכט, זומר אונ׳ ווינטר?׳ דא זגט ער: ׳יא׳. דא ורוגט ער אין: ׳ווש זייט איר ביטן אל טגז?׳ דא זגט ער צו אים: ׳מיר טוינן אזו תְּפִילָּה אל טג אונ׳ זגן: מָה רַבּוּ מַעֲשֶׂיךָ הַ׳ כֻּלָּם בְּחָכְמָה עשית. מָלְאָה הָאָרֶץ קִנְיָנֶיךָ.׳ דא זגט צו אים שלמה המלך: ׳ווילשטו היא בייא אונז בלייבן אונ׳ וואנן מיט אונז, אודר ווילשטו ווידר קערן צו דיינר שטט?׳ דא זגט ער: ׳איך ביט אוייך, ליבר הער דער קוניג דש איר מיך מאכט ווידר קערן אין מיין לאנד, צו מיינר שטט.׳ צו האנט רויפט דער קוניג דען אַשְׁמְדַאי אונ׳ זגט צו אים: ׳נון, ווידר קער דען מאן ווידר אין דיא ערד צו זיינר שטט.׳ דא וואלט עש אַשְׁמְדַאי ניט טון, אזו מושט ער דא בלייבן. אונ׳ דער קוניג גאב אים איין וייב אונ׳ זיא גיוואן אים זיבן קינדר. |
134 ע״א זִיקש דיא ווארן אז דיא מוטר גישטאלט, אונ׳ איינש אז דער ואטר, מיט אל זיין גלידר אונ׳ מיט אלן דינגן. אונ׳ דער מאן וור ערביטן אונ׳ עקרן זער אונ׳ ער וואורד איין גרושר עשיר. אונ׳ דר נוך אויבר לנג צייט שטארב דער מאן, דער ואטר אונ׳ ליש זיין קינדר איין גרושי יְרוּשָׁה. אונ׳ דער זון דער אים גלייך וור מיט דען צוֵוין קויפפן זגט, ער וועלט צווייא טייל נעמן, דען מיר זיין צוֵוין הייבט אונ׳ דר צו איין בכוֹר. אונ׳ דיא אנדרן זגטן: דו זולשט נוייארט איין טייל נעמן, דען דו הושט נוייארט איין לייב.

אזו קאמן זיא בור שלמה המלך, אונ׳ דר צילטן בור אים אירן קריג. דא רויפט דער מלך דיא סַנְהֶדְרִין אונ׳ דר צֵילט אין דיא טַעֲנוֹת אונ׳ דען קריג. אונ׳ זיא וואושטן דען דִין ניט, וויא מן אין זולט ריכטן. דא זגט שלמה המלך צו אין: ׳נון גיט היים אונ׳ קומט מורגן ווידר. מיר וועלן זיך הייִנט דרויף בידענקן.׳ ווש טעט שלמה

4 ויל... מאכט שחיינו.– ביהמ״ד, שם: ׳נפל על פניו ואמר שהחיינו...׳
14 מה רבו מעשיך וגו׳.– תה׳ קד:כד.

המלך? ער שטונד אויף אין דער מיטר נאכט אונ׳ וויש ביטן צו אונזרן ליבן הער גוט, דש ער אים זולט געבן זין אונ׳ ור נופט אונ׳ ור שטענדיקייט צו פרוּבן, צו ווישן צו ריכטן אונ׳ צו אויז שפרעכן דש אורטיל, אונ׳ דש גיריכט צו רעכטן, צווישן דען ברוידר. אונ׳ אונזר ליבר הער גוט דער גיוועֶרט אין אונ׳ ענטוורט אים בון דעם הימיל. צו מורגיש שטונד דער קוניג אויף גר ורויליך אונ׳ טויטשט מיט דעם, אונ׳ ליש זאמילן כל ישראל צו אים, אונ׳ דען מאן אונ׳ זייני ברוידר צו לושן הוירן דש גיריכט. אונ׳ ער הוב אן אונ׳ זגט: ׳נון ברענגט מיר איין קֶיסיל מיט זידנדיג הייש ושר אונ׳ איין וואולן טוך.׳ אונ׳ ער רויפט דען מאן מיט דען צווֵין קויפפן אונ׳ נאם דש טוך אונ׳ טעט עש צווישן דיא צווֵין קויפפן אונ׳ דיקט דען איינן קופפא אזו צו, דרום דש ניט דש איין קופפא זולט זעהן ווש מן דעם אנדרן קופפא טוט. אזו גוש ער דש הייש ושר אויף דען איינן קופפא. דא הובן דיא אליביידי קויפפן אן צו שרייאן: ׳אוֹ וֵויא, אוֹ וֵויא, מיר זיין טוט. דיא לאג איז צו הייש!׳ דא זגט דער קוניג צו דעם אנדרן קופפא: ׳ווארום שריישטו? הון איך דיר דוך נישט גיטון, אונ׳ הב דיך ניט אן גירוירט. שפריכשטו דוך, איר זייט צווייא!׳ דא זגט ער: ׳מיר זיין וואל צווין קויפפא, אבר נור איין לייב אונ׳ איין זֵיל. אונז קומט נויארט איין טייל.׳ אזו וור דש אורטיל גיגעבן אונ׳ דיא אנדרן ברוידר דיא דאנקטן דעם קוניג זער אונ׳ זער.

דא ור וואונדרטן זיך כל ישראל אויף דיא גרוש ווייזהייט דיא דער קוניג גיטון אונ׳ גיוויזן הוט איין דִין צו וינדן, דען אל דיא סנהדרין ניט וואושטן. אונ׳ זיא ורייאטן זיך אל גר זער אונ׳ זיא בענשטן דען קוניג אונ׳ לובטן גוט מיט הוהר שטים. דרויף הוט שלמה המלך גיזגט: כִּי הַ׳ יִתֵּן חָכְמָה, מִפִּיו דַּעַת וּתְבוּנָה. דש איז אין טויטשן: גוט דער גיבט ווייזהייט בון זיינם מונד, זין אונ׳ ור שטענדיקייט. |

134 ע״ב בְּעֶזְרַת שׁוֹכֵן שְׁחָקִים, הב איך טון שרייבן דיא פְּרָקִים.
דער ערברן אונ׳ וואל גיבורן, אויז אלי ווייבר אויז דר קורן.
מיט ווייזהייט אונ׳ ור נויפטיג, גישעפטיג אונ׳ טויכטיג.
איר גוטי מִדּוֹת קאן מן ניט אל דר צֵילן, וֹוען מן שון נעם איין לאנגי אֵילן.
אונ׳ טעט מעשן ביהענד, דוך קוינט מן ניט וינדן אירש לובש ענד.

5 כתיב המלח טויטשט אינו ברור

23 הקדשה לאשה חסודה ונאה במעשיה מרת פערלן בת שמואל פווישה. ההקדשה למרת פערלן אשת וואלפין לוי כתובה בסגנון המחברים בני־זמנו. מדברי אנשל לוי אנו שומעים, שהפטרונה היתה לא רק אשה חסידה ונאה במעשיה, אלא גם עשירה ונדיבה, ומשום כך המחבר המסכן מפליג בשבחה. הוא גם מכריז בפומבי, שספר זה נכתב בשבילה ושייך לה, ומפרסם את שמה ואת שם משפחתה, שהיו ידועים בוודאי לקהל היהודים בזמנו. ייתכן,

איר ווערט זיא אל וואל קענן, ווען איך זיא דא אונטן וור נענן.
איר צייט טוט זיא ור טרייבן, מיט לייאן אונ׳ שרייבן.
אונ׳ אל איר זינן, זיין צו נעאן אונ׳ שפינן.
אונ׳ ווען עש איר טוט צעמן, זא טוט זיא חַלָּה נעמן.
אונ׳ און אלי זוינדן, טוט זיא אירי שבת ליכטר אנטצינדן.
אונ׳ גר ויין אונ׳ גר שטילה, גֵיט זיא צו ⌜צייטן⌝ טבילה.
אך גֵיט זיא שולן אובנט אונ׳ מורגן, אונ׳ דרום לושט זיא גוט ית׳ לעבן און זורגן.
אונ׳ מיט ליב ווערט זיא אלטן, דיא ווייל זיא איר מִצְוֹת טוט אזו וואל הלטן.
רייכטונג אונ׳ אֵירן הוט איר הש״י טון בישערן,
אונ׳ אום ווילן איר צדקה געבן, ווערט זיא לנג לעבן.
זיא היישט מיט אירם נאמן מרת פערלן, משה הוט גיהיישן איר שוועהר אונ׳ ⌜איר⌝ הערלן.
שמואל פווישה הוט גיהיישן איר ואטר, מרת הענדלן היישט איר מוטר.
איר מאן כמר וואלפין לוי היישט, אזו איז זיא הול גיקריישט.
דרום דש איר דש בוך נימנט זול שטעלן, הב איר נעמן קיין טון ור העלן,
אונ׳ הב זיא אל טון שרייבן אונ׳ אזו וויל איכש לושן בלייבן.
אונ׳ גוט דען הערן ביטן, אז דא איז דער זיטן,
ער זול איר גיווערן, אל אירש הערצן ביגערן.
דש טוט ביטן דער ארים שרייבר, דינר אלר ורומן ווייבר,
אנשילן לוי בין איך גינאנט, קומן אויז טוייטשן אין וועלש לאנד.

וילוורוייד צ
ויל ורייד צו אויך מיין ליבי מוֹם יצ״ו⟨?⟩. איך בוין ⟨גאנצן⟩ הערצנ...

22 בסוף דף 134 ע״ב רישום קצר בלתי־קריא בן שתי שורות, כתוב ביד אחרת; וראה הביאור

שספר זה, שעבר בינתיים מיד ליד, ניתן במתנה מידי מישהו לדודתו; אולם ההקדשה כתובה ביד זרה, אינה ברורה וקשה לפענח אותה. השורה הראשונה לא ברורה; המקדיש התחיל לכתבה ושינה את דעתו והתחיל בשורה שלאחריה שמתחילה ׳ויל ורייד צו אויך מיין ליבי מום יצ״ו⟨?⟩ איך בוין ⟨ארבע אותיות מחוקות⟩׳ ובשורה השנייה מלה שאי־אפשר לפענחה: צער צגנ; הצד״י לא ברורה, ואפשר שמלה אחת חסרה. הצעתי לקרוא, אחרי ׳בוין׳: גאנצן הערצנ...

נספחים

בנספחים שלהלן מובאים קטעים מכ״י אוקספורד Can. Or. 12, מסידורו של יוסף בר יקר ומהוצאת קראקא, המדגימים את דרכי התרגום של פרקי אבות ואת הגישה אליהם באותה תקופה, בערך, שבה נתחבר מדרשו של אנשל לוי.

נספח א

פרקי אבות, כ״י אוקספורד Can. Or. 12

פרק א

כל אל ישראל. אל עז איז צו זי טייל צו עולם הבא, אז דער פסוק זייט: אונ׳ דיין בולק זי אל צו מול זינד צדיקים צו אומר מער זי ווערן אירבן ארין ישראל. שפרושונג מיינר פעלצונג, ווערק מיינר הינט צו זיין ברוימט.

מֹשֶה דער דען פפינג די תוֹרָה בון סיני אונ׳ ער גאנטוורט זיין צו יהושע אונ׳ יהושע צו דען זקנים אונ׳ די זקני׳ צו דען נביאים אונ׳ די נביאים די געטבורטן זיין דען מַנַן בון דער שועל דער גראשן. זי זגטן דרייארלייא זַאך. זגט איר ברייט פייטן און דען גריכט, אונ׳ שטילט אויף ויל לערנר אונ׳ איר זולט מכן עיין הולף צו דער תוֹרָה.

שִמְעוֹן דער צדיק דער וואר בון דען די דא ווארן אובר גבליבן בון דער שועל דער גראשן. ער וואר זגן: אויף דרייארלייא זאך שטעט די וועלט. אום דז מן תוֹרָה לערנט, אונ׳ דש מן זעגט אין דער שועל אונ׳ אום דז מן בור גילט גנאד מיט דין טוטן לויטן.

אַנְטִיגנוֹס דער וואר איין מן בון סוכוֹ. דער דען פפינג זיין לערן בון שמעון דען צדיק. ער וואר זאגן: ניט איר זולט זיין אז די קנעכט די דו דינן דען הֶעְרַן דורך דיז ווילן צו דען פפאהן לון, נויארט איר זולט זיין אז די קנעכט דיא דינן דין הערן דורך דיז וועל⟨ן⟩ ניט דען פפאהן לון. אונ׳ עש זול זיין די וארכטן גוטש דער אין דען הימל איז אויף אויך.

שִמְעוֹן זון שָטָח דער זגט: זיין מערן צו וארשטן די עֵדִים אונ׳ זיין גווארנט און דיינר רֵיד, לייכט בון צווישן זי זי ווערן לערן צו רידן ⟨ו⟩אלש.

הִלֵל דער זגט: זיין בון דער תלמידים די צו אהרן. הַב ליב וריד אונ׳ ייאג וריד אז אהרן טעט. איינש מולט דו הֵיט איין מַן וַר שְוָאַרַן דז ער ניט וואלט צו זיינן וויב קומן ביז דז זי כֹהֵן גָדוֹל הֵיט אונטר זיין אייגן גשפיבן. אונ׳ דז הואט אהרן דער כהן גדול. דו גינג ער בלד אונ׳ ער מכט זיך צו איינן מצורע, אונ׳ ער גינג צו דער זעלבינגן ורויאן אונ׳ ער שְפְרוֹך צו איר: לִיב ורויא, מן מירש גזגט, איר קונט וואל די לויט און (שפרעכן) שפריכן דז זי ווערן גזונט. נון וויל איך אויך פיטן דז איר מיך זולט אך און שפריכן דז איך מויכט גזונד ווערן. אונ׳ וועןן די ורויאן איינן און שפריכן, זו שפייבן זי אל וועגן אויש...

הוא. ער ווז זגן. דער דו ציהט זיין נמן, דער בור לירט זיין נמן. אונ׳ דער דו ניט מערט צו לערנן צווישן שבעה עשר בתמוז אונ׳ חמשה עשר באב בון דער נכט אויף

דין טג, דער ווירט צו גֵיְן. אונ׳ דער ( ) צו מולט ניט לערנט דען טוט ער איז שולדיג. אונ׳ דער דו דינט אום די קרון, דז מן זול אים איין מיישטר היישן, דער בור בירט.

פרק ב

רַבִּי אוֹמֵר. רבי דער זגט: ווילכש איז דער וויג דער רעכט וערטיג, דז ער זול דער בילן צו אים דז מענש. אל דער דאש זי איז שונא צו אירן טויטר אונ׳ איז שונא צו טון זיין. (אונ׳) אונ׳ זיין גווארנט און איינר גרינגן מצוה גלייך אז און איינר שבערן. דרום דז ניט דו ווייסט דז לון בון דען מצות. אונ׳ זיין אכטן די בור לושט בון איינר מצוה גיגן אירן לון, אונ׳ דז לון בון דער זונט גֵיגֵן אירר בור לושט. אונ׳ זיין לוגן און דרייערלייא זאך, זו קומשטו ניט צו זונטן. וויש ווער אובר א דיר איז. איין אייג דז זיהט עז, אונ׳ איין אורא דז הורט עז אונ׳ אל דיין ווערק די ווערן אין דש בוך גשריבן.

הִילֵּל דער זגט: ניט דו זולט דיך שיידן בון דער זאמלונג אונ׳ ניט דו זולט דיך גלובן און דיך זעלברט ביז צו טג דיינש טאדש. אונד ניט דו זולט ריכטן דיין גזעלן ביז דז דו גרייכשט צו זיינר שטט. אונ׳ ניט דו זולט זגן איין ריד די דו וואל מגשט הוירן, דז דו עש וואלשט צו דען ליצטן הוירן. אונ׳ ניט דו זולט זגן ווען איך מוישיג בין זו וויל איך לערנן, לייכט ניט דו ווירשט מוישיג.

פרק ג

רַבִּי חנניא זון תרדיון דער זגט: צווין די דו זיצן אונ׳ איז ניט צווישן זי ריד דער תורה, בור וואר דז איז גזעש דער גשפוטער. אז דער פסוק זגט: אונ׳ אין גזעש דער גשפוטער ניט ער איז גזעשן. אבר צווין די דו (זינן) זיינן אונ׳ איז צווישן זי ריד דער תורה, דז איז גלייך אז די שכינה דא שטאט צווישן זי. אז דער פסוק זגט: דאן זי ווערן רידן די בורכטער גוטש איין מן צו זיינן גזעלן אונ׳ ער בור נאם עז גוט אונ׳ ער הוראט עז אונ׳ ער שראייב עז אין דז בוך דער גדעהטניש צו בור זיין, צו דען (בוכ׳) בורכטערן גוטש אונ׳ צו דען די דו אכטן אויף זיין נמן.

פרק ד

בֶּן זוֹמָא דער זגט: ווילכש איז איין קלוגער דער דו לערנט בון איקליכן מענשן. אז דער פסוק זגט: בון אל מיינן לערנערן איך בין ווארן קלוג. ווילכש איז איין שטרקער, דער דו טווינגט זיין ווילן. אז דער פסוק זגט: עז ווער לנג צאם צו דֶעְר צוֹרְנֵן ווען איין שטרקר. אונ׳ דער דו גוועלטיגט אונ׳ זיין גמויט ווען דער דו טווינגט איין שטט. ווילכש ׳איז׳ איין רייכער, דער ׳זיך׳ ברויט און זיין טייל. אז דער פסוק זגט: ערביט דיינר טענער דז דו איז וואל דיר אונ׳ גויט צו דיר. וואל

דיר אין דער וועלט אונ׳ גויט צו דיר צו דער די וועלט, אונ׳ גויט צו דיר צו דער די וועלט די דו קומט.

בֶן. זון עַזָאי דער זגט: זייא לוופן צו איינר צו גרינגן מצוה אז צו איינר הערבן, אונ׳ בלויך בון דער זונט. ווארום, דארום דז איין מצוה דר ברענגט צו וועגן איין אונדרן ׳מצוה אונ׳ איין זונט ברענגט צו וועגן איין אנדר׳ ⟨זונט⟩. לוֹן דער מצוה איז איין מצוה אונ׳ לוֹן דער זונט דז איז איין זונט.

פרק ה

בַעְשָׂרָה. מיט צעהן שפראך איז ווארן בשפן די וועלט. אונ׳ ווש לערנט ער מיך דו מיט, אונ׳ בור וואר מיט איינר ריד היט עֶר הֵיט עז מוֹגן בשפן. נויארט צו בְצַלַן בון דען רשעים די דו מכן בור דירבון די וועלט, די דו איז ווארן בְשַפַן מיט ציהן ריד. אונ׳ צו געבן גוטן לון צו דען צדיקים דיא אויף הַלְטַן די (וועלן) וועלט, די דו איז ווארן בשפן מיט ציהן ריד.

עְשָׂרָה. ציהן גבוירד בון אָדָם הָראשוֹן אונ׳ ביז צו נח. צו לושן ווישן וויא לנג נִיט ער איז צו דער צוֹרְנַן. דז אל די גבוירד זי ווארן דער צורנן צו בור זיין ביז דז ער פראכט אויף זי וַואשַר דער גויש.

עְשָׂרָה. צעהן צייכן זי וואן גטון צו אונזרן באדרן אין מצרים אונ׳ צעהן אויף דער מֵיר. צעהן שלוג ער פראכט הקב״ה אויף די מצריים אין מצרים אויף דען מיר.

אַרְבַע. ויר זיטן זינד און דען די דו זיצן צו ואר דען חכמים. איין פאד שבאם אונ׳ איין טראכטר, אונ׳ איין הענגל זאק אונ׳ איין זיב. איין פאד שבאם דער זווכט עש אלז אין זיך. אזו איז דער אך ער לערנט וַוז מַן אים זגט.

פרק ו

שָנוּ. (מן) זי הבן גלערנט די חֲכָמִים אין דער שפרך דער משנה. גלובט זייא ער, דער דו הט דער ווילט און זי אונ׳ און אירן לערנן. רִבִי מֵאִיר דער זגט: אַל דֶער דו איז איז גשעפטיג אין דער תורה דער ווירט וירדיג צו ויל זאכן. אונ׳ ניט דז אליין, נויארט דז אַל די וועלט אל צו מולט די איז ווירדיג צו אים. ער ווירט גרופט איין ליבער גְזֵיל. אין הַאט ליב דער בוֹרֵא. ער הַאט ליב די לויט, ער דער ברויט די לויט אונ׳ מַן און ליגט אין דימעטיקייט אונ׳ וארכטן. אונ׳ זי מַאכַט גרעכט אין צו זיין איין חסיד אונ׳ איין רעכט וירטיגער אונ׳ וואר האפטיג. אונ׳ זי אכט בערן אין בון דער זונט אונ׳ גנעהנט אין צו וועגן ווירדיקייט. אונ׳ מן גינעשט בון אים ראט אונ׳ לערנונ אונ׳ בור שטענדיקייט.

נספח ב

פרקי אבות, סידורו של יוסף בר יקר, איכנהויזן 1544

פרק א

מֹשֶׁה קִבֵּל תּוֹרָה מִסִּינַי. מֹשֶׁה רַבֵּינוּ אנטפֿינגא דיא תּוֹרָה בֿון דעם בערג סִינַי. אונ׳ ער אויבר־ענטוורט זיא צו יְהוֹשֻׁעַ. אונ׳ יהושע אויבר־ענטוורט זי צו דען זְקֵנִים. אונ׳ דיא זקנים אויבר־ענטוורטן זיא צו דען נְבִיאִים. אונ׳ די נביאים זי אויבר־ענטוורטן זיא דען מאנן בון דער גרושן זאמלונגא חֲכָמִים. דיא זעלביגן חֲכָמִים זאייטן דרייארלייא: טוינד גימאך אם גיריכט, אונ׳ שטֵילט ויל תַלְמִידִים אונ׳ מאכט איין צֵוין צו דער תוֹרָה. שִׁמְעוֹן הַצַּדִּיק דער וואר איינר בֿון דען זעלביגן דיא אויבר־בליבן ווארן בֿון דער גרושן זאמלונגא חכמים. דער זאייט: אויף דרייארלייא זאך שטֵיט דיא וועלט. אויף דער תורה אונ׳ אויף דעם דינשט בֿון דען קרבנות אונ׳ אויף גמילוּת חֲסָדִים. דש מיינט, דש מן מיט דען מֵתִים טוט אונ׳ וואש מן מיט תְּפֿוּסִים טוט אוים גוטש ווילן, אונ׳ ניט אוים געלט ווילן. אונ׳ דש מן צו קראנקן לוייטן גיט, אודר דש מן טְרַוֹשט דיא אֲבֵלִים. דש הייסט אלש גמילוּת חסדים. אַנְטִיגְנוֹס איין מאן בון סוֹכוֹ, דער אנפפינג זיין תורה בום זעלבן שמעון הצדיק, דער זאייט: איר זולט דעם בּוֹרֵא ניט דינן אז דיא קנעכֿט די אירם הערן דינן אוים דעש לון ווילן, נוייערט זייט אז דיא קנעכֿט דיא אירם הערן דינן ניט אוים דעש לון ווילן נוייערט בֿון ליבשאפֿט וועגן. אונ׳ דיא בֿורכֿט דעש בּוֹרֵא זול אויף אויך זיין. יוֹסֵי זון יוֹעֶזֶר איין מאן בֿון צְרֵידָה אונ׳ יוֹסֵי זון יוחנן איין מאן בֿון ירושלים אנפֿפינגן דיא תורה בון דעם אנטיגנוס. יוסי זון יועזר זאייט: דיין הויזא זול זיין איין הויזא דא זיך דיא חכֿמים איין זאמלן. אונ׳ זייא דיך בישטויבן מיט דער עֶשא בֿון דעם שטויבא בֿון אירן בֿוישן, אונ׳ טרינק מיט דורשט אירי רידא.

פרק ג

דש איז דער דריט פרק.

רבי חנניא זון תרדיון זאגט: צווֵין דיא דא זיצן אונ׳ רֵידן ניט אויז דער תורה, דש איז איין גזעש דער שפוטר. אז דער פסוק זאגט: אונ׳ אין גזעש דער שפוטר ניט ער זיצט. אבר צווין דיא דא זיצן אונ׳ רידן אויש דער תורה, דיא שכֿינה רוט בייא אינן. אז דער פסוק זאגט: אלדא זיא רידן בֿורכֿטר גוטש איינר צום אנדרן, אונ׳ ער בֿור־נימט עז גֿוט אונ׳ ער הֹוְרט עז אונ׳ שרייבט עז אין דז בוך דער גידעכֿטניש צו דען גוטש בֿורכֿטרן אונ׳ דיא דא אכֿטן אויף זיין נאמן.

רבי נחוניא זון הקנה זאגט: איין איטליכֿר דער אויף זיך אנפֿאנגט דש יוך בֿון דער תורה, זא מאכֿט מן אויבר־וארן בֿון אים דש יוך בום קוניגרייך אונ׳ דש יוך בון שווערר נארונג. ווער אבר אברײשט בֿון אים דש יוך בֿון דער תורה, זא גיביטא דער בורא אויף אין דש יוך בון דעם קוניגרייך אונ׳ דש יוך בון שווערר נארונג.

רבי חלפֿתא דער ווארר אויש איינם דורף דש היש חֲנַנְיָא, דער זאייט: ציהן דיא דא זיצן אונ׳ ערבייטן אין דער תורה די שְׁכִֿינָה רואעט צווישן אינן. אז דער פָּסוק זאגט: גֿוט שטיט בייא דער גֿוטליכן גימיין. אונ׳ איין גימיין איז ניט מינדר דען צעהן. בֿון וואנן לערן איך אבר וועז איר בֿוינף זיין דיא דא תורה לערנן דש די שכֿינה אויך צווישן אין רואעט. דארוף גֵיט דער פָּסוק: צווישן דען ריכֿטרן ער ריכֿט. בון וואנן לערן איך אבר דרייא. דארוף זאגט דער פסוק: אונ׳ זיין גבונט אויף דער ערדן ער הוט גיגרונט ועשטיגט זיא.

רְבִי דוסתי זון ינאי זאגט בֿון רבי מאיר וועגן: איין איטליכֿר דער איינרלייא ור־גישט בֿון זיינם לערנן, זא רעכֿנט אימש דער פסוק אז ווער ער שולדיג אן אים זעלוורט. אז דער פסוק זאגט: נוייערט הויט דיך אונ׳ הויט דיין לייבא זֵיר, דש דו ניט ור־גישט די רידא דיא דיין אויגן האבן גיזעהן. מאג עש אבר גיזיין דש איינר אויך זולט שולדיג זיין אן אים זעלוורט ווען ערש שון ניט גערן בֿור־גישט, זונדר דש ער אזו ויל הוט גילערנט דש ער איינש בֿור דעם אנדרן ניט בהאלטן קן. נאיין, דש איז ניט, דען עש שטיט דר־נוך אים זעלבן פסוק: וּפֶן יָסֻרוּ מִלְּבָבְךָ. דש איז צו טוייטשן, אונ׳ לייכֿט זי ווערדן אב־גיטון בֿון דיינם הערצן. דא בון הֶוְר איך וואל, דש איינר ניט חַיָּבֿ איז אן אים זעלוורט ביש דש ערש מוטווילִיג בֿון זיינם הערצן אב־טוט.

דער רבי עקיבא זאייט נוך מֵיר. אל דינג בורגט מן איינם אויף איין מַשְׁכּוֹן אונ׳ דש גארן איז אויף־גישפראייט אויף אלז דש דא לעבט. דער קרום שטיט אוֹפֿן, דער קרעמר דער בוֹרגט אונ דיא טאבֿל שטוט אוֹפֿן אונ דיא האנט שרייבט אל דינג אן. אונ דיא גַבָּאִים דיא די שולדן איין־מאנן, דיא גינן אוים שטעטליך אל טאג אונ׳ ווערדן ביצאלט בֿון אלן מענשן, עש זייא איינם ליבא אודר לאיידא. אונ דיא זעלביגן גבאים האבן וואל איין מעכֿטיגן הערן, דא זיא זיך מוגן אויף ור־לושן. אונ׳ דז גריכֿט איז איין ווארהפֿטיג גיריכֿט אונ עש איז אל דינג ביראייט צו דער סעודה. דש איז אלש איין מָשָׁל אויף דש דער מענש דיא וואל הוט, דש ער מאג גוטש אוֹדר בוזא טון. אונ׳ דש אונזר הער גֿוט דעם מענשן וואל קאן איין וויל בֿורגן וועז ער וואז בוזא טוט. דען ער איז אים גלייך אז גוויש אז העט ער איין משכון בֿון אים... דען גֿוט הוט ויל שלוחים אונ׳ מלאכֿי מות דא ער דיא רשעים מיט צאלן אונ׳ שטרופן קאן...

פרק רביעי

דש איז דער וירד פרק.

בֶּן זוֹמָא. זון זומא דער זאַיט: וועלכר האיישט איין ווייזר מאן, דער בוֹן אידרמאן לערנט. דארויף זאגט דער פסוק: בון אלן מיינן לערנרן בין איך קלוג ווארדן, ווען דיין תּוֹרה איז איין קורץ־וויל צו מיר. וועלכֿר האיישט דען איין שטארקר, דער זיין יֵצֶר ביצווינגן קאן. אז דער פסוק זאגט: עז איז בעשר איינר דער לאנצם צו דרצוירנן איז, מֵיר דען איין שטארקר. אונ׳ דער דא גיוועלטיג איז אן זיינם גימוידא, דער איז בֵּישר מֵיר דען איינר דער איין שטאט גיווינן קאן. וועלכֿש האיישט דען איין רייכר, דער זיך וראייעט אן זיינם טאייל דז אים גֿוט בשֵׁירט הוט. אז דער פסוק זאגט: ערבייט דיינר טענר ווען דו אישט וואל דיר, אונ׳ עש איז גוט צו דיר. וואל דיר אין דעם עולם אונ׳ עש איז גוט צו דיר אים עולם דער דא קומט. וועלכֿר האיישט דען איין גיאֵירטר מאן, דער דיא לוייט אֵירט. אז דער פסוק זאגט: אלי דיא מיך אֵירן די וויל איך אויך אֵירן. אונ׳ דיא מיך ור־שמעהן דיא ווערן ור־לייכֿטרט ווערדן.

פרק חמישי

דש איז דער בֿוינפֿט פרק.

בַּעֲשָׂרָה מַאֲמָרוֹת נִבְרָא הָעוֹלָם. מיט ציהן זאגן הוט גֿוט דען עולם בישאפֿן. דש זיין דיא ציהן מול וַיֹּאמֶר די בורנן אין בְּרֵאשִׁית שטֵינן, ביז וַיְכֻלּוּ. אונ׳ ווארום הוט ער אין מיט ציהן זאגן בישאפן, העט ער אין דוך וואל מיט איינר זאג קוינן בישאפֿן. ער הוֹט עש דרום גיטון, דש ער זיך וויל ביצאלן בוֹן דען רְשָׁעִים די דא מאכֿן ור־לירן דען עולם דער מיט ציהן זאגן איז בישאפן ווארדן. אונ׳ דש ער דען צַדִּיקִים גוטן לון וויל געבן, די דען עולם בישטעטיגן, דער מיט ציהן זאגן בישאפן איז ווארדן.

מיט ציהן־ערלייא בוֹר־זוכֿונגן בוֹר־זוכֿט הקבה אבֿרהם, אונזרן ואטר, אונ׳ ער בשטונד אן אינן אלן. דא־מיט לושט ער אונז ווישן דיא גרוש ליבשאפט דיא הקבה הט צו אבֿרהם אונזרם ואטר.

ציהן צאייכֿן ווארדן אונזרן אילטרן גיטון אין מצרים אונ׳ ציהן אויף דעם מֵיר. ציהן מכות ברוכֿט הקבה אויף די מצריים אין מצרים אונ׳ ציהן אויף דעם מֵיר. ציהן־מוֹל בוֹר־זוכֿטן אונזרי אילטרן הקבה אין דער מִדְבּר, אז דער פסוק זאגט: אונ׳ זיא האבן מיך בוֹר־זוכֿט דש איז דש ציהנד מוֹל אונ׳ ניט זיא האבן גיהורט אין מיינר שטים.

... עש ווארדא אויך נוימר־מֵיר קיין וליגן גיזעהן אין דעם מֵעציל־הויזא דא מן דיא קרבנות אינן שעכֿטט. עש גישאך אויך ניא קיינם כהן גדול קיין גשיכֿט אם יום

כיפורים דש ער ווער טָמֵא גיווארדן, אונ׳ העט ניט דיא עבֿודה קוינן אויש־טון...
...דש בית המקדש, דא שטֵיט דער פסוק גשריבן: דש בית המקדש גֿוט זיא האבן ביראייט דייני הענד. אונ׳ נֿוך איין פסוק זאגט: אונ׳ ער הוט גיברוֿכט זיא צו זיינם האיילִגן גימערק, דען בערג דען דיזן דען הוט בישאפֿן זיין רעכֿטי הנאט ⟨!⟩.
ער זאייט רבי יוסי זון קִסְמָא. איין מוֹל בין איך אם וועג גאנגן, דא ביגיגנט מיר איין מאן דער גאבא מיר שָלום אונ׳ איך גאבא אים ווידר שָלום... זא וואלט איך דענוך נירגנט וואונן דען אין איינר שטאט דא מן תורה אינן לערנט. דען מן וינט אזא גישריבן אין דעם סֵפֶר תְהִילִים דורך דָוִד קוינִג ישראל: זיא איז מיר בֵישר דיא לערנונג דיינש מונדש מֵיר ווען ויל טוייזנט גולדא אונ׳ זילבר. דען אין דער צייט ווען איין מענש בון דעם עולם שאיידט, זא בילאייט אין ניט זיין זילבר נֿוך זיין גולד, נֿוך זיין אֲבָנִים טובֿוֹת אודר זייני פערליך, נוייערט זיין תורה אונ׳ מַעֲשִים טובים. אז דער פסוק זאגט: אין דיינם גין, זי ווערט בֿוירן דיך. אין דיינם ליגן, זיא ווערט הויטן דיך. אונ׳ ווען דו ווערשט אנטוואכֿן זיא ווערט רֵידן בֿור דיך. אין דיינם גין זיא ווערט בֿוירן דיך, דש מיינט אין דיזם עולם. אין דיינם ליגן, זיא ווערט הויטן דיך, דש מיינט אים קֶבֶר. אונ׳ ווען דו ווערשט אנטוואכֿן, זיא ווערט רֵידן בֿור דיך, דש מיינט צו תְחִיַית הַמֵתִים.
רבי חֲנַנְיָה זון עקשיא זאייט, ער הוט גוואלט הקבה צו ווירדיגן ישראל, דארום הוט ער אין ויל תורה אונ׳ מצוֹת געבן. אז דער פסוק זאגט: גֿוט הוט גיוואלט אוים ווילן זיינר גרעכטיקאייט, ער הוט גיאכֿפרט די תורה אונ׳ הוט זי גישטערקט.
דיא פרקים האבן איין ענד, גוט שטערק אונז אונזר הענד.

נספח ג

פרקי אבות, קראקא ש״נ (1590)

פרק א

כל ישראל יש להם חלק לעולם הבא שנאמר וכו׳

דאש היישט דיא מסיכֿתא פון דען אבֿוֹתֿ דרום דז די אבֿוֹתֿ זיין דינן גינענט, וויא זי די תורה אנטפֿנגן, אי איינר נאם זי פֿון דען אנדרן. אונ׳ זי האבן גימאכט דז מן זאל עז זאגן צווישן מנחה אונ׳ מעריבֿ אן שבתֿ אים זומר ווען די טעג לאנג זיין אונ׳ דיא לייט מישיג זיין. אונ׳ מן זאל לאשן הירן דיא גוטין מידותֿ די דרינן שטין. די חכמים האבן גיזאגט וויא זיך איין מענש זאל האלטן אויף דעם עולם אונ׳ זי האבן חלק לעולם הבא. אונ׳ דז זעלביג גיהערט ניט צו דען פרקים. אונ׳ ווארום האבן זיא דען דער מיט אן גהובן, דרום דז עז איין גוטר אן וואנק איז דז מן שפריכט, דש כל ישראל האבן חלק לעולם הבא. דען מן וינט איין טייל אונטר דען עמי הארצות דיא דא האבן גזינט אונ׳ גדענקן זיא קענן נימר בישן. אונ׳ דער יצר הרע רייצט זיא אן אונ׳ שפרעכֿט, אז מער זינד נאך מער הב דיין ווילן אויף דיזן עולם. דוא האשט דאך ניט חלק לעולם הבא. דיך הילפֿט דאך קיין תשובה מין. אונ׳ מיט דען זעלביגן גדאנקן ווערדן זיא פֿר לארן. אבר ווען זיא הערן דז כל ישראל האבן חלק לעולם הבא, זו גדענקט איטליכרי איך וויל פֿון מיין עבֿירותֿ לאשן אונ׳ וויל תשובה טאן, דער ווארטן דז מיין חלק דיז דער בעשיר ווערט זיין אין יענר וועלט. אונ׳ דרום האבן זי דר מיט אן גהובן, דז זי הירן זולין דז כל ישראל האבן חלק לעולם הבא. אך איז איין חלק בעשיר ווען דש אנדר, אידרמן נאך זיין ור דינן. אונ׳ אידר מאן בניגט זיך וואל אן זיינם חלק ווען עז איז ניט נאך האט נאך ניידא אים גן עדן. זיא האבן אלי חלק, ווען איין יהודא מוז גאר גרוש זינד טאן, ער הוט דענוכֿט כפרה...

...אונ׳ אזו וואול אז זי האבן אן גיהובן די פרקים מיט, דש כל ישראל הוט חלק לעולם הבא, דרום דש עש איז איין גוטר אן פֿאנג, אזו האבן זיא אויך גימאכט דז מן נאך איקליכֿם פרק זול זאגן וואש דא האט גיזַאגט רבי חנניא זון עקשיא. דרום דז עש איוך איין גוטר אויש גאנג אישט וויא דער בורא יתֿברך שמו האט גיווירדיגט ישראל דז זיא זאלן האבן חלק לעולם הבא.

משה קבל תורה. משה דר אנט פֿינג די תורה פון בערג סיני פֿון אונזרן ליבן הערן האנט אונ׳ ער וואר דארום פֿירציג טאג אויף דעם בערג דז אין דער בורא יתֿברך שמו כל התורה לערנט. אונ׳ משה לערנט זיא פֿאר באש זיין תלמיד יהושע. דער וואר נאך דען טוט משה רבינו איין הער איבר כל ישראל, אונ׳ ער בראכֿט ישראל אין דז הייליג לאנד. אונ׳ יהושע דער לערנט זיא פֿאר באש די זקנים די אין זיין

צייטן וווארן ריכֿטר איבר ישראל. אונ׳ אי איינר לערנט דען אנדרן דער נאך אים איבר בליב, ביז דז אויף שטונדן נבֿיאים אונטר ישראל. אונ׳ דר אירשט נבֿיא דז וואר עלי כהן גדול. דער לערנט פֿאר באש שמואל הנביא... אונ׳ די לעצטן נביאים די לערנטן פֿאר באש די מאנן דיא דא הישן דיא גרוש זאמילונג.
דיא זעלביגן מאנן פֿון דער גרושן זאמילונג דיא זאגטן דרייא ארלייא דז מן טון זאל. זייט ווארטן אם גיריכֿט, אונ׳ האט פֿאר משא ומתן מיט אנדדר וויא מן זול עש אויש שפרעכֿין. אונ׳ שפרעכט עש ניט אזו באלד אויש ביז איר אייך וואול דריבר בידענקט. דש אנדר. זייט שטעלין פֿיל תלמידים דש דיא תורה גימערט ווערט, אונ׳ מאכֿט איין צוינא אום די תורה...
שמעון הצדיק דער וואר דער הינטרשט דער דא איבר בליב פֿון מאנין דער גרושר זאמילונג. דער זאגט: אום דריי ארלייא ווילן בישטיט די וועלט. אום דש מן די תורה לערנט אונ׳ דש מן דעם בורא יתֿברך דינט מיט דען קרבנות אים בית֞ המקדש. אונ׳ איצונט זא מן ניט ברענגט קרבנות, זוא האבן מיר דיא תפילה אן דיא שטאט, אונ׳ דא הר פֿון בישטיט איצונט דיא וועלט. אונ׳ אום די גנאד דיא מן טוט מיט דען קראנקן לייטן אונ׳ מיט דען טוטן. די זעלביגי גודא איז גרוישיר ווען צדקה. ווען דיא צדקה בידרפֿין דיא לעבנדיגן נייערט אליין, נייערט דיא עניים, אבר דיא גנאד בידרפֿין דיא לעבנדיגן אונ׳ דיא טוטן, ארם אונ׳ רייך.
שמעיה דר זאגט: האב ליב די מלאכֿה פון דר תורה דז דו לערנשט תורה אונ׳ טושט מצות֞ אונ׳ מעשים טובֿים. אונ׳ האבט פֿיינט די הערשפֿט. דוא זאלשט ניט תורה לערנן דרום דש דוא איין רבֿ ווערשט אונ׳ דש מען דיך זאל היישן רבי. איך מיינט עש, האב ליב דיא מלאכֿה דש דוא איין מלאכה זאלשט טרייבן בייא דעם לערנן, דש דו דיך דער מיט דר נערשט. אונ׳ האב פֿיינט דיא הערשפֿט. דוא זאלשט ניט גידענקן איך בין איין אכֿפיר מאן, עש איז מיר ניט ערליך דז איך ערביט. אונ׳ דוא זאלשט דיך ניט לאשן דר קענן צו דען שרים דש דוא איין גרושין שם דער פֿון גווינשט. ווען לסוף זוכֿן זיא עלילות֞ אויף דיך אונ׳ הרגן דיך חס ושלום, אדר נעמן דיר דיין ממון.

פרק ב

רבי אומר. רבי דער זאגט, דש וואר רבי יהודא הנשיא... דער זאגט: וועלכֿיש איז דער גירעכֿט וועג דען איין מענש זאל דער ווילן, דש איז דער דא מעשים טובֿים טוט די אים צימליך זיין גיגן דעם בורא, דיא זיין אים אויך איין שונהייט גיגן דען לייטן. זייא גיווארנט אן איינר מצוה די דיך דוכֿט קליין זיין דש דוא זיא טושט, גלייך אז איין מצוה די דיך דוכֿט גרוש זיין. ווען דוא וואשט ניט וועלכי מצות֞ גרושן לון האבן אדר קליינן. ווען העט עש דער בורא יתֿברך שמו לאשן ווישן, זא העטן

דיא לייט אל גיטאן די גרושין מצות֯ אונ׳ דא מיט ווער די תורה פר געשין ווארדן...

פרק ג

רבי חנינא זון תרדיון דער זאגט: צווין דיא בייא אנגדר זיצן אונ׳ רידן ניט בֿון דבֿרי תורה, דז הייסט גיזעש דער שפעטיר, אז דער פסוק שפריכֿט: אונ׳ אין גיזעש דער שפעטיר ניט ער איז גיזעשן, ווען נויערט אין גֿוטש תורה איז זיין ביגערונג. אונ׳ צווין דיא מיט אננדיר רידן דבֿרי תורה דיא שכֿינה רואט בייא זיא. אז דער פסוק שפריכֿט: דען זיא רידן בֿורכֿטיר גֿוטש איין מאן מיט זיינם גיזעלן אונ׳ ער פֿר נמש גֿוט אונ׳ הורט עז אונ׳ עז ווערט אן גשריבן אין בוך דער גידענקניש צו בור אים, צו דען בֿורכֿטר גֿוטש אונ׳ צו דען דיא דא גידענקן זיין נאמן...

משנה ט״ז. ער 〈רבי עקיבא〉 זאגט נאך מיא: וואש איין מענש טוט דש איז אלש געבן איין בורגשאפֿט. די נשמה איז ערבֿ פֿער דען לייב. זוינט דער לייב, זא מוז די זיל מיט אים ליידן אין יעניר ווערלט. אונ׳ דאז גארין איז גישפרייט אויף אל די לעבינדיגן, אז איין גארון〈!〉 דא מן מיט טיר אדר פֿיגל פֿאנגט, אונ׳ ווירט אידר מן אין דש טוטיש גארין גיפֿאנגין... אונ׳ דער קראם איז אופֿן, אידרמאן מאג קויפֿן וואש ער וויל... אונ׳ דער קרעמיר בורגיט אידרמאן אונ׳ דיא טאבֿל אישט אפֿין אונ׳ דיא האנט שרייבט שטעץ דריין וואש אידרמאן טוט אונ׳ בורגט. אונ׳ דיא גבאים דיא דער קרעמיר דריבר האט גיזעצט, דיא גין שטעץ אום אונ׳ מאנין דאש געלט איין פון דען לייטן...

פרק ד

בן זומא. דער ווער שמעון זון זומא. עש ווארין ויל שמעון, דרום היש מן אין בן זומא דאז מאן אין דר בייא זאלט קענן. דער זאגט: וועלכֿר היישט איין חכֿם, דר דא לערנט בֿון אידרמן אונ׳ ור שמעכֿט נימנט... אז דער פסוק שפריכט: איך האב גילערנט, דא בֿון בין איך ווארדן קלוג. ווען איך הון מיט אידרמן גירעט אויז דיינר תורה. אזו האט גיזאגט דוד המלך. וועלכֿר היישט איין גבור, דער דא צווינקט זיין יצר הרע. ווען דער יצר הרע ווערט גבורן מיט דעם מענשן, זא קומט דער יצר טוב אין דעם מענשן ווען עז דרייא ציהן יאר אלט ווירט. זא אישט דער יצר הרע אין אים ור אלט אונ׳ דער שטארט. דרום מוז איין מענש גאר שטרק זיין דאז ער זיין יצר הרע בצווינקט. אז דער פסוק שפריכט: איינר איז בעשר דר דא ווארט לאנג אי ער זיך דער צורנט, מין ווען איין שטרקר. דער דא גוואלטג איז אן זיינם יצר הרע, דער איז בעשיר ווען איינר דער דא בצווינקט איין שטאט... איין עשיר דר זיך ורייט אן זיינם טייל אונ׳ לושט זיך בינוגן מיט דעם דז אין גֿוט יתֿברך

הוט בישירט, אונ׳ נייט נימנט אום דאז זיין. אז דער פסוק שפריכט: ערביט דיינר הענד דאז דער בון טושט עשין, זא וואל דיר אונ׳ עז ווערט דיר גוט זיין...

פרק ה

בעשרה מיט צעהן זאג איז די וועלט ווארדין בישאפֿן. וואז לערנן אונז דא פֿון דיא תלמידי חכמים. נוא העט ער זיא וואל קענן בישאפֿן מיט איינר זאג... דרום צו שטראפֿין דיא רשעים דיא דא מאכֿן ור גין דיא וועלט דיא דא איז בישאפֿן מיט צעהן זאג, מיט דעם דאז זיא ניט הלטן דיא תורה דא פֿון די וועלט בישטיט. אונ׳ צו געבן גוטן לון צו דען צדיקים דיא דא הלטן די תורה דז דא מיט מאכֿן בישטין די וועלט...

⟨משנה טו⟩ פֿיר ערלייא זיטן זיין אן דען די דא זיצין פֿון דען חכֿמים אונ׳ לערנן. איינר איז איין באד שוואם, אונ׳ איינר איז איין טרעכֿטר, אונ׳ איינר איז איין היפפֿן זאק אונ׳ איינר איז איין זיפא. איין באד שוואם דער שלינגט עש אליש איין. אזו לערנט ער אויך אל דינג. ער ווייש אביר ניט וועלכֿיז דאש עיקר איז...

פרק ו

שנו חכמים... דיזן פרק אין שפרוך דער משנה אז די אנדרן פרקים. גילובט זייא דער בורא יתברך דאז ער הוט דער ווילט אן איין אונ׳ אן אירם לערנן.

רבי מאיר... אל דער דז לערנט תורה דז ער מצות אונ׳ מעשים טובֿים וויל טון, דער איז ווירדיג צו ויל גוטן זאכֿן... די גנץ וועלט איז וואל ווערט דאז זי בישטיט פֿון זיינן וועגן... ער האט ליב דען בורא יתֿברך אונ׳ הלט זיין מצותֿ מיט ורוינט־ שפֿט. ער דער ורייאט דען בורא יתֿברך, אונ׳ די תורה קליידט אין מיט דעמו־ טיקייט אונ׳ פֿורכט... רעכֿט פֿערטג אונ׳ וואר הפֿטג אונ׳ זי פֿערט אין פֿון זוינדן. אונ׳ זי גיניהט אין צו ווירדיקייט. אונ׳ די לוייט האבין הנאה פֿון אים דז ער אין גיבט גוטן ראט אונ׳ לערנט די תורה אונ׳ פֿר נופֿט אונ׳ שטערק...

מפתחות

מלים בניב הגרמני העילי־הביניי

מקור		תרגום עברי	מקבילות מן הספרות ביידיש קמאית
אויבר וארן	über-varn	להעביר	מלב״ך: אויבר וארן
אויז דר קורן	er-korn	נבחר	שמב״ך: אויש דר קורן
אוישן וויניג	ûẓ-wendic	בעל־פה	קרימ׳: אויזן וויניג, אוישן וויניק (במובן: מבחוץ)
אומדר	ummer	תמיד	שמב״ך: אומדר.– מלב״ך: אומדרן, אומרדרן
אוניקל	ônichel (= onix)	שוהם	מלב״ך: אוניקל.– סר״א: אויניקיל
און הויטינג	hüeten	שמירה	סר״א: הוטינג (משמרת).– מלב״ך: הוייטן, הויטן (שמר
און זיניג	un-sinnic	חסר־משמעות	מלב״ך: אינזיניג
און מוש	un-mâẓ	בלי גבול	מלב״ך: און מוש, און מושן
אוענקלן, עניקל	enikel, eninkel	נכד	סר״א: איניקל.– קרימ׳: איניקל.– מלב״ך: עניקיל
אופנבערליך, אופן בורליך	offen-bârlich	ברור, גלוי	מב״ך: אופֿין בערליך.– מלב״ך: אופֿן באר.– שמב״ך: אופֿן וואר.– כי״מ: אופֿן בור
אורבליצלינגן	urplitzlingen	פתאום	סר״א, לויטה: אורבליצלינג.– קרימ׳: אורביצליכֿן.– מב״ך: אור בליצונג.– מלב״ך: אורברלינג
אורן	(רומית: orare; צרפתית קמאית: orer; ספרדית ופורטוגאלית: orar	התפלל	

מקור		תרגום עברי	מקבילות מן הספרות ביידיש קמאית
איגדיש	eggedes	עקרב	סר״א, קרימ׳: עגדיש
אייטל	îtel	רק	מלב״ך: אייטיל
איצונד	izunt	עכשו, תכף	קרימ׳: איצונדא.– מלב״ך: איצונט, איצונד.– סר״א, מב״ך: איצונדר
איקליכר	ic-lich	כל אחד	מלב״ך, קראקא: איקליכֿר
אירגץ, אֵירגש	irgen, irgent	אי־שם	מלב״ך: אירגנט, אירגט
אירשט, אֵירשטן, ערשט	êrst	ראשון	סר״א: אירשט
אכטן	achten	לדאוג	מלב״ך: אכטן
אן ביישן	an-biẓ (= gentaculum)	ארוחת־בוקר	מלב״ך: אן ביישן
אנגיגן	en-gegen	לקראת	שמב״ך, מלב״ך: אנגיגן.– סר״א: צו גיגן
אנטליהנט	ent-lêhnen	הלווה	סר״א: אנטלעהנט.– לויטה: אנטליהנט.– מלב״ך: אנטלֵיהן
אנטפפנגן, אנפפנגן	ant-vanc, anphanc	קבל	מלב״ך: אנטפֿאנגן.– שמב״ך, בר יקר: אנפֿפינג.– קרימ׳: אנטפֿאנגן, אנפנגן.– לויטה: אנפֿפנגן.– קראקא: אנטפֿנגן.– מב״ך: אנטפֿנגאן
אנטשפוזן	sponzîeren, sponsîeren (sponsare :רומית) (sposare :רומנית)	ארש	שמב״ך: אנשפוזן

אנצליט ראה ענצליט

באוים, באום, בוים, באם	buom, bôm, bâm	עץ	
באז	baẓ	טוב יותר, יותר, אחרי זמן־מה	מלב״ך, שמב״ך: בז, באש
בארמן, דר בארמן	barmen	רחם	סר״א: דרברמין, דרברמן.– לויטה: דר בארמן.– מלב״ך: דר בארמונג
בודים	bodem	עליית־גג	מלב״ך, שמו״ד: בודים.– מב״ך: באדים
בוז	bûẓe	עונש, כפרה	
בויברייא	büeberie	רמאות	מלב״ך: בויברייא
בוירשט[1]	bürste	מברשת, ברש	
בוישן	büeẓen	כפר	שמב״ך: בושן.– קראקא: בישן.– מלב״ך: בוישן
בוקידיג	bücken	גחן	
בורטן	bort, borte	שפת(יים)	סר״א: בורטן.– קרימ׳: בארטן
ביגיגט	be-gegenen	היפגש	סר״א: ביגיגנט
ביגערונג	be-gërunge	בקשה	מלב״ך, שמב״ך, קרימ׳: ביגערונג
ביהעלטניש	be-haltnisse	מחבוא	קרימ׳, לויטה, מלב״ך: ביהעלטניש.– סר״א: ביהעלטניס
ביהענד	be-hende	מהר, תיכף	מלב״ך: ביהענד, ביהענדן
ביהעפטונג	be-heften, heftunge (= corona)	לויה	סר״א: העפטונג
ביהערטן	be-herten	הבטיח	
ביהערצט	be-hërzet, be-hërz	אמיץ	קרימ׳: בהערצט

1 השווה גם: C.W. Friedrich, *Unterricht in der Judensprache*, Prenzlau 1784, *berst*, *barst*

מקור		תרגום עברי	מקבילות מן הספרות ביידיש קמאית
ביווילינן	willigen, be-willigunge	רצה	סר״א: בווילגן.– קרימ׳: ביווילינט
ביזוילפרט	be-sülwen, be-sulven	לכלך	סר״א: ביזווילפרט
ביליך	bil-lîch	יושר	מלב״ך: ביליך, ביליכֿקייט.– מב״ך: בילך
בינויגט (זיך)	be-nüegen	יוצא ידי חובתו, הסתפק	קרימ׳: בניגט זיך
בירוימן	be-rüemen	התפאר	לויטה: בירומן.– כי״א: ברוימט.– סר״א: בירוימן
בירייטונג	be-reitunge, be-reiten	נכון	סר״א, לויטה: בירייטונג
בישווערניש	be-swaernisse, be-swaeren	העקה	
בישיידליך	be-scheiden-lich	מפורש	תשבי: בישיידליך.– צו״ר: בשיידליך
בישעפניש	beschefnis	בריאה	שמב״ך, מלב״ך, לויטה: בישעפֿניש.– סר״א: בשעפניס
בענשן	(פרובאנסאלית: benesir, benedire;	לברך	שמב״ך: בענשט.– קרימ׳, מב״ך: בענשונג.– לויטה: גיבענשט
	רומית: benedicere;		
	ספרדית: bendecir;		
	פורטוגאלית: benzer)		
בערנר	bërner (= denarius Veronensis)	דינר של וירונה	תשבי: דינאַר.– בוויניציה: באַנְטִין, ובל״א: בֶּערנֶר
ברוילפט	bruitloft, brût-louf(t)	חתונה	קרימ׳: ברייליפֿט, ברווילפט.– מב״ך: ברייליפֿט.– מלב״ך: ברוייליפֿט, ברוילפֿט.– כי״א: ברוילפט.– לויטה: גיברוייליפֿט (פועַל)
ברוני, ברוינן	brunne	מעיין	שמו״ד: ברונן
ברויקיליך	brocke	פירורים	

בֿ ראה גם ו			
בול ברענגן	vol-bringen, vol-brengen	לבצע	סר״א: ואל ברענגן
בור הוף	vor-hof	פרוזדור	
בורכטצום	vorhte-sam	נורא	סר״א, לויטה: בֿורכצום
בורכטר	vorht, vorhte	ירא ה׳	סר״א: בֿורכטר.– לויטה, בר יקר: בֿורכֿטר.– מלב״ך: בֿוירכֿטר.– כי״א: בורכטער
בוש, בויש	vuoẓ	רגל	מלב״ך: בֿוש, בֿויש
גויטליך	güetlich	אדיב, נוח	מב״ך: גויטליך
גוינט	gunnen, günnen	מצא חן	מלב״ך: גוינן
גיאֵירט	êren	מכובד	סר״א: גאירט, גיאירט.– שמב״ך: אֵירן
גיבוירד	geburt (Gen. gebürt)	דור	סר״א: גיבוירט.– לויטה, שמו״ד: גיבורד.– מלב״ך, קרימ׳: גיבוירד
גיברוכן	ge-brouchen	כפף, הטה, עקם	
גיברעכן, גיבריכט	ge-brëchen	שבר, חסר	מב״ך: גיברעכֿט (נישט), גיבריכֿט
גידעכניש	ge-daehtnisse	זכרון	סר״א: גידעכעניש.– לויטה: גידעכֿטניש.– כי״א: גדעהטניש.– קראקא: גידענקניש
גידענקן	ge-denken	זכר	שמב״ך, סר״א, קרימ׳, לויטה: גידענקן
גידענקר		זוכר	מלב״ך: גידענקר, גדענקר
גיהערשט (בינוני פעול)	ge-hërsen	צבאות	לויטה: גיהערשט.– סר״א: די גיהערשטן, גיהערשט

מקור		תרגום עברי	מקבילות מן הספרות ביידיש קמאית
גיוואולקיכט (בינוני פעול)	gewulket, ge-wülke	מעונן	
גיווינן	ge-winnen	ללדת	סר״א: (צו) גיווינן.– קרימ׳: גיווינן
גיזוינט, גיזוינד האבן השווה זוינדן	gesündet, sünden	חטא	קרימ׳: גיזוינט.– סר״א: זוינדן
גיזֵיץ	gesetze	חוק	סר״א: גיזיץ.– קרימ׳: גיזעץ.– כי״א: גזעץ
גיזעש	ge-sëẓ	מושב	לויטה: גיזעש.– כי״א: גזעש
גייציגליך	gieẓec	תאב	
גיליברטן	liberen, gelibbert	קפא	סר״א: ביגליבֿרט, גליבֿרן.– קרימ׳, בר יקר: גיליבֿרטן, גיליברט
גימויט, גימוט	gemüete	מצב־רוח	לויטה: גימוט.– סר״א: גימויט.– קרימ׳: גימויט
גימעלטש	ge-maelc, ge-maelze	תמונה	
גימערט ראה מערן			
גימערק	ge-merke	גבול	סר״א, לויטה, קרימ׳: גימערק
גינעהט, גינעהן, גינעך השווה נעהר	ge-naehen, ge-naehenen	הקרב	לויטה: גינעכט.– קרימ׳: גינעכֿט, גינעהנן, גינעהן.– שמב״ך: גינעהן
גיריכט	ge-riht, ge-rihte	משפט	בר יקר: גריכֿט.– לויטה, שמב״ך: גיריכט
גיריכטץ	ge-rihtec	זכאי, ישר	
גירעגיט	ge-regnen, rëgenen (פועל)	ירד גשם	סר״א: מכֿן רעגנן (׳המטיר׳)
גישמאק	gesmac	ריח	סר״א: גישמק.– קרימ׳: גישמאק

גישריפט	ge-schrift	כתב	מלב״ך, קרימ׳, סר״א, מב״ך: גישריפֿט
גלאבן, בגלאבט	glouben	האמן, מהימן	לויטה: גיגלאבט, (זיא) גלאבטן.– סר״א, קרימ׳: גילויבן
גלייכניש (פּוּעַל)	ge-lichnisse, -nus, ge-lîchen	משל	תשבי: גלייכניש.– קרימ׳: גילייכניש
גערינען	ge-rinnen (= congulum)	היקרש	
גרופליך, גרופר	grop	גס	תשבי: גרוֹפּא
גרייזן	krûs	טעה (במובן: לא ברור, מעוּוּת)	סדר מצות נשים (קראקא 1585): גרייזן.– קרימ׳ (הקדמה): גרוייז (= טעויות)[2]
גריפיל	griffel	חרט	סר״א: גריפל
דאנק	danc	רצון	מלב״ך: דאנק.– שמב״ך: אויבר זיינן דאנק (= בעל-כורחו)
דוירפר	dorf	כפרים	קרימ׳: (אין דען) דורפֿרן.– סר״א: דארפֿר
דוירקייט	dürrec-heit, dürre	חֲרֵרִים, יובש	קרימ׳: דוירקייט.– מלב״ך, סר״א: דויר (יובש).– לויטה: דורקייט (צִיָּה), דְוֹר (יבש)
דוישן	dûzen	בחוץ	שמב״ך: דרויש
דעמויטיג, דעמויטיגר	dêmueticheit, dîe-müete(-tec), dîe-müetec	ענו, ענוותנות	קרימ׳: דעמוטיג.– לויטה, קראקא: דעמוטיקייט.– סר״א: דימיטיקייט.– כי״א: דימעטיקייט
דעניכטר	den-noch (?)	אחר-כך	לויטה (הקדמה לתה׳): דענוכטר.– תשבי: דענוך.– קרימ׳: דענוכֿט
דר טורנן	retourner[3] מגיזרת	חזר	בר יקר: טורנט

2 השווה גם: וולף, עמ׳ 119; ד׳ סדן, ׳אן אלט חדר-רעטעניש׳, ספר היובל לאברהם גולומב, לוס-אנג׳לס תש״ל, עמ׳ 688 ואילך.

3 השווה: גרינבוים, עמ׳ 314.

מקור		תרגום עברי	מקבילות מן הספרות ביידיש קמאית
דר מער ראה מער			
דר צוירנן, דר צורנן, צורנן	er-zürnen, er-zornen	הכעס, הרגז	לויטה: דר צורנן.– קרימ׳: דר צוירנן.– כי״א: דער צוֹרְנַן.– סר״א: צורנן, דר צוירנן.– מב״ך: צוירנן.– מלב״ך: צוירנן, צורנן
דר שרוקניס	er-schrecknis	בהלה	קרימ׳: דר שרעקניש.– לויטה: דר שרעקניש, דר שרעקונג.– סר״א: שרעקניש
האדרט ראה צו האדרט			
הויטן	hüeten	שמר	סר״א, קרימ׳: הויטן; קרימ׳ גם: הויטונג (משמרתו)
הויפשקייט	hövescheit	הוד, יופי	לויטה: הופשקייט.– מלב״ך: הויפש.– שמו״ד: הופשר (hüpscher)
הון (בינוני פעול)	hân	היה ל...	קרימ׳: הון גילערנט..., הון געבן...– מלב״ך: הון... גיהֵיט
הופרט	hoch-vart, Hoffart	גאווה	לויטה: הופרט.– שמו״ד: הופרטיגר.– סר״א: הופרטיקייט, האפֿרטיג.– קרימ׳, מב״ך: הופרטיג.– מלב״ך: הופֿרט
היימליכקייט	heim-lîchkeit	סוד, נסתרות	
הינטר ווערליך (תואר־פועל)	hinder-wërt(-ec)	מאחוריו	סר״א, קרימ׳: הינטר זיך.– יידיש: הינטער ווײלעכץ (backward)
הינטרשטן, צום הינטרשטן	hinder	אחרון, אחורנית	הינטרשט (מלת־יחס)

הינקדיג (שם־תואר)	hinken	צולע	מלב״ך: הינקן, הינקנדיג
הֵיקט	hecken	נשך	מלב״ך: העקן
העבנר	havenaer	קדר	לויטה: העבֿינר (= יוצר).– שמו״ד: האבֿן (= קדרה).– מלב״ך: האבֿן, הבֿן
מגיזרת haven, לשון רבים heven (= כדים)			
העלן, דער העלן	helle	שאול	שמב״ך: הילן.– מלב״ך: העל.– שמו״ד: היל
העפטונג ראה ביהעפטונג			
הערב (שם־תואר)	herb, herwe	חמור, קשה	יידיש: האַרב
הערבריג	her-bërge	אכסניה, מלון	שמו״ד: הערבירג.– תשבי: הֶערְבֶרק.– צו״ר: הערבריג.– מב״ך: הרבריג.– מלב״ך: הערביג
הערלי	hërre, herrle	סבא	שמב״ך: הערליין[4].– מב״ך: הערלן, הערלי
ו השווה גם בֿ			
ואלענט	vol-enden (volente)	ויכלו	סר״א: בולענדיט, בולענדטין.– קרימ׳: בֿולענדט.– תשבי: בולעֶנדֶן.– מלב״ך: בֿול ענדן
ואשט	vasten	צום	מלב״ך: ושטן, ואשטן
ולוקש	vluges	מהר	שמו״ד: ולאקש.– מלב״ך: ולוקש.– מב״ך: פֿלוקש
וערן ראה ווערן			
ור אלטרט	ver-alten	הזדקן	
ור דוירט	vertûren	יבש	סר״א: ור דוירן

4 השווה גם: גרינבוים, עמ׳ 418.

מקור		תרגום עברי	מקבילות מן הספרות ביידיש קמאית
ור וואגילן	wagen (?)	הניע, נוע	לויטה: ור וואגילן.– תשבי: וֶר וַאגְלֶן.– מלב״ך: בּ֯ור וואגילן.– סר״א: ור ווגלין.– קרימ׳: בור וואגילטן
ורום	vrum	אמיץ, טוב, חסיד, אדוק (בשני מובנים)	
ורומקייט, ורוימר[5]	vrümekeit	חסידות, אדיקות	מל״ב: ורום, ורוימיקליך.– כי״א: ורומקייט.– מב״ך: פרום קייט
ור זויכט, ור זוכונג	ver-suochen, ver-suochunge	לנסות, נסיון	כי״א: בור זוכונג.– בר יקר: בור זוכ֯ונגן, ב֯ור זוכ֯ט.– מלב״ך: ור זוכן, ור זויכ֯ן
ור טוימלט	vertûmelt	הדהם	סר״א: ורטוימלונג, ורטוימלט
ור מיידט	ver-mîden (= evitare)	להימנע	סר״א: ור מיטן
ור נויפטן, ור נופט, ור נויפטיג	ver-nuft, ver-nünftic	תבונה, נבון, בינה	קרימ׳: ב֯ור נופטיג, בור נופט.– קראקא: פ֯ר נופ֯ט.– סר״א: ור נופ֯טיג
ור קערט	ver-kêren	הפך, נעשה לאחר	סר״א: (וואר) ורקירט.– לויטה: ור קערט, ור קֵירט, ורקֵירן.– מלב״ך: ב֯ור קורט.– קרימ׳: ור קערן
ור שוועכט	ver-swechen	חלל	סר״א: ור שוועכט.– לויטה: ור שוועכ֯ט.– קרימ׳: ב֯ור שוועכ֯ט
ור שטארט	ver-starren	נוקשה	
ור שטוירט	ver-stoeren	היבטל, החריב	סר״א, כי״א: ור שטורט.– לויטה: ב֯ר שטְוָרין, ור שטְוָרט.– שמב״ך: ב֯ור שטוירט.– מלב״ך: ב֯ור שטוירן

5 השווה: ׳ורום אויף יהודים׳ (לעיל, עמ׳ 161, שורה 32); וראה שם, שורה 30.

ור שטענטיקייט	ver-stendicheit, ver-standenheit	תבונה, בינה	סר״א: ור שטענדיקייט.– קרימ׳, כי״א: בֿור שטענדיקייט
ור שלינדן	ver-slinden	לבלוע	סר״א: ור שלינדן.– קרימ׳: בֿור שלינט.– כי״א: בור שלונט[6]
ור שמעהר, ור שמעכט	ver-smaeher, ver-smaehen	מבזה	קרימ׳ (הקדמה): פור שמעהן, פור שמעכט.– סר״א: ור שמעהר, ור שמעכט.– לויטה: ור שמעכט.– שמב״ך: בֿור שמעכֿט, בֿור שמוכט.– מלב״ך: בֿור שמוהן.– צו״ר: פֿר שמעהט
ור שעמן	ver-schemen	בייש	סר״א: ור שעמן.– לויטה: ור שעמט
וואורקינג	würkunge (= operatio)	פעולה	סר״א: ווירקונג.– לויטה: וואורקר
וואושטנייא	wüestenîe	מדבר	קרימ׳, לויטה, שמב״ך: וואושטנייא.– מלב״ך:ווישטנייא.– שמו״ד: וויאושטניי
וואלבל	wol-veil	בזול	מלב״ך: וואלביל.– תשבי: וואל וֵיל
ווארט צייכן	wort-zeichen	סימן לבירור	מלב״ך: וואר צייכן
ווייאר	wîher, wier (= vivarium)	בריכה	קרימ׳: ווייאר
ווירדיקייט	wërdec-heit	יְקָר, מעמד רם	תשבי: ווִירְדִיקֵייט.– מלב״ך, כי״א: ווירדיקייט
וועליך	wëlich	איזה	כי״א: ווילכש.– קראקא, בר יקר: וועלכר
וועלש (לאנד)	wels, walch, welsch	זר, לעז (שפה שאינה מובנת לזר)	שמו״ד: ויאליך (לועז).– שמב״ך: וואלך[7]

6 לותר משתמש במלה verschlinden.

7 בתעודות מפולין נזכר גם השם ׳וועלשר׳: ר׳ יוסף וועלשר Wtochowicz, משנת ת״ח (1658); ראה: היילפרין, עמ׳ 520.

מקור		תרגום עברי	מקבילות מן הספרות ביידיש קמאית
ווען	wan	משום	מלב״ך: ווען
ווערן (זיך)	weren, wëren	הגן, הילחם	מלב״ך: ווערן
וועשפן	wespe	צרעה	סר״א: וועספ.– קרימ׳, שמו״ד: וועשפא
זאמלונג, זאמילונג ראה זמלונג			
זוינדן, זוינדר, זוינד השווה גיזוינט	sünden, sündaer (= peccator)	חטא, חוטא	כי״א: זונט.– קראקא: זוינט.– קרימ׳: זוינדיגר
זויס	süeze	נועם, עדין	סר״א: זויס
זיב	sip	נפה	שמו״ד: זיבא.– כי״א: זיב.– קראקא: זיפא.– השווה איטלקית קריוועל
זייא זאק (טוך)	sihe, sihe-touch, sihen	משמרת, סנן	כי״א: הענגל זאק.– קראקא: היפּפֿן זאק.– השווה איטלקית קוֹלִידוֹר
זייל	seil	קולב	שמו״ד: זאייל
זמלונג, זאמלונג, זאמילונג	samelunge, samlunge	כנסייה	קרימ׳, כי״א: זאמלונג.– סר״א: זמלונג.– בר יקר: זאמלונגא.– קראקא: זאמילונג
זעלב (וירד)	sëlb	הוא (ועוד ארבעה איש)	מלב״ך: זעלב צֵיהנט
זענפטיג, זענפטיגליך, זענפטיקייט	senftec, senftic, senftec-lich, senftikeit	ניחוח	סר״א: זענפטיגונג.– קרימ׳: זענפֿטונג, זענפטיגונג

טאביל	tavel	לוח	סר״א, קראקא, מלב״ך: טאבֿל.– קרימ׳: טאביל.– שמב״ך, שמו״ד: טאבֿיל (= לוחות)
טוינן, טון	tân, tuon, tuonen	עשה	סר״א, קרימ׳: טון, גיטון.– לויטה: טונן.– מלב״ך: טוינן.– מב״ך: טונן
טורשט, טוירשט; טורשט ניט (גם: דורשט; לעיל, עמ׳ 163, שורה 25)	turren	רצוי, יש לך רשות; אסור לך	שמב״ך: טאר, טורשטן, טורשט.– מלב״ך: טורן
טענער	tëner	כפיים	סר״א, מלב״ך: טענר.– לויטה: טענער.– בר יקר: אויף דען טענערן
טעש	tesch, tesche	שק, כיס	מלב״ך: טעש
טראגידיגן (שם־תואר)	tragen, tragerinne	מעוברות (במובן טראנסיטיבי)	סר״א, שמב״ך: טראגן.– מלב״ך: טראגידיג
טרופפא	tropfe	אדם פשוט, שוטה	בר יקר: טרופפֿא (אל״ף אילמת).– שמב״ך: טרופפֿן
טריקינש, טרויקיט, אויז טרויקיט	trückene, truckenen	יבש	מב״ך: טריקניס
טרעכטר	trehter, trahter, trihter	משפך	שמו״ד: טרעכֿטר.– כי״א: טראכטר.– קראקא: טרעכטר
יען, ייעני	jëner (jën-sît דוגמת)	זה, ההוא [מקום אחר]	
כליה	מגיזרת כְּלָיָה[8]	קלקל, להתקלקל	

8 השווה: גרינבוים, עמ׳ 258.

מקור		תרגום עברי	מקבילות מן הספרות ביידיש קמאית
לאג	louge	מֵי אֵפר	
לאנצום	lanc-sam	לאט	תשבי: לַאנצֻום.– בר יקר: לאנצם.– לויטה: לנצם.– כי״א: לנג צאם
לאשט (הולץ)	last	משא, צרור	מב״ך: לשט.– צו״ר: לאשט
לוגן	luogen	הבט	סר״א: לוגין.– לויטה, כי״א, בר יקר: לוגן
לויגן	lügen	שַׁקֵר	לויטה: לוייגן.– מלב״ך: לויגן, לייגן, ליגן.– שמב״ך: ליג (= שֶׁקר)
לויט זעליקייט	liut-saelec-heit	חן, אדיבות	סר״א: לויטזעליקייט.– קרימ׳: לוייטזעליקייט
לוייטרן	liutern, lütern	טהר	סר״א: לויטר.– מלב״ך: לויטרן
ליבהארט, ליפארט	lêbart	נמר, כפיר	סר״א: ליבהארט.– בר יקר, לויטה, קרימ׳: ליפארט.– מלב״ך: לעמפרד
לייאונג	lihen, lîen	לוה	סר״א: לייהן.– קרימ׳: לייאן, לייאונג
לייאן, לייאט	legere מגִיזרת	קרא	מלב״ך, שמב״ך: לייאן.– מב״ך: גילייאנט.– כ״י אינסברוק: לייאין
	legir :פרובאנסאלית leer :ספרדית		
לייכט, ויל לייכט	lihte, vil lîhte	שמא, אפשר, אולי	
לייכטליך	lihtec-lîche	בנקל	
לערנר, לערנונג	lërnaere, lërnunge	מלמד, לומד, לימוד	מלב״ך: לערנר.– לויטה: לערנט, לערנר.– סר״א, קרימ׳: לערנונג.– בר יקר: (בון אלן מיינן) לערנרן.– תשבי, בר יקר: לערנונג.– כי״א: לערנר, לערנונג

מאגרקייט	mager-keit	רזון	לויטה: מאגרקייט
מארמיל שטיין, מער מיל שטיינן	marmel-stein	שיש	סר״א: מירבלשטיין.– קרימ׳: מוירמיל שטיינן.– שמו״ד: מערמיל
מה דוך . . . מכל שכן	conclusio a minori ad majus	נוסח של מסקנה	
מוישיג	müezec	בטל, נרפה	
מום, מוֹמה	muome	דודה	
מורגיש	morges	בבוקר	
מוש ראה גם: און מוֹש	maẓ	מידה	מלב״ך: מוש
מילגרום, מילגראם	malgram (איטלקית: melagrana)	רימון	סר״א: מילגרם.– קרימ׳, מלב״ך: מילגרום
מין (מֵין)	mên, mê	יותר	
מער, דער מער (וש דא דער מער וור)	maere	שמועה (מה קרה, מה יש?)	מלב״ך: וואש אישט דער מער?[9] שמב״ך: דא די מער[10]
מערן, גימערט	mêren	הרבה	סר״א: מירין, מירן.– לויטה: מערן
נאקידיג	nacket, nacke-tac	עירום	מלב״ך: נאקיט
נוייארט	neuert, niur, neur	רק, כאשר	לויטה, סר״א: נוייארט.– קרימ׳: נויערט.– צו״ר, מב״ך: נייערט

9 השווה היינה (בערנפעלד), עמ׳ 171: Welch ein Lârm, was ist der Mähr?

10 בסיפורת החסידית: ׳אמער . . .׳; השווה גם: גרינבוים, עמ׳ 179. טנדלוי מביא: dermehr. ראה גם: יוסף בערנפעלד, ׳וואס איז דער מער?׳ גאלדענע קייט, מח (1964), עמ׳ 170 ואילך.

מקור		תרגום עברי	מקבילות מן הספרות ביידיש קמאית
נ יבזיג	vox hybrida (מגיזרת 'נבזה' עם סיומת גרמנית)		קרימ': ניבזיג.– מב"ך: נויבזיק, ניבזיק
ניידונג	nîdic, nîdec	קנאה	קרימ', לויטה, מלב"ך: ניידונג
נעגבר	nebe-gêr, nageber	מקדח	מלב"ך: נעגבר
נעגבר לוך	nebegêr-loch	אשנב	קרימ': נעגבר לאך
נעהר	naehe (adj.), nâher, naeher	קרוב, קרב	שמב"ך: נעך.– קרימ': נוהט.– סר"א: גינעהט.– מלב"ך: נעהר
נעכטיג	nachtig, nehtig, nehten	לילי, של אתמול	
סעמיטי (קליידר), סעמיט	semet	קטיפתי	
עניקל ראה אוענקלן			
ענצליט	ant-litze	פנים	סר"א: אנצליט, ענצליט.– מלב"ך: אנצליט.– לויטה, קרימ': ענצליט.– שמו"ד: אנצליט
ערבטר	arbeiter	פועלים	
ערבייט	arbeit, erbeit	עבודה	שמ"ב, בר יקר: ערבייט.– מלב"ך: ערביט, ערבייט.– סר"א: ערבטין.– שמו"ד: ערבטין
פֿאזוליך	fasôl, phasôl	קטניות	
פֿוילצל ראה פוילציל			
פֿעניג	pheninc, phenic	מטבע (12 פעניג = 1 שילינג)	מלב"ך: פפֿעניג

פֿעשטן	vesten	העמד, קיים	
פאליש, פליש	palas, palais	ארמון	לויטה: פאליש.– מב״ך: פאלש.– מלב״ך: פאליש
פוילציל, פילציל	(איטלקית: pulcella; צרפתית קמאית: pulcelle)	בתולה	לויטה: פולצילש.– קרימ׳: פֿוילצליש (לשון רבים).– מב״ך: פילציל.– מלב״ך: פוילציל
פולבר	pulver	עפר, אבק	לויטה: פולבֿר.– שמו״ד: פולבר.– מלב״ך: פולבֿער, פולבֿר
פלאץ	palast (= forum) (איטלקית: palazzo)	היכל, ארמון	שמו״ד: פאלש, פלאץ.– מלב״ך: פאלש, פאלשט
פלין	plân	מישור	מלב״ך: פלון
פערליך	bërle, perle (רומית בינית: perula)	מרגליות	שמו״ד: פערלן.– מלב״ך: פערליך
פפלאנצונג	phlanzunge, phlanzen	מטע	לויטה: פפֿלאנצונג.– סר״א: פֿלנצונג.– בליץ: פפלאנצונגין.– כי״א: פעלצונג
פרויבונג	prüevunge	בינה, נסיון	מלב״ך: פרויבֿן (= להבין, לשים לב).– מב״ך: בריבונג
פריזינט	prêsant, prîsant	מתנה, מנחה	סר״א, קרימ׳, מלב״ך: פריזנט.– תשבי: פריזאנט
פרייאט	prier צרפתית: preiir צרפתית קמאית: preiar פרובאנסאלית קמאית:	הזמֵן	שמ״ב: פרייאט.– טנדלוי: ‘praie’.– תשבי: פרייאן.– מב״ך: ברייאטין
פריל	pryllen, berille, brill	משקפיים	שמו״ד: בריל

מקור		תרגום עברי	מקבילות מן הספרות ביידיש קמאית
פרעגילן	brëglen	טַגֵּן	מלב״ך: פרעגילן
צו האדרט	hader (=סמרטוט)	קרוע	קרימ׳: מיט שלעכטי האדרן בדעקט
צוואגן	twahen, zwahen	חפף, רחץ (חפף ראשו)	שמ״ב: גיצוואגן.– מב״ך: צוואגיט.– מלב״ך: צוואגן
צווין	zwêne	שתיים	כי״א צוויאן.– מלב״ך: צווין
צווײנציג	zwên-zeg, zwên-zec	עשרים	קרימ׳, מלב״ך, שמב״ך: צווײנציג
צוימן	zëmen	יאה, מתאים	לויטה: צימט (= נאווה)
צורנן ראה דר צוירנן			
צימליך	zim-liche	נאה, ראוי	מלב״ך, קרימ׳, תשבי, קראקא: צימליך
צינדאל	zindâl (= cindalum)	משי דק	
ציקלער		רצען, סנדלר	
קאפענשאץ (זילבר)	kuof-schaz	סחר־כסף	לויטה: קאפֿין שאץ
קוישטליך	koste-lich	יקר, נעלה	קרימ׳, שמב״ך: קושטליך.– מב״ך, צו״ר: קעשטליך.– כי״א: קוישליך
קויגיליכט	kugelëht	סגלגל	מב״ך: קיגלכט.– מלב״ך: קויגיליך
קוינשט	kunst	כישוף	מלב״ך: קוינשט.– מב״ך: קוינשט, קונשטן
קולֶט (געקולֶט)	keln, köln, këln	(הרג), שחט	
קופפא (אל״ף אילמת)	kopf, koph	ראש	בר יקר: קופפא

קליקאן	klecken	הסתפק, מספיק	מלב״ך: קלעקן
קלעפרילן, קלעפרלן	kleffel, klepfel	צלצל, פעמון, פעמון של מצורעים	מלב״ך: איין מצורע קלעפרלן[11]
קנעלן, קנוילר	knellen	למד, שנן, פטם בלימודים	לויטה (הקדמה לתה׳): קנולן.– צו״ר: קנעלן[12]
קרבונקיל	karvunkel-stein (= carbunculus)	אקדה	סר״א, מלב״ך: קרבֿונקל
קרעסן	krësse	גרגירי נהרות (מבאר את המלה התלמודית ׳כרתי׳)	
ראך	rôch, rouch	רוח	
רוט	rât	עצה	קרימ׳, לויטה, שמב״ך: רוט.– כי״א, קראקא: ראט
רוימונג	rüemunge	לחש	סר״א: רוימן, רוימר (לשון רבים)
רייכטונג	rîchtung, reichtung	עושר	
רייניקייט	reinikeit	קדושה, טהרה	סר״א: רייניקייט
רעכט ווערטיגקייט	rëhtverdec-heit (=justitia)	יושר	קרימ׳: רעכֿטווערטיקייט.– לויטה: גירעכֿט ווערטיקייט.– סר״א: רעכט ווערטיקייט (מֵישָׁרִים)
שוייצליך	schiuz-lich	מפח נפש, פחדני	מלב״ך: שויצליך, שוייצליך.– תשבי: שְׁוֵייצְלִיך.– שמו״ד: שוייצליך (= מכוער)

11 באנגלית clapper-bell; ביידיש: קלאפער (נ׳ זאבארע [זאברה], ברומן ׳אינמיטן העלן באטאג׳, סאוועטיש היימלאנד, IX, 1972).

12 השווה: Grimm, *Wörterbuch*, V, p. 1410; גרינבוים, עמ׳ 552. השווה גם: טנדלוי, עמ׳ 62, המביא את הביטוי ׳קנעל-גבאים׳, שפירושו: סגן-המלמד.

מקור		תרגום עברי	מקבילות מן הספרות ביידיש קמאית
שוואם	swam (= spongia)	ספוג	כי״א: פאד שבאם.– קראקא: באד שוואם.– שמו״ד: שוואם
שולאצן	schalatzen	השתעשע, בדר	
שטוירמונג (מיט . . .)	stürmunge	ברגש, ברעש	סר״א: שטורמונג.– לויטה: שטוירמונג.– שמב״ך: גישטוירמט
שטעטיגליך	staeteclich	שעת כושר, תמיד	מלב״ך: שטעטיגלייך.– לויטה: שטעטגלך.– שמב״ך, בר יקר: שטעטליך.– קרימ׳: שטעטיג.– בראנטשפיגל: שטעטיקליך.– בליץ: שטעיטיגליך
שטראק	strac	מתוח	
שטרופונג	strâfunge	תוכחה	לויטה: שטרופונג, שטרופן.– מלב״ך: שטרופֿן
שטרעל	strael	מסרק	תשבי: שְׁטְרֶעל.– שמו״ד: שטרעל
שילינג	schillinc	שילינג זהב = 40 פניג שילינג כסף = 12 פניג	
שימפפן	schimphen, schimph	לעג, התלוצץ	מלב״ך: שימפף.– בר יקר: שימפפא
שלעכט	slëht	פשוט	תשבי, מלב״ך: שלעכט
שמוכהייט	smoedec-heit, smoedekeit	חרפה	לויטה: שמוכקייט.– מלב״ך, מב״ך: שמוכֿהייט
שמועה		ידיעה, סיפור	מלב״ך: שמועה.– שמב״ך: שמועות
שעמיג, ור שעמיג	schamec, schemek	נכלם	
שפארן	sparn, sparen	הפרע	מלב״ך: שפארן

שפיזה	spîse	מאכל	קרימ׳: שפייזא.– סר״א: שפייז
שפייכיט	speich, speiche	קיא	בראונשפיגל: שבייבך.– שמו״ד: שפייאן.– מלב״ך: שפייאן
שפרייט, אויז גישפרייט	spreiten	ישלח (שרשיו), פרש	קרימ׳: שפרייט, גישפרייט, פֿור שפרייטיר.– לויטה: שפרייטט.– שמב״ך: בור שפרייט.– בליץ: פאר שפרייטן, גישפרייט

מלים וביטויים מן האיטלקית

אובליגערט	oblighert	חייב, הכרה
אוויזערט	avviʃert	הודע, בשר
אווערטירט	avvertirt	הזהיר
אוזאנצה	uʃanza	נוהג
אוליווה	oliva	זית
אומבריאה	ombrìa	צל
אורדינערט	ordinert	גזר
אורטיגא	ortiga	גרגירא
אורטילאן	ortelàn	גנן, אריס.– תשבי: אורטילנו
אושטריאש	osterias	פונדק
איזולה	iʃola	אי
אייאר	aer	רוח, אוויר
אימפורטערט	importert	בעל חשיבות, בעל ערך
אינטריגי	intrighi	מזימה (־ות)
אינטרערן	intreren	הכנס (סיומת גרמנית)
אינפורצאצייו	inforzazio	חיזק, אכיפה
אלאורה	alla ora	בסופו של דבר
אלמאנק	al manc	לכל הפחות
אמור	amòr	אהבה.– תשבי: אמור
אנימאלי	animali	חיה (־ות)
אנציה	anzia	מול
אפושטה	apposta	בכוונה
ארמערן	armaren	מגן (סיומת גרמנית)
בארקירולי	barcheroli	שייט, סַפָּן
באשדארדו	basdardo	ממזר
באשטה	basta	די
בוטיגי	buttighi	חנות.– תשבי: פוטיקא
בון טעמפו	bòn tempo	עת תענוגים
בונדי	bon dì	בוקר טוב

בוקאל	boccàl	כד
בעקיריאר	beccheriar	מקום השחיטה
ברוֶועֶרן	broveràn	הסק, הוכיח
בריזעל	bariʃèl (bargello)	שוטר, בלש
גארדינאלי	gardinale	ל״ר: הגמון
גווארדיה	guardia	שמירה
גיופה	giuppa	מעיל קצר (גרמנית: jope)
גייארדו די נטורא	gajiardo de natura	חסון מטבעו
גראן	gràn (grano)	דגן
גרושי	grossi	גס, גדול– תשבי: גרושו
דוטורי	dottori	רופאים
דונקה	donca	אם כן, אפוא
די גרציה, די גרציא, דגרציייו	di grazia	במטותא ממך
דיזגרציערט	diʃgraziert	עלוב, מסכן
דיזנערן	deʃineren	סעד.– תשבי: דִיזוֹנַר
דישיקרעט	disicret (discreto)	צנוע
דישפארענצייו	disparenzio	הפרש, הבדל
דישקארגערט	discargert (scaricare מן)	פָּרק
דמאלוָואיָיא	de malavojia	ברצון רע
דשקריציון	descriziòn	שיקול־דעת, שיפוט
ווָאלוּנְטַה	volontà	רצון
ואליז	valiʃ (valigia)	מזוודה
וואלטה	volta	פעמים
וואנדי	vandi (ghiande)	אצטרובל (– ים)
ווישטירט	vistirt	הלבש
וֹר פאנט (ור פאנט)	for fant, vor fant (?) or fant (?) (furfante)	ריקא, ליסטים
זארדין	ʃiardìn (giardin)	גן

טאנטו	tanto	במידה ש...– תשבי: טַנְטוֹ (כל כך)
טַאפֵּי	tappè	מרבד (־ים)
טַאשָׁה	tassa	מַס
טַארְגַה	targa	תריס
טוטי	tutti	הכול
טירא	tira	משך
טעמפו	tempo	עת.– תשבי: טֶימפּוֹ
טענדכרן	tendcheren(?)	להגיש
טראפיגערן	traffigheren	סחר
טריוועלין	trivellin	מקדח
יודיקערן	judicheren	לשפוט
יושטיצַיַה	jostizia	יושר, צדק.– בבא בוך: יוּשְׁטִיצְיַה
לאווירענט	lavirent (lavorante)	בחור, פועל שכיר
לאטויגה	lattüga	חזרת.– תשבי: לַאַטוּגַא
לַא רֵידַה ראה: רֵידַא	la reda	
לוגיטינענט	loghitenent	סגן
לונטאן	lontàn	רחוק
לוֹרַה	lora (imbuto)	משפך
לִיבַארְטַה	libartà	חופש, רשות
ליברערט	liverert (liberare מן)	כלה, גמר, שחרר
ליזערט	lezerèt	מקום ללון
לֵיטִירַה	lettira	אלונקה
ליטריש	litteres	כתב, אותיות
ליצענציין	licenzien	רשות
מא	ma	אבל
מאלוֹוְיא	malavoja	עצבות
מאנקערן	mancheren	חסר
מאריטערט	maritert	היה ראוי ל...
מארינגון	marengòn	בונה אניות

מארקידאנט	marchedànt	סוחר
מארקידנציה	marchedanzìa	סחורה
גם: מרקידאנטו	marchedanto	
מידיגערן	medigheren	רפא
מידיזינה	mediʃina	תרופה
מיזיריקרדייא	miʃericordia	רחמים
מילי וואלטי	milli volti	אלפי אלפים פעמים
מיראקולי	miracoli	נס
מישטיר	mestèr	מקצוע
מישידערט (מן	miscidert (mischiare=mescidare	ערבב
מציצייו, מציצייה	micizio, micizia	ידידות
מרענדערן	merenderen (marenderen?)	סעד סעודת ערב
מרציפאן	marzepàn	מרצפאן
נאשוידו	nasciüdo	בן...
נבוד, נבודי	nevod, nevodi	אחיין
נויד	nüd	ערום
נִיַיאַל	nijàl(?)	קן ציפורים [המלה אינה ברורה]
סיניורי	segnori	אדונים
סעניורה	segnora	גברת
ערבי שטעלי	erbi stelli	גרגיר נהרות (ירקות)
פאלי	pali	כלונס
פָּאוֶוער אוֹם	pover òm	עני
פאטריארקי	patriarchi	אבות
פאנצה	panza	כרס.– שמו״ד: פוינצן (ponzen); תשבי: פַּאנְצָא
פארט	part	חלק
פאשטו	pasto	סעודה
פאשערן	passeren	עבר

פוילצל	pülzèl	בתולה
פוליז	pulìʃ (pulito?)	נקי
פוצו	pozzo	מים מלוכלכים
פורגאציוני	purgazione	ניקוי, סם משלשל
פורגערן	purgheren	לנקות
פושישיוני	possessione	נחלה, נכס
פורטיק, פורטיג	portìg, portìc	אכסדרה
פַּטְרוֹן	patròn	בעל־הבית
פיגורער	pegorèr	רועה
פייאנוירי	pianüri	מישור
פייאנורה	pianura	מענה
פייאנטערט	piantert	נטע
פילייערט	pigliert	לקחת
פינייאטער	pignattèr	קדר.– תשבי: פִּינְיָטָה (קדרה)
פענשיר	pensèr	חשוב.– תשבי: פֵּינְשִׁיר
פער טֵא	per te	עבורך
פערפושיט	perposit (= proposito)	בלי כוונה, ללא תכנית
פראָוועֶרבְיֵין	proverbien	משל
פרוקריטור	procheritòr (= procuratore)	סניגור
פרטיריטן	preteriten(?)	עזב, הלך
פריזון	priʃon	בית־אסורים
פריזינט	preʃènt	מתנה, דורון.– תשבי: פריזאנט
פְּרִימַה וֵירַה	prima vera	אביב
פַּאטוֹרִי	fattori	גבאים
פאדיגה	fadiga	עייפות
פאקין	facchìn	סבל
פארינה	farina	קמח
פאנטזיא	fantaʃia	דמיון
פאשין	fassin (= fascina)	צרור גזרי עצים
פולה	fola	סיפור משעשע
פונד	fond	יסוד

פונדאמענט	fondament	יסוד
פֿונדאץ	fondàzz (= il fondo, la madre del vino)	אם היין
פונטאני	fontani	מעיין, מזרקה (־ות)
פורטונה	fortuna	סערת־ים.– בבא בוך: פארטונה
פוקישטיר	fochistèr (pirotecnico)	פירוטֶכנאי.– שמו״ד: בוקשן (büchsen)
פורישטירי	foresteri	זר (־ים)
פורמיגה	formiga	נמלה
פורמענט	formènt (fermento, fermentazione)	החמץ
פיגורי	figuri	צורה (־ות)
פיור (דיא פיור)	fior, de fior (fior di farina)	סולת
פיורי	fiori	פרחים
פעל	fèl (fiele)	מרה
פֶעצי	fecci	שמרים.– תשבי: פעץ
פורצה	forza	כוח
פראנקאדה	francada	דרור, שחרור
פְרַא קְוֶועלִי	fra quelli	ביניהם
פרירול	ferreròl (ferraiolo)	אדרת, גלימה
צאפערן	zapperen	לעבד, לעדור
צועה	ciò è	מה זה, זאת אומרת
ציזה	ceʃa(?)	סייג, גדר.– תשבי: צִיסאר (סיים)
צירנירט	cernert	בחר
צירקערט	cerchert	חפש, בקש
קאווליר	cavallèr	אביר
קאפי	capi	ראשים (ל״ר)
קאפיטאני	capitani	מפקד
קאר	car	עגלה
קאריגערט	carighert	טען.– תשבי: קַארְגָאטוֹ
קארעצה	carezza	לטיפה

קוואדרעלי	quadrelli	לבֵנה (המחבר: ציגיל שטיין)
קוואלקה	qualca	דבר־מה
קוַוערְטַה	coverta(?)	מכסה
קולידור	colidòr (setaccio)	נפה
קומודיטה	comodità	נוחיות
קומישיון	commissiòn	שליחות
קומפיין	compàgn	חבר
קונטאנטערט, קונטעונטערט	contantert, contentert	להיות מרוצה, להניח את הדעת
קונטעונט	content	מרוצה
קוֹנְטרַה	contra	נגד.– תשבי: קוֹנְטרוֹ
קונפאנייערן, קונפאנייער	compagnaren, compagnèr	לוה.– תשבי: קונפַנְיַיאר
קונפינאר	confinàr	לגבול
קונפיט	confètt	ממתקים
קונצער	conzèr (conciare? racconciare?)	לתקן
קונשטיגערט	constighert (castigare מן)	לענוש
קונשידערט	considert	התחשב, שקל
קור	còr	לב
קורט	cort (corte)	ארמון
קושי	così	כך
קושי טוטי	così tutti	זה הכול, כך כולם
קושְטוּימי	costümi	התנהגות
קייערט	chiert	בהיר.– תשבי: קְייָארו
קלומבערה	calombera (colombera?)	שובך
קלערט	calert (calare מן)	להוריד
קנטוני	cantone(i)	פינה (־ות)
קעשטיגערט	castighert	עָנש.– בבא בוך: קישטיגאר
קרובילה	carrubela (carruba)	חרוב
קרוצה	carrozza	מרכבה
קרידנצה	credenza	אשראי
קריוועל	crivèll	נפה

קשטיל	castèll	ארמון
רֵידַא (לא)	reda (la) (rete)	מצודה, רשת
ריזיגערן	riʃigheren	הסתכן
רֵימִידְיין	remidien	תרופות
ריצעטה	ricetta	מרשָם
רעבעלערט	rebellert	התמרד
שאלווערט	salvert	הציל
שוביט	sübit	תיכף.– תשבי: שוּבִיטוֹ
שויגורערן, שיגורערן	sügureren, sigurern (מן assicurare, sicurare)	הבטח
שולאצן	sollazzen	להשתעשע
שולדאדי	soldadi	חיילים
שוליציט	sollecit	להוט
שושייני	sossiini (assassini)	חברת פריצים, ליסטים
שורט	sort	מין, סוג
שטאמפא	stampa	בית־דפוס.– תשבי: שטאַמְפָּא
שטענטערט	stentert	לערוך (משפט)
שטרופייערט, שטרופייערן	stroppiert, stroppiren	בעל מום
שיגונד	sigund	לפי
שיגורי מענט	sigure ment	לבטח
שינייאל	signàl	סימן
שעמפר	sèmper	תמיד
שענצה	senza	בלי
שערבירן	serviren	שרת
שערוויטור	servitòr	משרת
שפאדי	spadi	חרב
שפאט (פער)	sfott (per), per sfott	לעג, במטרה ללעוג
שפורצערן	sforzeren	אנס.– תשבי: ספרצר
שפיגילערן	spighileren	ללקט
שפיגי	spighe	שיבולים

שפידאל	spedàl	בית־חולים
שפידירן	spediren	לשלוח
שפין	spin	קוץ
שפיראנצה	speranza	תקווה
שקאפערט	scappert	לנוס, להימלט
שקווציול	scavezziol (scavezzacoll?)	פוחז
שקוזערן	scuſeren	התנצל.– תשבי: אשקוזאר
שקויזא	scüſa	תואנה
שקיין	scaiin (sgabello)	הדום
שקארפער	scarpèr	סנדלר
שקודי	scudi	מטבע זהב, נהוג במיוחד במדינת האפיפיור

בון טעמפא	bon tempo	עת תענוגים
די גרצייה	di grazia	במטותא ממך
טרווערשטו איין שענטיר	traversato in sentèr	עבור בשביל (צר)
טרישטו פעל דאון אומו דבין	tristo fèl de un omo da bèn	תועבה של איש צדיק
לאמור טִירַא לַא פְרִיצִי אל קור	l'amor tira la fricci al cor	האהבה יורה חצים אל הלב
לַה פְּרִימַה וֵיירַה	la prima vera	אביב
מִילִי וואָלטי, מִילִי שְׁקוּדִי	milli volti, milli scudi	אלף פעמים אלף זהובים
פוצו גרושי	pozzo grossi	בור גדול
פיליירט אמור	pigliert amòr	להתאהב
פֶּער אַמוֹר וָואשְׁטַר	per amòr vostar	למען אהבתך
פער טֵא	per te	עבורך
פער פורצה	per forza	בעל־כורחו
פער שפאט	per sfòtt	במטרה ללעוג
קוֹנְטְרַה דיין וואָלוֹנְטַה	contra di in volontà	בעל־כורחך
שעמפר מייר	semper meiòr	תמיד טוב יותר
שענצה קאווה	senza cauſa	בלי סיבה
שפין נאשוידו	spìn nasciüdo	קוץ שנולד, שנתהווה

מלים וביטויים עבריים

מִתְאַבֵּל (זיין)
אֲבָנִים טובות
אָדָם גָּדול
אָדָם הָרִאשׁון
אוצרות
אֲכִילָה (גסה)
אַלֶף בֵּית
אֱמָנָה (= אמונה)
מַאֲרִיךְ יָמִים (זיין)
מַאֲרִיךְ אפו
אָרוּר הָמָן

מַבְדִּיל (זיך מבדיל זיין)
מְבַזֶּה (זיין)
מְבוּזֶּה
בַּחוּרִים
בָּטֵל (גין)
בטל (ווערן)
בַּטְלָנִים (יסורים)
מְבַטֵּל (זיין)
בֵּית הַכִּסֵּא
בֵּית הַמֶּדְרַשׁ
בֵּית הַקְּבָרוֹת
בִּלְבּוּלִים
בַּעַל תְּשׁוּבָה
מְבַעֵר (זיין)
בר מִצְוָה
בְּרִיּוֹת
בָּרוּךְ מָרְדְּכַי
בָּרְכוּ

גֵּאוּת
גַּבָּאִים
גדולה
גַּזְלָן (סיומת גרמנית)
גוֹזֵר (זיין)
גְּזֵרָה
גְּזֵירוֹת (מאכן), גְּזֵירוֹת מְבַטֵּל (זיין)
גֵּיהִנֹּם
גֵּיחַתְמַת (תחילית גרמנית)
גִּימַטְרִיָּאוֹת
גָּלוּת (אנטון: לגרום צרות)
מְגַלֶּה עֲרָיוֹת (זיין)
גַּן עֵדֶן
גַּנְבָן (סיומת גרמנית)
מְגַיֵּיר (זיין)
גּוֹרֵם
מְגָרֵשׁ (זיין)

דברי תורה
דברים בטלים
דוחק
דין, דינים
דיין, דיינים
מדריך (זיין)
דרשן
דרשת

הֶגְמוֹן
(בְּ)הֲוָיוֹת הָעוֹלָם
הוֹרָאָה, הוֹרָאוֹת
הֲלָכָה

כֵּלִי
לְכַף זְכוּת
כּוּפֶּה (זיין)
כַּפָּרָה (זיין)
מְכַשֵּׁף
כָּשֵׁר [בפתח] (זיין) במובן: כשרה לבעלה
מְלַוֶּה (זיין)
לְוָיָה (טון; = ללוות)
לֻוחוֹת
לֵיצָנוּת
מוֹלָדוֹת
מַזִּיקִים
מַזָּל
מוֹהֵל (זיין)
מִין
מַלְאָךְ, מַלְאַךְ הַמָּוֶת
מֵלִיץ (= תורגמן)
מַלְכוּת
מַלְשִׁין
מָמוֹן
מְמוּנִים
מְנוּחָה
מִנְחָה און׳ מַעֲרִיב
מַס, מַסִּים
מסירה
מַסְכִּים (זיין)
מַסְקָנָה (מאכן)
מַעֲלוֹת
מַעֲשִׂים טוֹבִים
מַפִּיל (זיין)
מִצְוֹת

מציל (זיין)
מְצוֹרָע (ווערן), מצוֹרָעִים
מֶרְחָץ
מַשְׁכּוֹן
מִשְׁנָיוֹת (לערנן)
מִשְׁפָּט (טון; = לשפוט)
מַשָּׂא וּמַתָּן
מִשְׁתַּדְּלָנִים
נִיאוּף
מְנַדֶּה (זיין)
נוֹהֵג (זיין), נוֹהֵג כָּבוֹד (זיין)
נחלות
נוֹשֵׂא פָּנִים (זיין)
נָשִׂיא בּוֹן בָּבֶל
נְשָׁמָה
סברות (בויך סברות)
סֵדֶר
בסוד
סְחוֹרָה (סחורה טרייבן; = לעסוק במסחר)
סימנים (מאכן זיך סימנים)
סַכָּנָה
מְסוּכָּן
סעודה המפסקת
הַסְפָּקָה (געבן)
סרחון
עֲבוֹדַת גִּלּוּלִים
עֵדוּת (זאגן)
עופות
עַזּוּת פָּנִים
עַיִן הָרַע

רב, רביצין, רַבּוֹתַי
רַבָּנוּת (= סמיכה)
רוֹב עוֹלָם
רוֹבַע (זיין)
רָגִיל מִצְוֹת
רֵיוַח (עשן; = מצוות שאדם אוכל
פירותיהן בעולם הזה)
רַחֲמָנוּת (האבן)
מרחיק (זיין)
רֵיחַ
רְפוּאוֹת (צו ריכטן; = הכן)
מְרַצֶה (זיין)
רשות

שַׁאלְמֶערָן (= דרוש בשלום)
שְׁבוּעָה (טון)
שֶׁהֶחֱיָינוּ (מאכן)
שָׂטָן
שְׁכִינָה
שְׁכֵינָה
שָׁלוֹם מַלְכוּת
שִׁלְטוֹנִים
(הַ)שֵׁם יִתְעַלֶּה
(לְ)שֵׁם שָׁמַיִם
שֵׁם הַמְפוֹרָשׁ
שִׂמְחָה
מְשַׂמֵּחַ (זיין)
מְשַׂמֵּחַ בְּחֶלְקוֹ
שְׁמִירָה
שִׂנְאָה
שׂוֹנְאֵי יִשְׂרָאֵל
שִׁפְחָה, שְׁפָחוֹת
שׁוֹפֵךְ דָּמִים (זיין)
שקר (טון), שקר (זגן), שקרים

שַׁקְרָנִים
שְׂרֵפָה (יַרְשן)
שְׁתִיָּה (גסה)

תַּאֲוָה
תַּאֲוַת הָעוֹלָם
תאמר (אפשר)
תּוֹרַת הָאוּמּוֹת
תחִינָה (טון)
תַּלְמִיד חָכָם, תַּלְמִידֵי חֲכָמִים
תְּנָאִים (= ארס)
תְּפִילָה (טון)
תפלת הדרך
תקופות
תְּקוּפַת טֵבֵת, תְּקוּפַת תַּמּוּז
תְּקָנוֹת
תַּקָּנָה (איין תקנה)
(לְ)תַרְבּוּת רָעָה (יצא)
תְּשׁוּבָה (טון)

חֵלֶק לְעוֹלָם הַבָּא
זוֹכֶה לִשְׁתֵּי שֻׁלְחָנוֹת
מִדָּה כְּנֶגֶד מִדָּה
בָּרוּךְ מְשַׁנֶּה עִתִּים
בָּרוּךְ מְשַׁנֶּה הַבְּרִיּוֹת
מִי שֶׁבֵּירַךְ (דען מְלָכִים, שָׂרִים)
נִמְסַר לְבֵית דִּין
הַשֵּׁם יִשְׁמְרֵנוּ
בעוונות הָרַבִּים
לחיים ולשלום
כֵּן יֹאבְדוּ
מְקַבֵּל שָׂכָר טוֹב
חָכָם וְנָבוֹן
בְּחוּפָּה וְקִדּוּשִׁין

פתגמים בעברית ובארמית

ההרגל חצי הלימוד.

מילי בסלע שתיקותא בתרין (בתלמוד: מלה בסלע משתוקא בתרין; מגילה יח ע״א); והשווה: וי״ר טז:ה; קה״ר ה:ג.

פשוט נבילתא בשוק ואל תאמר גברא רבא אני ווילא בי מילתא (בתלמוד: נטוש נבילתא בשוקא ושקול אגרא ולא תימא גברא רבא אנא ווילא בי מלתא; ב״ב קי ע״א; נוסח דומה: פסחים קיג ע״א; והשווה גם: שבת קיח ע״א).

דאזיל סומקא ואתא חיורא (ב״מ נח ע״ב).

מלח ממון חסר (כתובות סו ע״ב; אדר״נ, נו״א, יז).

לפום גמלא שיחנא (כתובות סז ע״א; קד ע״א; סוטה יג ע״ב; בר״ר יט:א; קה״ר א:לט).

כי עוף השמים יוליך את הקול (קה׳ י:כ).

מתוך שלא לשמה בא לשמה (פסחים נ ע״ב; סנהדרין קה ע״ב; ערכין טז ע״ב; סוטה כב ע״ב; מז ע״א; הוריות י ע״ב; נזיר כג ע״ב; ירוש׳ חגיגה פ״א ה״ז).

פתגמים ביידיש קמאית

איילן טוט קיין גוט.

איין נר דער דא שווייגט, דער ווערט גירעכנט בור אֵין חכם (מש׳ יז:כח).

אן טאנצן אונ׳ אן אורן, דא דער קענט מן די טורן.

אן רידן אונ׳ אן אורן דר קענט מן מענכן טורן.

אונ׳ ווער דא ניט הוט ור שטענטיקייט, דער הוט אך קיין שכל.

אונ׳ ואלט ניט אויז דש ווען מן ורעגט בון הודו דש ער זולט ענטוורטן בון כוש (בקשר לאבות ה:ז: שואל כענין ומשיב כהלכה).

אי מין מן עש אב שערט, אי מען עש וואקשט.

דער דא וויל זאלצן זיין ממון דש עש אים בלייבט, דער זול עש זאלצן אודר זול עש מאכן גיברעכן (מלח ממון חסר; כתובות סו ע״ב).

דער ווירט איז אויבראל דא היים.

דר נוך דער אייזיל שטארק איז, דר נוך זול מן אים אויף לאדן (לפום גמלא שיחנא; כתובות סז ע״א; קד ע״א; סוטה יג ע״ב).

די בויגיל דיא הוירן עש אונ׳ ברענגן דש קול אויז (כי עוף השמים יוליך את הקול; קה׳ י:כ).

הוט ער וואל גיקוכט, זא ווערט ער וואל עשן (דומה לפתגם התלמודי: מי שטרח בערב שבת יאכל בשבת; ע״ז ג ע״א; קה״ר א:לו).

ווער דא ניט בירייט אונ׳ קוכט אם ערב שבת, דער הוט נישט צו עשן אם שבת (כנ״ל: מי שלא טרח בערב שבת מהיכן יאכל בשבת).

ווייניג ווארט אונ׳ ויל ווערק.

ווער זיך שעמט צו עשן אונ׳ צו אורן, דער איז היא אונ׳ דורט ור לורן.

וויא איינר זוינט, אזו מוז איינר בוישן.

ווער עש ניט וויל געבן יעקב, דער מוז עש געבן עשו.

מיט שוויגן קאן מאן זיך ניט ור רידן (מלה בסלע[!]שתיקותא בתרין; השווה מגילה יח ע״א).

נוך ווש דער מענש רינגט, דר נוך אים גילינגט, עש זייא בויז אודר גוט.

עש איז בויז מיט הערן קירשן צו עשן.

ער הוט מיר אלמאנק גוט פנים גיוויזן.

עש איז נישט אזו דעמויטיג אז דער גאות, ווען ער איז בייא אלן לוייטן גלייך.

רשימת המוטיבים הסיפוריים

(בהתאם לתומפסון)

מוטיב	עמ׳	הערה לשורה
A 2528.1	100	19
D 801.1	67	23
D 860	68	
D 1335.5.2	87	13
D 1365.11	164	1
D 1400	129	1
D 1400.1	129	1
D 1500.1.4.1	154	1
D 1766.1	136	
D 1841.4.4	135	26
D 1856	106	10
D 1856.1	106	10
D 1960.1	134	20
D 2000	164	1
D 2004.1	164	1
D 2011	135	
D 2091	129	1
D 2091.15	129	1
D 2105.1	136	
D 2143.1.3	131	22
”	136	
E 178	145	15, 21
E 261.2	3	15
E 631.1	3	15
F 2	106	10
F 11.2	106	10
F 251.4	171	1
F 379.1.2	3	15
F 511.0.2.1	171	1
F 526.5	171	1
F 813.1	154	1
F 979.10	3	15
G 272.15	68	
G 303.9.6.2	69–67	
G 303.25.5.1	91	13
G 313	140	10
H 221	81	6
H 310	154	1
H 336	154	1
H 591	143	
H 591.1	137	9–6
H 592	137	9–6
”	143	
H 599.5	143	
H 600	143	
H 659.7.3	126	23
H 962	148	9
H 1210.1	148	9
H 1242	148	9
H 1333.3.1	154	1
H 1553	98	1
H 1558.3	117	11–7
J 1140	171	1
J 1140.1	171	1
J 1170	140	10
J 1173	140	10
J 1179	171	1
J 1269.7	119	4
J 1492	146	1
J 1853.1.1	81	6
J 2233.1	140	10
K 218	68	
K 520	106	10
K 776	87	13
K 1371.1	154	1
K 2111	131	6
L 160	49	6
M 110.3	68	
N 121.2	16	11
N 177	128	20–13
N 271.5	71	3
N 721	154	1
Q 44	126	23
Q 286	128	20–13
Q 522	128	20–13
Q 537	68	
T 331	68	
T 332	67	21
T 333	67	21
T 548	68	

מוטיב	עמ׳	הערה לשורה
T 551.2	171	1
T 591	68	
T 591.1	68	
V 52	136	
V 220	133	19
V 290	133	19
V 300	22	19
V 311	145	51, 21
V 316	136	
V 350	137	31

מוטיב	עמ׳	הערה לשורה
V 350	138	15
V 360	137	31
V 420	128	20–13
V 433	128	20–13
V 463	43	9
”	90	19–18
X 436	169	1
Z 100	143	
Z 111	107	17–12

מפתח הטיפוסים הסיפוריים

(בהתאם לאארנה ותומפסון)

טיפוס	עמ׳	הערה לשורה
330	106 ואילך	
331	87	13
″	106 ואילך	
402	148	9
560	68	
″	87	13
577	148	9
610	154	1
613 C*	154	1
653 C* (Jason)	154	1
760*	164	1
766	135—134	
803	87	13

טיפוס	עמ׳	הערה לשורה
840	164	1
875	145—142	
885	154	1
920	25	11
″	145	
921	25	15
″	142 ואילך	
1534	140	10
1534 A	140	10
1534 B*	140	10
1572 A*	81	6
1643	81	6
1834	170—169	

רשימת ספרות

(הרשימה מכילה חיבורים המובאים בספר בדרך קצרה)

ארנה ותומפסון = A. Aarne & S. Thompson, *The Types of the Folktale*, 2nd. revision, Helsinki 1961

אדר״נ = מסכת אבות דר׳ נתן^2, מהדורת ש״ז שכטר, ניו־יורק תש״ה

אוצר מדרשים = י״ד אייזענשטיין, אוצר מדרשים, ניו־יורק 1928

אור זרוע = ר׳ יצחק בן משה מוינה, אור זרוע, זיטומיר תרכ״ב

אורח חיים = רפאל בן גבריאל מנורצי, אורח חיים, ויניציה של״ט

אלבק, מבוא = ח׳ אלבק, מבוא למשנה, תל־אביב תשכ״ט

אלפא ביתא דבן סירא, ויניציה ש״ד, מהדורת מ׳ שטיינשניידר, ברלין תרי״ח

בבא בוך = אליהו בחור, בבא בוך, מהדורת י״א יאפע, ניו־יורק 1949

בולטה = Johannes Pauli, *Schimpf und Ernst*, ed. J. Bolte, I–II, Berlin 1924

ביהמ״ד = א׳ ילינק, בית המדרש, א–ו, וינה 1853–1878

בליץ = יקותיאל בליץ, תרגום של המקרא ליידיש, אמסטרדאם 1676–1679

בנפיי = Th. Benfey, *Pantschatantra*, I–II, Leipzig 1859

בר יקר = סידור התפילות ליוסף בר יקר (ביידיש), איכנהוזן ש״ד

בראנטשפיגל = משה הענוכש אלטשולר, בראנטשפיגל, באזל שס״ב, האנאו 1626

גאסטר = M. Gaster, *The Exempla of the Rabbis*, London 1924

גאסטר, מחקרים = M. Gaster, *Studies and Texts in Folklore* etc., I–III, London 1925–1928

גינטר = H. Günter, *Die christliche Legende des Abendlandes*, Heidelberg 1910

גינצברג = L. Ginzberg, *The Legends of the Jews*, I–VII, Philadelphia 1946

גנזי שכטר = ל׳ גינצברג, גנזי שעכטר, ניו־יורק תרפ״ח

גרינבוים = M. Grünbaum, *Jüdisch-deutsche Chrestomatie*, Leipzig 1882

היילפרין = י׳ היילפרין, פנקס ועד ארבע ארצות, ירושלים תש״ח

הלר = J. Bolte & G. Polivka, *Anmerkungen zu den Kinder- und Hausmärchen der Brüder Grimm*, IV, Leipzig 1930, pp. 315–364

וולף = S.A. Wolf, *Jiddisches Wörterbuch*, Mannheim 1962

חבור מעשיות והגדות, וירונה 1647

טנדלוי = A. Tendlau, *Sprichwörter und Redensarten deutsch-jüdischer Vorzeit*, Frankfort o/M 1860

ילקוט ספורים ומדרשים, א–ב, בעריכת ז״ו גרינוואלד, ווארשה 1923

ילק״ש = ילקוט שמעוני, הוצאת חורב, ברלין תרפ״ד

יעקב מוויטרי = Th. F. Crane, *Exempla of Jacques de Vitry*, London 1890

כ״י א = כ״י אוקספורד, Can. Or. 12

כ״י מ = כ״י מינכן, Cod. Hebr. 100

כפתור ופרח = יעקב בן יצחק לוצאטא, כפתור ופרח, באזל 1580

לויטה = תהילים, תרגום ליידיש אליהו בחור, ויניציה 1545

ליונגמאן = W. Liungmann, *Die schwedischen Volksmärchen — Herkunft und Geschichte*, Berlin 1961

מב״ך, מעשה בוך, באזל שס״ב (תרגום לאנגלית: M. Gaster, *The Ma'aseh Book*, I–II, Philadelphia 1934)

מגילת אסתר, תרגום ליידיש, קראקא ש״נ

מגן אבות = שמעון בן צמח דוראן, מגן אבות, ליוורנו 1762

מדרש עשרת הדברות, וירונה 1667
מדרש שמואל = שמואל ב״ר יצחק אוזידה, מדרש שמואל, ויניציה של״ט
מוראים גדולים = יוסף שבתי פרחי, מוראים גדולים (מעשיות), וארשה תרס״ט
מחזור ויטרי, ברלין תרנ״ג–תרנ״ז
מלב״ך, מלכים בוך = L. Fuks, *Das Altjiddische Epos Melokîm Bûk*, Assen 1965
ממקור ישראל = מ״י בן גריון, ממקור ישראל, תל־אביב תשכ״ו
ממקור ישראל וישמעאל = ח׳ שווארצבוים, ממקור ישראל וישמעאל, תל־אביב 1975
מנה״מ = רבינו יצחק אבוהב, מנורת המאור, למברג 1864
מעשה בוך ראה מב״ך
מעשה־בוך (1969) = מעשה־בוך, מהדורת י׳ מייטליס, בואנוס איירס 1969
מעשה דר׳ יהושע בן לוי, אוצר מדרשים, א, עמ׳ 211–213
מעשה תורה לרבינו הקדוש ז״ל, ויניציה ש״ד
משל הקדמוני = אבן סהולה, משל הקדמוני, פראנקפורט ע״נ אודר תקנ״ט
נוי = D. Noy, *Motif-Index of Talmudic Midrashic Literature* (Ph.D. Thesis), Bloomington (Ind.) 1954
נסים = רבינו נסים ב״ר יעקב, חיבור יפה מהישועה, מהדורת ח״ז הירשברג, ירושלים תשי״ד
סדר אליהו רבה, מהדורת מ׳ איש שלום, מהדורה ב, ירושלים תש״ך
ספר הגן = יצחק בן אליעזר מוורמיזא, רויזן גרטן (ספר הגן), קראקא 1597
ספר חסידים, מהדורת י׳ ויסטינצקי, ברלין תרנ״א
סר״א = ר׳ אנשל, מרכבת המשנה, קראקא 1543
עושה פלא = יוסף שבתי פרחי, עושה פלא, ליוורנו תרס״ב
עין יעקב = יעקב אבן חביב, עין יעקב, ויניציה 1546
עקידת יצחק = יצחק בן משה ערמה, עקידת יצחק, שאלוניקי 1522
פרקי דר׳ אליעזר, למברג 1874
צונץ = י״ל צונץ, הדרשות בישראל, ערך ח׳ אלבק, ירושלים תשי״ד
צו״ר = יעקב בן יצחק אשכנזי, צאינה וראינה, באזל 1622
קה״ר = קהלת רבה, הוצאת חורב, ברלין תרפ״ד
קראקא = פרקי אבות, תרגום ליידיש, קראקא ש״נ
קרימ׳ = חמישה חומשי תורה, תרגם ליידיש יהודה ליב ברעש, קרימונה ש״ך
שבילי האגדה = עמנואל בן גריון, שבילי האגדה, ירושלים תש״י
שווארצבוים = H. Schwarzbaum, *Studies in Jewish and World-Folklore*, Berlin 1968
שמב״ך, שמואל בוך = F. Falk, *Das Schemuelbuch*, I–II, Assen 1961
שמו״ד = אליהו בחור אשכנזי, שמות־דברים, איסני 1542
תומפסון = S. Thompson, *Motif-Index of Folk-Literature*, I–VI, Copenhagen 1955–1958
תומפסון, סיפור עם = S. Thompson, *The Folktale*, New York 1946
תנחומא, הוצאת חורב, ברלין תרפ״ד
תשבי = אליהו בחור, ספר התשבי, באזל שס״א

ethical principles. Thus an internationally widespread jest like the 'King's Song' (No. 72, Aa–Th 1834) is given a Jewish colouring and adapted to Jewish taste, and the moral ending expresses the longing for the *Messiah* and the redemption of the Jewish people.

The collection forms a valuable source for further comparative study of the folklore of the Old Yiddish narrative, its themes and techniques. It should also contribute to the investigation of this internationally diffused genre, in which Anshel Levi is representative of the many Jewish storytellers who dealt with such material, modifying and adapting extraneous stories or legends, and attuning the non-Jewish elements to the religious outlook and literary taste of the contemporary Jewish reader.

translations retain the old-established linguistic pattern with its literal renderings, leaden style and profuse verbiage, while Anshel Levi's work is expressed in a homely idiom which follows the meaning of the text in an intimate, rather personal style, employing a sophisticated diction and rich vocabulary.

The work is dedicated to Anshel Levi's patroness Perlen, daughter of Samuel Favisha, a pious woman whose benevolence Anshel Levi praises in eloquent terms. As customary with some Yiddish writers and copyists of the time, the author includes in his text the widely popular epic poem *'Aqedas Yizḥoq* ('The Binding of Isaac'), which he inserts between the two main parts.

The first and principal part of the *midrash* consists of the elucidative translation and illustrative exposition of *Pirqe Avot*, interspersed with a vast range of aggadic material, traditional lore, instructive fables and folktales. In his translation and exposition of the text Anshel Levi follows the famous commentators, such as Rashi and Maimonides, and above all Obadiah of Bertinoro. To some extent he also makes use of the *Midrash Shmuel* of Samuel ben Isaac Avido (sixteenth century), a pupil of the mystic R. Isaac Luria ('the Ari'), and other ethical works. The text contains numerous personal comments of the author and observations from daily life, enlivened by *bons mots*, proverbs, colloquialisms and idiomatic expressions. Matters concerning practical behaviour and moral conduct are discussed at great length. Anshel Levi expresses his dissatisfaction with the prevailing lax conditions among the 'Welshland' (Italian) Jews of his day. He urges the importance of Tora study and strict observance of the traditional Jewish way of life, underlining some of the shortcomings and failings of his contemporaries. His approach to individual and social problems reveals him a gentle and warmhearted pietist who shows understanding, common sense and compassion. Each maxim of *Pirqe Avot* is illustrated with moving stories and shining examples from the past, designed to stimulate the hope and strengthen the belief of his readers.

The second part of the work consists of a collection of diverting tales, biographical anecdotes and aetiological legends, compiled from various sources. Anshel Levi modifies and adapts the numerous stories that circulated orally and in print, employing his narrative gifts to instruct and edify his Jewish readers. As primarily a preacher, he appends to them a moral, and his *ma'ase*, or wonder tale, like the Christian exemplum, is told not only for the sake of providing amusement but to instil

THE ETHICAL TEACHING of the Rabbis contained in the *Pirqe Avot* ('Chapters of the Fathers') inspired the many mediaeval moralists and pietists who concerned themselves primarily with problems of daily conduct and practical behaviour, and the virtues of piety, humility and loving-kindness. With its lofty moral and social values it prescribed a truly Jewish way of life, satisfying the requirements of the individual and society at large. Thus in later generations it was widely discussed and expounded, and translated into various languages, including Yiddish.

The Old Yiddish *midrash* to *Pirqe Avot*, published here for the first time, was composed in the second half of the sixteenth century. The manuscript is preserved in the Bibliothèque nationale in Paris (héb. 589). Its author, Anshel Levi, came from a well-knit community in Germany. He later settled in Upper Italy, where a number of flourishing Ashkenazi communities with centres of Jewish learning had existed for many centuries. Yiddish was the language of everyday life, and it was in this language that Anshel Levi composed his midrashic work. An erudite Jewish scholar, he was at the same time well acquainted with the contemporary secular narrative literature which circulated in Hebrew and Yiddish. His object, as a writer of popular ethics, or 'servant of the pious women', as the Yiddish writers of the time called themselves, was to combine a lucid translation of the sayings and dicta of the Rabbis with a homiletical interpretation, to explain and emphasize the moral values and ethical ideals of Judaism to a wider public of Yiddish-speaking Jews whose knowledge of Hebrew and Hebrew writings was rather scanty. Anshel Levi's work is a meaningful, expressive paraphrase of *Pirqe Avot* rather than an actual translation, exemplifying the type of midrashic interpretation and popular exegesis of the Old Yiddish ethical folk-literature which flourished from the sixteenth century.

A number of translations of *Pirqe Avot* into Yiddish preceded that of Anshel Levi. Mention should be made of the translation contained in Oxford MS (Can. Or. 12), completed in 1554 by Kalman ben Shimon Pascal. Among the early printed translations is the one included in the *Siddur* (Prayerbook) by Joseph bar Yaqar and published in Ichenhausen in 1544, and a later Cracow edition of 1586. However, these

CONTENTS

Printed in Israel at Ahva Press, Ltd., Jerusalem

PUBLICATIONS OF THE ISRAEL ACADEMY
OF SCIENCES AND HUMANITIES

SECTION OF HUMANITIES

ANSHEL LEVI

AN OLD YIDDISH MIDRASH TO THE 'CHAPTERS OF THE FATHERS'

Edited from the Manuscript with an
Introduction and Annotations by

YAACOV J. MAITLIS

JERUSALEM 1978